国家标准 GB/T28158-2011《国际贸易业务的职业分类与资质
国际贸易类专业校企合作专业共建计划指定教学资源
职业院校国际贸易类专业规划教材

# 国际贸易实务基础

## ——国际贸易业务知识(四级)考试用书


陈文培 主 编

中国对外贸易经济合作企业协会
全国外经贸从业人员考试中心 组织编写



上海财经大学出版社

**图书在版编目(CIP)数据**

国际贸易实务基础/陈文培主编.—上海:上海财经大学出版社,2015.3
国家标准GB/T28158-2011《国际贸易业务的职业分类与资质管理》培训考试教材
国际贸易类专业校企合作专业共建计划指定教学资源
职业院校国际贸易类专业规划教材
ISBN 978-7-5642-2036-5/F·2036

Ⅰ.①国… Ⅱ.①陈… Ⅲ.①国际贸易-贸易实务-高等职业教育-教材
Ⅳ.①F740.4

中国版本图书馆CIP数据核字(2014)第255833号

□责任编辑 台啸天
□封面设计 钱宇辰

GUOJI MAOYI SHIWU JICHU
**国际贸易实务基础**
——国际贸易业务知识(四级)考试用书
陈文培 主编

上海财经大学出版社出版发行
(上海市武东路321号乙 邮编200434)
网 址:http://www.sufep.com
电子邮箱:webmaster @ sufep.com
全国新华书店经销
上海译文印刷厂印刷
上海景条印刷有限公司装订
2015年3月第1版 2015年3月第1次印刷

787mm×1092mm 1/16 17.75印张 454千字
(辅导精编 5印张 128千字)
印数:0 001—4 000 定价:45.00元

# 总　序

改革开放以来我国国际贸易行业高速发展，在扩大就业、增加财政收入、缓解资源约束、推动技术进步及产业升级、扩大国际影响力等方面作出了巨大贡献，在国民经济中占据了重要地位。近年来，随着国际国内政治经济形势的发展，国际贸易行业处于转型发展的关键时期。以标准化管理提升企业管理能力，以专业化人才提升企业经营能力成为国际贸易行业的共识。

2010年中国对外贸易经济合作企业协会受国家标准化管理委员会委托，着手制定国家标准《国际贸易业务的职业分类与资质管理》，2012年7月该标准正式公布实施，标准编号GB/T 28158-2011。该标准填补了我国外经贸行业职业资质标准的空白，为外经贸企业选人、用人提供了参照和标尺，为我国外经贸行业从业人员职业能力培训考试工作提供了依据。该标准的应用与实施将在推进国际贸易企业基础管理、提升专业人员职业素养方面发挥巨大作用。

本套教材是中国对外贸易经济合作企业协会为《国际贸易业务的职业分类与资质管理》(GB/T 28158-2011)应用工作编写的配套教材，是对标准内容的系统诠释，客观反映了目前我国国际贸易企业业务现状，可用于国际贸易从业人员职业能力培训考试，也可用于院校国际贸易类专业教学。

在教材编写中协会坚持"实用性、前瞻性、高啮合度"的原则，以外经贸各领域一线专家组成编写团队，围绕各岗位工作要求，以业务过程串联知识点，使学员在了解工作内容中掌握知识；在教学内容上强调前沿、新颖，使学员知识结构与业务环境基本同步；在体例结构上摒弃了普通教材知识结构大而泛的弊病，紧紧围绕业务内容，使认证学员了解工作岗位最真实的细节和方法。

为配合国家标准GB/T28158-2011在院校中的应用，协会推出了"国际贸易相关专业校企合作专业共建计划"，协会将对参加计划的院校在行业专家进校园、提供核心技能课程教学资源、推进院校"双证书"工作、"双师型"教师培训、共建专业第三方行业评价等方面进行支持，本套教材是该计划指定教材。后续协会将推出相应课程教学资源，包括教学课件(PPT)，教学、实训、测试软件，试卷相关的视、音频资料等。

本套教材是宣传贯彻国家标准 GB/T28158-2011 工作重要组成部分，凝结着广大开发人员的心血，感谢为本套教材付出努力的各位专家，希望各教材使用单位和我协会共同努力，构建完善国际贸易职业能力培训考核体系，提升国际贸易从业人员职业素养，为我国外经贸行业的快速发展作出贡献。

**中国对外贸易经济合作企业协会**

**国家标准《国际贸易业务的职业分类与资质管理》编制小组**

二〇一四年十月

# 前　言

2012年7月1日，由中国对外贸易经济合作企业协会和中国标准化研究院联合起草的国家标准GB/T28158-2011《国际贸易业务的职业分类与资质管理》经国家标准化管理委员会审核颁布并正式实施，全国外经贸从业人员培训考试将按照国家标准作出调整并体现更强的实务性和规范性。

本书根据国家标准中业务运营类四级资质相关要求编制，共分为七个章节，囊括了国际贸易实务的主要业务知识。实用性、先进性和前瞻性是本书的特色。本书既是全国外经贸从业人员职业能力培训考试教材，也是中高等职业院校国际商务、国际经济、国际贸易专业学生的双证融通教材和辅导用书。

本书由陈文培主编，参加编写工作的有：翁佩君、翁卓如、邢开东、陈楠、陈倩、顾惠媛、邹莉等。

如广大教师与学员在教材使用中发现问题，或者需要与编者进行交流，请与编者联系，编者的e-mail是chenwp@tpsha.gov.cn。有关考试管理的内容，请看全国外经贸考试中心网(http://www.chinaftat.org)，电子信箱为kszx@chinaftat.org。

**陈文培**

2014年10月于上海

# 目　录

# 第一章　国际贸易概述

开篇案例

据海关统计，2013 年，我国进出口总值25.83万亿元人民币（折合 4.16 万亿美元），其中出口13.72万亿元人民币（折合 2.21 万亿美元），进口 12.11 万亿元人民币（折合 1.95 万亿美元），贸易顺差 1.61 万亿元人民币（折合2 597.5亿美元）。

## 第一节　国际贸易常用的基本概念

### 一、对外贸易与国际贸易

对外贸易(foreign trade)是指一个国家(或地区)同别的国家(或地区)所进行的商品和劳务交换活动的总称。对外贸易在有些国家(如英国、日本)又称为海外贸易(oversea trade)。传统的对外贸易由商品的进口和出口两部分构成，所以也称为进出口贸易(import and export trade)。国际贸易(international trade)泛指国家(地区)与国家(地区)之间所进行的商品和劳务交换活动的总称。

出口与进口是对外贸易的两个组成部分。对运进商品和劳务的国家(地区)来说是进口；对运出商品和劳务的国家(地区)来说是出口。

相关链接

关境与国境

关境又称关税领域，是指海关征收关税的领域。它是海关所管辖和执行有关海关各项法令和规章的区域。

关境与国境有时并不一致，有的国家在国境内设置经济特区，则关境小于国境，有些国家组成关税同盟，则关境大于国境，如欧盟等。

### 二、对外贸易额和对外贸易量

对外贸易额(value of foreign trade)是指以金额表示的一国的对外贸易规模，等于进口总额与出口总额之和。一个国家广义的对外贸易总额包括一个国家在一定时期内货物和服务的进口额和出口额之和；狭义的仅包括一个国家在一定时期内货物的进口额和出口额之和。

对外贸易量(quantum of foreign trade)是指按不变价格计算的进口额或出口额。与对外贸易额相比较，对外贸易量剔除了价格变动的影响，单纯反映对外贸易的量。

## 三、贸易差额

贸易差额(balance of trade)是指在一定时期内将某种商品的出口数量与进口数量相比较,如果出口量大于进口量,称作净出口;如果出口量小于进口量,称作净进口。一个国家(地区)在一定时期(如一年)内,出口额与进口额的相差数,称作"贸易差额"。

当出口额与进口额相等时,称作"贸易平衡";出口额大于进口额时,称作"贸易顺差"或"贸易盈余",又称"出超";如果出口额小于进口额,称作"贸易逆差"或"贸易赤字",又称"入超"。一国的进出口贸易应该基本保持平衡。

例 1:据海关统计,按美元计价,2014 年 5 个月,我国进出口总值16 791亿美元,其中,出口8 752亿美元,进口8 039亿美元,贸易顺差 713 亿美元。

计算方法:贸易顺差(逆差)=出口-进口

注:出口-进口>0 为顺差,出口-进口<0 为逆差。

## 四、货物贸易和服务贸易

对外贸易按商品形式与内容的不同,分为货物贸易(commodity trade)与服务贸易(service trade)。顾名思义,货物贸易就是以有形的货物为标的物进行的贸易。服务贸易主要是以无形的服务作为标的物进行的贸易。

国际服务贸易是指国家(或地区)之间相互交换的作为劳动活动服务的特殊使用价值。与货物贸易一样,服务贸易也由出口和进口构成。服务的出口主要是指一国(或地区)服务提供者向另一国(或地区)消费者提供服务并获得外汇收入的过程;相对于服务出口,一国(或地区)消费者购买他国(或地区)服务提供者提供的各项服务就是服务的进口,各国(或地区)服务交易之和便构成了国际服务贸易。这里指的是广义的国际服务贸易,它既包括有形的劳务输出、输入,也包括无形的提供者与使用者在没有实体接触的情况下的交易活动。

进入 21 世纪以来,全球服务业和服务贸易发展势头强劲。目前,服务业占世界经济总量的比重为 70%,主要发达经济体的服务业比重达到 80%左右;服务贸易是跨境的服务业,目前,服务出口占世界贸易出口的比重为 20%,发展服务贸易日渐成为世界各国改善国际收支状况、提高国际分工地位的重要手段。①

1. 国际服务贸易的四种形式

世界贸易组织负责实施、管理的《服务贸易总协定》列出了国际服务贸易的四种形式:

(1)过境交付:从一成员境内向任何其他成员境内提供服务。

(2)境外消费:在一成员境内向任何其他成员的服务消费者提供服务。

(3)商业存在:一成员的服务提供者在任何其他成员境内通过商业存在提供服务。

(4)自然人流动:一成员的服务提供者在任何其他成员境内通过自然人的存在提供服务。

《服务贸易总协定》中的"服务部门参考清单"把服务贸易分为 12 大类,即商业性服务、销售服务、金融服务、娱乐服务、通信服务、教育服务、卫生服务、运输服务、建筑服务、环境服务、旅游服务和其他服务。再细分为 160 多个类别。

---

① 摘自《2013 年商务工作年终述评之一:大力发展服务贸易 推动提升国际竞争力》,来源:商务部新闻办;http://www.mofcom.gov.cn/article/ae/ai/201312/20131200410581.shtml。

2. 国际服务贸易的特点

(1)贸易标的一般具有无形性。

(2)交易过程与生产和消费过程的国际性。

(3)贸易主体地位的多重性。服务的卖方往往就是服务的生产者,并作为服务消费过程中的物质要素直接加入服务的消费过程;服务的买方则往往就是服务的消费者,并作为服务生产者的劳动对象直接参与服务产品的生产过程。

(4)服务贸易市场具有高度的垄断性。

(5)贸易保护方式更具有刚性和隐蔽性。

(6)营销管理具有更大的难度和复杂性。

(7)国际服务贸易统计复杂。

相关链接

**服务贸易迅速发展的原因**

第二次世界大战前,服务贸易随着交通运输、金融、通信等行业的发展而有所发展,但其发展速度和规模以及在世界经济中的地位和作用都不那么突出。第二次世界大战后,尤其是20世纪60年代后,科学技术革命推动了生产力的发展,促进了社会分工的扩大和深化,加强了各经济部门之间和各经济部门内部的相互依赖,这种情况要求有一种非生产的"要素"加入到生产过程中,以便协调各个生产经营活动环节之间的关系,合理配置生产要素。服务行业因此而崛起,成为生产经营活动不可缺少的成分。经济的发展及物质生活水平的提高,也刺激了对高消费的服务需求。这些因素使第二次世界大战后服务贸易有了惊人的增长。

国际服务贸易迅速发展的原因如下:

(1)服务业在各国经济中的地位上升。

(2)国际分工的深化与发展。

(3)世界商品贸易的增长和贸易自由化的迅速发展。

(4)跨国公司的迅速发展,加强了服务的国际化。

(5)国际服务合作的扩大促使服务贸易扩大。

(6)旅游业的发展加速了世界服务贸易的扩大。

(7)发展中国家积极发展服务贸易。

(8)各国政府的支持是国际服务贸易发展的催化剂。

## 五、直接贸易和间接贸易

商品生产国(出口国)与商品消费国(进口国)之间直接进行的商品买卖行为称作直接贸易(direct trade),对生产国来讲是直接出口,对消费国来讲是直接进口。

商品生产国(出口国)与商品消费国(进口国)之间不是直接进行商品买卖,而是通过第三国转手而间接进行的贸易称作间接贸易(indirect trade),对商品生产国来讲是间接出口,对商品消费国来讲是间接进口,而对第三国来讲是转口贸易。

## 六、过境贸易与转口贸易

商品从甲国经过乙国向丙国运送,对乙国来说是过境贸易(transit trade),过境贸易国是商品运输过程的第三地,过境国除了对过境商品征收很低的过境税或印花税以外,与商品交易双方并不发生任何关系。

转口贸易(entrepot trade)是间接贸易中交易双方的第三者(国),商品从生产国转移到消费国的整个交易过程中,转口贸易国起到转手的作用,它参与交易的整个过程,并且通过一买一卖,赚取贸易利润。

## 七、对外贸易与国际贸易货物结构

对外贸易货物结构(foreign trade by commodities)是指一定时期内一国进出口贸易中各类货物的构成,即各大类或各种货物进出口贸易额与整个进出口贸易额之比,以份额表示。

国际贸易货物结构(international trade by commodities)是指一定时期内各大类货物或各种货物在整个国际贸易中的构成,即各大类货物或各种货物贸易额与整个世界出口贸易额之比,用比重表示。

相关链接

### 进出口货物结构

据海关统计,2014 年前 5 个月,在出口商品中我国机电产品出口 3.04 万亿元,占出口总值的 56.7%,同期,服装出口3 846.7亿元;纺织品2 697.8亿元;鞋类1 260.4亿元;家具1 222.4亿元;塑料制品 879.4 亿元;箱包 618.8 亿元;玩具 258.8 亿元;上述 7 大类劳动密集型产品占出口总值的 20.1%。

## 八、国际贸易地理方向

国际贸易地理方向(international trade by region)又称国际贸易地区分布,它用来表明世界各个地区或各个国家在国际贸易中所占的地位,通常是用它们的出口贸易额或进口贸易额占世界出口贸易总额或进口贸易总额的比重来表示。

由于国际政治经济形式在不断变化,各国的经济实力对比经常变动,国际贸易的地理方向也不断变更。

国际贸易地理方向相对于某一个国家来说,就是对外贸易地理方向,它表明一个国家或地区进口商品的来源和出口商品的去向,从而反映该国与其他国家或地区之间的经济贸易联系程度。

对一国而言,如果与某一个或某几个国家的贸易额占其对外贸易总额的比重较高,则对外贸易地理方向比较集中;反之,则对外贸易的地理方向比较分散。对外贸易地理方向的集中和分散各有优劣。以出口为例,对外贸易地理方向比较集中,可以凭借对传统市场的熟悉而节省市场开拓的费用,降低交易成本,便于出口厂商间的信息交流,扩大出口商品在进口国的影响。但出口的集中在出口国厂商协调不力、产品差异化小的情况下,又会造成出口商之间的恶性竞争,影响出口收益。而无论对进口商还是出口商而言,一国对外贸易地理方向过于集中,都会使该国受制于人,从而在对外贸易中处于不利境地。对外贸易地理方向的分散则可以降低一国在对外贸易中所面临的经济和政治风险,避免进出口厂商之间的恶性竞争,其不利之处在于市场的分散可能加大交易成本。对厂商而言,对外贸易地理方向是集中还是分散,从根本上取决于成本与收益的比较。

相关链接

**2014 年前 5 个月我对主要贸易伙伴进出口总值表**

| 国家(地区) | 金额(亿元) | | | | 同比(%) | | | |
|---|---|---|---|---|---|---|---|---|
| | 进出口 | 出口 | 进口 | 贸易差额 | 进出口 | 出口 | 进口 | 贸易差额 |
| 欧盟 | 14 751.3 | 8 654.1 | 6 097.2 | 2 556.9 | 9.1 | 6.2 | 13.5 | −7.9 |
| 美国 | 13 062.6 | 8 903.2 | 4 159.4 | 4 743.8 | 2.6 | 2.2 | 3.6 | 1.0 |
| 东盟 | 11 195.8 | 6 210.1 | 4 985.7 | 1 224.4 | 1.2 | 4.1 | −2.2 | 41.1 |
| 中国香港 | 8 087.4 | 7 800.0 | 287.4 | 7 512.6 | −28.3 | −28.1 | −33.5 | −27.9 |
| 日本 | 7 773.8 | 3 812.8 | 3 961.0 | −148.2 | 1.1 | 2.7 | −0.5 | −44.8 |
| 韩国 | 7 096.5 | 2 509.9 | 4 586.6 | −2 076.7 | 2.8 | 6.6 | 0.8 | −5.4 |
| 中国台湾 | 4 673.0 | 1 046.5 | 3 626.5 | −2 580.0 | −14.3 | −6.6 | −16.3 | −19.7 |
| 澳大利亚 | 3 563.5 | 884.8 | 2 678.7 | −1 793.9 | 7.7 | 0.4 | 10.3 | 15.9 |
| 俄罗斯联邦 | 2 259.7 | 1 140.7 | 1 119.0 | 21.7 | 1.8 | 1.6 | 2.0 | −15.4 |
| 巴西 | 2 093.0 | 825.9 | 1 267.1 | −441.2 | 4.8 | −0.9 | 8.9 | 33.6 |

## 九、对外贸易的依存度

对外贸易依存度(degree of dependence upon foreign trade)也称为对外贸易系数，是指一国对外贸易总额(出口额和进口额之和)在该国国民生产总值或国内生产总值中所占的比重。

其计算公式为：

$$\frac{\text{出口额}+\text{进口额}}{\text{国民生产总值或国内生产总值}}\times 100\%$$

由于进口额不是该国在一定时期内新创造的商品和劳务值，使外贸依存度的数值表现较高，因此，一般用出口依存度来替代外贸依存度。

出口依存度是指一国在一定时期内对外出口贸易额在国民生产总值或国内生产总值中的比重。其计算公式为：

$$\frac{\text{对外出口贸易额}(X)}{\text{国民生产总值或国内生产总值}}\times 100\%$$

出口依存度反映一国在一定时期内(如 1 年)，国内新创造的商品和劳务总值中有多少比重是输出到国外的，也反映了一国国民经济活动与世界经济活动的联系程度。出口依存度越高，说明该国国民经济活动对世界经济的依赖程度越高。

另外，一国在一定时期进口额与国民生产总值或国内生产总值之比称为进口依存度，也称为市场开放度。其计算公式为：

$$\frac{\text{进口贸易额}(M)}{\text{国民生产总值或国内生产总值}}\times 100\%$$

影响一国对外贸易依存度的因素主要有：国内市场的发展程度、加工贸易的层次、汇率的变化等。通常，国内市场发展程度高的国家的对外贸易依存度低于国内市场不甚发达国家的对外贸易依存度；从事低层次加工贸易国家的对外贸易依存度高于从事高层次加工贸易国家的对外贸易依存度。

**相关链接**

**对外贸易的依存度**

据海关统计，2012 年，我国外贸进出口总值38 667.6亿美元，其中出口20 489.3亿美元，进口18 178.3亿美元，贸易顺差2 311亿美元。折合人民币进出口总值为 24.42 万亿元，其中出口 12.94 万亿元，进口 11.48 万亿元，顺差 1.46 万亿元。

据国家统计局公布的初步数据，2012 年我国国内生产总值（GDP）为 51.93 万亿元。按现价测算，2012 年我国 GDP 净增加 4.78 万亿元，同期外贸顺差增加4 609亿元，按照 GDP 支出法（GDP＝最终消费＋资本形成总额＋净出口）计算，2012 年我国外贸净出口即顺差增加对 GDP 增长的贡献率为 9.6％，稳定增长的对外贸易为实现国民经济增长目标作出了贡献。

在净出口的增加拉动国民经济增长的同时，我国外贸依存度进一步回落。外贸依存度是进出口总额与国内生产总值的比值，是评估与衡量开放程度的主要指标，反映一国或地区的经济对国际市场的依赖程度。我国外贸依存度在经历了"入世"初期的快速增加后，从 2006 年 67％的高点开始回落，2012 年在 2011 年的基础上再度回落 3.1 个百分点，回到 50％以下，为 47％；其中出口依存度为 24.9％，进口依存度为 22.1％，都有所回落。这表明在科学发展观的指引下，我国加快转变经济发展增长方式成效显著，我国经济增长正由外需拉动向内需驱动转变。

另外，外贸依存度在一定程度上反映了对外贸易对国内经济发展的影响程度。持续增长的对外贸易总体规模大幅提升了我国的综合实力，在我国经济活动中的地位举足轻重。2012 年，世界经济复苏明显减速，国际市场需求持续低迷，我国经济面临较大的下行压力，在此背景下，我国对外贸易进出口比 2011 年增长 6.2％，优于全球其他主要经济体，确保了全球出口第一和进口第二的国际地位。目前，美国、日本和巴西 3 国的外贸依存度在 30％左右，相比之下，我国 47％的外贸依存度仍处于较高水平，表明我国已经广泛而深入地融入全球经济发展，更深度地参与国际竞争和国际分工。

## 第二节　外汇管理基本概念

### 一、外汇的概念

《中华人民共和国外汇管理条例》所称外汇，是指下列以外币表示的可以用作国际清偿的支付手段和资产，包括：

（1）外币现钞，包括纸币、铸币；

（2）外币支付凭证或者支付工具，包括票据、银行存款凭证、邮政储蓄凭证、银行卡等；

（3）外币有价证券，包括债券、股票等；

（4）特别提款权；

（5）其他外汇资产。

### 二、经常项目外汇管理

1. 经常项目

经常项目通常是指一个国家或地区对外交往中经常发生的交易项目,包括贸易及服务、收益、经常转移,其中贸易及服务是最主要的内容。经常项目一般具有以下主要特征:一是交易行为通常发生在居民与非居民之间。居民主要是指在一个国家或地区连续居住一年以上者,否则为非居民。居民与非居民均包括个人和机构。二是交易行为在历史上经常、频繁发生,如国际贸易。随着国际经济交往日益密切,国际投资、借贷等以往不常发生的交易行为频繁发生,但不被称作经常项目。三是所有权通常发生转移。经常项目交易一般伴随有形或无形商品的流动,交易中商品的所有权通常发生转移。而资本项目交易中资本的所有权不变,发生转移的往往是资本的使用权,产生债权与债务关系。

(1)贸易收支

贸易收支又称货物贸易收支,是一国出口货物所得外汇收入和进口货物的外汇支出的总称。近年来,我国货物贸易收付汇长期处于顺差状态,即收汇大于付汇。

(2)服务收支

服务收支又称服务贸易收支,是一国对外提供各类服务所得外汇收入和接受服务发生的外汇支出的总称,包括国际运输、旅游等项下外汇收支。近年来,我国服务贸易收付汇一直处于逆差状态,即付汇大于收汇。

(3)收益

收益包括职工报酬和投资收益两部分,其中职工报酬主要为工资、薪金和其他福利,投资收益主要是利息、红利等。近年来,我国收益项下顺差额不断扩大。

(4)经常转移

经常转移也称单方面转移,是资金或货物在国家间的单向转移,不产生归还或偿还问题。具体包括个人转移和政府转移,前者是指个人之间的无偿赠予或赔偿等,后者是指政府之间的军事、经济援助、赔款、赠予等。近年来,我国经常转移项下顺差额也呈现持续扩大的态势。

2. 经常项目可兑换

经常项目可兑换通常是指对国际收支中经常性的交易项目对外支付和转移不予限制。我国于 1996 年底宣布接受《国际货币基金组织协定》第八条款规定,实现了人民币经常项目可兑换。根据该条款,经常项目可兑换一般应符合以下几个主要衡量标准:一是未经基金组织同意,不得对国际经常往来的支付和资金转移施加限制;二是避免施行歧视性货币措施或多种汇率制;三是如其他会员国提出申请,有义务购回其他会员国所持有的本国货币。

## 三、经常项目外汇账户管理的主要内容

1. 经常项目外汇账户的开立

境内机构凭营业执照和组织机构代码证到外汇局办理一次性基本信息登记后,即可到外汇指定银行办理开户手续,其开户数量、币种和账户资金规模不受限制。

但是,一些特殊性质的账户,如公检法机关因办案需要开立的外币现钞账户、境外主体结汇使用的专用账户,仍需经外汇局核准后才能开立。

2. 经常项目外汇账户的使用

(1)跨境收付

境内机构通过外汇账户办理跨境收付时,需办理国际收支申报,并遵守货物贸易和服务贸易相关法规。境内机构收入的外汇,可以保留在账户中,也可以办理结汇;对外付汇时,可以使

用自有外汇，也可以使用人民币购汇支付。

(2)境内划转

同一个境内机构在多家银行开立有多个经常项目外汇账户的，其账户内资金可以直接在银行办理划转；不同的境内机构，在符合货物贸易和服务贸易有关规定的条件下，也允许办理境内划转，如境内机构向运输公司支付运费、向保险公司支付保费等。

(3)购、结汇

为促进贸易便利化，境内机构在有真实贸易背景且有对外支付需要的情况下，可在开户银行提前办理购汇，并存入其经常项目外汇账户；除此之外，其他情况下购汇后即须对外支付。外汇账户内的资金结汇，需遵守货物贸易的有关规定。

(4)存取外币现钞

境内机构因支付境外差旅费等情况，需提取外币现钞的，一定金额以下的可直接在银行办理；超过一定金额的需向所在地外汇局申请，经所在地外汇局审核批准后到银行办理。原则上，境内机构不得将外币现钞存入账户。

**相关链接**

**银行结售汇和远期结售汇签约**

(1)银行结售汇

银行结售汇是指外汇指定银行为客户及其自身办理的结汇和售汇业务，包括远期结售汇履约数据，不包括银行间外汇市场交易数据。银行结售汇统计时点为人民币与外汇兑换行为发生时。其中，结汇是指外汇所有者将外汇卖给外汇指定银行，售汇是指外汇指定银行将外汇卖给外汇使用者。结售汇差额是结汇与售汇的轧差数。银行结售汇形成的差额将通过银行在银行间外汇市场买卖平盘，是引起我国外汇储备变化的主要来源之一，但其不等于同期外汇储备的增减额。

银行结售汇不按居民与非居民交易的原则进行统计，且其仅包括银行与客户及其自身之间发生的本外币买卖，即人民币和外汇的兑换交易，不同于国际收支交易的统计范围。

(2)远期结售汇签约

远期结售汇签约是指银行与客户协商签订远期结汇(售汇)合同，约定将来办理结汇(售汇)的外汇币种、金额、汇率和期限；到期外汇收入(支出)发生时，即按照远期结汇(售汇)合同订明的币种、金额、汇率办理结汇(售汇)。远期结售汇业务使得企业可提前锁定未来结汇或售汇的汇率，从而有效规避人民币汇率变动的风险。银行一般会通过银行间外汇市场来对冲远期结售汇业务形成的风险敞口。比如，当银行签订的远期结汇大于远期售汇时，银行一般会将同等金额的外汇提前在银行间外汇市场卖出，反之亦然。因此远期结售汇也是影响我国外汇储备变化的一个因素。

## 四、人民币汇率制度和跨境人民币结算

1. 汇率的基本概念

汇率是各国货币之间相互交换时换算的比率，即一国货币单位用另一国货币单位所表示的价格。

汇率的表达方式有直接标价法和间接标价法两种。直接标价法(direct quotation)又称应

付标价法，是以一定数量(1 或 100 等)的外国货币作为标准，用一定量的本国货币表示外国货币的价格。间接标价法(indirect quotation)又称应收标价法，是以一定数量(1 或 100 等)的本国货币为标准，用一定量的外国货币表示本国货币的价格。国际上大多数国家包括中国都采用直接标价法。使用直接标价法时，以本币表示的外币数上升，意味着本币贬值，反之亦然；使用间接标价法时，情况则正好相反。

相关链接

**汇率的分类**

(1)基本汇率与套算汇率。一般就选定一种在本国对外经济交往中最常使用的主要货币作为基本货币，制定出本国货币与该货币之间的汇率，这一汇率就是基本汇率。套算出来的汇率就是套算汇率，称为交叉汇率(cross exchange rate)。

(2)双边汇率和有效汇率。通常所说的汇率是一种货币对另一种货币的比价，也就是双边汇率。双边汇率中，比较容易判断一种货币的升值或者贬值趋势。特别是对于许多以本币对美元汇率作为基本汇率的国家来讲，如果本国货币对美元贬值就说本币贬值，对美元升值就说本币升值。有效汇率(effective exchange rate)又称多边汇率或者篮子货币汇率，是将一国货币与多个其他国家货币的双边汇率指数进行加权平均而得到的汇率指数，以反映该国货币对多种外币总的价值变化情况。如同价格指数一样，有效汇率也不是一个具体的汇率水平，而是一个指数，可用于反映报告期和基期相对汇率水平的变化。通常，有效汇率指数是以间接标价法构造的，因此指数上升意味着本币有效汇率升值，指数下降意味着有效汇率贬值。有效汇率又分为名义有效汇率(nominal effective exchange rate)和实际有效汇率(real effective exchange rate)。相对于名义有效汇率，实际有效汇率能够更准确地反映一国国际竞争力的变化。

(3)名义汇率和实际汇率。按衡量货币价值划分，分为名义汇率和实际汇率。名义汇率是外汇交易中使用的现实汇率，它是由市场的外汇供求决定的。实际汇率按外国与本国物价指数之比对名义汇率进行调整，用来反映剔除两国货币相对购买力变动的影响后汇率变动对两国国际竞争力的实际影响。

汇率制度是一国货币当局对该国汇率水平的确定、汇率变动方式等问题所做的一系列安排或规定。汇率制度大体可分为固定汇率、有管理的浮动和自由浮动汇率制度。固定汇率和自由浮动汇率是汇率制度的两种极端形式，有管理的浮动汇率制度被认为是介于二者之间的中间者。目前，国际社会比较一致的看法是，既没有适用于所有国家的单一的汇率制度，也没有对各国任何时期都适用的一成不变的汇率制度。实际上，各国汇率制度的选择是多种多样的，也是不断变化的。

相关链接

**三种汇率制度的比较**

固定汇率制是指一国货币与某一主要储备货币保持固定汇率的制度。其优点是汇率稳定，可促进国际贸易、投资以及国家间的合作，避免浮动汇率制下投机活动可能导致的不稳定性。政府为维持固定汇率，不能滥用货币政策，从而赢得政策稳定的信誉。其缺点是汇率稳定使市场参与者丧失了风险意识和抵抗风险的能力。汇率低估时易出现短期资本大量流入，汇率高估时存在投机资金攻击的风险。

浮动汇率制是指一国汇率根据外汇市场供求变化自由涨落，货币当局原则上不加限制，也不承担维持汇率稳定的义务。其优点是通过汇率变动调节国际收支的平衡，保证了货币政策的自主权，并使一国经济建立抵御外部冲击的缓冲。浮动汇率制下的投机具有稳定性，发挥"市场修正市场"的作用，让市场参与者自己承担风险，促进经济稳定。其缺点是汇率频繁、剧烈波动所带来的不确定性会阻碍本国外经贸发展。

中间汇率制介于固定汇率和浮动汇率之间，兼顾了固定汇率和浮动汇率的优点，汇率由市场供求关系生成，基本上能够克服固定汇率制度的缺陷，使本国保持相对独立的宏观经济政策。同时，当汇率严重偏离经济基本面，给本国带来的不确定性和交易成本上升时，该制度又保留了政府对"市场缺陷"进行及时纠正的权利，避免了汇率波动过大对实质经济造成损害。但这种汇率制度既要固定，又要浮动，在操作中有一定难度，而实践中要么变成了完全的固定，要么变成了完全的自由浮动。由于没有明确的名义锚，这种汇率制度还较容易遭受货币攻击。

2. 人民币汇率制度

计划经济时期，人民币汇率制度经历了单一盯住英镑、盯住一篮子货币再到单一盯住美元的演变。改革开放以后，人民币汇率制度又经历了官方汇率与贸易外汇内部结算价并存(1981～1984 年)、官方汇率与外汇调剂价并存(1985～1993 年)两个双重汇率制时期。1994 年 1 月 1 日，人民币汇率并轨，开始实行以市场供求为基础的、单一的、有管理的浮动汇率制度。2005 年 7 月 21 日，我国进一步完善人民币汇率形成机制改革，开始实行以市场供求为基础、参考一篮子货币进行调节、有管理的浮动汇率制度。

现行人民币汇率形成机制的基本框架是：企业、个人和金融机构参与银行柜台和银行间两个层次的外汇市场交易，由供求关系在国家规定的中间价波动幅度内决定市场汇率，国家对中间价的形成方式和市场汇率的波动幅度实施管理和调控。

(1)人民币汇率中间价的形成方式

自 2006 年 1 月 4 日起，中国人民银行授权中国外汇交易中心于每个工作日上午 9:15 对外公布当日人民币对美元、欧元、日元、港币、英镑、马来西亚林吉特、俄罗斯卢布、澳大利亚元、加拿大元和新西兰元汇率中间价，作为当日银行间即期外汇市场(含询价交易方式和撮合方式)交易汇率的中间价。中国人民银行授权中国外汇交易中心公布的当日汇率中间价适用于该中间价发布后到下一个汇率中间价发布前。

人民币对美元汇率中间价的形成方式为：中国外汇交易中心于每日银行间外汇市场开盘前向银行间外汇市场做市商询价，并将做市商报价作为人民币对美元汇率中间价的计算样本，去掉最高和最低报价后，将剩余做市商报价加权平均，得到当日人民币对美元汇率中间价，权重由中国外汇交易中心根据报价方在银行间外汇市场的交易量及报价情况等指标综合确定。

人民币对欧元、港币和加拿大元汇率中间价由中国外汇交易中心分别根据当日人民币对美元汇率中间价与上午 9:00 国际外汇市场欧元、港币和加拿大元对美元汇率套算确定。人民币对日元、英镑、澳大利亚元、新西兰元、马来西亚林吉特和俄罗斯卢布汇率中间价由中国外汇交易中心根据每日银行间外汇市场开盘前银行间外汇市场相应币种的直接交易做市商报价平均得出。

(2)人民币汇率浮动区间管理

每日银行间即期外汇市场人民币对美元的交易价可在中国外汇交易中心对外公布的当日

人民币对美元汇率中间价上下 2%的幅度内浮动。人民币对欧元、日元、港币、英镑、澳大利亚元、加拿大元和新西兰元交易价在中国外汇交易中心公布的人民币对该货币汇率中间价上下 3%的幅度内浮动。人民币对马来西亚林吉特、俄罗斯卢布交易价在中国外汇交易中心公布的人民币对该货币汇率中间价上下 5%的幅度内浮动。人民币对其他非美元货币交易价的浮动幅度另行规定。

银行可基于市场需求和定价能力对客户自主挂牌人民币对各种货币汇价，现汇、现钞挂牌买卖价没有限制，根据市场供求自主定价。银行应建立健全挂牌汇价的内部管理制度，有效防范风险，避免不正当竞争。

人民币汇率形成演示如图 1－1 所示。

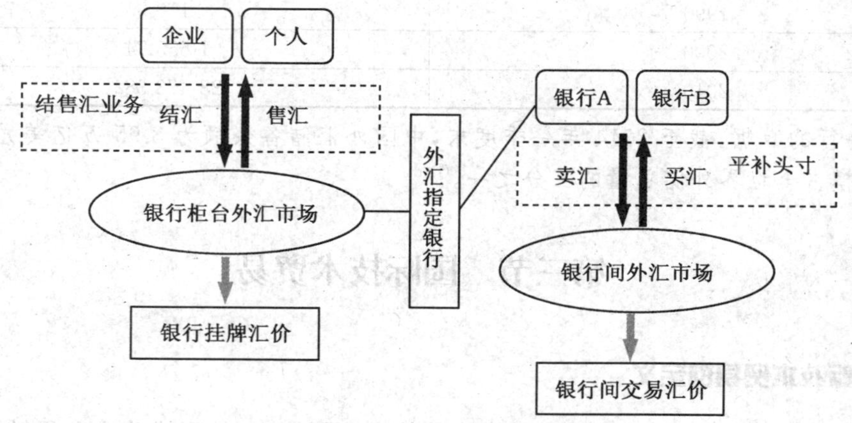


**图 1－1　人民币汇率形成演示**

3. 跨境人民币结算

跨境人民币结算是指经国家允许指定的、有条件的企业在自愿基础上以人民币进行跨境贸易和投资的结算，商业银行在中国人民银行规定的政策范围内，直接为企业提供跨境人民币相关结算服务。

跨境人民币结算的意义：一是有利于加强中国对外经济、贸易和投资往来，促进中国经济更好地融入世界经济；二是有利于进一步完善人民币汇率形成机制；三是有利于促进中国金融业的开放和发展；四是有利于促进国际货币体系多极化发展。

跨境人民币结算为企业带来的便利：一是有利于我国的跨国公司优化汇率风险管理；二是节省了货币多次转换的汇兑成本；三是节省了企业外币衍生品交易等套期保值费用。

**相关链接**

**2025 年人民币在外汇储备中的比重有望超过 5%**

数据显示，2013 年 1～11 月，跨境贸易人民币结算业务量同比增长 56%至 4.07 万亿元，直接投资人民币结算业务量同比增长 83%至4 045亿元。同时，中国已与 23 个国家和地区签署了货币互换协议，总规模超过了 2.5 万亿元人民币。东南亚、东欧以及非洲一些国家已经或者正在考虑把人民币作为官方的储备货币。

世界银行预测称，到 2025 年人民币在全球官方外汇储备中的比重有望超过 5%。

国家外汇储备规模

（1950～2010 年）　　单位：亿美元

| 年　度 | 金　额 |
|---|---|
| 1950 | 1.57 |
| 1960 | 0.46 |
| 1970 | 0.88 |
| 1980 | －12.96 |
| 1990 | 110.93 |
| 2000 | 1 655.74 |
| 2010 | 28 473.38 |

根据央行的数据，截至 2014 年一季度末，中国外汇储备余额为 3.95 万亿美元，居世界第一，这一规模占全世界外储总量的三分之一。①

# 第三节　国际技术贸易

## 一、国际技术贸易的定义

国际技术转让是技术供应方将某种内容的技术，通过一定的形式跨出国界转让给技术的接受方使用的一种行为。

国际技术转让主要有两种形式：一种是非商业性的国际技术转让，它是不同国家政府机构间以技术援助方式进行的无偿的技术转让；另一种是商业性的国际技术转让，是指政府机构或企业之间按照商业条件签订技术协议或合同进行有偿的技术转让。后一种技术转让是营利性的，这种商业性的国际技术转让被称为国际技术贸易。

国际技术贸易是指不同国家的企业、经济组织或个人之间，按照一般商业条件，向对方出售或从对方购买软件技术使用权的一种国际贸易行为。它由技术出口和技术引进两方面组成。简言之，国际技术贸易是一种国际的以纯技术的使用权为主要交易标的的商业行为。国际技术贸易是国际技术转让的主要形式之一。

## 二、国际技术贸易的方式

国际技术贸易的标的物是知识产权，一般只涉及使用权的转让，技术所有权并不随着使用权的转让而转移。目前，最常见的国际技术贸易方式有许可贸易、技术服务、国际合作生产、国际工程承包等。

1. 许可贸易

许可贸易（licensing trade）是国际技术贸易中最常见、使用最广的交易方式。许可贸易是技术许可方与技术接受方签订许可合同或协议，许可方允许被许可人取得许可人所拥有的专

① 2014 年 6 月 12 日：外汇局解读我国外汇储备经营管理"在线访谈文字实录。"

利、商标或专有技术的使用权并得到相应的技术，被许可方则需支付技术使用费及其他报酬并承担保守技术秘密等义务。

按授权的范围可以分为独占许可、普通许可、排他性许可、从属许可和互换许可。

(1)独占许可。它是指在一定地域内被许可方对许可方提供的工业产权、专有技术享有独占使用权。

(2)普通许可。它是指在签订技术转让许可证协议后，许可方自己仍有权使用这项工业产权或专有技术，也有权再与其他人签订同样主题的许可协议，把同样的技术给其他人使用。在普通许可合同中，被许可方往往要求订立一项最优惠条款，规定在该地域内如果许可方就同样的技术与其他人签订许可证协议时，被许可方应享有最优惠待遇。

(3)排他性许可。签订许可协议后，在规定的地域内，许可方仍保留使用该项技术的权利，但许可方不得将此项技术许可给其他人使用。

(4)从属许可。它是指技术被许可方将其得到的权利再转让给第三方的交易方式。出让从属许可的企业大部分是跨国公司的子公司或其驻外机构，这些跨国公司由于某些原因不能直接出让许可给第三者，就将技术出让给其子公司或海外机构，然后再由这些子公司与第三者签订从属许可技术贸易合同。

(5)互换许可。又称交叉许可贸易，是指技术许可方和被许可方双方将各自拥有的专利权、商标权和专有技术使用权提供给对方使用，其实质是双方以价值基本相等的技术，在互利互惠的基础上，交换技术的使用权。互换许可一般是在特定条件下采用的，如合作生产、合作设计、共同研究开发等项目中通常会用到这种方式。互换贸易的交易双方更多的是合作关系，而不是单纯的买卖关系。

2. 技术服务

技术服务又称技术协助，是国际上广泛采用的一种技术贸易方式，由服务方以自己的技术知识为另一方提供有偿服务，以解决生产中的某个技术问题，如提供工厂的设计、布局、设备清单和说明、产品或生产工艺的资料及销售指南等。

技术服务的内容包括咨询服务和工程服务两个部分。咨询服务的主要项目有市场估计、产品诊断、产品设计、投资分析、原料供应、建议厂址、选择技术等。工程服务主要是工厂项目设计、设备器材的供应以及提供工程建设和生产指导。

3. 国际合作生产

国际合作生产是指两国企业根据签订的合作生产合同，合作完成制造某些产品。这种方式多用于机器制造业，特别是在制造某些复杂的机器时，引进方为了逐步掌握所引进的技术，且能尽快地生产出产品，需要和许可方在一个时期内建立合作生产关系，按照许可方提供的统一技术标准和设计进行生产，引进方在合作过程中达到掌握先进技术的目的。这种合作生产的方式常常和许可贸易结合进行。有时合作双方可以共同研究、共同设计、共同确定零部件的规格型号，双方互相提供技术，取长补短。利用国际合作生产来引进国外的先进技术，已成为各国的普遍做法。

4. 国际工程承包

国际工程承包也是国际技术贸易的一种方式。国际工程承包是通过国际的招标、投标、议标、评标、定标等程序，由具有法人地位的承包人与发包人按一定的条件签订承包合同，承包人提供技术、管理、材料、组织工程项目的实施，并按时、按质、按量完成工程项目的建设，经验收合格后交付发包人的一项系统工程。工程承包项目大多是大型建设项目，一般都伴随着技术转让。在施工过程中，承包商将使用最新的工艺和技术，并采购一些国家的先进设备，有些项目还涉及操作人员的技术培训、生产运行中的技术指导以及专利和专有技术的转让。目前，国际上流行的交钥匙工程和 BOT（build-operate-transfer）建设方式中技术转让的内容十分广泛，许多国家都希望通过国际工程承包来改善本国基础设施条件和推动本国企业技术改造。

## 三、从技术引进的角度看国际技术贸易的作用

1. 能够缩短技术引进国与技术输出国之间的技术差距

原本技术输入国可能在技术创新方面投入不足，为了在短期间内缩短它们之间的技术差距，通过技术贸易引进先进的技术也就不可避免了。从静态的角度看，这种引进将有助于缩小技术引进国与技术输出国之间的技术差距。

2. 以技术引进为基础，创造出更加先进的技术

这是从技术引进所引起的动态效果，通过技术贸易引进技术的国家，往往可以通过吸收消化的方式，在复制的基础上进行创新，最终创造出更加先进的技术。

3. 以技术引进带动投资的流入和产品出口的增加，加速国内产业重组

原本一些技术落后的部门，通过引进先进的技术，可能会焕发活力，提高其生产效率，加速国内产业的重组。由于技术的引进，会促进生产产品的成本下降，出口会相应地提高。引进技术的同时也会伴随着资本的流入，例如通过引进技术，国外一些出口技术的企业可能会以战略投资者的身份进入引进技术的企业，从而促进资本的流入。

## 四、国际技术贸易与国际货物贸易的异同

国际技术贸易与国际货物贸易都属于国际贸易的一种方式，这是它们的相同点，但是它们之间更多体现了诸多的不同。

1. 贸易标的物内容的不同

国际技术贸易是一种以无形的技术知识，即知识产权作为贸易标的物进入市场并进行转让的贸易活动。技术贸易的标的物主要是专利、商标和专有技术。与技术贸易不同的是，商品贸易的标的物是有形商品，如消费品、初级原材料、机械设备等。这些商品均是看得见、摸得着的有形商品。因此，两者的贸易标的物不同。

2. 贸易标的物的使用权与所有权不同

技术贸易所有方或供应方在一定条件下将技术贸易的标的物的使用权转让给接受方使用，但技术的所有权并没有转移给技术的接受方。技术的接受方只能取得技术标的物的使用权，而不能取得技术标的物的所有权。因此，技术贸易原则上是一种标的物所有权与使用权相分离的贸易。商品贸易中，商品的使用权与所有权同时转让，卖方一旦失去了对商品的所有权和使用权，便无权继续支配和使用该商品。

3. 贸易双方当事人的关系存在差异

国际技术贸易签订的技术转让合同的履约期一般较长，通常为 5～7 年，最长可达 10 年。在合同期内双方当事人在转让和技术使用方面，结成了长期的技术合作和技术限制、反限制的关系。与此不同的是，商品贸易合同的履约期通常较短，商品贸易双方当事人不存在技术合同中的合作与反限制的关系。

4. 贸易标的物作价原则存在差异。在国际技术贸易中，技术的接受方一般采用利润分成方式进行技术贸易标的物的作价原则，即利润越大，则技术使用费越高；利润越小，则技术使用

费越低。商品贸易标的物的价格制定通常在商品成本基础上加上一定数量的利润，与利润的高低并不一定成正比。

5. 贸易所涉及的法律存在差异

国际技术贸易涉及的法律，除了适用于各国货物买卖法、合同法外，还要受工业产权法、专利权法、商标法等国际保护知识产权的公约或法律管辖。商品贸易合同则主要适用各国货物买卖法、合同法、国际货物销售公约等。因此，国际技术贸易所涉及的法律、公约较之商品贸易合同更加广泛、更加复杂。

6. 国际收支平衡表中存在差异

国际技术贸易的收入与支出属于无形的商品贸易，一般不列入该国的对外贸易收支平衡表中，它通常反映在一国的国际收支平衡表中的经常项目中。商品进出口则是一国贸易收支平衡表的重要项目。

相关链接

**可口可乐的许可贸易**

在日常生活中，可口可乐可以说是随处可见。但是很多人可能不知道，在每天全球售出的可口可乐中，有超过10亿瓶的可乐不是可口可乐公司生产的。但无论是谁生产的，可口可乐公司都可以享有它销售利润的一半。为什么自己不生产，还能拿走销售利润的一半？这答案就源自可口可乐的特许经营模式。

1888年8月，阿萨·坎德勒花了2 300美元，买下了可口可乐的配方和经营权。1899年，阿萨·坎德勒将可口可乐在美国大部分地区的装瓶权，以1美元的价格售予来自田纳西州查塔努加市的本杰明·托马斯和约瑟夫·怀特海德。这一年，查塔努加因此成为首个开设可口可乐装瓶厂的城市。这份合同开启了可口可乐公司独立开创装瓶生产系统的先河，这一系统则一直是公司软饮料运作系统的基础。

其运作模式就是：通过开发合作伙伴（如当地优秀饮料企业），签订一定年限的特许生产经营合同，由其在限定区域内生产销售可口可乐系列产品，协同进行渠道拓展与品牌维护，以及在当地设立公司。简单地说，就是可口可乐给装瓶厂商授权，把可口可乐的品牌给后者使用，并由其自筹资金兴建装瓶厂和流水线（或者利用其原有的工厂和设备），购买可乐浓缩液、自行加工和装瓶，自己铺设销售渠道和网络，专注于当地市场。总之，采购、生产、销售、物流等全部环节均自行处理，还要配合可口可乐公司的市场调研和品牌推广活动。

这种以“特许经营”装瓶厂为核心的业务系统，优点是比较简单，环节也不多，在可口可乐早期的发展史上，发挥了非常重要的作用。可口可乐也倾向于与装瓶厂保持一定距离，认为这样可以带来更大的商业优势。

相关链接

**国际贸易的主要风险**

(1)信用风险。在国际贸易中，买卖双方从开始接洽，经过报价、还价、确认而后订立合同，再到卖方交货，买方付款，需要经过相当长的一段时间。在此期间，买卖双方的财务和经营情况可能发生了较大的改变，有时可能会危及合同的履行。

(2)商业风险。国际贸易中进口商往往以各种理由拒绝收货，这对出口商来说就是商业风险。进口商拒收的理由多是由货样不详、交货期晚、单证不符等情况造成的。对出口商而言，这些理由在货物被拒收前是无法确定的。拒收后，虽可交涉弥补，但损失已经发生。

(3)运输风险。国际贸易中货物的运输距离遥远，其运输风险也随之增多。这些风险有的可以通过投保，由保险公司承担，但有的风险是保险公司不承担的，必须由买方或卖方承担。

(4)价格风险。国际贸易中买卖双方签订合同以后，如果在卖方进货前，货物价格上涨，则卖方要承担价格上涨带来的风险。如果在买方收到货物后，货物的价格下跌，则买方要承担价格下跌带来的风险。在国际市场中，由于价格的变化多端使其价格风险更大。

(5)外汇风险。在国际贸易中，由于是采用某一种货币单位进行交易的，在浮动汇率的制度下，各国的外汇在供求关系的不平衡等因素的影响下会时涨时落。如果在签订合同后，该种货币若升值，会造成卖方的风险，若贬值，则会造成买方的风险。

(6)政治和军事风险。如果一些国家的对外贸易政策或国内政局发生重大变化，都会使与之有关的国际贸易直接或间接地承担风险。

## 第四节　国际货物贸易适用的法律与惯例

在国际货物贸易中，交易双方往往处在不同的国家和地区，这些国家和地区的社会制度、政策措施、法律体系、贸易惯例和贸易习惯做法不同，因而在国际贸易实践中，容易引起合同当事人之间的争议，影响国际贸易的正常进行。为了消除国际贸易业务发展的障碍、确保国际贸易正常有序地进行，国际贸易从业人员必须熟悉国际货物贸易适用的法律和国际惯例，在业务进程中熟练运用这些法律和惯例。

### 一、国际货物贸易适用的法律

1. 适用合同当事人所在国国内的有关法律、法规

世界许多国家都制定有管理对外贸易的法律、法规，尤其是一些经济贸易发达的国家还颁布了专门的对外贸易法。对外贸易法是一个国家对外贸易总政策的集中体现，管理着所在国的进出口企业对外贸易业务的开展。如我国的《中华人民共和国对外贸易法》是我国外贸领域一项最根本、最重要的法律，它涉及对外贸易经营权、贸易救济措施、贸易壁垒调查、自由贸易区和透明度原则等，无论出口或进口合同的当事人，都应了解其内容，并严格遵守其中的有关规定。

此外，在国际货物贸易中，进出口合同的当事人还应分别遵守各自所在国的合同法等有关法律。例如，《中华人民共和国合同法》(简称《合同法》)第 7 条规定："当事人订立履行合同，应遵守法律、行政法规，尊重社会公法，不得扰乱社会经济秩序，损害社会公共利益。"为了维护合同的严肃性和确保依法成立的合同能够切实贯彻执行，我国《合同法》第 8 条还规定："依法成立的合同，对当事人具有法律约束力，当事人应按照约定履行自己的义务，不得擅自变更或解除合同。依法成立的合同，受法律保护。"我国《合同法》的这些规定，不仅适用于国内货物贸易合同，也适用于我国对外订立的进出口合同。由此可见，在国际货物贸易中，合同当事人都必须遵守本国的有关法律规定。

在长期的国际贸易实践中，由于进出口合同双方当事人所在国的法律制度不同，因此，对同一问题可能出现不同的法律规定，从而在法律上会作出不同的解释并得出不同的结论。为了解决这种法律冲突，一般在国内法中规定了冲突规范的办法。例如，我国《合同法》第 26 条即作了这样的规定："涉外合同当事人可以选择处理合同争议所适用的法律，但法律另有规定的除外。涉外合同当事人没有选择的，适用与合同有密切联系的国家的法律。"根据这项法律

规定，在我国进出口合同中，交易双方可以协商约定处理合同争议所适用的准据法，其中，既可以选择适用买方或卖方所在国的法律，也可以选择适用买卖双方同意的第三国的法律或有关的国际条约或公约。若买卖双方没有在进出口合同中约定解决合同争议所适用的法律，则由受理合同争议的法院或仲裁机构，依据与合同有最密切联系的国家的法律来处理合同项下的争议。

2. 适用有关的国际协定、条约或公约

在国际贸易实践中，由于各国国内法的规定千差万别，加之各国贸易利害关系不同，单靠某一国家的国内法，已经不能适应解决贸易双方的国际贸易争议，难以使各方当事人都接受。因此，在长期的国际贸易实践中，各国政府和一些国际组织为了消除国际贸易障碍和解决国际贸易争议，便相继缔结或参加了一些双边或多边的国际贸易方面的协定、条约或公约，其中有的已被大多数国家所接受，并且行之有效。由此可见，进出口合同的订立、履行和处理合同争议，还必须符合合同当事人所在国缔结或参加的有关国际贸易、运输、结算、仲裁和知识产权等方面的协定、条约或公约。

(1)双边协定。我国同许多国家和地区分别订立了双边的贸易协定、支付协定和运输协定等，在同这些订有协定的国家进行贸易时，我们必须严格遵守对外所签订的协议，如合同双方发生争议，也应根据协议的规定来处理。

(2)多边协定。WTO 自成立以来一直致力于为其成员降低关税壁垒以促进国际贸易自由化，并在维护公平贸易秩序、促进贸易自由化方面起到了不可替代的作用。自 2001 年 12 月 11 日我国加入世贸组织后，我们按照 WTO 协定的有关规定和我国政府曾经作出的承诺，清理、修改和公布了所有与贸易有关的法律、法规，使各项法律、法规的实施更加透明，这就有利于我国按国际规范处理有关经济贸易方面的事宜，切实按世贸规则行事，以维护国家的利益和建立正常的国际经济贸易秩序。

(3)国际条约或公约。有关国际贸易的国际条约或公约很多，我国有选择地相继参加了一些有关的国际条约或公约，其中，按《联合国国际货物销售合同公约》和《承认与执行外国仲裁裁决公约》(即 1958 年纽约公约)，对国际货物买卖合同的订立、履行和处理合同争议关系最为密切。

本着对缔约国缔结或参加国际条约或公约"必须遵守"的原则，在法律适用问题上，条约或公约优先于国内法律。在我国对外订立的进出口合同中，若合同双方当事人都是《联合国国际货物销售合同公约》成员国，或者双方当事人约定该公约为处理合同争议所适用的准据法，则履行合同和处理争议，都得依据该公约的规定行事。

**相关链接**

**《联合国国际货物销售合同公约》和《承认与执行外国仲裁裁决公约》**

《联合国国际货物销售合同公约》(United Nations Convention on Contracts of International Sales of Goods，CISG)是联合国国际贸易法律委员会于 1980 年 4 月在维也纳召开的包括主要贸易国家在内的 62 个国家的代表参加的外交会议上讨论修改后通过的。我国是最早加入《联合国国际货物销售合同公约》的缔约国之一。

《承认及执行外国仲裁裁决公约》(the New York Convention on the Recognition and Enforcement of Foreign Arbitral Awards)是 1958 年 6 月 10 日由联合国在纽约召开的国际商事仲裁会议上签订的，又称《1958 年纽约公约》。该公约承认缔约国双方当事人所签订的仲裁协议有效，根据仲裁协议所作出的仲裁裁决，缔约国承认其效力，并有义务执行。第六届全国人民代表大会常务委员会第十八次会议于 1986 年 12 月 2 日决定我国加入 1958 年在纽约通过的《承认及执行外国仲裁裁决公约》，该公约于 1987 年 4 月 22 日对我国生效。

## 二、国际货物贸易适用的惯例

1. 国际贸易惯例的含义、性质与作用

国际贸易惯例有其特定的解释，它通常是指国际组织根据国际贸易实践中逐渐形成的一般习惯做法制定成文的规则，且这些规则，根据当事人意思自治的原则，被国际上普遍接受和广泛使用，而成为公认的国际贸易惯例。在此需要强调指出的是，国际贸易惯例本身不是法律，它不具有强制性，合同当事人是否采用国际贸易惯例，取决于当事人的意愿，当事人可以约定采用某项国际贸易惯例，也可约定排除某项国际贸易惯例。尽管国际贸易惯例本身不具有法律效力，但通过政府或国际立法，可赋予国际贸易惯例法律效力。例如，《中华人民共和国民法通则》规定："中华人民共和国法律和中华人民共和国缔结或参加的国际条约没有规定的，可以适用国际惯例。"又如，按《联合国国际货物销售合同公约》规定，凡合同没有排除的惯例，人们经常使用和反复遵守的惯例，人们已经知道和应当知道的惯例，都适用于合同。此外，各国法院和仲裁机构处理涉外争议案件时，也往往参照国际贸易惯例。综上所述，足见国际贸易惯例具有重要的法律地位，它既是国际贸易法的重要渊源，也弥补了国际贸易法的不足，它同国际贸易法起着相辅相成的作用。因此，在国际商务活动中，人们不仅要了解法律，严格依法行事，而且也要了解惯例，严格按国际贸易惯例办事。只有这样，才能有效地开展国际商务活动和维护正常的国际经济贸易秩序。

2. 有关国际货物贸易的主要国际惯例

为了适应国际贸易发展的需要，各种国际组织先后制定和公布了有关国际货物贸易方面的一系列国际惯例，其中主要有以下几种：关于解释国际贸易术语的惯例；关于托收的惯例；关于跟单信用证的惯例；关于国际备用信用证的惯例；关于银行保函的惯例；等等。

## 思考题

1. 什么是对外贸易与国际贸易？
2. 对外贸易依存度有几种表示形式？
3. 当代世界市场的特点是什么？
4. 请阐述对外贸易在经济中所起的作用。
5. 《服务贸易总协定》的主要内容有哪些？
6. 请阐述国际技术贸易与国际货物贸易的异同点。
7. 请阐述经常项目外汇账户管理的主要内容。
8. 请阐述人民币汇率制度和跨境人民币结算。
9. 请阐述国际货物贸易适用的法律。
10. 请阐述国际货物贸易适用的惯例。

# 第二章　贸易术语

**开篇案例**

我国东北地区某出口企业A公司向美国买家B公司以CIF条件出口一批大型机械设备，合同金额300余万美元，支付条件为买方收货后120天付款。2004年11月，A公司与国内S航运公司签订了海上集装箱运输合同，由A公司将货物交S航运公司装箱运输，合同注明货物为成套设备，严禁水浸。A公司交货后与S公司共同装箱并加铅封。2005年1月，货物到达美国目的港后，收货人告知A公司，集装箱中的成套设备已遭水浸，全部报废。由于买卖双方签订的是CIF合同，收货人要求卖方A公司协助其向S公司索赔。A公司经初步调查，发现集装箱下有漏洞，加之船舶在运输途中进水，致使设备受潮报废。但S公司认为A公司在参与封箱时并未提出异议，故承运人对此事不应负责，拒绝赔偿；而B公司则认为，货物事实上已无法使用，故拒绝对A公司付款。

在国际货物买卖过程中，由于买卖双方地处不同的国家(地区)，有关交易双方在货物交接过程中，有关责任、义务、风险和费用的划分等，在双方合同的洽谈过程中必须订立明确。这些内容的订立非常繁琐和冗长，在国际贸易的长期实践中，为了便于理解，必须有一种专门的"对外贸易语言"，于是贸易术语应运而生。

贸易术语(trade terms)又称贸易条件、价格术语(price terms)等，它使用的是一个简短的概念(shorthand expression)和英文缩写字母来表明商品的价格构成。

国际贸易的买卖双方在规定价格时使用了贸易术语，既可节省交易磋商的时间和费用，又可简化交易磋商和买卖合同的内容，有利于交易的达成和贸易的发展。

贸易术语是国际货物买卖合同中不可或缺的重要内容，因此，从事国际贸易的业务人员，必须了解和掌握国际贸易中现行的贸易术语及有关的国际贸易惯例，以便在对外贸易业务中正确选择和使用。

## 第一节　有关贸易术语的国际贸易惯例

早在19世纪初，在国际贸易中已开始使用贸易术语。由于使用初期，国际上对各贸易术语的解释与运用没有统一的、明确的定义，所以容易引起贸易纠纷。为了避免因贸易术语解释而产生的分歧，有些国际组织、商业团体、学术机构发起对贸易术语作统一的解释。经过多年的实践和发展，目前，在国际上形成有较大影响的国际贸易术语的惯例，主要包括：国际商会(International Chamber of Commerce，ICC)制定的《国际贸易术语解释通则》(International Rules for the Interpretation of Trade Terms，INCOTERMS)，国际法协会(International Law Association)制定的《华沙—牛津规则》(Warsaw-Oxford Rules)。美国一些商业团体制定的《美国对外贸易定义修订本》(Revised American Foreign Trade Definitions)。由于上述各项解释贸易术语的规则在国际贸易中运用范围较广，从而成为一般的国际贸易惯例。

国际贸易惯例不是国家的共同立法，它对交易双方都没有强制性。但是，国际贸易惯例与国际贸易法有着千丝万缕的联系，在当前各国都在积极谋求国际贸易法律统一化的过程中，国际贸易惯例起着重要的作用，并且日益受到各国政府、贸易界和法律界的重视，许多国家在立法中明文规定了国际贸易惯例的效力。在国际立法中，特别是 1988 年 1 月 1 日生效的《联合国国际货物销售合同公约》(United Nations Convention on Contracts for the International Sale of Goods)得到充分的肯定。在国际贸易实践中，如买卖双方在合同中明确表示采用某项惯例时，则该项惯例对买卖双方都有约束力。因此，国际贸易从业人员要熟悉在国际上各种通行的有关贸易术语，以便在实际业务中合理、正确地使用，保证进出口业务顺利进行，取得预期的效益。

## 一、《国际贸易术语解释通则® 2010》

1936 年，国际商会收集了一些重要贸易术语并作了统一的解释，定名为《1936 年国际贸易术语解释通则》，即 INCOTERMS 1936。此后，随着国际贸易的发展和形势的变化，国际商会分别于 1953 年、1967 年、1976 年、1980 年和 1990 年对 INCOTERMS 进行修订。1999 年国际商会又对 INCOTERMS 1990 作了修订，公布了新版的《2000 年国际贸易术语解释通则》(简称《2000 年通则》，成为国际商会第 560 号出版物(INCOTERMS 2000，ICC Publication No. 560)，该通则于 2000 年 1 月 1 日起生效。

为适应国际贸易的快速发展和国际贸易实践领域发生的新变化，国际商会于 2007 年发起对《国际贸易术语解释通则 2000》(Incoterms2000)进行修订的动议，并组建了修订小组。Incoterms® 2010[①](以下用 Incoterms 2010)的修订工作历时 3 年，征集了全球商界大量意见和建议，几易其稿，最终版本于 2010 年 9 月正式面世，并于 2011 年 1 月 1 日起生效。

国际商会 1980 年修订的主要原因是为了适应集装箱运输和多式联运的发展。在 1980 年修订本引入了货交承运人(现在为 FCA)术语，其目的是为了适应在海上运输中经常出现的情况，即交货点不再是传统的 FOB 点(货物越过船舷)，而是在将货物装船之前运到陆地上的某一点，在那里将货物装入集装箱，以便经由海运或其他运输方式(即所谓的联合或多式运输)继续运输。1990 年修订是为了适应电子数据交换(Electronic Data Interchange，EDI)日益频繁运用的需要。2000 年修订对 INCOTERMS 1990 版本的修改很少，以保证其稳定性。

《国际贸易术语解释通则® 2010》(以下用《国际贸易术语解释通则 2010》)(Incoterms2010)考虑了无关税区的不断扩大、商业交易中电子信息使用的增加、货物运输中对安全问题的进一步关注以及运输方式的变化。《国际贸易术语解释通则 2010》更新并整合与“交货”相关的规则，将术语总数由原来的 13 条减至 11 条，并对所有规则作出更加简洁、明确的陈述。同时，《国际贸易术语解释通则 2010》首次在贸易术语中对买方与卖方不使用有性别差别的称谓。

---

① “Incoterms”是国际商会注册商标。

### 二、《1932 年华沙—牛津规则》

国际法协会于 1928 年在波兰华沙举行会议，制定了 CIF 买卖合同的统一规则，共计 22 条，称为《1928 年华沙规则》。此后，在 1930 年纽约会议、1931 年巴黎会议和 1932 年牛津会议上，相继将此规则修订为 21 条，称为《1932 年华沙—牛津规则》(Warsaw-Oxford Rules 1932，简称 W.O. Rules 1932)。

《1932 年华沙—牛津规则》是国际法协会专门为解释 CIF 而制定的。它对 CIF 合同的性质、特点及买卖双方的权利与义务都作了具体的规定和说明。该规则供买卖双方自愿采用。

### 三、《1990 年美国对外贸易定义修订本》

《1990 年美国对外贸易定义修订本》(简称《美国对外贸易定义》)是由美国几个商业团体制定的。它最早于 1919 年在纽约制定，原称为《美国出口报价及其缩写条例》。后来于 1941 年在美国第 27 届全国对外贸易会议上对该条例做了修订。这一修订本经美国商会、美国进口商协会和全国对外贸易协会所组成的联合委员会通过，由全国对外贸易协会予以公布。1990 年，根据形势发展的需要，《美国对外贸易定义》被再次修订，并被命名为《1990 年美国对外贸易定义修订本》。

《1990 年美国对外贸易定义修订本》中所解释的贸易术语共有 6 种，分别为：

(1)EXW(Ex Works)(产地交货)；

(2)FOB(Free on Board)(在运输工具上交货)；

(3)FAS(Free A long Side)(在运输工具旁边交货)；

(4)CFR(Cost and Freight)(成本加运费)；

(5)CIF(Cost，Insurance，Freight)(成本、保险费、运费)；

(6)DEQ(Delivered Ex Quay)(目的港码头交货)。

《美国对外贸易定义》主要在美洲一些国家采用，由于它对贸易术语的解释，特别是对第 2 种和第 3 种术语的解释与《国外贸易术语解释通则》有明显的差异，所以，在同美洲国家进行交易时应加以注意。

近年来，美国许多贸易界人士呼吁放弃《美国对外贸易定义》，而采用国际上更为通行的《国际贸易术语解释通则》。

## 第二节 Incoterms 2010 概述

国际商会和美国的一些商业团体对一些贸易术语分别进行了规范和解释。由于 Incoterms 2010 对贸易术语的解释内容最多，应用范围也最广，所以，本书选择了 Incoterms 2010 对贸易术语的解释加以说明。

《国际贸易术语解释通则》(Incoterms)是一套由三个字母组成的、反映货物买卖合同中商业实务的贸易术语。《国际贸易术语解释通则》主要描述了货物由卖方交付给买方过程中所涉及的工作、成本和风险。

### 一、《国际贸易术语解释通则 2010》中 11 个术语的分类

《国际贸易术语解释通则 2010》中的 11 个术语分为特征鲜明的两大类，如图 2—1 所示。

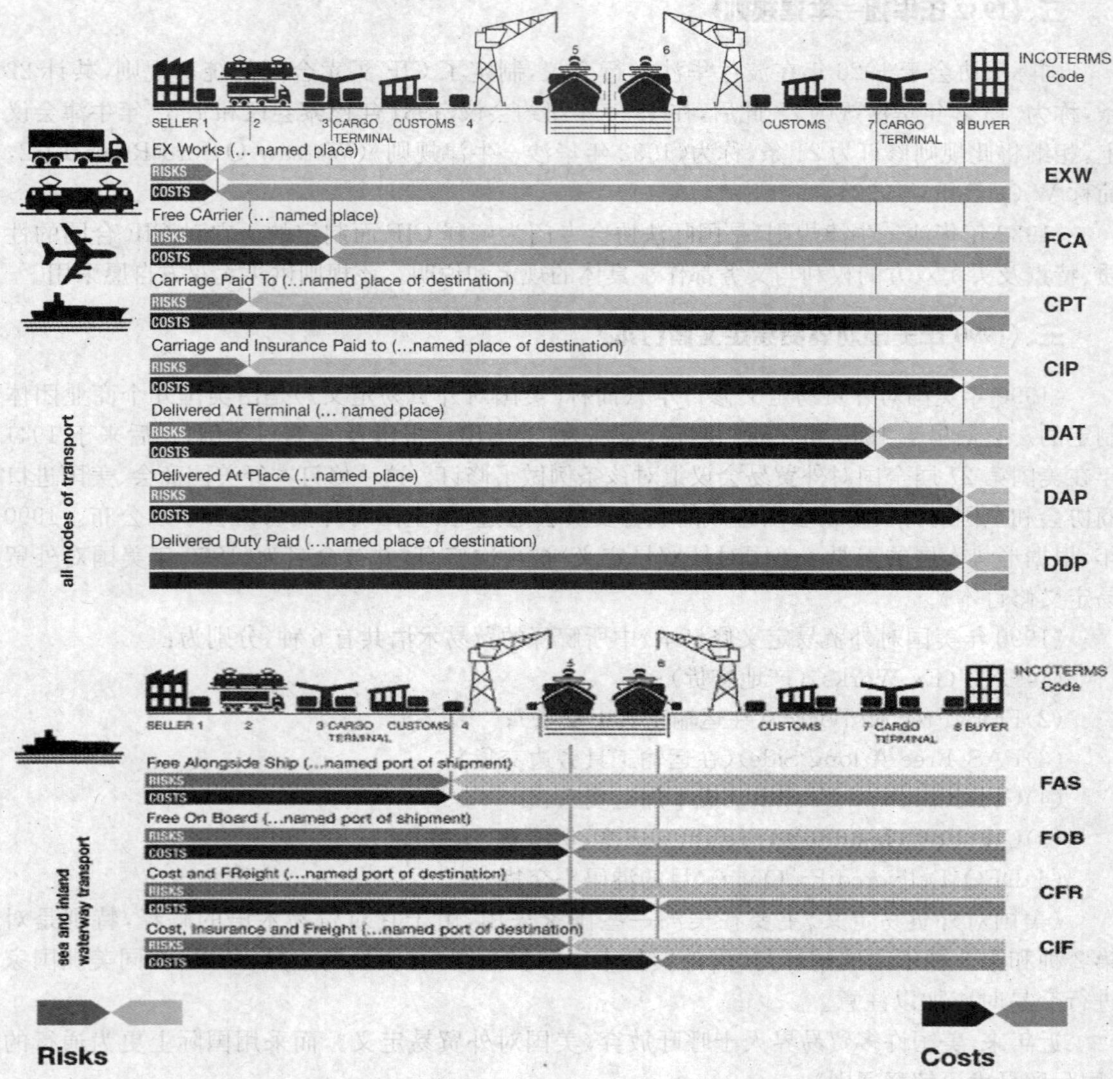


图 2—1 《国际贸易术语解释通则 2010》中 11 个术语的分类

1. 适用于任何运输方式或多种运输方式的术语

EXW　工厂交货

FCA　货交承运人

CPT　运费付至

CIP　运费、保险费付至

DAT　运输终端交货

DAP　目的地交货

DDP　完税后交货

2. 适用于海运及内河水运的术语

FAS　船边交货

FOB　　船上交货

CFR　　成本加运费

CIF　　成本、保险费加运费

第一类包括《国际贸易术语解释通则 2010》中的 7 个术语，不论选用何种运输方式，也不论是否使用一种或多种运输方式，均可适用。EXW、FCA、CPT、CIP、DAT、DAP 和 DDP 均属此类，甚至没有海运时也可使用这些术语。但是，重要的是要记住，当船舶用于部分运输时，可以使用这些术语。

《国际贸易术语解释通则 2010》中的第二类术语，交货地点和将货物交至买方的地点都是港口，因此被划分为“适于海运及内河水运的术语”。FAS、FOB、CFR 和 CIF 均属此类。在最后三个术语中在 Incoterms 2000 是以船舷作为交货点的表述，取而代之的是货物置于“船上”时构成交货。这样的规定更符合当今商业现实，且能避免那种已经过时的风险在一条假想垂直线上摇摆不定的情形出现。

《国际贸易术语解释通则 2010》中的买卖双方的责任和义务，如图 2—2 所示。

| Service | "E" Departure | "F" Main Carriage Unpaid | | | "C" Main Carriage Paid | | | | "D" Arrival | | |
|---|---|---|---|---|---|---|---|---|---|---|---|
| | EXW | FCA | FAS | FOB | CFR | CIF | CPT | CIP | DAT | DAP | DDP |
| | Ex-Works (Place) | Free Carrier (Place) | Free Alongside Ship (Port) | Free On Board (Port) | Cost & Freight (Port) | Cost of Insurance & Freight (Port) | Carriage Paid To (Place) | Carriage & Insurance Paid To (Place) | Delivered at Terminal (Place/Port) | Delivered at Place (Place) | Deliver Duty Paid (Place) |
| OBLIGATION AND CHARGES | | | | | | | | | | | |
| Warehouse Services | Seller | Seller | Seller | Seller | Seller | Seller | Seller | Seller | Seller | Seller | Seller |
| Export Packing | Seller | Seller | Seller | Seller | Seller | Seller | Seller | Seller | Seller | Seller | Seller |
| Loading at Point of Origin | Buyer | Seller | Seller | Seller | Seller | Seller | Seller | Seller | Seller | Seller | Seller |
| Inland Freight | Buyer | Seller | Seller | Seller | Seller | Seller | Seller | Seller | Seller | Seller | Seller |
| Port Receiving Charges | Buyer | Seller | Seller | Seller | Seller | Seller | Seller | Seller | Seller | Seller | Seller |
| Forwarder Fees | Buyer | Seller | Seller | Seller | Seller | Seller | Seller | Seller | Seller | Seller | Seller |
| Ocean/Air Freight | Buyer | Buyer | Buyer | Buyer | Seller | Seller | Seller | Seller | Seller | Seller | Seller |
| Charges in Foreign Port | Buyer | Buyer | Buyer | Buyer | Buyer | Buyer | Buyer | Buyer | Seller | Seller | Seller |
| Custom Clearance | Buyer | Buyer | Buyer | Buyer | Buyer | Buyer | Buyer | Buyer | Buyer | Buyer | Seller |
| Customs Duties | Buyer | Buyer | Buyer | Buyer | Buyer | Buyer | Buyer | Buyer | Buyer | Buyer | Seller |
| Delivery Charges to Final Destination | Buyer | Buyer | Buyer | Buyer | Buyer | Buyer | Buyer | Buyer | Buyer | Seller | Seller |

**图 2—2　《国际贸易术语解释通则 2010》中买卖双方的责任和义务**

## 二、国际贸易术语的使用

1. 在买卖合同中写入《国际贸易术语解释通则 2010》术语

如果想在合同中使用《国际贸易术语解释通则 2010》，应在合同中用类似词句作出明确表示。

2. 选择合适的国际贸易术语

对国际贸易术语的选择应适合于货物性质和运输方式，首先是考虑合同各方是否想给卖方或买方增加额外的义务，如安排运输或保险的义务等。每个术语的“使用说明”对选择术语十分有用。无论选择何种术语，买卖双方均应清楚，对其合同的解释很可能会受到所使用港口或地点特有的惯例的影响。

3. 尽可能对地点和港口作出详细说明

只有合同各方写明港口或地点，所选用的国际贸易术语才能发挥作用。而对港口或地点写得尽量确切，就更能凸显国际贸易术语的作用。

准确表述的范例如下：

"FCA 38 Cours Albert 1er, Paris, France Incoterms 2010."①

在贸易术语 Ex Works(EXW，工厂交货)，Free Carrier(FCA，货交承运人)，Delivered at Terminal(DAT，运输终端交货)，Delivered at Place(DAP，目的地交货)，Delivered Duty Paid(DDP，完税后交货)，Free Alongside Ship(FAS，船边交货)和 Free on Board(FOB，船上交货)中，指定地点是交货地点和风险从卖方转移到买方的地点。在贸易术语 Carriage Paid To(CPT，运费付至)，Carriage and Insurance Paid To(CIP，运费、保险费付至)，Cost and Freight(CFR，成本加运费)和 Cost, Insurance and Freight(CIF，成本、保险费加运费)中，指定地点与交货地点有别。在此四个贸易术语中，指定地点是目的地，其运费已经支付。如能在指明地点或目的地内明确该地点或目的地内确定的点，将更有助于避免疑问或争议。

4. 国际贸易术语是买卖合同的一项内容

国际贸易术语确实规定了买卖合同中哪方有安排运输、保险的义务，卖方何时向买方交货以及各方应当支付的费用。但国际贸易术语没有说明应付价格或支付方式。它也没有涉及货物所有权的转让或违约后果。这些问题通常依据买卖合同的明确约定或合同的适用法处理。合同各方应当清楚强制适用的本地法可能推翻买卖合同的任何条款，包括所选择的国际贸易术语在内。

## 三、国内贸易与国际贸易术语的关系

国际贸易术语传统上用于货物跨越国界的国际货物买卖合同。但是，在世界许多地区，像欧盟一样的贸易同盟已使不同成员国间的边界形式显得不再重要。因此，《国际贸易术语解释通则 2010》的副标题②正式确认这些术语对国际和国内货物买卖合同均可适用。因而，《国际贸易术语解释通则 2010》在多处明确说明，只有在适用时，才产生遵守进/出口手续要求的义务。

两种发展让 ICC 认识到应及时向此方向演进：第一，贸易方常在纯国内买卖合同中使用国际贸易术语；第二，美国国内贸易中出现了更愿意以国际贸易术语取代传统使用的《美国统一商法典》中的运输和交货术语的现象。

## 四、电子信息

《国际贸易术语解释通则》以往的版本曾经规定诸多文件可用电子数据信息替代。《国际贸易术语解释通则 2010》的 A1 和 B1 条款则在各方约定或符合惯例的情况下，赋予电子信息与纸质信息同等效力。这种表述便利新电子程序在《国际贸易术语解释通则 2010》有效期内的发展。

## 五、链式销售

与特定产品的销售不同，在商品销售中，货物在运送至销售链终端的过程中常常被多次转

① 中文版注："FCA"(货交承运人)是术语，"38 Cours Albert 1er, Paris, France"是地点或地址，"Incoterms® 2010"是对所选的贸易术语最新版本的说明。

② 副标题为："ICC rules for the use of domestic and international trade terms"(国际商会制定的适用国内和国际贸易的术语通则)。

卖。出现此种情况时，在销售链终端的卖方实际上不运送货物，因为处于销售链始端的卖方已经安排了运输。因此，处在销售链中间的卖方不是以运送货物的方式，而是以“取得”货物的方式，履行对其买方的义务。为了澄清此问题，《国际贸易术语解释通则 2010》术语中包括“取得运输中货物”的义务，并以其作为在相关术语中运输货物义务的替代义务。

相关链接

**《国际贸易术语解释通则 2010》术语专用词**

1. 承运人(Carrier)

在《国际贸易术语解释通则 2010》术语中，承运人是签约承担运输责任的一方。

2. 海关手续(Customs formalities)

海关手续是指为遵守任何适用的海关规定所需满足的要求，并可包括各类文件、安全、信息或实物检验的义务。

3. 交货(Delivery)

在贸易法律与实务中，此概念有多种含义。但在《国际贸易术语解释通则 2010》术语中，它所指的是货物灭失与损坏的风险从卖方转移至买方的点。

4. 交货凭证(Delivery document)

此词现为 A8 的标题。它是指证明已交货的凭证。在《国际贸易术语解释通则 2010》许多术语中，交货凭证是运输凭证或对应的电子记录。但是，在使用 EXW、FCA、FAS 和 FOB 时，交货凭证可能仅仅是一张收据。交货凭证也会有其他作用，比如作为支付安排的构成部分。

5. 电子记录或程序(Electronic record or procedure)

由一条或多条电子信息组成的整套信息，如适用时与对应的纸质凭证具有同等效力。

6. 包装(Packaging)

此词可用于不同目的：

(1)为满足买卖合同的要求对货物进行包装。

(2)为适应运输需要对货物进行包装。

(3)在集装箱或其他运载工具中装载包装好的货物。

《在国际贸易术语解释通则 2010》术语中，包装所指的是以上第一种和第二种情况。《国际贸易术语解释通则 2010》中的术语不涉及各方在集装箱内的装载义务，因此，如需要的话，各方应在买卖合同中作出约定。

相关链接

**Incoterms 2010 与 Incoterms 2000 的对比分析**

Incoterms 2010 中两个新增术语 DAT(运输终端交货)和 DAP(目的地交货)取代了 Incoterms 2000中的 DAF(边境交货)、DES(目的港船上交货)、DEQ(目的港码头交货)和 DDU(未完税交货)。

在这两个新增术语中，交货都在指定目的地发生。使用 DAT 时，货物已从到达的运输工具卸下，交由买方处置(与以前的 DEQ 术语相同)。使用 DAP 时，货物同样交由买方处置，但仅需做好卸货准备(与以前的 DAF、DES 和 DDU 术语相同)。

新术语使得 Incoterms 2000 的 DES 与 DEQ 成为多余。DAT 中的指定终端很可能是港口，因此该术语可完全适用于 Incoterms 2000 的 DEQ 适用的场合。同样，DAP 中抵达的运输工具很可能是船只，指定地点也很可能是港口，因此，DAP 可完全适用于 Incoterms 2000 的 DES 适用的场合。这两个新术语和先前的术语一样，是"交货"型，由卖方承担将货物交至指定目的地的所有费用（除与进口清关[①]相关的费用外，如有的话）和风险。

## 第三节 对各种贸易术语的解释

### 一、EXW(EX WORKS 工厂交货)

EXW(insert named place of delivery) Incoterms 2010——EXW(插入指定交货地点)《国际贸易术语解释通则 2010》。

该术语可适用于任何运输方式，也可适用于多种运输方式。它适合国内贸易，而 FCA 一般则更适合国际贸易。

"工厂交货"是指当卖方在其所在地或其他指定地点(如工厂、车间或仓库等)将货物交由买方处置时，即完成交货。卖方不需要将货物装上任何前来接收货物的运输工具，需要清关时，卖方也无需办理出口清关手续。

双方在指定交货地范围内尽可能明确具体交货地点，因为在货物到达交货地点之前的所有费用和风险都由卖方承担。买方则需承担自此指定交货地的约定地点(如有的话)收取货物所产生的全部费用和风险。

1. 需要注意的问题

EXW(工厂交货)术语代表卖方最低义务，使用时需注意以下问题：

(1)卖方对买方没有装货的义务，即使实际上卖方也许更方便这样做。如果卖方装货，也是由买方承担相关风险和费用。当卖方更方便装货物时，FCA 一般更为合适，因为该术语要求卖方承担装货义务，以及与此相关的风险和费用。

(2)以 EXW 为基础购买出口产品的买方需要注意，卖方只有在买方要求时，才有义务协助办理出口，即卖方无义务安排出口通关。因此，在买方不能直接或间接地办理出口清关手续时，不建议使用该术语。

(3)买方仅有限度地承担向卖方提供货物出口相关信息的责任。但是，卖方则可能出于缴税或申报等目的，需要这方面的信息。

2. 买卖双方义务

买卖双方义务如表 2－1 所示。

表 2－1　　EXW 买卖方双方义务

| A 卖方义务 | B 买方义务 |
|---|---|
| A1 卖方一般义务<br>卖方必须提供符合买卖合同约定的货物和商业发票，以及合同可能要求的其他与合同相符的证据。<br>A1～A10 中所指的任何单证在双方约定或符合惯例的情况下，可以是同等作用的电子记录或程序。 | B1 买方一般义务<br>买方必须按照买卖合同约定支付价款。<br>B1～B10 中所指的任何单证在双方约定或符合惯例的情况下，可以是同等作用的电子记录或程序。 |

① 清关：即结关，习惯上又称通关，是指进口货物、出口货物和转运货物进入一国海关关境或国境必须向海关申报，办理海关规定的各项手续，履行各项法规规定的义务；只有在履行各项义务，办理海关申报、查验、征税、放行等手续后，货物才能放行，货主或申报人才能提货。同样，载运进出口货物的各种运输工具进出境或转运，也均需向海关申报，办理海关手续，得到海关的许可。货物在清关期间，不论是进口、出口或转运，都是处在海关监管之下，不准自由流通。

续表

| A 卖方义务 | B 买方义务 |
|---|---|
| A2 许可证、授权、安检通关和其他手续<br>如适用时，经买方要求，并承担风险和费用，卖方必须协助买方取得出口许可或出口相关货物所需的其他官方授权。<br>如适用时，经买方要求，并承担风险和费用，卖方必须提供其所掌握的该项货物安检通关所需的任何信息。 | B2 许可证、授权、安检通关和其他手续<br>如适用时，应由买方自负风险和费用，取得进出口许可或其他官方授权，办理相关货物出口的海关手续。 |
| A3 运输合同与保险合同<br>①运输合同<br>卖方对买方无订立运输合同的义务。<br>②保险合同<br>卖方对买方无订立保险合同的义务。但应买方要求并由其承担风险和费用（如有的话），卖方必须向买方提供后者取得保险所需的信息。 | B3 运输合同与保险合同<br>①运输合同<br>买方对卖方无订立运输合同的义务。<br>②保险合同<br>买方对卖方无订立保险合同的义务。 |
| A4 交货<br>卖方必须在指定的交付地点或该地点内的约定点（如有的话），以将未置于任何接收货物的运输工具上的货物交由买方处置的方式交货。若在指定交货地没有约定点，且有几个点可供使用时，卖方可选择最适合于其目的的点。卖方必须在约定日期或期限内交货。 | B4 收取货物<br>当卖方行为与 A4、A7 相符时，买方必须收取货物。 |
| A5 风险转移<br>除按照 B5 的灭失或损坏情况外，卖方承担按照 A4 完成交货前货物灭失或损坏的一切风险。 | B5 风险转移<br>买方承担按照 A4 交货时起货物灭失或损坏的一切风险。<br>如果买方未能按照 B7 给予卖方通知，则买方必须从约定的交货日期或交货期限届满之日起，承担货物灭失或损坏的一切风险，但以该项货物已清楚地确定为合同项下之货物者为限。 |
| A6 费用划分<br>卖方必须支付按照 A4 完成交货前与货物相关的一切费用，但按照 B6 应由买方支付的费用除外。 | B6 费用划分<br>买方必须支付<br>①自按照 A4 交货时起与货物相关的一切费用；<br>②由于其未收取已处于可由其处置状态货物或未按照 B7 发出相关通知而产生的额外费用，但以该项货物已清楚地确定为合同项下之货物者为限；<br>③如适用时，货物出口应缴纳的一切关税、税款和其他费用及办理海关手续的费用；<br>④对卖方按照 A2 提供协助时所产生的一切花销和费用的补偿。 |
| A7 通知买方<br>卖方必须给予买方其收取货物所需的任何通知。 | B7 通知卖方<br>当有权决定在约定期限内的时间和/或在指定地点内的接收点时，买方必须向卖方发出充分的通知。 |
| A8 交货凭证<br>卖方对买方无义务。 | B8 交货证据<br>买方必须向卖方提供其已收取货物的相关凭证。 |
| A9 查对—包装—标记<br>卖方必须支付为了按照 A4 进行交货，所需要进行的查对费用（如查对质量、丈量、过磅、点数的费用）。<br>除非在特定贸易中，某类货物的销售通常不需包装，卖方必须自付费用包装货物。除非买方在签订合同前已通知卖方特殊包装要求，卖方可以适合该货物运输的方式对货物进行包装。包装应做适当标记。 | B9 货物检验<br>买方必须支付任何强制性装船前检验费用，包括出口国有关机构强制进行的检验费用。 |

续表

| A 卖方义务 | B 买方义务 |
| --- | --- |
| A10 协助提供信息及相关费用<br>如适用时，应买方要求并由其承担风险和费用，卖方必须及时向买方提供或协助其取得相关货物出口和/或进口、和/或将货物运输到最终目的地所需要的任何文件和信息，包括安全相关信息。 | B10 协助提供信息及相关费用<br>买方必须及时告知卖方任何安全信息要求，以便卖方遵守 A10 的规定。<br>买方必须偿付卖方按照 A10 向买方提供或协助其取得文件和信息时发生的所有花销和费用。 |

## 二、FCA（FREE CARRIER 货交承运人）

FCA（insert named place of delivery）Incoterms2010——FCA（插入指定交货地点）《国际贸易术语解释通则 2010》。

该术语可适用于任何运输方式，也可适用于多种运输方式。

"货交承运人"是指卖方在卖方所在地或其他指定地点将货物交给买方指定的承运人或其他人。由于风险在交货地点转移至买方，双方尽可能清楚地写明指定交货地内的交付点。

如果双方希望在卖方所在地交货，则应当将卖方所在地址明确为指定交货地。如果双方希望在其他地点交货，则必须确定不同的特定交货地点。

如适用时，FCA 要求卖方办理货物出口清关手续。但卖方无义务办理进口清关，支付任何进口税或办理任何进口海关手续。

买卖双方义务如表 2－2 所示。

表 2－2　　FCA 买卖方双方义务

| A 卖方义务 | B 买方义务 |
| --- | --- |
| A1 卖方一般义务<br>卖方必须提供符合买卖合同约定的货物和商业发票，以及合同可能要求的其他与合同相符的证据。<br>A1～A10 中所指的任何单证在双方约定或符合惯例的情况下，可以是同等作用的电子记录或程序。 | B1 买方一般义务<br>买方必须按照买卖合同约定支付价款。<br>B1～B10 中所指的任何单证在双方约定或符合惯例的情况下，可以是同等作用的电子记录或程序。 |
| A2 许可证、授权、安检通关和其他手续<br>如适用时，卖方必须自负风险和费用，取得所有的出口许可或其他官方授权，办理货物出口所需的一切海关手续。 | B2 许可证、授权、安检通关和其他手续<br>如适用时，应由买方自负风险和费用，取得所有进口许可或其他官方授权，办理货物进口和从他国过境运输所需的一切海关手续。 |
| A3 运输合同与保险合同<br>①运输合同<br>卖方对买方无订立运输合同的义务。但若买方要求，或依商业实践，且买方未适时作出相反指示，卖方可以按照通常条件签订运输合同，由买方负担风险和费用。在以上两种情形下，卖方都可以拒绝签订运输合同，如予拒绝，卖方应立即通知买方。<br>②保险合同<br>卖方对买方无订立保险合同的义务。但应买方要求并由其承担风险和费用（如有的话），卖方必须向买方提供后者取得保险所需的信息。 | B3 运输合同与保险合同<br>①运输合同<br>除了卖方按照 A3①签订运输合同情形外，买方必须自付费用签订自指定的交货地点起运货物的运输合同。<br>②保险合同<br>买方对卖方无订立保险合同的义务。 |

续表

| A卖方义务 | B买方义务 |
|---|---|
| A4 交货<br>卖方必须在约定日期或期限内，在指定地点或指定地点的约定点(如有约定)，将货物交付给买方指定的承运人或其他人。<br>以下情况，交货完成：<br>①若指定地点是卖方所在地，则当货物被装上买方提供的运输工具时；<br>②在任何其他情况下，则当货物虽仍处于卖方的运输工具上，但已准备好卸载，并已交由承运人或买方指定的其他人处置时。<br>如果买方未按照 B7 ④明确指定交货地点内特定的交付点，且有数个交付点可供使用时，卖方则有权选择最适合其目的的交货点。<br>除非买方另行通知，卖方可采取符合货物数量和/或性质需要的方式将货物交付运输。 | B4 收取货物<br>当货物按照 A4 交付时，买方必须收取。 |
| A5 风险转移<br>除按照 B5 的灭失或损坏情况外，卖方承担按照 A4 完成交货前货物灭失或损坏的一切风险。 | B5 风险转移<br>买方承担自按照 A4 交货时起货物灭失或损坏的一切风险。<br>如果<br>①买方未按照 B7 规定通知 A4 项下的指定承运人或其他人，或发出通知；或<br>②按照 A4 指定的承运人或其他人未在约定的时间接管货物；<br>则买方承担货物灭失或损坏的一切风险：<br>a. 自约定日期起，若无约定日期的，则<br>b. 自卖方在约定期限内按照 A7 通知的日期起；若没有通知日期的，则<br>c. 自任何约定交货期限届满之日起。<br>但以该项货物已清楚地确定为合同项下之货物者为限。 |
| A6 费用划分<br>卖方必须支付<br>①按照 A4 完成交货前与货物相关的一切费用，但按照 B6 应由买方支付的费用除外；及<br>②如适用时，货物出口所需海关手续费用，出口应缴纳的一切关税、税款和其他费用。 | B6 费用划分<br>买方必须支付<br>①自按照 A4 交货时起与货物相关的一切费用，如适用时，A6 ②中出口所需的海关手续费用，及出口应缴纳的一切关税、税款和其他费用除外；<br>②由于以下原因之一发生的任何额外费用：<br>a. 买方未能指定 A4 项下承运人或其他人，或<br>b. 买方指定的 A4 项下承运人或其他人未接管货物，或<br>c. 买方未能按照 B7 给予卖方相应的通知，但以该项货物已清楚地确定为合同项下之货物者为限；及<br>d. 如适用时，货物进口应缴纳的一切关税、税款和其他费用，及办理进口海关手续的费用和从他国过境运输的费用。 |
| A7 通知买方<br>由买方承担风险和费用，卖方必须就其已经按照 A4 交货或买方指定的承运人或其他人未在约定时间内收取货物的情况给予买方充分的通知。 | B7 通知卖方<br>买方必须通知卖方以下内容：<br>①按照 A4 所指定的承运人或其他人的姓名，以便卖方有足够时间按照该条款交货；<br>②如适用时，在约定的交付期限内所选择的由指定的承运人或其他人收取货物的时间；<br>③指定人使用的运输方式；及<br>④指定地点内的交货点。 |

续表

| A 卖方义务 | B 买方义务 |
| --- | --- |
| A8 交货凭证<br>卖方必须自付费用向买方提供已按照 A4 交货的通常证据。<br>应买方需求并由其承担风险和费用，卖方必须协助买方取得运输凭证。 | B8 交货证据<br>买方必须接受按照 A8 提供的交货凭证。 |
| A9 查对一包装一标记<br>卖方必须支付为了按照 A4 进行交货，所需要进行的查对费用（如查对货物质量、丈量、过磅、点数的费用），以及出口国有关机构强制进行的装运前检验所产生的费用。<br>除非在特定贸易中，某类货物的销售通常不需包装，卖方必须自付费用包装货物。<br>除非买方在签订合同前已通知卖方特殊包装要求，卖方可以适合该货物运输的方式对货物进行包装。包装应做适当标记。 | B9 货物检验<br>买方必须支付任何强制性装船前检验费用，但出口国有关机构强制进行的检验除外。 |
| A10 协助提供信息及相关费用<br>如适用时，应买方要求并由其承担风险和费用，卖方必须及时向买方提供或协助其取得相关货物进口和/或将货物运输到最终目的地所需要的任何文件和信息，包括安全相关信息。<br>卖方必须偿付买方按照 B10 提供或协助取得文件和信息时所发生的所有花销和费用。 | B10 协助提供信息及相关费用<br>买方必须及时告知卖方任何安全信息要求，以便卖方遵守 A10 的规定。<br>买方必须偿付卖方按照 A10 向买方提供或协助其取得文件和信息时发生的所有花销和费用。<br>如适用时，应卖方要求并由其承担风险和费用，买方必须及时向卖方提供或协助其取得货物运输和出口及从他国过境运输所需要的任何文件和信息，包括安全相关信息。 |

## 三、CPT(CARRIAGE PAID TO 运费付至)

CPT(insert named place of destination) Incoterms 2010——CPT(插入指定目的地)《国际贸易术语解释通则 2010》。

该术语可适用于任何运输方式，也可适用于多种运输方式。

"运费付至"是指卖方将货物在双方约定地点（如果双方已经约定了地点）交给卖方指定的承运人或其他人。卖方必须签订运输合同并支付将货物运至指定目的地所需费用。

在使用 CPT、CIP、CFR 或 CIF 术语时，当卖方将货物交付给承运人时，而不是当货物到达目的地时，即完成交货。

由于风险转移和费用转移的地点不同，该术语有两个关键点。双方尽可能确切地在合同中明确交货地点（风险在这里转移至买方），以及指定的目的地（卖方必须签订运输合同运到该目的地）。如果运输到约定目的地涉及多个承运人，且双方不能就交货点达成一致时，可以推定：当卖方在某个完全由其选择（且买方不能控制）的点将货物交付给第一个承运人时，风险转移至买方。如双方希望风险晚些转移的话（如在某海港或机场转移），则需要在其买卖合同中订明。

由于卖方需承担将货物运至目的地具体地点的费用，双方尽可能确切地在指定目的地内明确该点。卖方应取得完全符合该选择的运输合同。如果卖方按照运输合同在指定的目的地卸货发生了费用，除非双方另有约定，卖方无权向买方要求偿付。

如适用时，CPT 要求卖方办理货物的出口清关手续。但是卖方无义务办理进口清关，支付任何进口税或办理与进口相关的任何海关手续。

买卖双方义务如表 2－3 所示。

表 2－3 CPT 买卖方双方义务

| A 卖方义务 | B 买方义务 |
| --- | --- |
| A1 卖方一般义务<br>卖方必须提供符合买卖合同约定的货物和商业发票，以及合同可能要求的其他与合同相符的证据。<br>A1～A10 中所指的任何单证在双方约定或符合惯例的情况下，可以是同等作用的电子记录或程序。 | B1 买方一般义务<br>买方必须按照买卖合同约定支付价款。<br>B1～B10 中所指的任何单证在双方约定或符合惯例的情况下，可以是同等作用的电子记录或程序。 |
| A2 许可证、授权、安检通关和其他手续<br>如适用时，卖方必须自负风险和费用，取得所有的出口许可或其他官方授权，办理货物出口和交货前从他国过境运输所需的一切海关手续。 | B2 许可证、授权、安检通关和其他手续<br>如适用时，应由买方自负风险和费用，取得所有的进口许可或其他官方授权，办理货物进口和从他国过境运输所需的一切海关手续。 |
| A3 运输合同与保险合同<br>①运输合同<br>卖方必须签订或取得运输合同，将货物自交货地内的约定交货点（如有的话）运送至指定目的地或该目的地的交付点（如有约定）。必须按照通常条件订立合同，由卖方支付费用，经由通常航线和习惯方式运送货物。如果双方没有约定特别的点或该点不能由惯例确定，卖方则可选择最适合其目的的交货点和指定目的地内的交货点。<br>②保险合同<br>卖方对买方无订立保险合同的义务。但应买方要求并由其承担风险和费用（如有的话），卖方必须向买方提供后者取得保险所需的信息。 | B3 运输合同与保险合同<br>①运输合同<br>买方对卖方无订立运输合同的义务。<br>②保险合同<br>买方对卖方无订立保险合同的义务。但应卖方要求，买方必须向卖方提供其取得保险所需信息。 |
| A4 交货<br>卖方必须在约定日期或期限内，以将货物交给按照 A3 签订的合同承运人方式交货。 | B4 收取货物<br>当货物按照 A4 交付时，买方必须收取，并在指定目的地自承运人收取货物。 |
| A5 风险转移<br>除按照 B5 的灭失或损坏情况外，卖方承担按照 A4 完成交货前货物灭失或损坏的一切风险。 | B5 风险转移<br>买方承担按照 A4 交货时起货物灭失或损坏的一切风险。<br>如买方未按照 B7 给予卖方通知，则买方必须从约定的交货日期或交货期限届满之日起，承担货物灭失或损坏的一切风险，但以该货物已清楚地确定为合同项下之货物者为限。 |
| A6 费用划分<br>卖方必须支付<br>①按照 A4 完成交货前与货物相关的一切费用，但按照 B6 应由买方支付的费用除外；<br>②按照 A3 ①所发生的运费和其他一切费用，包括根据运输合同规定由卖方支付的装货费和在目的地的卸货费用；及<br>③如适用时，货物出口所需海关手续费用，出口应缴纳的一切关税、税款和其他费用，以及按照运输合同规定，由卖方支付的货物从他国过境运输的费用。 | B6 费用划分<br>在不与 A3 ①冲突的情况下，买方必须支付<br>①自按照 A4 交货时起，与货物相关的一切费用，如适用时，按照 A6 ③为出口所需的海关手续费用，及出口应缴纳的一切关税、税款和其他费用除外；<br>②货物在运输途中直至到达约定目的地为止的一切费用，按照运输合同该费用应由卖方支付的除外；<br>③卸货费，除非根据运输合同该项费用应由卖方支付；<br>④如买方未按照 B7 发出通知，则自约定发货之日或约定发货期限届满之日起，所发生的一切额外费用，但以该货物已清楚地确定为合同项下之货物者为限；及<br>⑤如适用时，货物进口应缴纳的一切关税、税款和其他费用，及办理进口海关手续的费用和从他国过境运输费用，除非该费用已包括在运输合同中。 |

续表

| A 卖方义务 | B 买方义务 |
|---|---|
| A7 通知买方<br>卖方必须向买方发出已按照 A4 交货的通知。<br>卖方必须向买方发出任何所需通知，以便买方采取收取货物通常所需要的措施。 | B7 通知卖方<br>当有权决定发货时间和/或指定目的地或目的地内收取货物的点时，买方必须向卖方发出充分的通知。 |
| A8 交货凭证<br>依惯例或应买方要求，卖方必须承担费用，向买方提供其按照 A3 订立的运输合同通常的运输凭证。<br>此项运输凭证必须载明合同中的货物，且其签发日期应在约定运输期限内。如已约定或依惯例，此项凭证也必须能使买方在指定目的地向承运人索取货物，并能使买方在货物运输途中以向下家买方转让或通知承运人方式出售货物。<br>当此类运输凭证以可转让形式签发且有数份正本时，则必须将整套正本凭证提交给买方。 | B8 交货证据<br>如果凭证与合同相符的话，买方必须接受按照 A8 提供的运输凭证。 |
| A9 查对—包装—标记<br>卖方必须支付为了按照 A4 进行交货，所需要进行的查对费用(如查对质量、丈量、过磅、点数的费用)，以及出口国有关机构强制进行的装运前检验所发生的费用。<br>除非在特定贸易中，某类货物的销售通常不需包装，卖方必须自付费用包装货物。<br>除非买方在签订合同前已通知卖方特殊包装要求，卖方可以适合该货物运输的方式对货物进行包装。包装应做适当标记。 | B9 货物检验<br>买方必须支付任何强制性装船前检验费用，但出口国有关机构强制进行的检验除外。 |
| A10 协助提供信息及相关费用<br>如适用时，应买方要求并由其承担风险和费用，卖方必须及时向买方提供或协助其取得相关货物进口和/或将货物运输到最终目的地所需要的任何文件和信息，包括安全相关信息。<br>卖方必须偿付买方按照 B10 提供或协助取得文件和信息时发生的所有花销和费用。 | B10 协助提供信息及相关费用<br>买方必须及时告知卖方任何安全信息要求，以便卖方遵守 A10 的规定。<br>买方必须偿付卖方按照 A10 向买方提供或协助其取得文件和信息时发生的所有花销和费用。<br>如适用时，应卖方要求并由其承担风险和费用，买方必须及时向卖方提供或协助其取得货物运输和出口及从他国过境运输所需要的任何文件和信息，包括安全相关信息。 |

## 四、CIP(CARRIAGE AND INSURANCE PAID TO 运费和保险费付至)

CIP(insert named place of destination) Incoterms 2010——CIP(插入指定目的地)《国际贸易术语解释通则 2010》。

该术语可适用于任何运输方式，也可适用于多种运输方式。

“运费和保险费付至”是指卖方将货物在双方约定地点(如双方已经约定了地点)交给其指定的承运人或其他人。卖方必须签订运输合同并支付将货物运至指定目的地的所需费用。

卖方还必须为买方在运输途中货物的灭失或损坏风险签订保险合同。买方应注意到，CIP 只要求卖方投保最低险别。如果买方需要更多保险保护的话，则需与卖方明确就此达成协议，或者自行作出额外的保险安排。

在使用 CPT、CIP、CFR 或 CIF 术语时，当卖方将货物交付给承运人时，而不是当货物到达目的地时，即完成交货。

由于风险转移和费用转移的地点不同，该术语有两个关键点。双方尽可能确切地在合同中明确交货地点(风险在这里转移至买方),以及指定目的地(卖方必须签订运输合同运到该目的地)。如果运输到约定目的地涉及多个承运人,且双方不能就特定的交货点达成一致时,可以推定:当卖方在某个完全由其选择、且买方不能控制的点将货物支付给第一个承运人时,风险转移至买方。如双方希望风险晚些转移的话(如在某海港或机场转移),则需要在其买卖合同中订明。

由于卖方需承担将货物运至目的地具体地点的费用,双方尽可能确切地在指定目的地内明确该点。卖方应取得完全符合该选择的运输合同。如果卖方按照运输合同在指定的目的地卸货发生了费用,除非双方另有约定,卖方无权向买方要求偿付。

如适用时,CIP 要求卖方办理货物的出口清关手续。但是卖方无义务办理进口清关,支付任何进口税或办理进口相关的任何海关手续。

买卖双方义务如表 2—4 所示。

表 2—4　　CIP 买卖方双方义务

| A卖方义务 | B买方义务 |
| --- | --- |
| A1 卖方一般义务<br>卖方必须提供符合买卖合同约定的货物和商业发票,以及合同可能要求的其他与合同相符的证据。<br>A1～A10 中所指的任何单证在双方约定或符合惯例的情况下,可以是同等作用的电子记录或程序。 | B1 买方一般义务<br>买方必须按照买卖合同约定支付价款。<br>B1～B10 中所指的任何单证在双方约定或符合惯例的情况下,可以是同等作用的电子记录或程序。 |
| A2 许可证、授权、安检通关和其他手续<br>如适用时,卖方必须自负风险和费用,取得所有的出口许可或其他官方授权,办理货物出口和交货前从他国过境运输所需的一切海关手续。 | B2 许可证、授权、安检通关和其他手续<br>如适用时,应由买方自负风险和费用,取得所有的进口许可或其他官方授权,办理货物进口和从他国过境运输所需的一切海关手续。 |
| A3 运输合同与保险合同<br>①运输合同<br>卖方必须签订或取得运输合同,将货物自交货地内的约定交货点(如有的话)运送至指定目的地或该目的地的交付点(如有约定)。必须按照通常条件订立合同,由卖方支付费用,经由通常航线和习惯方式运送货物。如果双方没有约定特别的点或该点不能由惯例确定,卖方则可选择最适合其目的的交货点和指定目的地内的交货点。<br>②保险合同<br>卖方必须自付费用取得货物保险。该保险需至少符合《协会货物保险条款》(Institute Cargo Clauses, LMA/IUA)"条款(C)"(Clauses C)或类似条款的最低险别。保险合同应与信誉良好的承保人或保险公司订立。应使买方或其他对货物有可保利益者有权直接向保险人索赔。<br>当买方要求且能够提供卖方所需的信息时,卖方应办理任何附加险别,由买方承担费用,如果能够办理,诸如办理《协会货物保险条款》(Institute Cargo Clauses, LMA/IUA)"条款(A)或(B)"(Clauses A or B)或类似条款的险别,也可同时或单独办理《协会战争险条款》(Institute War Clauses)和/或《协会罢工险条款》(Institute Strikes Clauses, LMA/IUA)或其他类似条款的险别。<br>保险最低金额是合同规定价格另加 10%(即 110%),并采用合同货币。<br>保险期间为货物自 A4 和 A5 规定的交货点起,至少到指定目的地止。 | B3 运输合同与保险合同<br>①运输合同<br>买方对卖方无订立运输合同的义务。<br>②保险合同<br>买方对卖方无订立保险合同的义务。但应卖方要求,买方必须向卖方提供后者应买方按照 A3 ②要求其购买附加险所需信息。 |

续表

| A 卖方义务 | B 买方义务 |
|---|---|
| 卖方应向买方提供保单或其他保险证据。<br>此外,应买方要求并由买方承担风险和费用(如有的话),卖方必须向买方提供后者取得附加险所需信息。 | |
| A4 交货<br>卖方必须在约定日期或期限内,以将货物交给按照A3 签订的合同承运人方式交货。 | B4 收取货物<br>当货物按照 A4 交付时,买方必须收取,并在指定目的地自承运人收取货物。 |
| A5 风险转移<br>除按照 B5 的灭失或损坏情况外,卖方承担按照 A4 完成交货前货物灭失或损坏的一切风险。 | B5 风险转移<br>买方承担按照 A4 交货时起货物灭失或损坏的一切风险。<br>如买方未按照 B7 通知卖方,则自约定的交货日期或交货期限届满之日起,买方承担货物灭失或损坏的一切风险,但以该货物已清楚地确定为合同项下之货物者为限。 |
| A6 费用划分<br>卖方必须支付<br>①按照 A4 完成交货前与货物相关的一切费用,但按照 B6 应由买方支付的费用除外;<br>②按照 A3①所发生的运费和其他一切费用,包括根据运输合同规定由卖方支付的装货费和在目的地的卸货费用;<br>③根据 A3②发生的保险费用;及<br>④如适用时,货物出口所需海关手续费用,出口应缴纳的一切关税、税款和其他费用,以及按照运输合同规定,由卖方支付的货物从他国过境运输的费用。 | B6 费用划分<br>在不与 A3①冲突的情况下,买方必须支付<br>①自按照 A4 交货时起,与货物相关的一切费用,如适用时,按照 A6②为出口所需的海关手续费用,及出口应缴纳的一切关税、税款和其他费用除外;<br>②货物在运输途中直至到达约定目的地为止的一切费用,按照运输合同该费用应由卖方支付的除外;<br>③卸货费,除非根据运输合同该项费用应由卖方支付;<br>④如买方未按照 B7 发出通知,则自约定发货之日或约定发货期限届满之日起,所发生的一切额外费用,但以该货物已清楚地确定为合同项下之货物者为限;<br>⑤如适用时,货物进口应缴纳的一切关税、税款和其他费用,及办理进口海关手续的费用和从他国过境运输费用,除非该费用已包括在运输合同中;及<br>⑥应买方要求,按照 A3 和 B3 取得附加险别所发生的费用。 |
| A7 通知买方<br>卖方必须向买方发出已按照 A4 交货的通知。卖方必须向买方发出所需通知,以便买方采取收取货物通常所需要的措施。 | B7 通知卖方<br>当有权决定发货时间和/或指定目的地或目的地内收取货物的点时,买方必须向卖方发出充分的通知。 |
| A8 交货凭证<br>依惯例或应买方要求,卖方必须承担费用,向买方提供其按照 A3 订立的运输合同通常的运输凭证。<br>此项运输凭证必须载明合同中的货物,且其签发日期应在约定运输期限内。如已约定或依惯例,此项凭证也必须能使买方在指定目的地向承运人索取货物,并能使买方在货物运输途中以向下家买方转让或通知承运人方式出售货物。<br>当此类运输凭证以可转让形式签发、且有数份正本时,则必须将整套正本凭证提交给买方。 | B8 交货证据<br>如果凭证与合同相符的话,买方必须接受按照 A8 提供的运输凭证。 |

续表

| A 卖方义务 | B 买方义务 |
|---|---|
| A9 查对—包装—标记<br>卖方必须支付为了按照 A4 进行交货所需要进行的查对费用（如查对质量、丈量、过磅、点数的费用），以及出口国有关机构强制进行的装运前检验所发生的费用。<br>除非在特定贸易中，某类货物的销售通常不需包装，卖方必须自付费用包装货物。<br>除非买方在签订合同前已通知卖方特殊包装要求，卖方可以适合该货物运输的方式对货物进行包装。包装应做适当标记。 | B9 货物检验<br>买方必须支付任何强制性装船前检验费用，但出口国有关机构强制进行的检验除外。 |
| A10 协助提供信息及相关费用<br>如适用时，应买方要求并由其承担风险和费用，卖方必须及时向买方提供或协助其取得相关货物进口和/或将货物运输到最终目的地所需要的任何文件和信息，包括安全相关信息。<br>卖方必须偿付买方按照 B10 提供或协助取得文件和信息时发生的所有花销和费用。 | B10 协助提供信息及相关费用<br>买方必须及时告知卖方任何安全信息要求，以便卖方遵守 A10 的规定。<br>买方必须偿付卖方按照 A10 向买方提供或协助其取得文件和信息时发生的所有花销和费用。<br>如适用时，应卖方要求并由其承担风险和费用，买方必须及时向卖方提供或协助其取得货物运输和出口及从他国过境运输所需要的任何文件和信息，包括安全相关信息。 |

## 五、DAT(DELIVERED AT TERMINAL 运输终端交货)

DAT(insert named terminal at port of destination) Incoterms 2010——DAT(插入指定港口或目的地的运输终端)《国际贸易术语解释通则 2010》。

该术语可适用于任何运输方式，也可适用于多种运输方式。

“运输终端交货”是指当卖方在指定港口或目的地的指定运输终端将货物从抵达的载货运输工具上卸下，交由买方处置时，即为交货。“运输终端”意味着任何地点，而不论该地点是否有遮盖，例如码头、仓库、集装箱堆积场或公路、铁路、空运货站。卖方承担将货物送至指定港口或目的地的运输终端并将其卸下的一切风险。

由于卖方承担在特定地点交货前的风险，双方尽可能确切地约定运输终端，或如果可能的话，在约定港口或目的地的运输终端内的特定的点。卖方应取得完全符合该选择的运输合同。

此外，如果双方希望由卖方承担由运输终端至另一地点间运送和受理货物的风险和费用，则应当使用 DAP 或 DDP 术语。

如适用时，DAT 要求卖方办理出口清关手续。但卖方无义务办理进口清关、支付任何进口税或办理任何进口海关手续。

买卖双方义务如表 2—5 所示。

**表 2—5　　DAT 买卖方双方义务**

| A 卖方义务 | B 买方义务 |
|---|---|
| A1 卖方一般义务<br>卖方必须提供符合买卖合同约定的货物和商业发票，以及合同可能要求的其他与合同相符的证据。<br>A1～A10 中所指的任何单证在双方约定或符合惯例的情况下，可以是同等作用的电子记录或程序。 | B1 买方一般义务<br>买方必须按照买卖合同约定支付价款。<br>B1～B10 中所指的任何单证在双方约定或符合惯例的情况下，可以是同等作用的电子记录或程序。 |

续表

| A 卖方义务 | B 买方义务 |
| --- | --- |
| A2 许可证、授权、安检通关和其他手续<br>如适用时，卖方必须自负风险和费用，取得所有的出口许可和其他官方授权，办理货物出口和交货前从他国过境运输所需的一切海关手续。 | B2 许可证、授权、安检通关和其他手续<br>如适用时，买方必须自负风险和费用，取得所有进口许可或其他官方授权，办理货物进口的一切海关手续。 |
| A3 运输合同与保险合同<br>①运输合同<br>卖方必须自付费用签订运输合同，将货物运至约定港口或目的地的指定运输终端。<br>如未约定特定的运输终端或该终端不能由惯例确定，卖方则可在约定港口或目的地，选择最适合其目的的运输终端。<br>②保险合同<br>卖方对买方无订立保险合同的义务。但应买方要求并由其承担风险和费用(如有的话)，卖方必须向买方提供后者取得保险所需信息。 | B3 运输合同与保险合同<br>①运输合同<br>买方对卖方无订立运输合同的义务。<br>②保险合同<br>买方对卖方无订立保险合同的义务。但应卖方要求，买方必须向卖方提供取得保险所需信息。 |
| A4 交货<br>卖方必须在约定日期或期限内，以在 A3①指定港口或目的地运输终端，将货物从抵达的运输工具上卸下，并交由买方处置的方式交货。 | B4 收取货物<br>当货物按照 A4 交付时，买方必须收取。 |
| A5 风险转移<br>除按照 B5 的灭失或损坏情况外，卖方承担按照 A4 完成交货前货物灭失或损坏的一切风险。 | B5 风险转移<br>买方承担按照 A4 交货时起货物灭失或损坏的一切风险。<br>如果<br>①买方未按照 B2 履行义务，则承担因此造成的货物灭失或损坏的一切风险；或<br>②买方未按照 B7 通知卖方，则自约定的交货日期或交货期限届满之日起，买方承担货物灭失或损坏的一切风险。<br>但以该货物已清楚地确定为合同项下之货物者为限。 |
| A6 费用划分<br>卖方必须支付<br>①因 A3①发生的费用，以及按照 A4 交货前与货物相关的一切费用，但按照 B6 应由买方支付的费用除外；及<br>②如适用时，在按照 A4 交货前发生的、货物出口所需海关手续费用，出口应缴纳的一切关税、税款和其他费用，以及货物从他国过境运输的费用。 | B6 费用划分<br>买方必须支付<br>①自按照 A4 完成交货之时起，与货物相关的一切费用；<br>②买方未按照 B2 履行其义务或未按照 B7 发出通知导致卖方发生的任何额外费用，但以该货物已清楚地确定为合同项下之货物者为限；及<br>③如适用时，办理进口海关手续的费用，以及进口需缴纳的所有关税、税款和其他费用。 |
| A7 通知买方<br>卖方必须向买方发出所需通知，以便买方采取收取货物通常所需要的措施。 | B7 通知卖方<br>当有权决定在约定期间内的具体时间和/或指定运输终端内的收取货物的点时，买方必须向卖方发出充分的通知。 |
| A8 交货凭证<br>卖方必须自付费用，向买方提供凭证，以确保买方能够按照 A4/B4 收取货物。 | B8 交货证据<br>买方必须接受按照 A8 提供的交货凭证。 |

续表

| A卖方义务 | B买方义务 |
|---|---|
| A9 查对—包装—标记<br>卖方必须支付为了按照A4进行交货所需要进行的查对费用(如查对质量、丈量、过磅、点数的费用),以及出口国有关机构强制进行的装运前检验所发生的费用。<br>除非在特定贸易中,某类货物的销售通常不需包装,卖方必须自付费用包装货物。<br>除非买方在签订合同前已通知卖方特殊包装要求,卖方可以适合该货物运输的方式对货物进行包装。包装应做适当标记。 | B9 货物检验<br>买方必须支付任何强制性装船前检验费用,但出口国有关机构强制进行的检验除外。 |
| A10 协助提供信息及相关费用<br>如适用时,应买方要求并由其承担风险和费用,卖方必须及时向买方提供或协助其取得相关货物进口和/或将货物运输到最终目的地所需要的任何文件和信息,包括安全相关信息。<br>卖方必须偿付买方按照B10提供或协助取得文件和信息时所发生的所有花销和费用。 | B10 协助提供信息及相关费用<br>买方必须及时告知卖方任何安全信息要求,以便卖方符合A10的规定。<br>买方必须偿付卖方按照A10向买方提供或协助其取得文件和信息时发生的所有花销和费用。<br>如适用时,应卖方要求并由其承担风险和费用,买方必须及时向卖方提供或协助其取得货物运输和出口及从他国过境运输所需要的任何文件和信息,包括安全相关信息。 |

## 六、DAP(DELIVERED AT PLACE 目的地交货)

DAP(insert named place of destination) Incoterms 2010——DAP(插入指定目的地)《国际贸易术语解释通则2010》。

该术语可适用于任何运输方式,也可适用于多种运输方式。

"目的地交货"是指当卖方在指定目的地将仍处于抵达的运输工具之上,且已做好卸载准备的货物交由买方处置时,即为交货。卖方承担将货物运送到指定地点的一切风险。

由于卖方承担在特定地点交货前的风险,双方尽可能清楚地约定指定目的地内的交货点。卖方应取得完全符合该选择的运输合同。如果卖方按照运输合同在目的地发生了卸货费用,除非双方另有约定,卖方无权向买方要求偿付。

如适用时,DAP要求卖方办理出口清关手续。但是卖方无义务办理进口清关、支付任何进口税或办理任何进口海关手续。如果双方希望卖方办理进口清关、支付所有进口关税,并办理所有进口海关手续,则应当使用DDP术语。

买卖双方义务如表2—6所示。

表2—6 **DAP买卖方双方义务**

| A卖方义务 | B买方义务 |
|---|---|
| A1 卖方一般义务<br>卖方必须提供符合买卖合同约定的货物和商业发票,以及合同可能要求的其他与合同相符的证据。<br>A1～A10中所指的任何单证在双方约定或符合惯例的情况下,可以是同等作用的电子记录或程序。 | B1 买方一般义务<br>买方必须按照买卖合同约定支付价款。<br>B1～B10中所指的任何单证在双方约定或符合惯例的情况下,可以是同等作用的电子记录或程序。 |
| A2 许可证、授权、安检通关和其他手续<br>如适用时,卖方必须自负风险和费用,取得所有的出口许可和其他官方授权,办理货物出口和交货前从他国过境运输所需的一切海关手续。 | B2 许可证、授权、安检通关和其他手续<br>如适用时,买方必须自负风险和费用,取得所有进口许可或其他官方授权,办理货物进口的一切海关手续。 |

续表

| A 卖方义务 | B 买方义务 |
|---|---|
| A3 运输合同与保险合同<br>①运输合同<br>卖方必须自付费用签订运输合同，将货物运至指定目的地或指定目的地内的约定的点（如有的话）。如未约定特定的点或该点不能由惯例确定，卖方则可在指定目的地内选择最适合其目的的交货点。<br>②保险合同<br>卖方对买方无订立保险合同的义务。但应买方要求并由其承担风险和费用（如有的话），卖方必须向买方提供后者取得保险所需的信息。 | B3 运输合同与保险合同<br>①运输合同<br>买方对卖方无订立运输合同的义务。<br>②保险合同<br>买方对卖方无订立保险合同的义务。但应卖方要求，买方必须向卖方提供取得保险所需信息。 |
| A4 交货<br>卖方必须在约定日期或期限内，在约定的地点（如有的话）或指定目的地，以将仍处于抵达的运输工具之上且已做好卸载准备的货物交由买方处置的方式交货。 | B4 收取货物<br>当货物按照 A4 交付时，买方必须收取。 |
| A5 风险转移<br>除按照 B5 的灭失或损坏情况外，卖方承担按照 A4 完成交货前货物灭失或损坏的一切风险。 | B5 风险转移<br>买方承担按照 A4 交货时起货物灭失或损坏的一切风险。<br>如果<br>①买方未按照 B2 履行义务，则承担因此造成的货物灭失或损坏的一切风险；或<br>②买方未按照 B7 通知卖方，则自约定的交货日期或交货期限届满之日起，买方承担货物灭失或损坏的一切风险。<br>但以该货物已清楚地确定为合同项下之货物者为限。 |
| A6 费用划分<br>卖方必须支付<br>①因 A3①发生的费用，以及按照 A4 交货前与货物相关的一切费用，但按照 B6 应由买方支付的费用除外；<br>②运输合同中规定的应由卖方支付的在目的地卸货的任何费用；及<br>③如适用时，在按照 A4 交货前发生的货物出口所需海关手续费用，出口应缴纳的一切关税、税款和其他费用，以及货物从他国过境运输的费用。 | B6 费用划分<br>买方必须支付<br>①自按照 A4 交货时起与货物相关的一切费用；<br>②在指定目的地从到达的运输工具上，为收取货物所必须支付的一切卸货费用，但运输合同规定该费用由卖方承担者除外；<br>③买方未按照 B2 履行义务或未按照 B7 发出通知导致卖方发生的任何额外费用，但以该货物已清楚地确定为合同项下之货物者为限；及<br>④如适用时，办理进口海关手续的费用，以及进口需缴纳的所有关税、税款和其他费用。 |
| A7 通知买方<br>卖方必须向买方发出所需通知，以便买方采取收取货物通常所需要的措施。 | B7 通知卖方<br>当有权决定在约定期间内的具体时间和/或指定目的地内的收取货物的点时，买方必须向卖方发出充分的通知。 |
| A8 交货凭证<br>卖方必须自付费用，向买方提供凭证，以确保买方能够按照 A4/B4 收取货物。 | B8 交货证据<br>买方必须接受按照 A8 提供的交货凭证。 |
| A9 查对—包装—标记<br>卖方必须支付为了按照 A4 进行交货，所需要进行的查对费用（如查对质量、丈量、过磅、点数的费用），以及出口国有关机构强制进行的装运前检验所发生的费用。<br>除非在特定贸易中，某类货物的销售通常不需包装，卖方必须自付费用包装货物。<br>除非买方在签订合同前已通知卖方特殊包装要求，卖方可以适合该货物运输的方式对货物进行包装。包装应做适当标记。 | B9 货物检验<br>买方必须支付任何强制性装船前检验费用，但出口国有关机构强制进行的检验除外。 |

续表

| A 卖方义务 | B 买方义务 |
| --- | --- |
| A10 协助提供信息及相关费用<br>如适用时，应买方要求并由其承担风险和费用，卖方必须及时向买方提供或协助其取得相关货物进口和/或将货物运输到最终目的地所需要的任何文件和信息，包括安全相关信息。<br>卖方必须偿付买方按照 B10 提供或协助取得文件和信息时发生的所有花销和费用。 | B10 协助提供信息及相关费用<br>买方必须及时告知卖方任何安全信息要求，以便卖方遵守 A10 的规定。<br>买方必须偿付卖方按照 A10 向买方提供或协助其取得文件和信息时发生的所有花销和费用。<br>如适用时，应卖方要求并由其承担风险和费用，买方必须及时向卖方提供或协助其取得货物运输和出口及从他国过境运输所需要的任何文件和信息，包括安全相关信息。 |

## 七、DDP(DELIVERED DUTY PAID 完税后交货)

DDP(insert named place of destination) Incoterms 2010——DDP(插入指定目的地)《国际贸易术语解释通则 2010》。

该术语可适用于任何运输方式，也可适用于多种运输方式。

"完税后交货"是指当卖方在指定目的地将仍处于抵达的运输工具上，但已完成进口清关，且已做好卸载准备的货物交由买方处置时，即为交货。卖方承担将货物运至目的地的一切风险和费用，并且有义务完成货物出口和进口清关，支付所有出口和进口的关税及办理所有海关手续。

DDP 代表卖方的最大责任。

由于卖方承担在特定地点交货前的风险和费用，双方尽可能清楚地约定在指定目的地内的交货点。卖方应取得完全符合该选择的运输合同。如果按照运输合同卖方在目的地发生了卸货费用，除非双方另有约定，卖方无权向买方索要。

如卖方不能直接或间接地完成进口清关，则特别建议双方不使用 DDP。

如双方希望买方承担所有进口清关的风险和费用，则应使用 DAP 术语。

除非买卖合同中另行明确规定，任何增值税或其他应付的进口税款由卖方承担。

买卖双方义务如表 2—7 所示。

**表 2—7　　DDP 买卖方双方义务**

| A 卖方义务 | B 买方义务 |
| --- | --- |
| A1 卖方一般义务<br>卖方必须提供符合买卖合同约定的货物和商业发票，以及合同可能要求的其他与合同相符的证据。<br>A1～A10 中所指的任何单证在双方约定或符合惯例的情况下，可以是同等作用的电子记录或程序。 | B1 买方一般义务<br>买方必须按照买卖合同约定支付价款。<br>B1～B10 中所指的任何单证在双方约定或符合惯例的情况下，可以是同等作用的电子记录或程序。 |
| A2 许可证、授权、安检通关和其他手续<br>如适用时，卖方必须自负风险和费用，取得所有的进出口许可和其他官方授权，办理货物出口、从他国过境运输和进口所需的一切海关手续。 | B2 许可证、授权、安检通关和其他手续<br>如适用时，应卖方要求并由其承担风险和费用，买方必须协助卖方取得货物进口所需所有进口许可或其他官方授权。 |
| A3 运输合同与保险合同<br>①运输合同<br>卖方必须自付费用签订运输合同，将货物运至指定目的地或指定目的地内的约定的点(如有约定)。如未约定特定的交付点或该交付点不能由惯例确定，卖方则可在指定目的地内选择最适合其目的的交货点。<br>②保险合同<br>卖方对买方无订立保险合同的义务。但应买方要求并由其承担风险和费用(如有的话)，卖方必须向买方提供后者取得保险所需的信息。 | B3 运输合同与保险合同<br>①运输合同<br>买方对卖方无订立运输合同的义务。<br>②保险合同<br>买方对卖方无订立保险合同的义务。但应卖方要求，买方必须向卖方提供取得保险所需信息。 |

续表

| A 卖方义务 | B 买方义务 |
| --- | --- |
| A4 交货<br>卖方必须在约定日期或期限内，在约定的地点（如有的话）或指定目的地，以将仍处于抵达的运输工具之上、且已做好卸载准备的货物交由买方处置的方式交货。 | B4 收取货物<br>当货物按照 A4 交付时，买方必须收取。 |
| A5 风险转移<br>除按照 B5 的灭失或损坏情况外，卖方承担按照 A4 完成交货前货物灭失或损坏的一切风险。 | B5 风险转移<br>买方承担按照 A4 交货时起货物灭失或损坏的一切风险。<br>如果<br>①买方未按照 B2 履行义务，则承担因此造成的货物灭失或损坏的一切风险；或<br>②买方未按照 B7 通知卖方，则自约定的交货日期或交货期限届满之日起，买方承担货物灭失或损坏的一切风险，但以该货物已清楚地确定为合同项下之货物者为限。 |
| A6 费用划分<br>卖方必须支付<br>①除 A3 ①发生的费用，以及按照 A4 交货前与货物相关的一切费用，但按照 B6 应由买方支付的费用除外；<br>②运输合同中规定的应由卖方支付的在目的地卸货的任何费用；及<br>③如适用时，在按照 A4 交货前发生的，货物进出口所需海关手续费用，出口和进口应缴纳的一切关税、税款和其他费用，以及货物从他国过境运输的费用。 | B6 费用划分<br>买方必须支付<br>①自按照 A4 交货时起与货物相关的一切费用；<br>②在指定目的地从到达的运输工具上，为收取货物所必须支付的一切卸货费用，但运输合同规定该费用由卖方承担者除外；及<br>③买方未按照 B2 履行义务或未按照 B7 发出通知导致卖方产生的任何额外费用，但以该货物已清楚地确定为合同项下之货物者为限。 |
| A7 通知买方<br>卖方必须向买方发出所需通知，以便买方采取收取货物通常所需要的措施。 | B7 通知卖方<br>当有权决定在约定期间内的具体时间和/或指定目的地内收取货物的点时，买方必须向卖方发出充分的通知。 |
| A8 交货凭证<br>卖方必须自付费用，向买方提供凭证，以确保买方能够按照 A4/B4 收取货物。 | B8 交货证据<br>买方必须接受按照 A8 提供的交货凭证。 |
| A9 查对—包装—标记<br>卖方必须支付为了按照 A4 进行交货，所需要进行的查对费用（如查对质量、丈量、过磅、点数的费用），以及进出口国有关机构强制进行的装运前检验所发生的费用。<br>除非在特定贸易中，某类货物的销售通常不需包装，卖方必须自付费用包装货物。<br>除非买方在签订合同前已通知卖方特殊包装要求，卖方可以适合该货物运输的方式对货物进行包装。包装应做适当标记。 | B9 货物检验<br>买方对卖方不承担义务支付任何进出口国有关机构装运前强制进行的检验费用。 |
| A10 协助提供信息及相关费用<br>如适用时，应买方要求并由其承担风险和费用，卖方必须及时向买方提供或协助其取得自指定目的地将货物运输到最终目的地所需要的任何文件和信息，包括安全相关信息。<br>卖方必须偿付买方按照 B10 提供或协助取得文件和信息时所发生的所有花销和费用。 | B10 协助提供信息及相关费用<br>买方必须及时告知卖方任何安全信息要求，以便卖方遵守 A10 的规定。<br>买方必须偿付卖方按照 A10 向买方提供或协助其取得文件和信息时产生的所有花销和费用。<br>如适用时，应卖方要求并由其承担风险和费用，买方必须及时向卖方提供或协助其取得货物运输、进出口以及从他国过境运输所需要的任何文件和信息，包括安全相关信息。 |

## 八、FAS(FREE ALONGSIDE SHIP 船边交货)

FAS(insert named port of shipment)Incoterms 2010——FAS(插入指定装运港)《国际贸易术语解释通则 2010》。

该术语仅用于海运或内河水运。

“船边交货”是指当卖方在指定的装运港将货物交到买方指定的船边(例如,置于码头或驳船上)时,即为交货。货物灭失或损坏的风险在货物交到船边时发生转移,同时买方承担自那时起的一切费用。

由于卖方承担在特定地点交货前的风险和费用,而且这些费用和相关作业费可能因各港口惯例不同而变化,双方应尽可能清楚地约定指定装运港内的装货点。

卖方应将货物运至船边或取得已经这样交运的货物。此处使用的“取得”一词适用于商品贸易中常见的交易链中的多层销售(multiple sales),又称链式销售。

当货物装在集装箱里时,卖方通常将货物在集装箱码头移交给承运人,而非交到船边。这时,FAS 术语不适合,而应当使用 FCA 术语。

如适用时,FAS 要求卖方办理出口清关手续。但卖方无义务办理进口清关、支付任何进口税或办理任何进口海关手续。

买卖双方义务如表 2—8 所示。

表 2—8　FAS 买卖方双方义务

| A 卖方义务 | B 买方义务 |
|---|---|
| A1 卖方一般义务<br>卖方必须提供符合买卖合同约定的货物和商业发票,以及合同可能要求的其他与合同相符的证据。<br>A1～A10 中所指的任何单证在双方约定或符合惯例的情况下,可以是同等作用的电子记录或程序。 | B1 买方一般义务<br>买方必须按照买卖合同约定支付价款。<br>B1～B10 中所指的任何单证在双方约定或符合惯例的情况下,可以是同等作用的电子记录或程序。 |
| A2 许可证、授权、安检通关和其他手续<br>如适用时,卖方必须自负风险和费用,取得所有的出口许可或其他官方授权,办理货物出口所需的一切海关手续。 | B2 许可证、授权、安检通关和其他手续<br>如适用时,应由买方自负风险和费用,取得所有进口许可或其他官方授权,办理货物进口和从他国过境运输所需的一切海关手续。 |
| A3 运输合同与保险合同<br>①运输合同<br>卖方对买方无订立运输合同的义务。但若买方要求,或是依商业实践,且买方未适时作出相反指示,卖方可以按照通常条件签订运输合同,由买方负担风险和费用。<br>在以上两种情形下,卖方都可拒绝签订运输合同,如予拒绝,卖方应立即通知买方。<br>②保险合同<br>卖方对买方无订立保险合同的义务。但应买方要求并由其承担风险和费用(如有的话),卖方必须向买方提供后者取得保险所需信息。 | B3 运输合同与保险合同<br>①运输合同<br>除了卖方按照 A3①签订运输合同情形外,买方必须自付费用签订自指定的装运港起运货物的运输合同。<br>②保险合同<br>买方对卖方无订立保险合同的义务。 |

续表

| A 卖方义务 | B 买方义务 |
|---|---|
| A4 交货<br>卖方必须在买方指定的装运港内的装船点(如有的话),以将货物置于买方指定的船舶旁边,或以取得已经在船边交付的货物的方式交货。在其中任何情形下,卖方都必须在约定日期或期限内,按照该港的习惯方式交货。<br>如果买方没有指定特定的装货地点,卖方则可在指定装运港选择最适合其目的的装货点。如果双方已同意交货应当在一段时间内进行,买方则有权在该期限内选择日期。 | B4 收取货物<br>当货物按照 A4 交付时,买方必须收取。 |
| A5 风险转移<br>除按照 B5 的灭失或损坏情况外,卖方承担按照 A4 完成交货前货物灭失或损坏的一切风险。 | B5 风险转移<br>买方承担按照 A4 交货时起货物灭失或损坏的一切风险。<br>如果<br>①买方未按照 B7 发出通知;或<br>②买方指定的船舶未准时到达,或未收取货物,或早于 B7 通知的时间停止装货;<br>则买方自约定交货日期或约定期限届满之日起承担所有货物灭失或损坏的一切风险,但以该货物已清楚地确定为合同项下之货物者为限。 |
| A6 费用划分<br>卖方必须支付<br>①按照 A4 交货前与货物相关的一切费用,但按照 B6 应由买方支付的费用除外;及<br>②如适用时,货物出口所需海关手续费用,以及出口应缴纳的一切关税、税款和其他费用。 | B6 费用划分<br>买方必须支付<br>①自按照 A4 交货之时起与货物相关的一切费用,如适用时,A6②中为出口所需的海关手续费用,及出口应缴纳的一切关税、税款和其他费用除外;<br>②由于以下原因之一发生的任何额外费用:<br>a. 买方未能按照 B7 发出相应的通知,或<br>b. 买方指定的船舶未准时到达,未能收取货物或早于 B7 通知的时间停止装货,但以该货物已清楚地确定为合同项下之货物者为限;及<br>③如适用时,货物进口应缴纳的一切关税、税款和其他费用,及办理进口货物海关手续的费用和从他国过境运输费用。 |
| A7 通知买方<br>由买方承担风险和费用,卖方必须就其已经按照 A4 交货或船舶未在约定时间内收取货物给予买方充分的通知。 | B7 通知卖方<br>买方必须就船舶名称、装船点和其在约定期间内选择的交货时间(如需要时)向卖方发出充分的通知。 |
| A8 交货凭证<br>卖方必须自付费用向买方提供已按照 A4 交货的通常证据。<br>除非上述证据是运输凭证,否则,应买方要求并由其承担风险和费用,卖方必须协助买方取得运输凭证。 | B8 交货证据<br>买方必须接受按照 A8 提供的交货凭证。 |

续表

| A 卖方义务 | B 买方义务 |
| --- | --- |
| A9 查对—包装—标记<br>卖方必须支付为了按照 A4 进行交货，所需要进行的查对费用(如查对质量、丈量、过磅、点数的费用)，以及出口国有关机构强制进行的装运前检验所发生的费用。<br>除非在特定贸易中，某类货物的销售通常不需包装，卖方必须自付费用包装货物。<br>除非买方在签订合同前已通知卖方特殊包装要求，卖方可以适合该货物运输的方式对货物进行包装。包装应做适当标记。 | B9 货物检验<br>买方必须支付任何强制性装船前检验费用，但出口国有关机构强制进行的检验费用除外。 |
| A10 协助提供信息及相关费用<br>如适用时，应买方要求并由其承担风险和费用，卖方必须及时向买方提供或协助其取得相关货物进口和/或将货物运输到最终目的地所需要的任何文件和信息，包括安全相关信息。<br>卖方必须偿付买方按照 B10 提供或协助取得文件和信息时所发生的所有花销和费用。 | B10 协助提供信息及相关费用<br>买方必须及时告知卖方任何安全信息要求，以便卖方遵守 A10 的规定。<br>买方必须偿付卖方按照 A10 向买方提供或协助其取得文件和信息时发生的所有花销和费用。<br>如适用时，应卖方要求并由其承担风险和费用，买方必须及时向卖方提供或协助其取得货物运输和出口以及他国过境运输所需要的任何文件和信息，包括安全相关信息。 |

## 八、FOB(FREE ON BOARD 船上交货)

FOB(insert named port of shipment) Incoterms 2010——FOB(插入指定装运港)《国际贸易术语解释通则 2010》。

该术语仅用于海运或内河水运。

“船上交货”是指卖方以在指定装运港将货物装上买方指定的船舶或通过取得已交付至船上货物的方式交货。货物灭失或损坏的风险在货物交到船上时转移，同时买方承担自那时起的一切费用。

卖方应将货物在船上交付或者取得已在船上交付的货物。此处使用的“取得”一词适用于商品贸易中常见的交易链中的多层销售(链式销售)。

FOB 可能不适合于货物在上船前已经交给承运人的情况，例如用集装箱运输的货物通常是在集装箱码头交货。在此类情况下，应当使用 FCA 术语。

如适用时，FOB 要求卖方出口清关。但卖方无义务办理进口清关、支付任何进口税或办理任何进口海关手续。

买卖双方义务如表 2—9 所示。

表 2—9　　FOB 买卖方双方义务

| A 卖方义务 | B 买方义务 |
| --- | --- |
| A1 卖方一般义务<br>卖方必须提供符合买卖合同约定的货物和商业发票，以及合同可能要求的其他与合同相符的证据。<br>A1～A10 中所指的任何单证在双方约定或符合惯例的情况下，可以是同等作用的电子记录或程序。 | B1 买方一般义务<br>买方必须按照买卖合同约定支付价款。<br>B1～B10 中所指的任何单证在双方约定或符合惯例的情况下，可以是同等作用的电子记录或程序。 |

续表

| A 卖方义务 | B 买方义务 |
| --- | --- |
| A2 许可证、授权、安检通关和其他手续<br>如适用时，卖方必须自负风险和费用，取得所有的出口许可或其他官方授权，办理货物出口所需的一切海关手续。 | B2 许可证、授权、安检通关和其他手续<br>如适用时，应由买方自负风险和费用，取得所有进口许可或其他官方授权，办理货物进口和从他国过境运输所需的一切海关手续。 |
| A3 运输合同与保险合同<br>①运输合同<br>卖方对买方无订立运输合同的义务。但若买方要求，或是依商业实践，且买方未适时作出相反指示，卖方可以按照通常条件签订运输合同，由买方负担风险和费用。<br>在以上两种情形下，卖方都可拒绝签订运输合同，如予拒绝，卖方应立即通知买方。<br>②保险合同<br>卖方对买方无订立保险合同的义务。但应买方要求并由其承担风险和费用(如有的话)，卖方必须向买方提供后者取得保险所需的信息。 | B3 运输合同与保险合同<br>①运输合同<br>除了卖方按照 A3①签订运输合同情形外，买方必须自付费用签订自指定的装运港起运货物的运输合同。<br>②保险合同<br>买方对卖方无订立保险合同的义务。 |
| A4 交货<br>卖方必须在指定的装运港内的装船点(如有的话)，以将货物置于买方指定的船舶之上的方式，或以取得已在船上交付的货物的方式交货。在其中任何情形下，卖方都必须在约定日期或期限内，按照该港的习惯方式交货。<br>如果买方没有指定特定的装货点，卖方则可在指定装运港选择最适合其目的的装货点。 | B4 收取货物<br>当货物按照 A4 交付时，买方必须收取。 |
| A5 风险转移<br>除按照 B5 的灭失或损坏情况外，卖方承担按照 A4 完成交货前货物灭失或损坏的一切风险。 | B5 风险转移<br>买方承担按照 A4 交货时起货物灭失或损坏的一切风险。<br>如果<br>①买方未按照 B7 通知指定的船舶名称；或<br>②买方指定的船舶未准时到达导致卖方未能按 A4 履行义务，或该船舶不能够装载该货物，或早于 B7 通知的时间停止装货；<br>买方则按下列情况承担货物灭失或损坏的一切风险：<br>a. 自约定之日起，或如没有约定日期的，<br>b. 自卖方在约定期限内按照 A7 通知的日期起，或如没有通知日期的，<br>c. 自任何约定交货期限届满之日起。<br>但以该货物已清楚地确定为合同项下之货物者为限。 |
| A6 费用划分<br>卖方必须支付<br>①按照 A4 完成交货前与货物相关的一切费用，但按照 B6 应由买方支付的费用除外；及<br>②如适用时，货物出口所需海关手续费用，以及出口应缴纳的一切关税、税款和其他费用。 | B6 费用划分<br>买方必须支付<br>①自按照 A4 交货之时起与货物相关的一切费用，如适用时，按照 A6②出口所需海关手续的费用，及出口应缴纳的一切关税、税款和其他费用除外；<br>②由于以下原因之一发生的任何额外费用：<br>a. 买方未能按照 B7 给予卖方相应的通知，或<br>b. 买方指定的船舶未准时到达，不能装载货物或早于 B7 通知的时间停止装货，但以该货物已清楚地确定为合同项下之货物者为限；及<br>③如适用时，货物进口应缴纳的一切关税、税款和其他费用，及办理进口海关手续的费用和从他国过境运输费用。 |

续表

| A 卖方义务 | B 买方义务 |
| --- | --- |
| A7 通知买方<br>由买方承担风险和费用,卖方必须就其已经按照 A4 交货或船舶未在约定时间内收取货物给予买方充分的通知。 | B7 通知卖方<br>买方必须就船舶名称、装船点和其在约定期间内选择的交货时间(如需要时),向卖方发出充分的通知。 |
| A8 交货凭证<br>卖方必须自付费用向买方提供已按照 A4 交货的通常证据。<br>除非上述证据是运输凭证,否则,应买方要求并由其承担风险和费用,卖方必须协助买方取得运输凭证。 | B8 交货证据<br>买方必须接受按照 A8 提供的交货凭证。 |
| A9 查对—包装—标记<br>卖方必须支付为了按照 A4 进行交货,所需要进行的查对费用(如查对质量、丈量、过磅、点数的费用),以及出口国有关机构强制进行的装运前检验所发生的费用。<br>除非在特定贸易中,某类货物的销售通常不需包装,卖方必须自付费用包装货物。<br>除非买方在签订合同前已通知卖方特殊包装要求,卖方可以适合该货物运输的方式对货物进行包装。包装应做适当标记。 | B9 货物检验<br>买方必须支付任何强制性装船前检验费用,但出口国有关机构强制进行的检验除外。 |
| A10 协助提供信息及相关费用<br>如适用时,应买方要求并由其承担风险和费用,卖方必须及时向买方提供或协助其取得相关货物进口和/或将货物运输到最终目的地所需要的任何文件和信息,包括安全相关信息。<br>卖方必须偿付买方按照 B10 提供或协助取得文件和信息时所发生的所有花销和费用。 | B10 协助提供信息及相关费用<br>买方必须及时告知卖方任何安全信息要求,以便卖方遵守 A10 的规定。<br>买方必须偿付卖方按照 A10 向买方提供或协助其取得文件和信息时发生的所有花销和费用。<br>如适用时,应卖方要求并由其承担风险和费用,买方必须及时向卖方提供或协助其取得货物运输和出口及从他国过境运输所需要的任何文件和信息,包括安全相关信息。 |

## 十、CFR(COST AND FREIGHT 成本加运费)

CFR(insert named port of destination)Incoterms 2010——CFR(插入指定目的港)《国际贸易术语解释通则 2010》。

该术语仅用于海运或内河水运。

“成本加运费”是指卖方在船上交货或以取得已经这样交付的货物方式交货。货物灭失或损坏的风险在货物交到船上时转移。卖方必须签订合同,并支付必要的成本和运费,将货物运至指定的目的港。

当使用 CPT、CIP、CFR 或者 CIF 时,卖方按照所选择术语规定的方式将货物交付给承运人时,即完成其交货义务,而不是货物到达目的地之时。

由于风险转移和费用转移的地点不同,该术语有两个关键点。虽然合同通常都会指定目的港,但不一定都会指定装运港,而这里是风险转移至买方的地方。如果装运港对买方具有特殊意义,双方在合同中尽可能准确地指定装运港。

由于卖方要承担将货物运至目的地具体地点的费用,双方应尽可能确切地在指定目的港内明确该点。卖方应取得完全符合该选择的运输合同。如果卖方按照运输合同在目的港交付点发生了卸货费用，则除非双方事先另有约定，卖方无权向买方要求补偿该项费用。

卖方需要将货物在船上交货，或以取得已经这样交付运往目的港的货物的方式交货。此外，卖方还需签订一份运输合同，或者取得一份这样的合同。此处使用的"取得"一词适用于商品贸易中常见的交易链中的多层销售(链式销售)。

CFR 可能不适合于货物在上船前已经交给承运人的情况，例如用集装箱运输的货物通常是在集装箱码头交货。在此类情况下，应当使用 CPT 术语。

如适用时，CFR 要求卖方办理出口清关。但卖方无义务办理进口清关、支付任何进口税或办理任何进口海关手续。

买卖双方义务如表 2—10 所示。

**表 2—10　　CFR 买卖方双方义务**

| A 卖方义务 | B 买方义务 |
|---|---|
| A1 卖方一般义务<br>卖方必须提供符合买卖合同约定的货物和商业发票，以及合同可能要求的其他与合同相符的证据。<br>A1～A10 中所指的任何单证在双方约定或符合惯例的情况下，可以是同等作用的电子记录或程序。 | B1 买方一般义务<br>买方必须按照买卖合同约定支付价款。<br>B1～B10 中所指的任何单证在双方约定或符合惯例的情况下，可以是同等作用的电子记录或程序。 |
| A2 许可证、授权、安检通关和其他手续<br>如适用时，卖方必须自负风险和费用，取得所有的出口许可或其他官方授权、办理货物出口所需的一切海关手续。 | B2 许可证、授权、安检通关和其他手续<br>如适用时，应由买方自负风险和费用，取得所有的进口许可或其他官方授权，办理货物进口和从他国过境运输所需的一切海关手续。 |
| A3 运输合同与保险合同<br>①运输合同<br>卖方必须签订或取得运输合同，将货物自交货地内的约定交货点(如有的话)运送至指定目的港或该目的港的交付点(如有约定)。必须按照通常条件订立合同，由卖方支付费用，经由通常航线，由通常用来运输该类商品的船舶运输。<br>②保险合同<br>卖方对买方无订立保险合同的义务。但应买方要求并由其承担风险和费用(如有的话)，卖方必须向买方提供后者取得保险所需信息。 | B3 运输合同与保险合同<br>①运输合同<br>买方对卖方无订立运输合同的义务。<br>②保险合同<br>买方对卖方无订立保险合同的义务。但应卖方要求，买方必须向卖方提供取得保险所需信息。 |
| A4 交货<br>卖方必须以将货物装上船，或者以取得已装船货物的方式交货。在其中任何情况下，卖方都必须在约定日期或期限内，按照该港的习惯方式交货。 | B4 收取货物<br>当货物按照 A4 交付时，买方必须收取，并在指定的目的港自承运人收取货物。 |
| A5 风险转移<br>除按照 B5 的灭失或损坏情况外，卖方承担按照 A4 完成交货前货物灭失或损坏的一切风险。 | B5 风险转移<br>买方承担按照 A4 交货时起货物灭失或损坏的一切风险。<br>如买方未按照 B7 通知卖方，则买方从约定的交货日期或交货期限届满之日起，承担货物灭失或损坏的一切风险，但以该货物已清楚地确定为合同项下之货物者为限。 |

续表

| A卖方义务 | B买方义务 |
| --- | --- |
| A6 费用划分<br>卖方必须支付<br>①按照 A4 完成交货前与货物相关的一切费用，但按照 B6 应由买方支付的费用除外；<br>②按照 A3①所发生的将货物装上船的运费和其他一切费用，包括将货物装上船和根据运输合同规定由卖方支付的在约定卸载港的卸货费；及<br>③如适用时，货物出口所需海关手续费用，出口应缴纳的一切关税、税款和其他费用，以及按照运输合同规定，由卖方支付的货物从他国过境运输的费用。 | B6 费用划分<br>在不与 A3①的冲突的情况下，买方必须支付<br>①自按照 A4 交货时起与货物相关的一切费用，如适用时，按照 A6③为出口所需的海关手续费用，及出口应缴纳的一切关税、税款和其他费用除外；<br>②货物在运输途中直至到达约定目的港为止的一切费用，按照运输合同该费用应由卖方支付者的除外；<br>③包括驳运费和码头费在内的卸货费，除非根据运输合同该费用应由卖方支付者外；<br>④如买方未按照 B7 发出通知，则自约定运输之日或约定运输期限届满之日起，所发生的一切额外费用，但以该货物已清楚地确定为合同项下之货物者为限；及<br>⑤如适用时，货物进口应缴纳的一切关税、税款和其他费用，及办理进口海关手续的费用和从他国过境运输费用，除非该费用已包括在运输合同中。 |
| A7 通知买方<br>卖方必须向买方发出所需通知，以便买方采取收取货物通常所需要的措施。 | B7 通知卖方<br>当有权决定货物运输时间和/或指定目的港内收取货物点时，买方必须向卖方发出充分的通知。 |
| A8 交货凭证<br>卖方必须自付费用，不得延迟地向买方提供到约定目的港的通常的运输凭证。<br>此运输凭证必须载明合同中的货物，且其签发日期应在约定运输期限内，并使买方能在指定目的港向承运人索取货物。同时，除非另有约定，该项凭证应能使买方在货物运输途中以向下家买方转让或通知承运人的方式出售货物。<br>当此类运输凭证以可转让形式签发并有数份正本时，则必须将整套正本凭证提交给买方。 | B8 交货证据<br>如果凭证与合同相符的话，买方必须接受按照 A8 提交的运输凭证。 |
| A9 查对—包装—标记<br>卖方必须支付为了按照 A4 进行交货，所需要进行的查对费用（如查对质量、丈量、过磅、点数的费用），以及出口国有关机构强制进行的装运前检验所发生的费用。<br>除非在特定贸易中，某类货物的销售通常不需包装，卖方必须自付费用包装货物。除非买方在签订合同前已通知卖方特殊包装要求，卖方可以适合该货物运输的方式对货物进行包装。包装应做适当标记。 | B9 货物检验<br>买方必须支付任何强制性装船前检验费用，但出口国有关机构强制进行的检验除外。 |
| A10 协助提供信息及相关费用<br>如适用时，应买方要求并由其承担风险和费用，卖方必须及时向买方提供或协助其取得相关货物进口和/或将货物运输到最终目的地所需要的任何文件和信息，包括安全相关信息。<br>卖方必须偿付买方按照 B10 提供或协助取得文件和信息时所发生的所有花销和费用。 | B10 协助提供信息及相关费用<br>买方必须及时告知卖方任何安全信息要求，以便卖方遵守 A10 的规定。<br>买方必须偿付卖方按照 A10 向买方提供或协助其取得文件和信息时发生的所有花销和费用。<br>如适用时，应卖方要求并由其承担风险和费用，买方必须及时向卖方提供或协助其取得货物运输和出口及从他国过境运输所需要的任何文件和信息，包括安全相关信息。 |

## 十一、CIF(COST INSURANCE AND FREIGHT 成本、保险费加运费)

CIF(insert named port of destination)Incoterms 2010——CIF(插入指定目的港)《国际贸易术语解释通则 2010》。

该术语仅用于海运或内河水运。

“成本、保险费加运费”是指卖方在船上交货或以取得已经这样交付的货物方式交货。货物灭失或损坏的风险在货物交到船上时转移。卖方必须签订合同,并支付必要的成本和运费,以将货物运至指定的目的港。

卖方还要为买方在运输途中货物的灭失或损坏风险办理保险。买方应注意到,在 CIF 下卖方仅需投保最低险别。如买方需要更多保险保护的话,则需与卖方明确达成协议,或者自行作出额外的保险安排。

当使用 CPT、CIP、CFR 或者 CIF 时,卖方按照所选择的术语规定的方式将货物交付给承运人时,即完成其交货义务,而不是货物到达目的地之时。

由于风险转移和费用转移的地点不同,该术语有两个关键点。虽然合同通常都会指定目的港,但不一定都会指定装运港,而这里是风险转移至买方的地方。如果装运港对买方具有特殊意义,双方在合同中尽可能准确地指定装运港。

由于卖方需承担将货物运至目的地具体地点的费用,双方应尽可能确切地在指定目的港内明确该点。卖方应取得完全符合该选择的运输合同。如果卖方按照运输合同在目的港发生了卸货费用,则除非双方事先另有约定,卖方无权向买方要求补偿该项费用。

卖方需要将货物在船上交货,或以取得已经这样交付运往目的港的货物方式交货。此外,卖方还需签订一份运输合同,或者取得一份这样的合同。此处使用的“取得”一词适用于商品贸易中常见的交易链中的多层销售(链式销售)。

CIF 可能不适合于货物在上船前已经交给承运人的情况,例如用集装箱运输的货物通常是在集装箱码头交货。在此类情况下,应当使用 CIP 术语。

如适用时,CIF 要求卖方办理出口清关。但卖方无义务办理进口清关、支付任何进口税或办理任何进口海关手续。

买卖双方义务如表 2—11 所示。

**表 2—11　　CIF 买卖方双方义务**

| A 卖方义务 | B 买方义务 |
|---|---|
| A1 卖方一般义务<br>卖方必须提供符合买卖合同约定的货物和商业发票,以及合同可能要求的其他与合同相符的证据。<br>A1～A10 中所指的任何单证在双方约定或符合惯例的情况下,可以是同等作用的电子记录或程序。 | B1 买方一般义务<br>买方必须按照买卖合同约定支付价款。<br>B1～B10 中所指的任何单证在双方约定或符合惯例的情况下,可以是同等作用的电子记录或程序。 |
| A2 许可证、授权、安检通关和其他手续<br>如适用时,卖方必须自负风险和费用,取得所有的出口许可或其他官方授权,办理货物出口所需的一切海关手续。 | B2 许可证、授权、安检通关和其他手续<br>如适用时,应由买方自负风险和费用,取得所有的进口许可或其他官方授权,办理货物进口和从他国过境运输所需的一切海关手续。 |

续表

| A 卖方义务 | B 买方义务 |
| --- | --- |
| A3 运输合同与保险合同<br>①运输合同<br>卖方必须签订或取得运输合同，将货物自交货地内的约定交货点(如有的话)运送至指定目的港或该目的港的交付点(如有约定)。必须按照通常条件订立合同，由卖方支付费用，经由通常航线，由通常用来运输该类商品的船舶运输。<br>②保险合同<br>卖方必须自付费用取得货物保险。该保险需至少符合《协会货物保险条款》(Institute Cargo Clauses, LMA/IUA)"条款(C)"(Clauses C)或类似条款的最低险别。保险合同应与信誉良好的承保人或保险公司订立。应使买方或其他对货物有可保利益者有权直接向保险人索赔。<br>当买方要求、且能够提供卖方所需的信息时，卖方应办理任何附加险别，由买方承担费用，如果能够办理，诸如《协会货物保险条款》(Institute Cargo Clauses, LMA/IUA)"条款(A)或(B)"(Clauses A or B)或类似条款的险别，也可同时或单独办理《协会战争险条款》(Institute War Clauses)和/或《协会罢工险条款》(Institute Strikes Clauses, LMA/IUA)或其他类似条款的险别。<br>保险最低金额是合同规定价格另加10%(即110%)，并采用合同货币。<br>保险期间应从货物自A4和A5规定的交货点起，至少到指定目的港止。<br>卖方应向买方提供保单或其他保险证据。<br>此外，应买方要求并由买方承担风险和费用(如有的话)，卖方必须向买方提供后者取得附加险所需信息。 | B3 运输合同与保险合同<br>①运输合同<br>买方对卖方无订立运输合同的义务。<br>②保险合同<br>买方对卖方无订立保险合同的义务。买方必须向卖方提供后者应买方按照A3②要求其购买附加险所需信息。 |
| A4 交货<br>卖方必须以将货物装上船，或以取得已经这样交付的货物的方式交货。在其中任何情况下，卖方都必须在约定日期或期限内按照该港的习惯方式交货。 | B4 收取货物<br>当货物按照A4交付时，买方必须收取，并在指定的目的港自承运人收取货物。 |
| A5 风险转移<br>除按照B5的灭失或损坏情况外，卖方承担按照A4完成交货前货物灭失或损坏的一切风险。 | B5 风险转移<br>买方承担按照A4交货时起货物灭失或损坏的一切风险。<br>如买方未按照B7通知卖方，则买方必须从约定交货日期或交货期限届满之日起，承担货物灭失或损坏的一切风险，但以该货物已清楚地确定为合同项下之货物者为限。 |
| A6 费用划分<br>卖方必须支付<br>①按照A4完成交货前与货物相关的一切费用，但按照B6应由买方支付的费用除外；<br>②按照A3①所发生的运费和其他一切费用，包括将货物装上船和根据运输合同规定由卖方支付的和在约定卸载港的卸货费；<br>③按照A3②规定所发生的保险费用；及<br>④如适用时，货物出口所需海关手续费用，出口应缴纳的一切关税、税款和其他费用，以及按照运输合同规定，由卖方支付的货物从他国过境运输的费用。 | B6 费用划分<br>在不与A3①冲突的情况下，买方必须支付<br>①自按照A4交货时起，与货物相关的一切费用，如适用时，按照A6④为出口所需的海关手续费用，及出口应缴纳的一切关税、税款和其他费用除外；<br>②货物在运输途中直至到达目的港为止的一切费用，按照运输合同该费用应由卖方支付的除外；<br>③包括驳运费和码头费在内的卸货费，除非根据运输合同该费用应由卖方支付者外；<br>④如买方未按照B7发出通知，则自约定运输之日或约定运输期限届满之日起，所发生的一切额外费用，但 |

续表

| A 卖方义务 | B 买方义务 |
| --- | --- |
|  | 以该货物已清楚地确定为合同项下之货物者为限；及<br>⑤如适用时，货物进口应缴纳的一切关税、税款和其他费用，及办理进口海关手续的费用和从他国过境运输费用，除非该费用已包括在运输合同中；及<br>⑥按照 A3②和 B3②应卖方要求办理附加险所产生的费用。 |
| A7 通知买方<br>卖方必须向买方发出所需通知，以便买方采取收取货物通常所需要的措施。 | B7 通知卖方<br>有权决定货物运输时间和/或指定目的港内收取货物点时，买方必须向卖方发出充分的通知。 |
| A8 交货凭证<br>卖方必须自付费用，不得延迟地向买方提供到约定目的港的通常的运输凭证。<br>此运输凭证必须载明合同中的货物，且其签发日期应在约定运输期限内，并使买方能在指定目的港向承运人索取货物。同时，除非另有约定，该项凭证应能使买方在货物运输途中以向下家买方转让或通知承运人的方式出售货物。<br>当此类运输凭证以可转让形式签发并有数份正本时，则必须将整套正本凭证提交给买方。 | B8 交货证据<br>如果凭证与合同相符的话，买方必须接受按照 A8 提交的运输凭证。 |
| A9 查对—包装—标记<br>卖方必须支付为了按照 A4 进行交货，所需要进行的查对费用（如查对质量、丈量、过磅、点数的费用），以及出口国有关机构强制进行的装运前检验所发生的费用。<br>除非在特定贸易中，某类货物的销售通常不需包装，卖方必须自付费用包装货物。<br>除非买方在签订合同前已通知卖方特殊包装要求，卖方可以适合该货物运输的方式对货物进行包装。包装应做适当标记。 | B9 货物检验<br>买方必须支付任何强制性装船前检验费用，但出口国有关机构强制进行的检验除外。 |
| A10 协助提供信息及相关费用<br>如适用时，应买方要求并由其承担风险和费用，卖方必须及时向买方提供或协助其取得相关货物进口和/或将货物运输到最终目的地所需要的任何文件和信息，包括安全相关信息。<br>卖方必须偿付买方按照 B10 提供或协助取得文件和信息时所发生的所有花销和费用。 | B10 协助提供信息及相关费用<br>买方必须及时告知卖方任何安全信息要求，以便卖方遵守 A10 的规定。<br>买方必须偿付卖方按照 A10 向买方提供或协助其取得文件和信息时发生的所有花销和费用。<br>如适用时，应卖方要求并由其承担风险和费用，买方必须及时向卖方提供或协助其取得货物运输和出口及从他国过境运输所需要的任何文件和信息，包括安全相关信息。 |

## 思考题

1. 有关贸易术语的国际贸易惯例主要有哪几种？它们分别解释哪些术语？
2. 什么是贸易术语？为什么在国际贸易中要使用贸易术语？
3. 如何理解三种常用贸易术语以装运港船上作为划分风险的界限？
4. 为什么不宜将 CIF 称作到岸价？
5. 怎样理解 CFR 条件下装船通知的特殊重要性？
6. 什么是 EXW 术语？简要说明采用 EXW 条件成交时，买卖双方承担的基本义务。
7. 请指出 FOB、CFR 和 CIF 的相同点和区别。

8. 请比较 FCA、CPT 和 CIP 的异同点。
9. FAS 与 FOB 术语相比，有哪些相同点和区别？
10. 使用 DDP 术语应注意哪些问题？
11. 请阐述用于任何方式的贸易术语。

12. 请阐述用于海运方式的贸易术语。
13. 请阐述最低运输保险的含义。

# 第三章　国际贸易方式

开篇案例

广州加工贸易转型升级的前景：力争到2015年，全市加工贸易进出口总额中的机电产品和高新技术产品分别占75%和45%，较2009年年均增长率分别为4.03%和4.79%；20%的加工贸易企业设立各种类型的研发机构；50%的加工贸易企业拥有自主商标；加工贸易企业内销总量突破800亿元，较2009年增长15%。到2020年，率先基本实现加工贸易转型升级，加工贸易产业基本实现高端化、现代化。全市加工贸易进出口总额中的机电产品和高新技术产品分别占80%和55%，较2015年年均增长率分别为1.30%和4.10%；40%的加工贸易企业设立各种类型的研发机构；60%的加工贸易企业拥有自主商标；加工贸易企业内销总额比2009年翻一番，达到1 400亿元。

## 第一节　经销方式

### 一、经销的概念

经销是指进口商（即经销商）根据其与国外出口商（即供货商）达成的协议，承担义务在规定的期限和地域内购销指定商品的一种做法。按照经销商权限的不同，经销方式分为两种：一种是独家经销，也称包销，它是指经销商在协议规定的期限和地域内，对指定的商品享有独家专营权的经销方式。另一种是一般经销，也称定销。在这种方式下，经销商不享有独家专营权，供货商可在同一时间、同一地区内，委派几家商号来经销同类商品。

独家经销业务中的两个当事人，供货人和包销人之间是一种买卖关系，即供货人是卖方，包销人是买方。双方通过订立独家经销协议确立对等的权利和义务。从法律上讲，供货人和包销人之间是货主对货主的关系。在这种关系下，供货人按照协议规定向包销人供应指定的商品，包销人是以自己的名义买进商品，自行销售，自负盈亏。包销人在协议规定的区域内转售这些商品时，也是以自己的名义进行。接受转售商品的当地客户与外国供货人之间不存在合同关系。

采用独家经销方式对出口商来说各有利弊，其利弊关系分析详见表3－1。

表3－1　　独家经销方式分析

| 有利方面 | 不利方面 |
| --- | --- |
| 1. 独家经销方式确定了出口商和国外经销商在一定时期内固定的经销关系和共同利益，经销商愿意承担销售前的宣传推广工作及销售后的服务工作，出口商也愿意多花力量帮助和培养经销商。 | 1. 若独家经销商资信不佳，在经销时同时经销其他企业的同类商品，使他无法专心经营约定的商品和经营能力有限，就可能出现“包而不销”的情况，从而给出口商带来不利的影响。 |

续表

| 有利方面 | 不利方面 |
| --- | --- |
| 2. 可以避免国外客户在分散经营时可能发生的相互碰头、相互竞争的情况,从而有助于稳定出口商品的销售价格。 | 2. 独家经销商有可能凭借其独家经营的地位,操纵价格、控制市场,甚至对出口商供应的商品故意挑剔或进行压价。 |
| 3. 按照独家经销协议的要求,便于出口商有计划地安排出口商品的生产和组织出口货源,销售量也可以得到一定的保证。 | 3. 由于出口商将独家经销权给了独家经销商,一旦市场情况发生变化,独家经销商不积极销售产品,出口商又不能同其他客户联系成交,对市场开拓造成很大被动。 |
| 4. 稳定的出口货源,有助于调动独家经销商的积极性,不断开拓销售渠道,加强出口商品在海外市场上的竞争,从而有利于巩固、发展国外市场和扩大销路。 | |

## 二、独家经销协议

独家经销协议是采用独家经销方式时,有关出口商和独家经销商从法律上确定双方关系的契约,体现了双方的权利与义务。在实际业务中,许多独家经销协议只原则地规定双方当事人的权利义务和一般交易条件,以后每批货的交付要依据经销协议订立具体买卖合同,明确价格、数量、交货期甚至支付方式等具体交易条件。

独家经销协议的主要内容如下:

(1)关于独家经销商专卖权给予的规定。在协议中首先要写清楚独家经销商的委任、独家经销权的授予,这是独家经销协议中最基本的一项内容。

(2)独家经销时间的条款。独家经销协议通常规定为一年,期满后,如未续订新约,独家经销商即失去独家经销权。

(3)独家经销地区的条款。独家经销商只能在约定的地区内经销其商品。

(4)独家经销的商品品种、商品名称和规格的确定。独家经销协议一般都限制独家经销商只能经营出口商供应的商品,不得经营来自其他方面的同类商品或竞争商品,以保证独家经销商投入主要精力,销售其独家经销的商品。

(5)最低购买的商品数量和金额。协议规定在一定期限内,独家经销商应约定最低购买经销的商品数量和金额,同时规定在不能完成或超额完成销售额时的处理办法。

(6)作价方法。包销的商品可以在规定的期限内一次作价,结算时以协议规定的固定价格为准。但这种做法对交易双方都有一定的风险,所以,大多数包销协议是采用分批作价的方法,即在协议中只规定由双方签订具体合同或成交确认书时予以确定,也可以规定,价格由双方随时或定期(如按季度)根据市场情况加以商定。

(7)有关独家经销商提供市场情报、宣传推广、售后服务、出口商商标权与专利权保护等事项的规定。

在独家经销协议签订时,要注意独家经销商的授予是否会触犯所在国家或地区反不正当竞争的法规,以避免法律纠纷。

# 第二节　代理方式

## 一、代理的概念

代理是指代理人根据委托人的授权，代表委托人与第三人订立合同或实施其他法律行为，而由委托人承担由此而产生的权利与义务。我国《民法通则》第63条规定："代理人在代理权限内，以被代理人的名义实施民事法律行为，被代理人对代理人的代理行为承担民事责任"。按照国际上的一般解释，代理人是作为委托人的国外代表，他和委托人的关系是委托代理关系。

## 二、代理的类型

1. 代理按照行业性质的不同划分如表3—2所示。

表3—2　代理按照行业性质的不同划分

| 内容 | 说　明 |
|---|---|
| 销售代理 | 它是代理方式中常见的一种，指的是代表出口商或制造商为其商品在国际市场上的销售提供服务的代理人。 |
| 购货代理 | 购货代理又称采购代理，即代理人受进口人的委托，为其在国际市场上采购商品提供服务。 |
| 货运代理 | 一般是以货主的受托人身份为货主办理有关货物的订舱、报关、交接、仓储、调拨、检验、包装、转运等项业务。 |
| 船方代理 | 船方代理是指承运人的代理人，包括外轮代理，为承运人承揽货载提供服务。 |
| 保险代理 | 通常是指保险人的代理，代表保险人和被保险人打交道。还有一种代理称作保险经纪人（broker），他是作为被保险人的代理，为其办理投保手续服务。 |

此外，还有广告代理、诉讼代理、仲裁代理、商标代理、专利代理等。

2. 国际货物买卖中的代理按委托人授权范围的不同划分如表3—3所示。

表3—3　代理按委托人授权范围的不同划分

| 内容 | 说　明 |
|---|---|
| 总代理 | 总代理（general agent）是委托人在指定地区的全权代表，有权代表委托人从事一般商务活动和某些非商务性的事务。 |
| 一般代理 | 一般代理（agent）又称佣金代理（commission agent），是指不享有独家经营权的代理。因此，在同一地区和期限内委托人可同时委派几个代理人代表委托人行为。 |
| 独家代理 | 独家代理（sole agent or exclusive agent），是在指定地区和期限内单独代表委托人行为，从事代理协议中规定的有关业务的代理人。委托人在该地区内，不得再委托其他代理人。根据国际市场的一般惯例，在独家代理的情况下，凡是委托人在该约定的地区发生的交易，只要是属独家代理人所代理的商品，则不论其是否通过该独家代理人之手，委托人都应给他约定的佣金。在我国的出口业务中，独家代理的期限一般为一年。 |

## 三、代理协议

代理业务的双方要订立代理协议，代理协议规定出口商和代理商之间的权利与义务。销售代理协议主要包括代理的商品、区域和约定的时期及委托人(出口商)和代理人双方的权利与义务两大部分。

代理人的权利与义务一般应包括下述内容:

(1)明确规定代理人的权利范围,是仅限于物色买主、招揽订单、介绍生意、中介交易还是有权代表委托人订立合同,或从事其他有关事宜等。协议还应明确代理人有无专营权,是一般代理人还是独家代理人。

(2)代理人在一定时期内推销的商品有一个最低代销额。最低代销额一般以出口企业实际收到的货款计算。协议中还应规定,代理人在一定的期限内,由于本身的能力而未能完成最低代销额的处理办法。

(3)代理人应在代理权行使的范围内,有义务保护委托人的合法权益和知识产权。

(4)规定代理人承担市场调研和广告宣传的义务。代理人应承担定期或不定期提供商情报告,内容包括代理人的代销情况、市场情况、客户反映以及进口国最新的政策法规等。

委托人的权利主要体现在对于客户的订单有权接受或拒绝,代理人在代理区域内收集的客户订单转给委托人后,委托人有决定接受或拒绝的权利,但对于代理人在授权范围内按委托人规定的客户而订立的合同,委托人应保证执行。

委托人的基本义务是维护代理人的合法权利,委托人有义务及时将区域内客户的询价或订单转给代理人,在独家代理的情况下,委托人须维护代理人的专营权。

另外,在许多代理人协议中,还规定委托人应向代理人提供广告资料,包括样本、样品目录等推销产品所需的材料等。

委托人还要保证按协议规定的条件向代理人支付佣金。

## 第三节 寄售方式

### 一、寄售的概念

寄售是指出口商先将待售商品运到国外,委托当地代销商按照寄售协议约定的条件和办法代为销售的一种贸易方式。其基本做法是:寄售人把商品运交国外代销人,由代销人在当地出售商品,所得货款则由代销人在扣除佣金和有关费用之后,通过银行交给寄售人。寄售人同代销人之间并不是买卖关系,代销人只是根据寄售人的委托照管货物并按寄售人的指示出售货物。

寄售不同于一般的贸易方式,具有下述特点:

1. 寄售是一种委托代售关系,寄售人是委托人

代销人是受托人。代销人只能根据寄售协议或寄售人的指示代为销售或处置货物,但他并不拥有货物所有权,货物出售之前的所有权属于寄售人。

2. 寄售是先出运、后成交的贸易方式,属于现货买卖

在国际贸易中,出口商一般是在签订买卖合同之后才出运货物,履行约定的交货义务,但寄售则不然,它是先将货物运至国外,再由代销商向当地买主销售。寄售是指在国外市场推销现货,因而具有凭实物买卖的特点。国际贸易中的多数商品是凭样品、规格、等级、牌号或说明书买卖,但有些难以划分规格、等级和标准的商品,或单凭"小样"难以成交,而必须凭实物买卖的商品,则可采用寄售方式让买方看货成交,按质论价。

3. 货物风险和出口费用由寄售人承担

代销人仅收取代销佣金而不对交易的盈亏负责，对货物可能产生的费用风险也不承担责任。

通过寄售方式出口货物具有的优缺点，详见表3—4。

表3—4　　寄售方式出口货物分析

| 主要优点 | 主要缺点 |
|---|---|
| 1. 有利于利用国外的销售渠道和调动国外代销人推销商品的积极性。在寄售方式下，代销人既不垫付资金，也不承担贸易风险，因此，一些资金不足的客户乐意为货主推销商品，这就有利于货主利用代销人的贸易渠道来推销自己的商品。 | 1. 承担的贸易风险大。采用寄售方式，寄售人要承担待售货物出售前的一切风险，其中包括货物在运输和储存中的风险，价格变动的风险，货物不能出售的风险，以及代销人资信不佳而招致的其他损失。 |
| 2. 为买主提供了便利，有助于调动国外买方订购商品的积极性。在寄售方式下，买方可根据需要就近采购，随时买随时有。买后立即办理付款和提货手续，这既能缩短从订约到到货的时间，又可避免垫付资金和承担货物在运输途中的费用与风险。 | 2. 负担的费用多。在寄售方式下，待售货物出售前的一切费用开支，如运费、保险费、储存费、税收、代销人的报酬以及其他杂项费用，概由寄售人负担。 |
| 3. 有利于开拓市场和扩大销路。通过寄售，既便于与当地用户和实销户建立联系和发展贸易关系，便于进行广告宣传，又便于推销新商品，开辟新市场并根据当地消费者的意愿和要求改进商品品质、包装条件，不断扩大销售范围。 | 3. 不利于寄售人的资金周转。由于寄售方式是先出运后成交，不仅出售前要垫付各种费用，而且一般要等货物出售后才能收回货款，这就需要经常垫付和积压大量流动资金，从而影响资金的周转。 |
| 4. 有利于随行就市和提高出售价格。采用寄售方式，可以根据国外市场的需求情况和容纳量，事先有计划地在国外市场上存放一些待售的商品，以便在当地市场货源供不应求和价格上涨时，及时抓住有利时机，充分利用市场行情，抢先成交，抛售现货，卖出好的价钱。 | |

## 二、寄售协议

寄售协议是指寄售人和代销人之间为了执行寄售业务而签订的书面协议。寄售的商品品种不同，协议有效期间的长短不一及协议双方的情况和具体要求各异，因此，寄售协议中所列明的各项寄售条件也不同，但是寄售协议的主要内容中一般都明确规定双方的权利、义务和有关寄售的条件和具体做法。

寄售协议一般包含以下内容：

1. 协议名称的确定

寄售协议一般要明确列明“寄售协议”，表示协议的性质。

2. 双方的权利、责任和义务

在寄售协议中，应明确寄售人与代销人之间是一种委托关系，寄售人是委托人，代销人是受托人。代销人在寄售人的授权范围内，办理寄售货物业务。

寄售货物在出售以前，货物的所有权属于寄售人。因此，在寄售协议中应明确规定：寄售人有权对寄售货物进行任何方式的处理。

3. 寄售期限、区域和商品

在寄售协议中，应对寄售期限、委托寄售的商品及销售的地区作出明确的规定。

4. 关于寄售货物的定价办法

在寄售协议中，应具体规定寄售货物的作价办法，寄售人一般可以采取下述办法授权代销人掌握价格：

(1)规定最低限价。在寄售协议中，寄售人规定了最低限价，代销人只能在此价格或高于此价格的前提下，有权在当地任意出售商品。

(2)按当地市价出售。采用此种做法时，代销人按市价自行定价，不必事先征得寄售人的同意，可在不低于当地市价的情况下出售货物。

(3)销售价格必须征得寄售人的同意。这是普遍采用的一种作价办法。按此规定，代销人需将每笔买主的出价，报请寄售人确认，经接受或确认后，才能出售货物。

(4)规定结算价格。货物售出后，双方依据协议中规定的价格进行结算。对于代销人实际出售货物的价格，寄售人不予干涉。这种做法，代销人须承担一定的风险。

5. 关于费用和风险的负担问题

在寄售方式下，货物出售前所发生的各项费用，如运费、保险费、进口税、储存费等，一般由寄售人承担。由于寄售货物的所有权在出售前仍归寄售人所有，所以，货物出售前所发生的一切风险，如货物灭失或损失的风险以及其他市场风险，原则上由寄售人承担，代销人不承担责任。

6. 关于货款的收付方式

采用寄售方式，一般是在售货后收回货款。代销人收款后，由代销人扣除佣金及垫付的费用后将货款汇付给寄售人，或者通过托收方式办理。为保证寄售人及时收汇，在寄售协议中应明确规定汇付货款的方式和时间。

7. 关于代销人的报酬

采用寄售方式时，代销商是以收取寄售人付给的佣金作为报酬的，关于报酬的支付办法，应在寄售协议中具体订明。

8. 剩余商品的处理办法

由于寄售属于委托代售方式，寄售商品在未售出之前所有权归寄售人，所以，在寄售协议中通常都用明确的文字规定，在寄售期结束后，对未售出的剩余商品，代销人可以退给寄售人。当然，双方也可以作出其他约定，如有的规定剩余商品可作价卖给代销人，或者规定剩余商品自动转入下一个寄售期继续销售。

## 第四节 拍卖方式

### 一、拍卖的概念

拍卖是一种由拍卖行组织的，在一定时间和地点，按照一定的章程和规则，买卖某种特定商品的交易。

国际市场上采用拍卖方式出售的商品，主要有农畜产品(如羊毛、毛皮、茶叶、烟草、香料和蔬菜、水果等)以及某些贵重商品(如黄金、古玩、地毯和艺术品等)。这些商品的特性一般是规格复杂，不易标准化，或难以久存的，或有拍卖习惯的。

拍卖方式是由货主委托拍卖行进行的，按照一定的规章，通过公开竞购等办法，把货物卖给出价最高的人的一种方式。参与拍卖的买主，通常须向拍卖行缴存一定数额的履约保证金。

## 二、拍卖的形式

拍卖的形式有买主叫价拍卖、卖主叫价拍卖、招标式拍卖和网上拍卖四种。

拍卖的形成如表3－5所示。

表3－5　　拍卖的形成

| 内容 | 说　明 |
| --- | --- |
| 买主叫价拍卖 | 买主叫价拍卖是由拍卖人宣布预定的最低价格后，由竞买者相继竞相加价，直至出价最高时，由拍卖人以击槌动作表示接受、宣告交易达成。买主叫价拍卖也称为增价拍卖，或称英格兰式拍卖。如果竞买者的出价都低于拍卖人宣布的最低价格，或称价格极限，卖方有权撤回商品，拒绝出售。 |
| 卖主叫价拍卖 | 卖主叫价拍卖是由拍卖人先开出最高价格，然后由拍卖人逐渐减低叫价，直到有人表示接受而达成交易。卖主叫价拍卖也称为减价拍卖，或称荷兰式拍卖。减价拍卖经常用于拍卖农副产品，如拍卖鲜活商品和水果、蔬菜等。 |
| 招标式拍卖 | 招标式拍卖又称密封递价拍卖，是由拍卖人事先公布每批商品的具体情况和拍卖条件，然后，竞买者在规定的时间内将密封标书递交拍卖人，由拍卖人选择条件最合适的标书接受而达成交易。这种方法不是公开竞买，拍卖人有时要考虑除价格以外的其他因素。有些国家的政府或海关在处理库存或罚没物资时往往采用这种拍卖方式。 |
| 网上拍卖 | 网上拍卖是以互联网作为媒介进行的拍卖活动。采用网上拍卖方式，竞买人不必亲临拍卖现场，只需在网络终端完成交易。网上拍卖首先要求竞买人按规定登记注册，并提供一定的保证金。具体操作形式也包括前面所提到的增价拍卖、减价拍卖和密封递价拍卖等方式。采用增价拍卖时，通常会预先设定拍卖截止时间，到时出价最高的人就成为买受人。 |

买主叫价拍卖和卖主叫价拍卖两种出价方法都是在预定时间和地点，按照先后批次，公开叫价，现场确定，当时成交。

## 三、拍卖的基本程序

1. 拍卖准备

货主要事先将商品运到拍卖地，存入仓库，然后委托拍卖人进行挑选、整理、分类，分级，并按货物的种类和品级分成若干批次，分批编号。

拍卖行在此期间还要负责编印拍卖目录，所有货物，都要分门别类编入目录，并提供给参加拍卖会的买方。

2. 预先看货

准备拍卖的商品都存放在专门的仓库，在规定的时间内，参加拍卖的买方可查看拍卖人提供的样品，也允许到仓库查看整批货物，并且可在其中抽取样品。

3. 正式拍卖

正式拍卖在规定的时间和地点开始，按照一定的拍卖规章，并按照拍卖目录规定的先后顺序，逐批喊价成交。拍卖一般多采用由低到高的增价拍卖方式。按照拍卖业务的惯例，在主持人击槌之前，买方可以撤回其出价，同样货主在货物出售前也可撤回要拍卖的货物。如果竞买者喊出的最高价仍低于货主所拟定的最低可接受价，货主无法接受，他可以要求主持人不敲木槌，将货物撤下来，这属于有保留的拍卖方式。如货主事先通知主持人采用无保留方式出售，则由主持人选定最高出价者。

4. 成交与交货

拍卖人击槌后，表示竞买停止，交易达成，拍卖行的工作人员即交给买方一份成交合同书，由买方填写并签字。

5. 付款与提货

拍卖商品的货款，在成交时，买方须立即支付一定百分比的货款金额，其余的货款金额也按约定尽快支付，货款通常都以现汇支付。货款付清后，货物的所有权随之转移，买方凭拍卖行开出的单据或提货单在规定的期限内到指定的仓库提货。在仓库交货前，拍卖人——作为卖方的代理人，有义务妥善保管货物，在买方付清货款之前，他有权拒绝交货。在拍卖条件中允许买方在提货后的一定期限内付清货款的，可按规定提前提货。

拍卖行为交易的达成提供了服务，要收取一定的报酬。收取的报酬，称为佣金或经纪费。

国际贸易中的拍卖是一种公开竞买的现货交易。拍卖采用事先看货，当场叫价，落槌成交的做法。拍卖不同于一般的进出口交易，这不仅体现在交易磋商的程序和方式上，也表现在合同的成立和履行等方面。许多国家的买卖法中对拍卖业务有专门的特殊规定，此外，各拍卖行还订有自己的章程和规则，供拍卖时采用。

## 第五节 招标与投标

### 一、招标与投标的概念

招标是指招标人（买方）发出招标通告或招标单，说明拟采购的商品品种、规格、数量及其他条件，邀请卖方按照规定的时间、地点进行投标。

投标则是指投标人（卖方）应招标通告的邀请，根据招标人所规定的招标条件，在规定的时间期限和地点，向招标人递价，争取中标以达成交易。

招标与投标是一种有组织的，并按一定的交易条件，在特定地点进行交易的方式。就采购商或业主而言的招标，对出口商或承包商对应的是投标。招标和投标是一种贸易方式的两个方面，有招标才有投标，投标是针对招标的响应行动。随着各国全球经济一体化进程的加快，招标与投标在世界经济活动中的应用日益普遍。许多发展中国家，均通过招标方式来采购物资、器材、设备或招商兴建工程项目。在一些发达国家政府和公共事业部门采购的货物有相当数量也采用招标方式购得。国际金融组织的贷款项目规定，凡是利用其提供的资金进行采购或兴建某项工程时，必须采用国际公开招标的方式。

招标与投标业务是一种竞卖方式，一般来说，卖方竞争对于买方是有利的，使他对于供货来源有较多的比较和选择。在竞争激烈的情况下，买方还可以较为优惠的价格购进所需物资，这也是招标投标方式在大宗物资的采购中广泛运用的原因之一。

招标与投标同一般进出口贸易方式的做法不同。采用这种方式，双方当事人不必经过交易磋商，而是由各投标人应邀同时采取一次递价的办法。而投标人能否中标，主要取决于投标时的递价是否有竞争力。因此，采用这种方式，投标人之间的竞争十分激烈，而招标人则处于主动地位。

### 二、招标的类型

1. 公开招标

公开招标是指招标人在国内外网站上、报纸杂志上发布招标通告，将招标的意图公布于众，邀请有关企业和组织参加投标。招标通告一般只简要地介绍招标机构、所采购物资的名称、数量、投标期限、索取招标文件的地点和方式等。这在法律上是一种要约的邀请行为。凡有意投标者均可按照招标通告的规定索取招标文件，详细考虑后办理各项投标手续。

招标文件的内容可归纳为两大部分。其一是属于“投标人须知”，主要是制定规则，使投标人投标时能有所遵循。这些规则大致包括三个内容：(1)一般情况，如资金来源，所需设备或货物的简要说明、投标资格及货物来源地、投标费用的负担等；(2)程序性规定，如投标的时间、地点、投标格式、投标保证金的规定、投标有效期、标书修改或撤销的规定等；(3)实质性的规定，如是否可投标供应一部分，是否可提出代替性方案，分包以及投标报价的规定等。其二是列明商品采购的合同条件，与买卖合同的内容类似，还包括双方的责任与义务。

招标文件中往往要求对投标人进行资格预审，以确保投标人在各方面具有投标能力。资格预审主要集中在下列方面(一般限于过去5年内的情况即可)：投标人的经验及过去完成类似的合同的成绩、财务状况、生产能力、经营作风等。在利用国际金融机构或国外政府贷款进行物资采购或工程承包的招投标业务中，资格预审更是必不可少。

2. 非公开招标

非公开招标又称选择性招标。招标人不公开发布招标通告，只是根据以往的业务关系和情报资料，向少数客户发出招标通知。非公开招标多用于购买技术要求高的专业性设备或成套设备，应邀参加投标的企业通常是经验丰富、技术装备优良、在该行业中享有一定声誉的企业。

### 三、招标与投标的基本做法

商品采购中的招投标业务，基本上包括四个步骤：招标、投标、开标评标和签约。

首先由招标人发出招标通告，制订招标文件或称标书，说明拟采购的商品或拟兴建的工程项目的各种交易条件，邀请各方面的卖方或承包商在规定时间和地点内，采取一次递价办法进行投标，然后由招标人开标，将各投标人的递价进行比较，从中选择对其最有利者达成交易。

投标人要想在竞标中胜出，首先要认真研究招标文件，对招标人提出的招标条件，衡量自己的能力，在确信有把握的前提下进行投标。在投标的价格上，投标作价既要有竞争力，又要留有余地。在确定投标时，要根据招标文件的要求和规定填写有关投标文件。招标人一般不接受两个或两个以上并列厂商的投标，因此，即使是联合投标，投标名义人也只能是一个。另外，投标文件必须递送及时和准确。在规定期限以后收到的标书属于无效标书。

招标人通常要求投标人在投标时提供投标保证金，以防止招标人在投标后撤销投标或中标后不签订合同。保证金一般为总价的3%～10%，可以是现金、银行出具的保证书或备用信用证。如未中标时，保证金可退回。

在得出评标结果后，进入招标和投标活动的最后阶段，即签订协议阶段。具体做法是：招标人以书面形式通知中标人，中标人在规定的时间内到招标人所在地与招标人签订买卖协议或项目承包协议，同时按规定缴付履约保证金。这些协议条款与普通货物买卖协议或承包项目的协议基本相同。在贷款项目下，招投标双方签订的协议需在贷款人批准的情况下，才正式生效。

## 第六节　商品期货交易

### 一、商品期货交易的概念

期货交易是指在期货交易所内，按一定规章制度进行的期货合同的买卖。

现代期货交易是在期货交易所内进行的。目前期货交易所已经遍布世界各地,期货交易的品种基本上都是属于供求量较大、价格波动频繁的初级产品,如谷物、棉花、食糖、咖啡、可可、油料、活牲畜、木材、有色金属、原油,以及贵金属,如金、银等。随着金融创新不断发展,金融期货交易成为发展最快、交易最活跃和影响最大的期货交易。

商品期货交易是在商品交易所实货交易的基础上发展起来的一种特殊的交易方式,交易的双方一般都没有卖出或买进真正货物的要求,交易的结果,可以不发生实际货物的转移,而只是买进和卖出同等数量的期货合同,从中取得或支付价格差额。因此,商品期货交易又称期货合同交易或纸合同交易。

在商品交易所进行的这种期货交易,不同于一般贸易中所说的远期实货交易,因为,后者卖方仍需按合同规定的交货期限向买方提交合格的货物,才能完成交货义务。

商品期货交易市场与现货市场既有联系又有区别。期货交易与现货交易的标的物相同,现货市场的交易价格是期货市场交易价格的基础。

## 二、商品期货交易的特点

1. 以标准合同作为交易的标的

标准合同是指由交易所制订的期货合同的内容和条款都已标准化的合同格式。这种标准合同格式,在买卖品质、规格、数量、包装、交货方式、检验检疫、支付、争议解决等条款都已标准化。在期货市场,买卖双方只需就价格和交货期两项内容协商确定,即可完成交易,这就大大简化了交易手续。因为,在期货交易中,交易双方买进卖出的标的物不是实际货物,而是指合同,双方关心的焦点,也就是买进和卖出的差价。

2. 特殊的清算制度

商品交易所具有特殊的清算制度,由专门的清算机构办理清算事宜。商品交易所内设立的清算所,负责处理在商品交易所内达成的所有交易的结算和合同的履行。清算会员在清算所内开立账户,在期货市场上,交易双方达成交易后,均须向清算所报告,并登记在其账户之中,这样使每个清算会员与清算所建立直接关系,由清算所对每笔交易进行清算。交易登记后,交易的双方由原先的买卖双方变成了以清算所为一方和以进行交易的会员为另一方,买卖双方不再存在合同责任关系,而是分别与清算所建立合同关系。

期货市场上的清算方法主要有对冲和实物清算两种。对于每一笔买进或卖出的期货合同,会员都可以通过卖出或买进同等数量的、同一交货期的合同予以对冲,两次交易的差价就成为会员的交易盈亏。

3. 严格的保证金制度

期货交易都是先成交、后清算。为了防止交易一方因破产倒闭等原因丧失偿付能力,致使另一方蒙受损失,确保交易的顺利开展,交易所都规定有严格的保证金制度,以确保合同的履行。清算所规定,在每笔交易达成时,买卖双方均需缴纳合同金额的一定百分比,一般为5%～10%,作为保证金或押金,又称初始结算保证金。另外,清算所在每个交易日结束时,会对每位会员进行盈亏分析,当发现会员名义亏损已经超出规定的百分比,清算所立即通知该会员在次日交易前按规定补交押金。

## 三、投机交易

投机商谋求的是在价低时买进期货合约,在价高时抛出对冲,即贱买贵卖,以获取两次交易的差价，期货市场上重要的投机活动是买空和卖空。

买空又称多头，做多头的投机商在预计价格将上涨，即牛市时，先买进期货合约，使自己处于多头部位。

卖空又称空头，做空头者则是估计行市看跌，即将出现熊市，先抛出期货合约，使自己处于空头部位。

## 四、套期保值

套期保值是将期货交易与现货交易结合起来进行的一种市场行为，即在买进(或卖出)实物的同时或前后，在期货交易所卖出(或买进)相等数量的期货合同作为保值，其目的在于通过期货交易转移现货交易的价格风险。套期保值之所以能起到转移现货价格波动的风险，这是因为同一种商品的实际市场价格和期货市场价格变化的趋势基本上是一致的，涨时俱涨，落时俱落。套期保值可分为卖期保值和买期保值两种。

1. 卖期保值

卖期保值是指套期保值者根据现货交易情况，先在期货市场上卖出期货合同(或称建立空头交易部位)，然后再以多头进行平仓的做法。由于保值者处于卖方地位，所以称其为卖期保值。

2. 买期保值

与卖期保值恰好相反，买期保值是指套期保值者根据现货交易情况，先在期货市场上买入期货合同(或称建立多头交易部位)，然后再以卖出期货合同进行平仓的做法。由于保值者处于买方地位，所以称其为买期保值。

套期保值可以在一定程度上转移或减少风险，但是，如果处理不当，可能会事与愿违。

相关链接

### 期货交易与现货交易的联系与区别

现货交易是传统的货物买卖方式，交易双方可以在任何时间和地点，通过签订货物买卖合同达成交易。在进出口业务中，无论是即期交货还是远期交货，进出口商之间达成的交易均属于现货交易的范畴。而期货交易是以现货交易为基础发展起来的。在商品期货交易中，期货合同所代表的商品是现货交易市场中的部分商品，绝大多数商品是不能以期货合同的方式进行交易的。在国际期货市场上交易的期货商品是以农副产品、金属等初级产品为主。尽管两种市场的价格都要受到同一经济规律的制约，然而，期货交易与现货交易却存在着下列明显的区别：

(1)从交易的标的物看。现货交易买卖的是实际货物；而期货交易买卖的是期货交易所制订的标准期货合同。

(2)从成交的时间和地点看。现货交易中交易双方可以在任何时间和任何地点来达成交易；而期货交易必须在期货交易所内，按交易所规定的开市时间进行交易。

(3)从成交的形式看。现货交易基本上是在封闭或半封闭的双边市场上私下达成的，交易双方在法律允许的范围内按“契约自主”的原则签订买卖合同，合同条款是根据交易双方的情况而订立的，其内容局外人是不知道的；而期货交易是在公开、多边的市场上，通过喊价或竞价的方式达成的。期货合同的条款是标准化的(除交易数量、交割月份和价格由交易双方达成)，而且达成交易的信息，包括价格都是对外公布的。

(4)从履约方式看。在现货交易中,无论是即期现货交易还是远期现货交易,交易双方都要履行买卖合同所规定的义务,即卖方按合同规定交付实际货物,买方按规定支付货款;而在期货交易中,双方成交的是期货合同,卖方可以按期货合同的规定履行实际交货的义务,买方也可以按期货合同规定接受实际货物。但期货交易所都规定,履行期货合同不一定要通过实际交割货物来进行,只要在期货合同到期前,即交易所规定的该合同最后交易日前,交易者做一笔方向相反、交割月份和数量相等的相同合同的期货交易,交易者就可解除他实际履行合同的义务。这也就是期货市场上所称的对冲或平仓。值得注意的是,绝大多数期货交易并不涉及货物的实际交割。

(5)从交易双方的法律关系看。在现货交易中,买卖双方达成交易,就固定了双方的权利与义务,交易双方之间产生直接的货物买卖的法律关系,任何一方都不得擅自解除合同;而期货交易双方并不相互见面,合同履行也无需双方直接接触。交易达成后,期货交易双方并不建立直接的法律关系。

(6)从交易的目的看。在现货交易中,交易双方的目的是转移货物的所有权。从卖方讲,是出售货物,取得货款;从买方讲,是取得一定经济价值的实际商品;而参加期货交易的人可以是任何企业或个人。不同的参加者进行期货交易的目的不同,有的是为了配合现货交易,利用期货交易转移价格变动的风险;有的是为了在期货市场上套取利润;有的是专门从事投机,目的是取得相应的投资利润。

## 第七节 对等贸易

### 一、对等贸易的概念

对等贸易是指由贸易双方在达成贸易协议时,规定一方的进口产品可以部分或者全部以出口产品来支付,它是一种买卖互为条件的国际贸易的交易方式。在对等贸易中,一方既是买方,又是卖方,双方都是既买又卖。

对等贸易对于许多发展中国家来说,在外汇短缺的情况下,用国内的产品换取本国生产建设所亟须的技术、设备和物资,可以提升产品的升级换代,带动国内产品的出口。对于发达国家来说,通过开展对等贸易,可以扩大机器设备和技术的输出,用比较好的价格获得国内生产所需的原材料和产品。目前,世界上许多国家都开展了各种形式的对等贸易。

### 二、对等贸易的种类

常见的对等贸易有以下几种:

1. 易货贸易(barter trade)

易货贸易是指以物易物,即货物出口的一方在进口某一价值货物的同时,向对方提供等值的出口货物,通常不涉及第三方。易货贸易的优点是以进带出,也可利用出口带动进口。由于易货贸易受到交易产品的限制,确定货物价值的困难等因素约束,达成交易较难。

现在的易货贸易针对传统易货贸易的缺陷,采用了一些比较灵活的方式,采用易货记账方式。交易双方在进出口时,双方都将易货的货值记账,货款相互抵冲。如易货的价值有差异时,记在账上,下笔交易时进行平衡,也可在一定期限内进行平衡,平衡时如有差异,再以货物支付或以现汇支付。

2. 互购方式(counter purchase)

互购方式是由交易双方分别签订两份独立的交换货物合同，这两份合同由互购协定书联系起来。先行进口的一方在购进对方货物的情况下，在约定的时间向对方出口货物作为交换。与易货贸易不同的是，互购方式下，每份合同都以货币支付，是一种现汇交易。

由于双方都承担互购义务，实际上还是相互购买对方货物，这在一定程度上可以解决在支付能力不足的情况下能够进口到所需的货物，同时通过互购方式出口货物，拓展国际市场。

互购也称为对购(reciprocal trade)或平行交易(parallel trade)。

3. 回购方式(buy back)

回购在我国又称为补偿贸易(compensation trade)，是指在信贷的基础上，进口机器设备、器材或技术，而用该进口机器设备和技术生产的产品来分期偿还进口货物的全部或一部分货款。它是一种与进口密切结合的信贷交易，是利用外资的一种方式。补偿贸易最基本的形式是直接用产品偿还，也可以是其他的产品或劳务，即间接补偿。

采用回购方式，对机器设备和技术的出口方来说，可以在进口方支付能力不足的情况下，扩大设备和技术出口；就机器设备和技术的进口方而言，则可利用国外的资金技术和销售渠道来提高出口商品的生产能力和竞争能力，而且还可建立回购产品分销渠道，扩大出口。

## 第八节　加工贸易

### 一、加工贸易的概念

随着全球经济一体化的加快，国际分工不断发展，全球范围内的加工贸易有了很大的发展，加工贸易已经成为国际贸易的重要方式。

在我国，自 1978 年实行对外开放政策后，加工贸易从小到大，发展很快，到 1996 年，加工贸易进出口额在我国进出口贸易总额中首次过半。加工贸易已经成为我国对外经济贸易经营的主要方式之一，在我国的国民经济中占有重要的一席。

我国《加工贸易审批管理暂行办法》规定，加工贸易是指从境外保税进口全部或部分原辅材料、零部件、元器件、包装物料(简称“进口料件”)，经境内企业加工或装配后，将制成品复出口的经营活动，加工贸易有来料加工和进料加工。

### 二、加工贸易货物的特征

1. 两头在外的特征

加工贸易最基本的特征是“两头在外”。即其用以加工成品的全部或部分料件采购自境外，而其加工成品又销往境外的货物流外向的特征。

2. 加工增值的特征

加工增值是加工贸易得以发生的企业方面的根本动因。企业对外签订加工贸易合同的目的在于通过加工使进口料件增值，并从中赚取差价或工缴费。

3. 料件保税的特征

我国海关现行的法规规定海关对进口料件实施保税监管。即对其进口料件实施海关监管下的暂缓缴纳各种进口税费的制度。料件的保税可以降低企业的运行成本，增强出口成本的竞争力。

## 三、加工贸易的种类

1. 来料加工

(1)来料加工的定义

来料加工(processing with supplied material)是指进口料件由境外企业提供,经营企业不需要付汇进口,按照境外企业的要求进行加工或者装配,只收取加工费,制成品由境外企业销售的经营活动。

(2)来料加工的特点

来料加工的主要特点有:

①由外商提供全部或部分料件,加工方无需用外汇购买进口料件。

②来料加工的料件进口和成品出口系同一协议及同一客户。

③来料加工出口的成品,加工方不负责销售,由外商自行销售。

④外商提供的进口料件及加工的成品,加工方只拥有使用保管权以及根据合同规定所赋予的代办运输权、报关权,而不拥有所有权。

⑤加工方只收取合同规定的工缴费,不参与外商经营该业务所得利润的分配,也不承担在开展此业务过程中产生的经济风险。

(3)来料加工工缴费的构成

①全部来料。外商提供全部料件,委托加工方加工,加工方收取工缴费。

②部分来料。外方提供部分料件,其余部分料件由加工方在国内市场采购。出口成品中,除加工方应得的工缴费以外,还应包括国内采购的料件费。

(4)来料加工的管理

①税收规定

a. 来料加工项下外商提供进口用于加工装配返销出口产品的料件可以全额保税。

b. 来料加工项下进口直接用于加工生产出口产品而在生产过程中消耗掉的燃料、磨料、触媒剂、催化剂、洗涤剂可以全额保税。

c. 来料加工项下加工成品出口,免于缴纳出口关税。

d. 来料加工保税料件纳入银行保证金台账制度。

②监管规定

来料加工合同必须按权限经过商务主管部门的审批,取得加工贸易业务批准证。来料加工由海关进行监管。

国家明令禁止进口的商品不得搞来料加工。产品为国家明令禁止出口的不得搞来料加工。有些商品的来料加工必须经有关主管部门专题审批。除国家另有规定外,加工贸易进口料件属于国家对进口有限制性规定的,经营企业免于向海关提交进口许可证件。加工贸易制成品属于国家对出口有限制性规定的,经营企业应当向海关提交出口许可证件。

由于来料加工因系外商提供原辅料,加工贸易企业不付外汇,所以在产品成本核算中无原材料成本账,这就给用审计手段查账带来了困难。为解决这一问题,来料加工在工作中要加强管理。

a. 专库存放。来料加工的保税料件有条件的应专库存放,无条件的也应做到分列单批存放。在库房和账簿上都应标明"海关监管货物"字样,以备海关核查。

b. 专账登记。来料加工的保税料件应严格按来料加工合同号及顺序进行专账登记。海关对来料加工的监管是以合同为单元进行的，因此企业在账册登记、仓库管理中也应以合同为单元进行；做到先进先出、后进后出。同一合同应做到账、物、卡三相符。

c. 专人管理。来料加工保税料件应有专门的仓库管理人员进行进、出、存仓库账册的管理。料件的入库、堆放、出库严格按合同进行。企业相关管理和业务人员应按海关监管要求协同仓库管理人员做好管理工作。

d. 专料专用。来料加工的保税料件应专料专用，不得在合同之间相互串用，更不得将进口料件与国内购进料件相互串用，严格按先进先出的原则进行管理和使用。

2.进料加工

(1)进料加工的定义

进料加工(processing with imported materials)是指进口料件由经营企业付汇进口，制成品由经营企业外销出口的经营活动。进料加工可分为进料加工对口合同和进料加工非对口合同。

①进料加工对口合同

进料加工对口合同是指拥有进出口经营权的企业对外签订进口料件合同和相应的出口成品合同(包括不同客户的对口联号合同)，进口料件生产的成品、数量及销售流向都在进出口合同中予以确定。

②进料加工非对口合同

进料加工非对口合同也称“备料加工合同”，是指拥有进出口经营权的企业对外签订进口料件合同，在向海关备案时尚未签订出口成品合同，进口料件生产的成品、数量及销售流向均未确定。

(2)进料加工的特点

①外汇购买、产品外销。加工贸易经营单位用外汇从国外购买进口原料，加工成品后由加工贸易经营单位负责外销。

②自行生产、自行销售。加工贸易经营单位进口料件后自行决定产品生产的数量、规格、款式，根据国际市场情况自行选择产品销售对象和价格。

③自负盈亏、风险自担。由于进口料件是以对外买断的形式出现的(客供主、辅料除外)，其产权归加工贸易经营企业所有，因此，加工贸易经营单位在完全自行决定进料、储存、生产、销售的同时也自负盈亏、自担风险。

(3)进料加工的管理

①税收规定

a. 进料加工对口合同进口料件全额保税。

b. 进料加工非对口合同定额保税，即进口国家规定的几种商品先征 5%，保税 95%，进口其他料件先征 15%，保税 85%，出口后多出口可以退税，少出口的要补税。

c. 进料加工项下进口直接用于加工出口产品在生产过程中消耗掉的磨料、燃料、触媒剂、催化剂、洗涤剂可以按料件的保税额度保税。

d. 进料加工出口产品免征出口税。

e. 进料加工保税料件纳入银行保证金台账制度。

②监管规定

进料加工合同必须按权限经过商务主管部门的审批，取得加工贸易业务批准证。进料加工由海关进行监管。

国家明令禁止进口的商品不得搞进料加工，产品为国家明令禁止出口的不得搞进料加工。有些商品的进料加工必须经有关主管部门专题审批。除国家另有规定外，加工贸易进口料件属于国家对进口有限制性规定的，经营企业免于向海关提交进口许可证件。加工贸易制成品属于国家对出口有限制性规定的，经营企业应当向海关提交出口许可证件。

## 四、加工贸易协议的签订

加工贸易协议，在性质上则不同于买卖合同，其基本内容如下：

1. 合同的标的

加工装配合同的标的，不同于买卖合同，它体现为将原材料零部件加工装配成指定的产品而付出的劳动及一定的技术或工艺，因此，在这一条款中，要明确具体的规定加工装配项目的内容及要求。

2. 来料、来件约定

外商委托方提供的原材料、零部件是开展加工装配业务的物质基础。委托方能否按质、按量、按时供应料件，直接关系到承接方能否按质、按量、按时提供规定的成品，因此，在合同中应规定委托方送交料件的时间、地点，并且明确规定对原材料，零部件的质量、数量以及规格的具体要求。为了明确责任，还应同时规定如果料件在品质、数量方面不符合要求，或者委托方未能按时提供料件，在品质、数量方面不符合要求，或者外商未能按时提供料件的处理办法。如果使用一部分承接方自有或在本国内购置的料件，要约定质量标准和价格。

3. 提交成品约定

按质、按量、按时对外交付是承接方的义务。加工装配的产品质量的好坏关系到外商在国外市场销售和利润，因此，在这一条款中，一般都要对成品的品质、规格以及数量和交货期作出明确规定，对于有特殊要求的产品，需要订立详细的技术条款，同时还往往规定对违约的处理办法。承接方在规定这一条款时，要考虑意外情况的发生，在约定成品交付时间和数量时要留有余地。另外，承接方在承接加工任务时要根据自己的设备情况、技术水平和生产能力，承接相应的加工任务，以保证合同的正常履行。

4. 物料消耗和残次品率的约定

在加工贸易合同商定时，双方要确定一个合理的用料定额，即物料消耗定额和残次品率。由于原材料由委托方提供，委托方总希望耗料率越低越好，但作为承接方则要考虑其设备能力和工人的技术水平。如果耗料率订得过低，在加工过程中实际耗料率超过合同规定的数额，加工方就生产不出足量的产品，无法完成加工任务；如果耗料率订得过高，则增加委托方的成本，影响委托方的积极性。另外，还要确定合理的残次品率，在来料时要根据残次品率相应地增加料件的数量。

5. 工缴费的约定

工缴费是加工贸易合同的重要条款。对委托方来说，委托承接方加工装配，就是看中承接方较低的劳动力费用，以取得较高的利润率；就承接方来说，当然希望争取较高的加工费，取得较好的经济效益。因此，在核定工缴费时要双方认为合理。

工缴费包括加工成本和加工利润两部分。加工成本一般由工资、设备折旧费、动力费、储运费、保险费、管理费、利息及税金等构成。由于加工装配业务从本质上看是一种劳务出口的方式，工缴费的核定就应该以国际劳务价格作为基准，然而世界各地的工资水平差异很大，为了加强竞争力，我们在规定工缴费标准时，应以邻近国家和地区的工资水平作为计算基础较为合理。此外,在确定加工费时,还应考虑国际市场行情的变化、货币汇率的变动等因素,必要时可订立外汇保值条款。

6. 运输和保险问题的约定

加工装配业务中有其特殊性,运输涉及原料运进、成品运出两段,有关的运输责任及费用究竟由谁负担,需在合同中明确规定。需要注意的是,确定加工周期时应充分考虑与运输期、报关期、订船期及检验期的衔接。

在对外加工装配业务中,料件的进口与出口都需要投保运输险。从法律上看,来料加工由于料件和除工缴费外的成品的所有权均属委托方,保险的责任和费用应由委托方承担并负责办理保险。但在具体业务中,如委托方要求承接方代办保险,在这种情况下,在合同中应规定委托方除支付加工费外,再支付保险费,或者在计算加工费时将保险费打入,不再单独支付。在由我方代办保险的情况下,在合同的保险条款中,应明确规定保险险别、保险金额和投保人。

7. 付款方式的约定

加工贸易中,贸易双方对货款支付的时间、地点、方式以及用于支付的工具等都十分重视。支付工具一般有汇款、托收、信用证等。对加工贸易双方来说,无论采用何种支付方式,都要考虑资金的周转和费用的分担,尤其是风险防范等因素。在实际业务中,对于工缴费的支付大致可分为两种情况:一种是来料、来件及成品均不作价,单收工缴费;另一种是合同规定料件和成品分别作价,即所谓各作各价,其差额即为工缴费收入。

第一种情况由委托方在承接方将成品交付后通过信用证或汇付的方式,向承接方支付加工费即可。第二种情况可考虑对开信用证方式,即来料来件由承接方开远期信用证,成品出口时,委托方开具即期信用证付款。在采用这种方式时,应注意承接方开立的远期信用证或承兑的远期汇票,其付款期限应略长于产品的生产周期及交付时间。

此外,为避免发生汇兑差额和不必要的换算手续,料件进口和成品出口一般应使用同一种货币。

8. 机器设备和技术提供的约定

在加工贸易中,委托方因加工需要,有时也向承接方提供部分机器设备和技术。提供的机器设备要明确规定是无偿提供还是有偿提供。若是有偿提供,要订明承接方偿还设备价款的数额、方式和时间。委托方除同时提供技术外,还要规定培训承接方技术人员的有关事项。

9. 知识产权的约定

商标、专利等知识产权,受到法律保护。承接方在委托方委托加工时遇到商标、专利等知识产权时,要注意防止使用知识产权后造成对他人的侵权。在合同中承接方可要求委托方提供有关商标、专利的注册登记文件或其他足以证明其有合法所有权或使用权的其他文件,或者订明承接方是按照委托方的样品、图纸及指定商标进行加工装配,如发生对第三方的侵权,全部责任均由委托方承担。

## 五、进料加工与来料加工的区别

1. 原材料、零部件和产品的所有权不同

来料加工是由外商提供原材料、零部件、元器件,并按外商的要求进行加工装配,生产出来的产品所有权归外商所有,由外商支配。而外贸公司或企业开展进料加工,是用自己的外汇进口原材料、零部件,并将生产加工出来的产品出口,即以进养出,外贸企业对原辅料以及加工出来的成品拥有所有权,完全根据自己的意图对外销售。

2. 我国外贸公司或企业所处的地位不同

在来料加工贸易业务中，外商与承接来料加工的公司或企业是委托与被委托关系；而在进料加工业务中，外贸公司或企业完全是自主经营，与销售料件的外商和购买成品的外商均是买卖关系。

3. 二者间的贸易性质不同

顾名思义，对外承接的来料加工业务就是为提供料件的国外客商加工装配产品，纯属加工贸易性质；而进料加工则是外贸公司或企业独立的对外的进口和出口业务，具有一般国际贸易的特征。

4. 产品的销售方式不同

在来料加工业务中，加工出来的产品由外商负责出运，并自行销售，销售的好坏与我方加工企业毫无关系；而进料加工业务中，进口原料的外贸公司在产品生产出来后，要自己负责对外推销，产品销售的好坏与自己密切相关。

相关链接

**加工贸易业务中涉及的术语**

(1)加工贸易货物。加工贸易货物是指加工贸易项下的进口料件、加工成品以及加工过程中产生的边角料、残次品、副产品等。

(2)加工贸易企业。加工贸易企业包括经海关注册登记的经营企业和加工企业。

①经营企业。经营企业是指负责对外签订加工贸易进出口合同的各类进出口企业和外商投资企业，以及经批准获得来料加工经营许可的对外加工装配服务公司。

②加工企业。加工企业是指接受经营企业委托，负责对进口料件进行加工或者装配，且具有法人资格的生产企业，以及由经营企业设立的虽不具有法人资格，但实行相对独立核算并已经办理工商营业证(执照)的工厂。

(3)单位耗料量。单位耗料量是指加工贸易企业在正常生产条件下加工生产单位出口成品所耗用的进口料件的数量，简称单耗。

(4)深加工结转。深加工结转是指加工贸易企业将保税进口料件加工的产品转至另一加工贸易企业进一步加工后复出口的经营活动。

(5)承揽者。承揽者是指与经营企业签订加工合同，承接经营企业委托的外发加工业务的企业或者个人。

(6)外发加工。外发加工是指经营企业委托承揽者对加工贸易货物进行加工，在规定期限内将加工后的产品最终复出口的行为。

(7)核销。核销是指加工贸易经营企业加工复出口或者办理内销等海关手续后，凭规定单证向海关报销，海关按照规定进行核查以后办理解除监管手续的行为。

## 第九节　展　卖

展卖是利用展览会、博览会、展销会、交易会及其他会展形式，对商品实行展销结合，以展促销的一种贸易方式。会展是重要的市场交易平台，它是企业经济贸易交流的重要载体。参展商之间、参展商与客户之间通过展览这个平台形成一种信息交流。通过展览，参展商可以看到业内的新产品与行业的发展方向，因此，会展还是行业交流的重要场所。从经济学理论来分析，会展经济的最大作用是它可以降低交易成本。所谓交易成本，是指一项市场交易所花费的时间与精力等非生产性支出。具体来说，交易成本是在市场交换过程中所产生的各种费用，包括运输费用、谈判所花费的时间、信息成本、监督和管理成本等。

## 一、展览会的概念

在中文中，展览会名称有博览会、展览、展销会、博览展销会、看样订货会、展览交流会、交易会、贸易洽谈会、展示会、展评会等。

从字面上理解，展览会也就是陈列、观看的聚会。展览会是在集市、庙会形式上发展起来的层次更高的展览形式。在内容上，展览会不再局限于集市的贸易或庙会的贸易和娱乐，而扩大到科学技术、文化艺术等人类活动的各个领域。在形式上，展览会具有正规的展览场地、现代的管理组织等特点。在现代展览业中，展览会是使用最多、含义最广的展览名称，从广义上讲，它可以包括所有形式的展览会；从狭义上讲，展览会又指贸易和宣传性质的展览，包括交易会、贸易洽谈会、展销会、看样订货会、成就展览等。展览会的内容一般限于一个或几个相邻的行业，主要目的是宣传、进出口、批发等。

中文的博览会是指规模庞大、内容广泛、展出者和参观者众多的展览会。一般认为博览会是高档次的，对社会、文化以及经济的发展能产生影响并能起促进作用的展览会。

## 二、展览会的基本划分

1. 贸易型和消费型

按展览性质，可以分为贸易型和消费型。贸易性质的展览是为产业即制造业、商业等行业举办的展览。展览的主要目的在于交流信息、贸易洽谈。消费性质的展览基本上都展出消费品，目的主要是直接销售。展览的性质由展览组织者决定，可以通过参观者的成分反映出来，对工商界开放的展览是贸易性质的展览，对公众开放的展览是消费性质的展览。具有贸易和消费两种性质的展览被称作综合性展览。经济越不发达的国家，展览的综合性倾向越重；反之，经济越发达的国家，展览的贸易和消费性质分得越清。

2. 综合展览和专业展览

从展览的内容上可分为综合展览和专业展览两类。综合展览是指包括全行业或数个行业的展览会，也被称作横向型展览会，如工业展、轻工业展；专业展览是指展示某一行业甚至某一项产品的展览会，如钟表展、地毯展等。专业展览会的突出特征之一是常常同时举办讨论会、报告会，用以介绍新产品、新技术等。

另外，在展会规模上可分为国际、国家、地区、地方展，以及单个公司的独家展。不同规模的展览有不同的特色和优势展览时间。在展览的时间上有定期展和不定期展。定期的有一年四次、一年两次、一年一次、两年一次等，不定期展则视需要而定。展览会有长期和短期之分：长期可以是三个月、半年，甚至常设，短期展一般不超过一个月。在发达国家，专业展览会一般是三天。

## 三、企业参加展览会的目标

1. 基本目标

企业通过展览会可以开发新市场、寻找进出口贸易机会、了解产业和行业发展趋势、了解市场竞争情况、了解公司所处行业的状况、检验自身的竞争能力、寻求合作机会、向市场介绍本公司和产品。

2. 交流目标

企业通过展览会可以集中收集市场信息、接触新客户、了解客户需要、挖掘现有客户的潜力、建立业务关系、加强与新闻媒体的关系、训练职员调研及营销技能。

3. 价格目标

企业通过展览会可以试探定价余地,将产品和服务推向市场。

4. 销售目标

企业通过展览会可以增强公司形象宣传、扩大销售网络、寻找新的代理、测试减少贸易层次效果。

5. 产品目标

企业通过展览会可以推出新产品、介绍新发明、了解新产品推销的成果、了解市场对产品系列的接受程度、扩大产品系列。

## 四、展卖方式

展卖方式灵活,可由货主自己举行,也可由货主委托他人举办。国际贸易中,展卖可在国外举行,也可在国内举行。在国外举行的展卖业务按其买卖方式可分为两种:一种是通过签约的方式将货物卖给国外客户,由客户在国外举办展览会或博览会,货款在展卖后结算;另一种是由货主与国外客户合作,在展卖时货物所有权仍属货主,并由货主决定价格,货物出售后,国外客户收取一定的佣金或手续费作为补偿,展卖结束后,未售出的货物折价处理或转为寄售。

展卖方式按形式又可分为国际博览会和国际展览会。从展览分类中可以看到,虽然都名曰博览会或展览会,但其中大有区别:展览主题不同,展出者的构成不同,与会者、参观者构成不同,地域展所在国的市场情况不同,这就需要企业从中选择最能实现自己展出目标的展览会。如果为专门推销某类商品寻求经销代理,参加相应的专业性展览会最适当。如果要在某国推出本地区产品形象,那么,参加博览会并独设一馆会有较大效果。如果旨在试销某些新产品,则可在展览会上租用少量摊位,带上交易员和产品专家进行面对面的接洽。参加展览不是面向社会大众进行宣传,而是为了实实在在的产品交易,因此,要把选择展览会当作寻求产品目标市场一样慎重从事。企业在展览前要尽可能多地了解展览会资料。

国际上著名的博览会大多是综合性的博览会,如汉诺威、莱比锡、布鲁塞尔、里昂、巴黎、蒙特利尔、纽约、香港博览会等。随着国际贸易关系和技术的日益发展,通过博览会和展览会进行的展卖方式在国际市场上的地位日益重要。它为买卖双方了解市场、建立商品和技术联系提供了有利条件,成为各国商人签订贸易合同的重要场所。

选择展会要考虑四个方面:第一,展会辐射的市场应是企业的重点市场;第二,展会要有一定历史,这表明主办方经历了市场的考验,经验较为成熟,最好选择同行的知名企业也会参加的展会;第三,不要惧怕竞争激烈而选择规模较小的展会,展会必须能够吸引到足够多的“潜在用户”才有价值;第四,从地理位置角度考虑,生产制造型企业可以多参加国内一线城市展会,贸易型企业就应该跑远一些寻找机会。

随着信息技术的推广应用,利用互联网的信息传播优势,开展网上会展是展卖方式的一个新的应用平台。在会展期间,会展平台将同时对外进行网络会展,参加网络展览的公司其公司及产品信息将在网上会展中展示;同时,浏览者可以通过各种信息搜索机制快速寻找中意的展品信息并进一步与该公司取得联系。另外,平台将不间断地播放参加网络会展的公司预定的多种网络广告，以加强产品的推广；在网下会展结束后，网上会展依然继续，从而将有效地延长会展时间，让更多的企业和客户达成合作。同时，网络平台将充分利用互联网的信息传播优势，建立展商信息维护功能，展商可以通过各自的身份进入信息管理中心，对公司或产品信息进行更新等维护，从而确保网络展览的信息长期有效。

相关链接

**中国进出口商品交易会(广交会)概况**

中国进出口商品交易会又称广交会，创办于1957年春季，每年春秋两季在广州举办，迄今已有57年历史，是中国目前历史最长、层次最高、规模最大、商品种类最全、到会采购商最多且分布国别地区最广、成交效果最好、信誉最佳的综合性国际贸易盛会。

广交会吸引了资信良好、实例雄厚的24 000多家中国公司以及1 500多家境外公司参展。

广交会以进出口贸易为主，贸易方式灵活多样，除传统的看样成交外，还举办网上交易会，开展多种形式的经济技术合作与交流，以及商检、保险、运输、广告、咨询等业务活动。来自世界各地的客商云集广州，互通商情，增进友谊。具体情况见表1。

表1 中国进出口商品交易会概况

| 创办时间 | 1957年春季 |
|---|---|
| 展出周期 | 一年两届 |
| 举办时间 | 第116届广交会<br>第一期：2014年10月15日～19日<br>第二期：2014年10月23日～27日<br>第三期：2014年10月31日～11月4日 |
| 会期 | 每期5天 |
| 展览地点 | 中国进出口商品交易会展馆(广州市海珠区阅江中路380号) |
| 展览总面积 | 117万平方米(2014年春交会) |
| 总展位数量 | 59 708个(2014年春交会) |
| 参展商数量 | 24 581家境内外企业(2014年春交会) |
| 到会境外采购商 | 188 119人(2014年春交会) |
| 出口成交 | 310.51亿美元(2014年春交会) |

## 第十节 租赁贸易

租赁贸易是当代经济交易中最为活跃的一种贸易方式。发达国家的固定资产投资，有相当比例是通过租赁贸易方式实现的，无论在国内或国际贸易中，租赁市场都是一个对供需双方均有吸引力的市场。

## 一、租赁贸易的概念

租赁贸易是指出租人在一定时间内把租赁物租借给承租人使用，承租人分期付给一定租赁费的融资与融物相结合的经济活动。根据租约规定，出租人定期收取租金，并保持对租赁物的所有权；承租人通过租金缴纳而取得租赁物的使用权。

## 二、当代租赁贸易的特点

1. 租赁是所有权和使用权相分离的一种物资流动形式

租赁贸易是指企业之间较长期的动产租赁。租赁对象主要是资本货物，包括机电设备、运输设备、建筑机械、医疗器械、计算机设备、飞机船舶，直至各种大型成套设备和设施等。

出租人一般为准金融机构，即附属于银行或信托投资公司的租赁公司，也有专业租赁公司或生产制造商兼营自己产品的租赁业务。承租人通常为生产或服务企业。租赁贸易是在信贷基础上进行的。出租人向承租人提供所需设备，承租人则按租赁合同向出租人定期支付租金、设备的所有权属于出租人，承租人取得的是使用权。

2. 租赁是融资与融物相结合、物资与货币相结合交流的运动形式

租赁期一般较长，是一种以融物的形式实现中长期资金融通的贸易方式。租赁贸易往往是三边贸易，即有三个当事人：出租人、承租人和供货商。承租人选定所需设备和供应商后，由租赁公司洽谈购买，一般程序如图 3—1 所示。

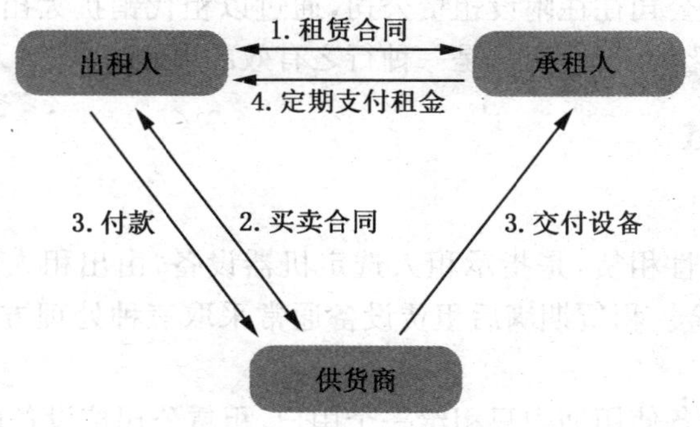


图 3—1 租赁一般程序

(1)出租人与承租人签订租赁协议。

(2)出租人与供货商签订买卖合同。

(3)供货商向承租人提供物资，出租人付款给供货商。

(4)承租人定期向出租人支付租金。

在租赁贸易中，除非承租人自身有足够好的信誉，经租赁公司评估后，在一定额度内实现租赁，通常租赁公司要求承租人提供经济担保人，比如，银行、投资信托公司、保险公司等出具的保函。

3. 租赁是国内外贸易中的辅助渠道

租赁贸易实质上是出租人向承租人提供信贷的一种交易方式。从利用外资、引进设备的角度看，它与一般的中长期信贷和延期付款有相似之处，但对供需双方来说，有其特有的优越性。

(1)对承租人的作用

企业利用中长期信贷或延期付款方式购入设备,将其记录在企业的资产负债表内。而租赁的设备,则不作为企业的负债记录,不影响企业的举债能力。即使企业能以自有资金购入设备,若改用租赁方式,则可增强流动资金的周转能力,改善企业的资产质量。承租人支付的租金可列入生产或经营成本,从而降低了企业应税的数额。承租人可按自身需要选择生产厂商和所需设备,确定技术指标,而租赁公司作为市场中的大买家,往往拥有优越的谈判地位,能以相对优惠的价格购进设备,从而降低承租人支付的租金。

以租赁方式引进设备,承租人只需同租赁公司达成协议,而落实资金和采购设备均由租赁公司负责,故而业务环节减少,设备到位所需时间较短。承租人可以分享租赁公司所享受的减免税优惠以及所具有的资金运作优势,从而降低租金支出。承租人所支付的租金,包括设备价款、利息和租赁手续费。租金在租赁期内一般固定不变,而中长期贷款的利率往往是浮动的,有上升的趋势。

国际市场是买方市场,承租人作为用户,具有一定的优势,充分利用这一优势,在一定条件下,比起直接获得国外出口信贷,更具现实性和更为经济,比起外商直接投资,在收益分配和经营控制上更有利于设备引进方。

(2)对出租人的作用

出租人购买设备进行租赁业务,作为设备所有人,可享受投资减税待遇,以及折旧或按政策加速折旧的优惠。金融租赁公司作为出租人,租赁贸易也是一种金融业务,由此扩大了资金投放市场。专业租赁公司作为出租人,一般只需支付所购设备款项的20%～40%,其余部分则以设备所有权和租金受让权作为抵押,由银行等金融机构提供贷款,但出租人仍享有全部减税利益。一些大型制造公司往往附设租赁公司,通过以租代销扩大出口业务。特别是对于一些售价高、相对陈旧老化的设备,租赁是一种行之有效的促销方式。

## 三、租赁贸易的形式

1. 金融租赁

金融租赁也称融资性租赁,是指承租人选定机器设备,由出租人购置后出租给承租人使用,承租人按期交付租金。租赁期满后租赁设备通常采取三种处理方法:退租、续租和转移给承租人。

金融租赁在整个设备使用期内只租给一个用户,租赁公司按设备成本利息加上费用,分摊成租金向承租人收取,故又称"完全支付租赁"或"一次性租赁"。这是最基本的租赁形式。

2. 经营租赁

经营租赁是指租赁公司购置设备,出租给承租人使用,出租人负责维修、保养和零部件更换等工作,承租人所付租金包括维修费。

这种形式的租赁期限较短,在设备使用的有效期内,不仅仅租给一个用户,每个用户所缴付的租金只相当于设备投资的一部分,故又称"不完全支付"租赁。对承租人来说,这种租赁方式和提供的服务,使他获得了始终保持正常运转的高新技术设备,但租金也比较高。经营租赁的标的物是通用设备。当承租人只需短期使用某种通用设备时,往往采用这种租赁方式。经营租赁的出租人通常是生产制造商兼营的租赁公司或者专业租赁公司。

3. 转租租赁

我国在以租赁方式引进国外设备时,往往由我国的租赁公司作为承租人向国外租赁公司租用设备，然后再将该设备转租给国内用户。经营转租业务的租赁公司，一方面为用户企业提供了信用担保，即以自己的名义承担了支付租金的责任；另一方面又为用户承办涉外租赁合同的洽谈和签订，以及各项进口手续和费用。

我国租赁公司除办理转租赁外，也作为中介机构为国内用户企业介绍国外租赁公司，由用户企业与国外公司直接签约。我国租赁公司开立保函，为国内承租人定期支付租金作保。

4. 回租租赁

承租人向出租人租赁原来属于自己的设施。一般做法是先由承租人和出租人签订租赁协议，然后再签订买卖合同，由出租人购进标的物，将其租给承租人，即原物主。这种租赁方式主要用于不动产，由于承租人缺少资金而出售不动产以筹措所需资金。

回租租赁均为融资租赁。标的物的售价将分摊在各期租金中。故在回租租赁业务中，标的物的售价往往并不反映真正的市场价，而更多取决于承租人所需资金的数额。当然也不可能超过其真正的市场价。

相关链接

**2012 年 12 月进出口商品贸易方式总值表（累计）**

单位：千美元

| 贸易方式 | 累计 | | | 累计同比（±%） | | |
|---|---|---|---|---|---|---|
| | 进出口 | 出口 | 进口 | 进出口 | 出口 | 进口 |
| 总值 | 3 866 760 327 | 2 048 934 762 | 1 817 825 565 | 6.2 | 7.9 | 4.3 |
| 一般贸易 | 2 009 825 984 | 988 006 692 | 1 021 819 291 | 4.4 | 7.7 | 1.4 |
| 国家间、国际组织无偿援助和赠送的物资 | 578 366 | 551 105 | 27 261 | 18.7 | 16.9 | 72.3 |
| 其他捐赠物资 | 339 981 | 1 616 | 338 365 | 23.4 | −85.0 | 27.8 |
| 补偿贸易 | — | — | — | — | — | — |
| 来料加工装配贸易 | 183 325 389 | 98 866 255 | 84 459 134 | −8.9 | −8.2 | −9.8 |
| 进料加工贸易 | 1 160 623 058 | 763 913 127 | 396 709 931 | 5.2 | 5.0 | 5.5 |
| 寄售代销贸易 | 4 243 | 3 719 | 524 | 5.0 | 63.5 | −70.3 |
| 边境小额贸易 | 39 504 807 | 24 215 636 | 15 289 172 | 14.0 | 19.9 | 5.8 |
| 加工贸易进口设备 | 911 623 | — | 911 623 | 2.9 | — | 2.9 |
| 对外承包工程出口货物 | 14 781 886 | 14 781 886 | — | −1.0 | −1.0 | — |
| 租赁贸易 | 7 322 477 | 561 597 | 6 760 880 | 30.0 | 234.9 | 23.7 |
| 外商投资企业作为投资进口的设备、物品 | 13 429 048 | — | 13 429 048 | −23.1 | — | −23.1 |
| 出料加工贸易 | 432 191 | 195 953 | 236 238 | 59.1 | −1.3 | 223.2 |
| 易货贸易 | 584 | 429 | 155 | −80.7 | −50.3 | −92.9 |
| 免税外汇商品 | 25 460 | — | 25 460 | 90.2 | — | 90.2 |
| 保税监管场所进出境货物 | 126 446 173 | 42 477 452 | 83 968 721 | 2.9 | −1.9 | 5.4 |
| 海关特殊监管区域物流货物 | 279 950 793 | 94 818 878 | 185 131 915 | 47.0 | 90.9 | 31.5 |
| 海关特殊监管区域进口设备 | 6 093 760 | — | 6 093 760 | 28.5 | — | 28.5 |
| 其他 | 23 164 503 | 20 540 416 | 2 624 087 | 19.3 | 19.9 | 14.3 |

**联合国采购**

联合国采购是联合国各专门机构为了完成各自承担的维和、人道主义救助、发展援助项目以及自身运转需要所进行的采购活动。联合国采购包括货物及服务两大部分，涉及28个大类和57个小类的上万种商品和服务，由近40个专门机构下属的采购机构按各机构所承担的任务进行采购。

联合国采购为全球各类货物与服务供应商提供了巨大的市场。联合国系统的年采购量根据每年活动的需要各不相同。据联合国项目服务厅(UNOPS)统计，2011年联合国系统共采购了约143亿美元的货物与专业服务，自2005年以来采购量呈持续上升趋势。此外，联合国的机构网络遍布全球，发展项目深入到世界各个角落，有近百个联合国成员国政府在对外采购时也会使用联合国供应商数据库或直接委托联合国采购机构执行。所以，成为联合国采购机构的供应商，不仅可以直接增加销量，还可以凭借联合国的全球网络，将产品和服务推广到世界各地，加上为联合国服务的信誉，可以对供应商的市场开拓起到极好的宣传作用，产生巨大的品牌效应。而联合国在付款方面的充分保障，更使联合国采购与其他贸易方式相比具有明显的特殊优势。

目前，作为全球商业活动的重要组成部分，联合国采购正越来越多地得到世界各国，尤其是发展中国家的青睐和积极参与。在联合国大会关于联合国采购“从发展中国家来，到发展中国家去”的决议精神指引下，联合国各机构正努力寻求新的供应渠道，特别是发展中国家和资源未被充分利用的捐赠国，力求创建一个地域分配更广泛、更公平的采购模式。近年来，联合国在发展中国家的采购量呈逐年增长态势，而且自2006年起，从发展中国家的采购超过了从发达国家的采购。其中，物美价廉的中国产品更是越来越得到联合国采购机构的认可。

但是，长期以来，由于信息沟通渠道不畅、联合国采购机构对中国企业缺乏了解、中国企业不熟悉联合国采购规则和程序等原因，联合国在中国的直接采购一直徘徊在较低水平，与中国制造业大国的形象极不相称。与此同时，大量的“中国制造”却通过中间商渠道满足了联合国采购需求。为了把更多的中国产品直接推向联合国采购市场，中国联合国采购促进会自成立以来，通过举办系列讲座和说明会，以及对口辅导和业务培训等方式，使越来越多的国内企业了解了联合国采购规则并掌握了参与技能。同时，通过定期邀请联合国采购机构的官员来华举办采购推介会，与国内企业进行面对面的深度交流，加强了双方之间的了解与沟通，为扩大联合国在中国的直接采购起到了促进作用。很多中国企业借此与联合国机构建立了直接的业务联系，为自身产品进入联合国市场创造了有利条件。

当前，整个世界处于复杂多变的敏感时期，各种自然灾害和人为冲突频发，很多国家和地区仍处于亟待发展阶段，联合国采购仍有很大的发展空间。很多联合国机构都在为如何扩大在发展中国家的直接采购进行积极探索和努力。中国是最大的发展中国家，联合国机构希望中国企业能更积极地参与联合国采购活动，获得更多的中标机会。根据联合国采购的相关要求，成立三年以上且财政状况和经营业绩良好，拥有通晓外语人员和出口经验的企业都具备参与联合国采购的基本条件，看似高高在上的联合国采购其实门槛并不高。因此，对中国企业来说，在当前传统外贸市场因经济危机而持续萎缩的形势下，应当抓住机遇，适时调整经营策略，努力拓展联合国采购市场的新商机，通过联合国遍布全球的网络使更多更好的“中国制造”与“中国服务”走向世界各地。

## 思考题

1. 什么是包销？它与一般经销方式有何区别？
2. 采用包销方式对于出口商有什么好处？
3. 采用包销方式出口时应注意哪些问题？
4. 出口销售业务中的独家代理与独家经销的关键区别是什么？
5. 什么是寄售？与其他贸易方式相比，它有何特点？
6. 请简要说明寄售方式的利与弊。
7. 寄售商品有哪些不同的作价方法？
8. 什么是拍卖？拍卖方式有何特点？
9. 英格兰式拍卖与荷兰式拍卖有什么区别？
10. 什么是招标和投标？它有哪些具体做法？
11. 与其他贸易方式相比，商品期货交易有何特点？
12. 套期保值有哪些具体做法？它如何达到转移风险的目的？
13. 什么是补偿贸易？它与易货贸易有何区别？
14. 来料加工和进料加工有何联系与区别？
15. 确定对外加工业务的工缴费时应注意哪些问题？
16. 什么是进料加工对口合同？
17. 简述当代租赁贸易的特点。

# 第四章　国际贸易进出口合同的主要条款

开篇案例

某年我出口公司出口到加拿大一批货物，计值 80 万美元。合同规定用塑料袋包装，每件要使用英、法两种文字的唛头。但该公司实际交货改用其他包装代替，并仍使用只有英文的唛头，国外商人为了适应当地市场的销售要求，不得不雇人重新更换包装和唛头，后向我方提出索赔，我方理亏只好认赔。

## 第一节　进出口合同概要

### 一、书面合同的形式

国际货物买卖合同在名称或形式上没有特别的限制。从事国际贸易的买卖双方可采用正式的合同(contract)、确认书(confirmation)、协议书(agreement)之外，还可采用备忘录(memorandum)、订货单(order)和报价单(quotation sheet)等。

在我国外贸实践中，采用"合同"和"确认书"两种形式居多。从法律效力来看，这两种形式的书面合同没有区别，所不同的只是格式内容的繁简有所差异。合同又可分为销售合同和购货合同：前者是指卖方草拟提出的合同；后者是指买方草拟提出的合同。确认书是合同的形式，分为销售确认书和购货确认书：前者是指卖方草拟提出的合同，后者是指买方草拟提出的合同。

在我国对外贸易的业务中，合同或确认书，通常都制作一式两份，由双方合法代表分别签字后各执一份，作为合同订立的证据和履行合同的依据。

### 二、书面合同的内容

1. 合同的约首

约首是指合同的首部，一般包括合同名称、合同编号、缔约双方的名称和地址、签约时间、签约地点以及合同序言等内容。

2. 合同的正文

正文是指合同的主体，是对交易双方经过磋商达成一致意见的交易条件以合同条款的形式予以确认。

合同基本条款包括品名、品质、规格、数量(或重量)、包装、价格、交货条件、运输、保险、支付、检验检疫、索赔、不可抗力和仲裁等项内容。有时为了满足某笔交易的特殊需要，也可订立特殊条款，这些特殊条款也作为合同本文的一部分。

3. 合同的约尾

约尾是指合同的尾部，通常注明合同的份数、使用的文字及其效力、双方当事人签字等项内容。

为了提高履约率，我们规定合同内容时，应当考虑周全，力求使合同的条款明确、具体、严密和相互衔接，且与磋商的内容要一致，以利于合同的履行。

## 三、书面合同的格式

1. 书面合同样式

合同样式见表4—1。

**表4—1 出口合同样式**

上 海 申 江 进 出 口 有 限 公 司

SHANGHAI SHENJIANG IMP. & EXP. CO., LTD.

NO.27 ZHONGSHAN ROAD(E.1), SHANGHAI CHINA

售 货 确 认 书

SALES CONFIRMATION

Tel:0086—21—66080888

Fax:0086—21—66081888

编号：SC1301260

No.:__________

日期：DEC.1,2013

Date:__________

TO Messrs:

SAKULA CO.,LTD.

ITC BUILDING 6TH FLOOR SUITE 602

1—8—4 CHOME ISOBE-DORI CHUO-KU KOBE JAPAN

Tel:0081-78-362-1444

Fax:0081-78-362-1445

谨启者：兹确认授予你方下列货品，其成交条款如下：

Dear Sirs : We hereby confirm having sold to you the following goods on the terms and conditions as specified below:

| (1)货物名称及规格 Name of Commodity and Specification | (2)数量 Quantity | (3)单价 Unit Price | (4)总价 Amount |
|---|---|---|---|
| | | CIF KOBE | |
| LACE BELT | 3 000PCS | USD12.00 | USD36 000.00 |
| 1)MATERIAL:PU | | | |
| 2)SIZE:100×4.8CM | | | |
| 3)OUTER PACKING:150PCS/CTN | | | |
| FASHION BELT | 4 800PCS | USD15.00 | USD72 000.00 |
| 1)SIZE:105×8CM | | | |
| 2)MATERIAL:PU,NEEDLE BUCKLE | | | |
| 3)OUTER PACKING:120PCS/CTN | | | |

续表

| (1)货物名称及规格<br>Name of Commodity and Specification | (2)数量<br>Quantity | (3)单价<br>Unit Price | (4)总价<br>Amount |
|---|---|---|---|
| DIAMANTE BELT<br>1)SIZE:105×3.8CM<br>2)MATERIAL:METALLIC PU WITH NEEDLE BUCKLE<br>3)OUTER PACKING:100PCS/CTN | 500PCS | USD30.00 | USD15 000.00 |
| | | TOTAL | USD123 000.00 |
| TOTAL AMOUNT IN WORDS:SAY US DOLLARS ONE HUNDRED AND TWENTY THREE THOUSAND ONLY | | | |

(5)装运期限:

Time of Shipment:LATEST DATE OF SHIPMENT 140228

(6)装运港:

Port of Loading:SHANGHAI PORT

(7)目的港:

Port of Destination:KOBE PORT

(8)分批装运:

Partial Shipment:NOT ALLOWED

(9)转船:

Transhipment:NOT ALLOWED

(10)付款条件:

Terms of Payment:IRREVOCABLE L/C AT SIGHT

(11)运输标志:

Shipping Marks:WILL BE INDICATED IN THE LETTER OF CREDIT

(12)保险:

Insurance:The Seller should cover insurance for 110% of the total invoice value against All Risks as per Ocean Marine Cargo Clauses of PICC dated 1/1/1981.

(13)仲裁

Arbitration: All disputes arising from the execution of, or in connection with this Sales Confirmation, shall be settled amicably through friendly negotiation. In case no settlement can be reached through negotiation, the case shall then be submitted to China International Economic and Trade Arbitration Commission, Shanghai Commission for arbitration in accordance with Rules of Arbitration of China International Economic and Trade Arbitration Commission. The award made by the Commission should be accepted as final and binding upon both parties.

REMARKS:

买方须于2013年12月20日前开出本批交易的信用证(或通知销售方进口许可证号码)。否则,销售方有权不经过通知取消本确认书,或向买方提出索赔。

The Buyer shall establish the covering Letter of Credit (or notify the Import License Number) before DEC.20, 2013, falling which the Seller reserves the right to rescind without further notice, or to accept whole or any part of this Sales Confirmation non- fulfilled by the Buyer, or, to lodge claim for direct losses sustained, if any.

凡以 CIF 条件成交的业务，保额为发票价的 110%，投保险别以售货确认书中所开列的为限，买方如果要求增加保额或保险范围，应于装船前经卖方同意，因此而增加的保险费由买方负责。

For transactions conclude on CIF basis, it is understood that the insurance amount will be for 110% of the invoice value against the risks specified in Sales Confirmation. If additional insurance amount or coverage is required, the buyer must have consent of the Seller before Shipment, and the additional premium is to be borne by the Buyer.

品质/数量异议：如买方提出索赔，凡属品质异议，须于货到目的口岸之 60 日内提出。凡属数量异议，须于货到目的口岸之 30 日内提出。对所装货物所提任何异议属于保险公司、轮船公司等其他有关运输或邮递机构的责任范畴，卖方不负任何责任。

QUALITY,/QUANTITY DISCRFPANCY: In case of quality discrepancy, claim should be filed by the Buyer within 60 days after the arrival of the goods at port of destination; while for quantity discrepancy, claim should be filed by the Buyer within: 30 days after the arrival of the goods at port of destination. It is understood that the seller shall not he liable for any discrepancy of the goods shipped due to causes for which the Insurance Company, Shipped Company other transportation organization/or Post Office are liable.

本确认书内所述全部或部分商品，如因人力不可抗拒的原因，以致不能履约或延迟交货，卖方概不负责。

The Seller shall not be held liable for failure of delay in delivery of the entire lot or a portion of the goods under this Sales Confirmation in consequence of any Force Majeure incidents.

买方在开给卖方的信用证上请填注本确认书号码。

The Buyer is requested always to quote THE NUMBER OF THIS SALES CONFIRMATION in the Letter of Credit to be opened in favour of the Seller.

买方收到本售货确认书后请立即签回一份，如买方对本确认书有异议，应于收到后五天内提出，否则认为买方已同意接受本确认书所规定的各项条款。

The buyer is requested to sign and return one copy of the Sales Confirmation immediately after the receipt of same, Objection, if any, should be raised by the Buyer within five days after the receipt of this Sales Confirmation, in the absence of which it is understood that the Buyer has accepted the terms and condition of the Sales Confirmation.

买 方 卖 方

THE BUYER THE SELLER

2. 合同项目解析

一般的销售合同由三部分构成：

(1)约首

SALES CONFIRMATION ——①合同名称

SC1301260 ——②合同编号

DEC.1,2013 ——③合同日期

The Seller: SHANGHAI SHENJIANG IMP. & EXP. CO., LTD.
Address: NO.27 ZHONGSHAN ROAD(E.1), SHANGHAI CHINA
The Buyer: SAKULA CO., LTD.
Address: ITC BUILDING 6TH FLOOR SUITE 602
} ④合同当事人

1-8-4 CHOME ISOBE-DORI CHUO-KU KOBE JAPAN

(2)正文

A. 品质条款(Quality)

LACE BELT
①MATERIAL:PU
②SIZE:100×4.8CM
FASHION BELT
①SIZE:105×8CM
②MATERIAL:PU, NEEDLE BUCKLE
DIAMANTE BELT
①SIZE:105×3.8CM
②MATERIAL:METALLIC PU WITH NEEDLE BUCKLE
} 货物名称及规格

B. 数量条款(Quantity)

| | | | | |
|---|---|---|---|---|
| LACE BELT | 3 000 | ①数量 | PCS | ②计量单位 |
| FASHION BELT | 4 800 | | PCS | |
| DIAMANTE BELT | 500 | | PCS | |

C. 价格条款(Price)

Unit Price　　Amount

CIF KOBE——①价格术语

| | | | |
|---|---|---|---|
| LACE BELT | USD12.00 | ②单价 | USD36 000.00 |
| FASHION BELT | USD15.00 | | USD72 000.00 |
| DIAMANTE BELT | USD30.00 | | USD15 000.00 |
| | | | USD123 000.00——③合同金额(小写) |

TOTAL AMOUNT IN WORDS: ——④合同金额(大写)

SAY US DOLLARS ONE HUNDRED AND TWENTY THREE THOUSAND ONLY.

D. 包装条款(Packing)

LACE BELT

OUTER PACKING: 150PCS/CTN

E. 装运条款(Shipment)

①装运期限

Time of Shipment: LATEST DATE OF SHIPMENT 140228

②装运港

Port of Loading: SHANGHAI PORT

③目的港

Port of Destination: KOBE PORT

④分批装运

Partial Shipment: NOT ALLOWED

⑤转船

Transhipment: NOT ALLOWED

F. 支付条款(Payment)

Terms of Payment：IRREVOCABLE L/C AT SIGHT

G. 保险条款(Insurance)

The Seller should cover insurance ——①投保人

for 110% of the total invoice value ——②保险金额

against All Risks as per Ocean Marine Cargo Clauses ——③投保险别

of PICC dated 1/1/1981. ——④保险条款及生效时间

H. 仲裁条款(Arbitration)

All disputes arising from the execution of, or in connection with this Sales Confirmation, shall be settled amicably through friendly negotiation. In case no settlement can be reached through negotiation, the case shall then be submitted to China International Economic and Trade Arbitration Commission, Shanghai Commission for arbitration in accordance with Rules of Arbitration of China International Economic and Trade Arbitration Commission. The award made by the Commission should be accepted as final and binding upon both parties.

包含争议解决方式、提请仲裁的仲裁地点、仲裁机构、仲裁规则、裁决效力等内容。

I. 备注(REMARKS)

索赔、品质/数量异议、人力不可抗拒条款可以在这里列出，也可以单独列出一个条款。

(3)约尾

买方收到本售货确认书后请立即签回一份，如买方对本确认书有异议，应于收到后五天内提出，否则认为买方已同意接受本确认书所规定的各项条款。

The buyer is requested to sign and return one copy of the Sales Confirmation immediately after the receipt of same, Objection, if any, should be raised by the Buyer within five days after the receipt of this Sales Confirmation, in the absence of which it is understood that the Buyer has accepted the terms and condition of the Sales Confirmation. ——合同份数及归属

买　方　　　　　　　　　　　　　　卖　方

THE BUYER　　　　　　　　　　　　THE SELLER

——合同双方签字确认

## 第二节　进出口合同的条款

进出口合同的条款包括品质、数量、包装、价格、装运、保险、支付、检验检疫、争议索赔、不可抗力和仲裁等。这些栏目的定义要非常清晰，在买卖合同中，作出明确具体的规定。

### 一、品质条款

商品的交易，首先要明确交易的具体商品名称和质量。商品名称和质量，简称品质。

品名条款是国际货物买卖合同中主要条款之一。品名条款首先要列明商品的名称。有的

商品，如有需要，也可概括性地描述其有关的具体品种、等级或型号，也有的包括商品的具体品质规格，在这种情况下，实际上是品名条款和品质条款的合并。

品名的描述必须明确、具体，切忌笼统，不要加入一些不必要的描述性的词句。品名的定义尽可能使用国际上通用的名称，如果需要使用地方性的名称，交易双方应事先就含义取得共识。对于某些新商品的定名及译名应力求符合国际上的习惯称呼，做到准确、易懂。另外从方便进出口、减低关税和节省运费开支的角度考虑，在同一商品存在名称不同的情况下，选用合适的品名也很必要。

商品的品质是商品内在素质和外观形态的综合。商品的内在素质是指商品的物理性能、化学成分、生物特征和机械指标等自然属性；商品的外观形态是指商品的外形、色泽、款式和透明度等由感官获得的外部特征。

国际货物买卖中，由于交易的商品种类繁多，市场交易习惯不相同，在表示商品品质的方法上也不相同。总体来说，大致可分为以实物表示和凭说明约定两大类。

以实物表示商品品质，主要有看货成交和凭样品买卖两种。由于在国际贸易中，交易双方地处不同国家，相距遥远，买方到卖方所在地看货很不方便，所以这种交易方式较少使用。

1. 以实物表示商品品质

以实物表示商品品质通常包括以成交商品的实际品质（actual quality）和凭样品（sample）两种表示方法。前者为看货买卖，后者为凭样品买卖。

（1）看货买卖（sale by actual quality）。这种交易方式一般是在现场进行，或者在卖方或买方所在地进行，通常是先由买方或其代理人在卖方所在地验看货物，达成交易后，卖方即应按验看过的商品交付货物。只要卖方交付的是验看过的商品，买方就不得对品质提出异议。这种方法多用于寄售、拍卖和展卖业务中。

（2）凭样品买卖（sale by sample）。是指卖方或买方先提交若干个能代表商品品质的少量实物，议定品质和价格，然后由卖方批量交货。这些能够代表商品品质的少量实物被称为样品，是将来交货时确定货物品质的标准，卖方必须保证以后交付的货物品质与样品一致。这种做法尤其适用于品质很难用文字说明的货物。

凭样品买卖时根据样品的提供者的不同，可分为以下几种：

①凭卖方样品买卖（sale by seller's sample）。卖方提供的样品能代表日后整批交货的少量实物，可称为代表性样品（representative sample）。代表性样品也就是原样（original sample），或称为标准样品（type sample）。在向买方递送代表性样品时，应留存一份或数份同样的样品，即复样（duplicate sample），或称留样（keep sample），以备将来组织生产、交货或处理质量纠纷时做核对之用。

②凭买方样品成交（sale by buyer's sample），又称"来样成交"或"来样制作"，是指以买方提供的样品作为交货品质依据的交易。在合同中一般规定"品质以买方样品为准（quality as per buyer's sample）"。此时，卖方所交整批货的品质必须与买方样品相符。

③凭对等样品成交（sale by counter sample）。在凭买方样品买卖中，要求卖方所交整批货的品质必须与买方样品一致。为避免交货时双方对样品品质理解不同而产生纠纷，卖方往往要根据买方提供的样品，加工复制出一个类似的样品交买方确认，这种经确认后的样品，称为"对等样品"或"回样"（return sample），也称为"确认样品"（confirming sample）。实际上，对等样品改变了交易的性质，即由凭买方样品买卖变成了凭卖方样品买卖，使卖方处于较有利的地位。

作为样品，一般都反映其所代表的商品的整体质量。但也有一些样品，它们只被用作反映某些商品的一个或几个方面的部分质量，而不反映全部质量。例如，色彩样品(colour sample)只表示商品的色彩；花样款式样品(pattern sample)只表示商品的花样款式。至于该商品的其他质量内容，则用文字说明来表示。卖方将文字说明的质量内容连同上述样品提交买方，凭以磋商交易；一旦成交，该文字说明和样品将作为日后制作成品、履约交货的质量依据。

买卖双方必要时，还可封样(sealed sample)，即由第三方或公证机关在一批货物中抽取同样质量的样品若干份，每份样品采用铅丸、钢卡、封条、封识章、不干胶印纸以及火漆等各种方法加封识别，由第三方或公证机关留存一份备案，其余供当事人使用。有时，封样也可由出样人或买卖双方会同加封。

由于凭样品买卖要求交货凡以品质与样品完全一致，这一点有时难以做到，交易中易发生纠纷。特别是在市场行情剧变时，买方往往会苛求“货”、“样”一致的标准而拒收货物。因此，在使用这种方法时应注意做好以下几项工作：

①凡凭样品买卖，卖方交货品质必须与样品完全一致。

②以样品表示品质的方法，只能酌情采用。凡能用科学的指标表示商品品质时，就不宜采用此方法。

③采用凭样成交而对品质无绝对把握时，应在合同条款中相应作出灵活的规定。“品质与样品大致相同”(quality shall be about equal to the sample)或“品质与样品相似”(quality is nearly same as the sample)，以利于卖方日后交货。

④提供的商品要有代表性。应在大批货物中选择品质中等的实物作为样品，避免由于样品与日后所交货物品质不一致，引起纠纷，造成经济损失。

⑤寄发样品和留存复样，要注意编号和注明日期，以便日后查找。

⑥采用凭买方样品成交时，应规定知识产权问题。

⑦如果提交对方的样品不是标准样品，应注明“仅供参考”(for reference only)字样。

2. 凭说明表示商品品质

凭说明表示品质，指的是用文字、图表、图片、相片、光盘和多媒体展示等方式来说明成交商品的品质，在这类表示品质方法中，可细分为如下几种：

(1)凭规格买卖(sale by specification)

商品规格(specification)是指一些足以反映商品品质的主要指标，如化学成分、含量、纯度、性能、容量、长短粗细等。

(2)凭等级买卖(sale by grade)

商品的等级(grade goods)是指同一类商品，按规格上的差异，分为品质优劣各不相同的若干等级。通常用甲、乙、丙、丁，1、2、3、4，大、中、小等表示。

凭等级买卖时，由于不同等级的商品具有不同的规格，为了避免争议，便于合同的履行，在品质条款列明等级的同时，最好一并列明每一等级的具体规格。

(3)凭标准买卖(sale by standard)

商品的标准由国家或有关政府主管部门、同业公会、行业协会、交易所或国际性的工商组织规定。商品的标准是指将商品的规格和等级标准化，作为产品品质评定和检验的依据。标准可分为国际标准、国家标准、部颁标准、行业标准和企业标准等多项。有些商品习惯于凭标准买卖，使用某种标准作为说明和评定商品品质的依据。

从法律上看，国际贸易采用的各种标准，有些具有约束力，凡品质不合标准要求的商品，不准进口或出口。但也有些标准不具有法律上的约束力，仅供交易双方参考使用，买卖双方洽商交易时，可另行商定对品质的具体要求。但是，在国际贸易实践中，对于一些已被广泛使用的标准，一般都以标准成交。工业发达国家的标准都为自愿性标准，而其强制性标准则是根据本国利益需要，由法规灵活引用部分或全部相关标准，从而使技术规范变成了法规。

在国际贸易中，对于某些品质变化较大而难以规定统一标准的农副产品，往往采用"良好平均品质"(Fair Average Quality, FAQ)这一术语来表示其品质。"良好平均品质"是指一定时期内某地出口货物的平均品质水平，一般是指中等货。在我国出口的农副产品中，用FAQ来说明品质，一般是指"大路货"，在标明大路货的同时，通常还约定具体规格作为品质依据。

(4)凭说明书买卖(sale by descriptions)

在国际贸易中，有些技术密集型产品如机器、电器、仪器、仪表、计算机及辅助设备、大型成套设备等，因其结构复杂，对材料和设计的要求严格，安装、调试、使用、维修保养都有严格的操作规程和性能要求，对这类商品的品质，通常以说明书并附以图样、照片、设计图纸、分析表及各种数据来说明具体性能和结构特点。按此方式进行交易，称为凭说明书和图样买卖。按这种表示品质的方法成交，卖方所交货物必须符合说明书和图样的要求。但由于对这类产品的技术要求较高，有时同说明书和图样相符的产品，在使用时不一定能发挥设计所要求的性能，买方为了维护自身的利益，往往要求在买卖合同中加订卖方品质保证条款和技术服务条款。

(5)凭商标或品牌买卖(sale by trade mark or brand)

商标(trade mark)是将某商品或服务标明是某具体个人或企业所生产或提供的商品或服务的显著标志。商标通过确保商标注册人享有用以标明商品或服务，或者许可他人使用以获取报酬的专用权，而使商标注册人受到保护。商标可以由文字、字母和数字，或文字、字母和数字的组合。构成商标的可以是图画、符号、立体标记(如商品的形状和包装)、有声标志(如音乐声或声音)，也可以是香味或用作区别性特征的颜色。

品牌(brand name)是指工商企业给其制造或销售的商品所起的名称。品牌可以通过产品的质量、价格、知名度、档次、包装及广告来展现，它是多方位体现产品和企业的一种标志。进一步地讲，品牌是由消费者主导、由企业创建与维护、通过产品和消费来表达的一种复杂而独特的商业关系与符号。一个品牌可用于一种产品，也可用于一个企业的多个或所有产品。

商标或品牌自身实际上是一种品质象征，拥有良好品牌的产品，在国际市场上不仅好销，而且其售价远远高于其他同类产品，一些名牌产品的制造者为了维护商标的声誉；对产品都规定了严格的品质控制，以保证其产品品质达到一定的标准。因此，人们在交易时只凭商标或品牌进行买卖，勿须对品质提出详细要求。但是，如果一种品牌的商品同时有许多种不同型号或规格，为了明确起见，就必须在规定品牌的同时，明确规定型号或规格。

(6)凭产地名称买卖(sale by the name of origin)

在国际货物买卖中，有些货物，特别是农副产品，因产区的自然条件和传统加工工艺等因素，在品质上具有其他产区的产品所不具有的独特风格和特色，对于这类产品，一般也可用产地名称来表示品质，如我国的"嘉定大蒜"、"四川榨菜"，法国"波尔多葡萄酒"等。

3. 品质条款的约定

品质条款是国际货物买卖合同的主要条款之一，它是买卖双方就商品品名、质量、规格、等级、标准、商标、品牌等的具体规定。品质条款的内容及繁简，应视商品特性而定，在约定规定品质条款时，需要注意下列事项：

在国际贸易中，为保证合同的顺利履行，避免因交货品质与买卖合同稍有不符而造成违约，可以在合同品质条款中作出某些变通规定。常见的有下列一些变通规定办法：

(1)加订交货品质与样品(quality to be considered and being special to the sample)的条文。

(2)规定品质公差(quality tolerance)。品质公差是指国际上公认的产品品质的误差。虽然卖方在这种公认的品质公差范围内交货不算违约，但为了明确起见，最好在合同品质条款中订明一定幅度的公差。例如，尺码或重量允许±3%～±5%的合理公差等。

(3)卖方交货的商品，在规定一定的差异范围内，都算合格，即对品质指标的规定允许有一定的差异范围。也可为了体现按质论价，在使用品质机动幅度时，有些货物，可根据交货货品的情况适当调整价格，即所谓品质增减价款。这一品质增减价款是对约定的机动幅度内的品质差异，可按照实际交货品质规定予以增价或减价。

(4)规定品质规格的上下极限。对所交货物的品质规格，规定上下极限，即最大、最高、最多为多少；最小、最低、最少为多少。卖方交货只要没有超过规定的极限，买方就无权拒收。

(5)品质条件应明确具体。不宜采用诸如“大约”“左右”“合理误差”之类的笼统含糊字眼，以避免在交货的品质上引起争议。

**相关链接**

**品质条款实例**

Place of Origin：Guangdong China (Mainland)

Brand Name：kingdekon

Model Number：KDK 1024

Type：Elliptical

Material：3.0mm round pipe

size：220×170×224cm

with standard olympic bar：adajustable angle

Wire：5.8mm，stainless steel parts

**我国出口美国玩具产品召回典型案例(倾翻危害)**

产品名称：4合1戏剧表演剧场玩具

时间：2012年3月13日

数量：大约1 800个在美国，350个在加拿大。

危害：被召回的玩具在玩耍时会意想不到地倾翻，儿童有被套住、卡住的危险。

事件/伤害安全：已经收到2例倾翻事例报告，其中一例中儿童有轻微擦伤和红肿。

描述：此款召回涉及4合1喜剧玩耍剧场型号为G51062。型号印刷在底部中央横木的张贴物上和组装说明书上。玩具有两个不同的可以互换主题场景的面板：一个是木偶剧场和餐馆，另一个是诊所和邮局。组合剧场4英尺高，3英尺宽，46磅重。

赔偿：消费者应该立即使玩具远离儿童，联系Guidecraft公司接受赔款，或者更换一个新的产品。

## 二、数量条款

1. 商品数量的含义和主要内容

商品的数量是国际货物买卖合同中主要条款之一。《联合国国际货物销售合同公约》规定,按约定的数量交付货物是卖方的一项基本义务。如卖方交货数大于约定的数量,买方可以拒收多交的部分,也可收取多交部分中的一部分或全部,但应按合同价格付款。如卖方交货数少于约定的数量,卖方应在规定的交货期届满前补交,但不得使买方遭受不合理的不便或承担不合理的开支,即便如此,买方也有保留要求损害赔偿的权利。

由于交易双方约定的数量是交接货物的依据,因此,正确掌握成交数量和订好合同中的数量条款,具有十分重要的意义。

在国际贸易中,由于商品的种类、特性和各国度量衡制度的不同,所以计量单位和计量方法也多种多样,了解各种度量衡制度,熟悉各种计量单位的特定含义和计量方法,是从事对外经贸人员所必须具备的基本常识和技能。

国际贸易中使用的计量单位很多,究竟采用何种计量单位,除主要取决于商品的种类和特点外,也取决于交易双方的意愿。

(1)按品种确定计量单位

国际贸易中的不同商品,需要采用不同的计量单位。通常使用的有下列几种:

a. 按重量(weight)计算。按重量计算多用于农副产品、矿产品和工业制成品。按重量计量的常用单位有吨(米制吨)(metric ton)、吨(英)或长吨(美)[①][ton(UK)or long ton(US)]、吨(美)或短吨(英/美)[②][ton(US) or short ton(UK/US)]、千克(kilogram)、克(gram)、磅(pound)[③]、盎司(常衡)[④](ounce)等。

b. 按数量(number)计算。按数量计算多用于工业制成品,尤其是日用消费品、轻工业品、机械产品以及一部分土特产品。按数量计算所使用的计量单位有件(piece)、双(pair)、套(set)、打(dozen)、卷(roll)、令(ream)、罗(gross)等。

c. 按长度(length)计算。按长度计算多用于金属绳索、丝绸、布匹等类商品的交易中。通常采用的长度计量单位有米(metre)、英尺[⑤](foot)、码[⑥](yard)等。

d. 按面积(area)计算。按面积计算多用于玻璃板、地毯等商品的交易中。通常采用的面积计量单位有平方米(square metre)、平方英尺[⑦](square foot)、平方码[⑧](square yard)等。

e. 按体积(volume)计算。按体积成交的商品比较有限,适用于木材、天然气和化学气体等。通常采用的体积计量单位有立方米(cubic metre)、立方英尺[⑨](cubic foot)、立方码[⑩](cubic yard)等。

f. 按容积(capacity)计算。容积计量单位多用于小麦、谷物和大部分液体商品。通常采用

---

① $1.016\,047\times10^{3}$kg。

② $0.907\,184\,7\times10^{3}$kg。

③ 0.453 592 37kg。

④ $2.834\,952\times10^{-2}$kg。

⑤ 0.304 8m。

⑥ 0.914 4m。

⑦ $9.290\,304\times10^{-2}\mathrm{m}^{2}$。

⑧ $8.361274\times10^{-1}\mathrm{m}^{2}$。

⑨ $2.831\,685\times10^{-2}\mathrm{m}^{3}$。

⑩ $0.764\,555\mathrm{m}^{3}$。

的容积计量单位有蒲式耳(英)①[bushel(UK)]、蒲式耳(美)②[bushel(US)]、升③(litre)、加仑(英)④[gallon(UK)]、加仑(美)⑤[gallon(US)]等。

由于世界各国的度量衡制度不同,以致造成同一计量单位所表示的数量不一。在国际贸易中,通常采用公制(即米制,the Metric System)、英制(the British System)、美制(the U.S. System)和国际标准计量组织在公制基础上颁布的国际单位制。根据《中华人民共和国计量法》规定:"国家采用国际单位制。国际单位制计量单位和国家选定的计量单位为国家法定计量单位"。目前除了个别特殊领域外,一般不允许使用非法定计量单位。我国出口商品,除照顾对方国家贸易习惯约定采用公制、英制或美制计量单位外,应使用我国法定计量单位。我国进口的机器设备和仪器等应要求使用我国法定计量单位;否则,一般不允许进口,如确有特殊需要,也必须经有关标准计量管理部门批准。

上述不同的度量衡制度导致同一计量单位所表示的数量有差异。例如,就表示重量的吨而言,实行公制的国家一般采用吨,每吨为1 000千克,实行英制的国家一般采用长吨,每长吨为1 016千克。实行美制的国家一般采用短吨,每短吨为 907 千克。此外,有些国家对某些商品规定有自己习惯使用的或法定的计量单位。

为了解决由于各度量衡不一带来的弊端,国际标准计量组织在各国广为通用的公制的基础上采用国际单位制(SI)。国际单位制的实施和推广,标志着计量的日趋国际化和标准化。现在有越来越多的国家采用国际单位制。

(2)计算重量的方法

在国际贸易中,按重量计量的商品很多,根据一般商业习惯,通常计算重量的方法有下列几种:

a. 毛重(gross weight)

毛重是指商品本身的重量加上包装材料的重量。这种计重办法一般适用于价值较低的商品。

b. 净重(net weight)

净重是指商品本身的重量,不包括皮重。净重是国际贸易中最常见的计重办法。

净重的计算方法是用货物的毛重减去皮重(包装的重量)。国际上皮重的计重办法通常有下列几种:

按实际皮重(actual tare)计算:即对全部货物的包装的重量,经过衡量后汇总。

按平均皮重(average tare)计算:有些商品所使用的包装比较划一,重量相差不大,就可以从整批货物中抽出一定的件数,称出其皮重,然后求出平均重量,再乘以总件数,即可求得整批货物的皮重。近年来,随着技术的发展和包装用料及规格的标准化,用平均皮重计算的做法已日益普遍,有人把它称为标准皮重。

按习惯皮重(customary tare)计算:一些商品,由于其所使用的包装材料和规格已比较定型,皮重已为市场所公认。因此,只要按照市场习惯上公认的皮重乘以总件数即可。

按约定皮重(computed tare)计算,即不需要经过实际衡量,而是以买卖双方事先约定的皮重计算。

**[例 4—1]** 454 克(1 磅)"454g (1 lb)"(净重量和净质量可以用于正规的重量和质量的净含

① $3.636872\times10^{-2}m^3$。
② $3.523907\times10^{-2}m^3$。
③ $10^{-3}m^3$。
④ $4.546092\times10^{-3}m^3$。
⑤ $3.785412\times10^{-3}m^3$。

量的表达。但在任何场合不应使用“net weight”或“net mass”，含量应始终揭示包含的净数量。)。

净重 1 磅(434 克)“Net Wt 1 lb (454 g)”；

净质量 454 克(1 磅)“Net Mass 454 g (1 lb)”。

[例 4—2] 大于 1 磅，小于 4 磅，整数部分用磅表示，余数换算成盎司或磅的十进制小数或分数表示，除非出现约定俗成的用盎司直接表示净含量的情况。例如：

净重 1 磅 8 盎司(680 克)“Net Wt. 1 lb. 8 oz. (680 g)”；

净重 1.5 磅/24 盎司(680 克)“Net Wt. 1.5 lb./24 oz. (680 g)”；

24 盎司(1 又 1/2 磅)(680 克)“24 oz. (1 1/2 lb.)680 g”。

[例 4—3] 4 磅或大于 4 磅，整数部分用磅表示，余数换算成盎司或以磅的十进制小数或分数表示，除非出现约定俗成的用盎司直接表示净含量的情况。例如：

净重 5 磅 4 盎司(2.38 千克)“Net Weight 5 pounds 4 ounces (2.38 kg)”

净质量 2.38 千克(5 磅 4 盎司)“Net Mass 2.38 kg (5 lbs 4 oz)”

净重 5 又 1/4 磅(2.38 千克)“Net Wt. 5 1/4 lbs. (2.38 kg)”

净质量 2.38 千克(5 又 1/4 磅)“Net Mass 2.38 kg (5 1/4 lbs.)”

净重 5.25 磅(2.38 千克)“Net Wt. 5.25 lbs. (2.38 kg)”

净质量 2.38 千克(5.25 磅)“Net Mass 2.38 kg (5.25 lbs)”

c. 公量(conditioned weight)

有些商品，吸湿性比较强，对这些商品在计算重量时，一般使用科学的方法，先抽去商品中的水分后衡量，取得商品的干净重，再加上国际公定回潮率与干净重的乘积所得出的重量，求得商品的重量。这类商品的计量得出的重量，即为公量。公量一般用于经济价值较高，而含水成分受环境影响较大且很不稳定的商品，如羊毛、生丝、棉花等。

计算公式如下：

$$\text{公量}=\frac{\text{商品实际重量}}{1+\text{实际回潮率}}\times(1+\text{公定回潮率})$$
$$=\text{商品干净重}\times(1+\text{公定回潮率})$$

d. 理论重量(theoretical weight)

对于有些有固定规格和统一规格的商品，只要规格一致、尺寸相符，则每件重量大体相同，所以一般可以从件数推算出总量。这种计量方式适用于钢板和马口铁等商品。

e. 法定重量(legal weight)和实物净重(net net weight)

一些国家海关法规定，在征收从量税时，商品的重量是以法定重量计算的。所谓法定重量，是商品加上直接接触商品的包装物料，如销售包装等的重量。如除去这部分重量所表示出来的纯商品的重量，则称为实物净重。

2. 数量条款的约定

买卖合同中的数量条款，主要包括成交商品的数量和计量单位，按重量成交的商品，还需订明计算重量的方法。数量条款的内容及繁简，应视商品的特性而定。国际货物买卖合同中规定数量机动幅度条款有：

(1)溢短装(more or less clause)

在合同中规定卖方交货的数量可按照一定的机动幅度多交或少交若干数量(增减幅度以数量的百分比表示)的条款，称为溢短装条款。例如：10 000平方米，卖方可溢短装 5%，(10 000 square metre 5% more or less at seller’s option)，卖方只要在10 000平方米上下幅度内交货即可。

对机动幅度范围内超出或低于合同数量的多装或少装部分，一般是按合同价格计算，这是比较常见的做法。但是，数量的溢短装在一定条件下关系到买卖双方的利益，在按合同价格计价的条件下，为了防止有权选择多装或少装的一方当事人利用行市的变化，有意多装或少装以获取额外的好处，也可以在合同中规定，多装或少装的部分，不按合同价格计价而按装船时或货到时的市价计算，以体现公平合理的原则。

溢短装条款由卖方决定为多。但在买方派船装运的情况下，为适应船只的运载能力，也可规定由买方决定。在特殊情况下，某些散装货可由船方选择。

(2)约量(about circa，approximate)

在交货数量前加上“约”“大约”“左右”“近似”等规定数量机动幅度，可以少交或多交约定数量的百分比。但国际上对约量的含义解释不一，有的解释为2.5%，有的解释为5%。国际商会《跟单信用证统一惯例》(UCP600)则认为，凡“约”“大约”视为不超过10%的增减幅度。不同的解释和理解容易引起纠纷，为了便于履行合同和避免引起争议，进出口合同中的数量条款应当明确具体，比如，在规定成交商品数量时，应一并规定该商品的计量单位。对按重量计算的商品，还应规定计算重量的具体方法。某些商品，如需要规定数量机动幅度时，则数量机动幅度是多少，由谁来掌握这一机动幅度以及溢短装部分如何作价，都应在条款中具体订明。

## 三、包装条款

1. 包装的含义和内容

商品包装是商品生产的一个重要环节，是商品生产完成后进入流通领域和消费领域的必要阶段。只有完成包装，才能实现商品的使用价值和价值。这是因为，包装是保护商品在流通过程中完好和数量完整的重要措施，有些商品甚至根本离不开包装，它与包装成为不可分割的统一整体。

经过适当包装的商品，保护了商品在流通过程中完好和数量完整性，便于运输、储存、清点、陈列和携带等。

在国际货物买卖中，包装还是说明货物的重要组成部分，包装条件是买卖合同中的主要条件之一，应在合同商定中予以明确。

进出口货物，根据商品特性，就是否需要加上包装，分为裸装、散装和包装货物三种。

裸装货物(nude cargo)是货物的形态上自然成件数，如钢材、木材、车辆等，无需包装或略加捆扎即可成件。散装货物(cargo in bulk)是指未加任何包装，可直接装于运输工具。这类货物多为不容易包装或不值得包装的货物，如小麦、谷物、煤炭、矿砂等农矿产品。包装货物(packed cargo)是指采用一定的材料及辅料和包装容器包裹的货物，大多数日用消费品的工业制成品都需要包装。

货物包装的作用主要有三个方面：良好的包装，可以保护商品在流动过程中品质完好和数量完整，便于货物的储存、保管、运输、装卸、计数和销售，还能宣传美化商品，提高商品身价，吸引顾客，扩大销路，增加售价。

由于包装的重要性，在现代商业活动中已越来越受到生产企业和销售企业的重视。搞好包装工作，使出口商品的包装符合科学、经济、牢固、美观、适销的要求，显示出口国家的科学、文化、艺术水平，是我国出口产品销售中必不可少的一环。

2. 包装的分类

根据包装在流通过程中所起作用的不同，可分为运输包装(即外包装)和销售包装(即内包装）两种类型。包装的基本功能是将产品完好地交付消费者，它还有其他多种功能。良好的包装按交付的需求正确地采用适当的材料。包装减量到某一程度可能出现产品损失上升，直到最后造成产品损失的量超过包装减量节约的量。任何超越这一界限点的包装减量是无益的，因为它增加了系统的浪费总量。

消费者一般只能看到初级产品包装，就是他们在货架看到的包装。二级包装和三级包装，对组合和运输产品起到重要作用。精心设计的包装，符合产品要求的条件，同时尽量减少产品及其包装对经济、社会和环境的影响。包装的功能如表4－2所示。

表4－2　　包装的功能

| 序号 | 功能(Function) | 特征(Features) |
| --- | --- | --- |
| 1 | 保护(Protection) | 防止破损(机械保护)<br>防止损坏(阻隔湿气、气体、光、气味和香味)<br>防止污染、调换和偷盗<br>延长生命周期 |
| 2 | 促销(Promotion) | 商品描述<br>成分描述<br>产品特征和优点<br>销售信息和商标 |
| 3 | 信息(Information) | 产品识别<br>产品调制和用法<br>营养和含量信息<br>安全警告<br>联系信息<br>开启说明<br>最终处理 |
| 4 | 方便(Convenience) | 产品配制和应用<br>产品储存<br>分出分量 |
| 5 | 组合(Unitization) | 消费单元的供应<br>零售和运输单元的供应 |
| 6 | 操作(Handling) | 从生产方运送到零售商<br>销售展示 |

(1)运输包装

运输包装的主要作用在于保护商品，适应各种不同的运输方式的要求，便于各环节有关人员进行操作的要求，在保证包装牢固的前提下节省费用。

运输包装根据包装方法的不同，分为单件运输包装和集合运输包装两种。

①单件运输包装

运输包装是指货物在运输过程中作为一个计件单位的包装。单件运输包装按包装形状分为箱(case)、袋(bag)、桶(drum)、捆(bundle)、包(bale)、罐(can)等。按包装材料不同，可分为：纸箱(carton)、木箱(wooden case)；铁桶(iron drum)、木桶(wood cask)、塑料桶(plastic cask)；纸袋(paper bag)、麻袋(gunny bag)、塑料袋(plastic bag)等。

②集合运输包装

集合运输包装又称成组化运输包装，是指在单件运输包装的基础上，为了适应运输、装卸作业现代化的要求，将若干单件运输包装组合成一件大包装或装入一个大的包装容器内。目前，集合运输包装有集装箱、托盘和集装包、集装袋等。

a. 集装箱(container)

集装箱又称“货箱”或“货柜”。1956年，北卡罗来纳州一位名叫马尔科姆·麦克莱恩

(Malcom McLean)的卡车司机为货物制造了标准货运集装箱。根据 ISO 及大多数标准术语的定义,它是一种运输设备(transport equipment),在运输实践中又分为 S.O.C.(shipper's own container)和 C.O.C.(carrier's own container)两种情况来处理。

根据《国际标准化组织 104 技术委员会》(International-Organization for Standardization Technical Committee 104,ISO-104)的规定,集装箱应具备如下条件:具有耐久性,其坚固强度足以反复使用;便于商品运送而专门设计的,在一种或多种运输方式中运输无需中途换装;设有便于装卸和搬运,特别是便于从一种运输方式转移到另一种运输方式的装置;设计时应注意到便于货物装满或卸空;内容积为 $1m^3$ 或 $1m^3$ 以上。

承运人提供的集装箱(C.O.C.)应能满足抵抗海上运输中所会遇到的可预见的风险的条件和能满足货物运输所需要的条件。货主箱(S.O.C.)则应能满足抵抗海上运输中可能遇见风险的条件。

目前使用的国际集装箱规格尺寸主要是 4 种箱型,即 A 型、B 型、C 型和 D 型。另外,为了便于计算集装箱数量,可以 20ft 的集装箱作为换算标准(twenty-foot equivalent unit,TEU),并以此作为集装箱船载箱量、港口集装箱吞吐量、集装箱保有量等的计量单位。其相互关系为:40ft 集装箱=2TEU,30ft 集装箱=1.5TEU,20ft 集装箱=1TEU,10ft 集装箱=0.5TEU。另外,实践中人们有时将 40ft 集装箱称为 FEU(forty-for equivalent Unit)。

目前,世界上最通用的集装箱有 40(8×8×40)英尺和 20(8×8×20)英尺两种。20 英尺集装箱的载货后重量最多可达 24 吨,其容量最大为 38 立方米。40 英尺集装箱的载货后重量,最多可达 30.48 吨,其容量最大为 68 立方米。

集装箱样式如图 4—1 所示。

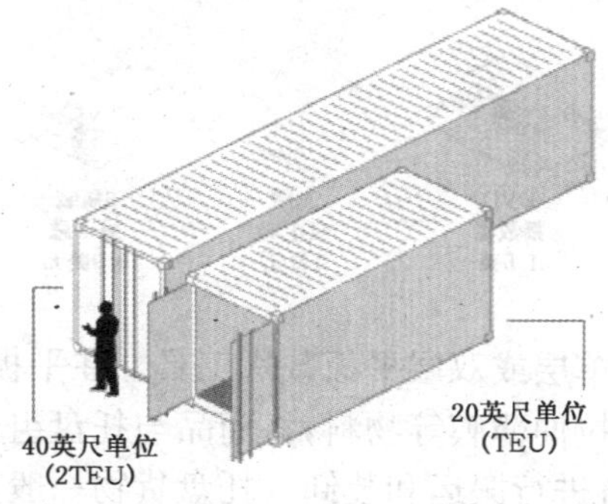


**图 4—1　集装箱样式**

集装箱的种类比较多，详见表 4—3。

表 4—3 **集装箱的分类**

| 集装箱分类 | 英文名称 | 适用范围 |
| --- | --- | --- |
| 干货集装箱 | Dry Cargo Container | 除冷冻货、活的动物和植物外，在尺寸、重量等方面适合集装箱运输的货物，几乎均可使用干货集装箱。这种集装箱式样较多，使用时应注意箱子内部容积和最大负荷。特别是在使用 20′、40′集装箱时更应注意这一点。干货箱有时也称为通用集装箱(general propose container，GP) |
| 冷藏集装箱 | Reefer Container | 冷藏集装箱是指“装载冷藏货并附设有冷冻机的集装箱”。在运输过程中，启动冷冻机使货物保持在所要求的指定温度。箱内顶部装有挂肉类、水果的钩子和轨道，适用于装载冷藏食品、新鲜水果，或特种化工产品等。冷藏集装箱投资大，制造费用高于普通箱几倍；在来回程冷藏货源不平衡的航线上，常常需要回运空箱；船上用于装载冷藏集装箱的箱位有限 |
| 散货集装箱 | Bulk Cargo Container | 适用于装载小麦、谷类及水泥、化学制品等散装粉粒状货物 |
| 框架集装箱 | Flat Rack Container | 这种集装箱没有箱顶和两侧，可从集装箱侧面装卸货物 |
| 敞顶集装箱 | Open Top Container | 这种集装箱没有箱顶，可使用吊装设备从箱子顶部装卸货物，适用于装载超长的货物 |
| 牲畜集装箱 | Pen Container | 这种集装箱两侧有金属网，便于喂养牲畜和通风 |
| 罐式集装箱 | Tank Container | 专门装运各种液体货物，如食品、酒品、药品、化工品等。货物由液灌顶部的装货孔进入，卸货时，货物由排出孔靠重力作用自行流出，或者从顶部装货孔吸出 |
| 平台集装箱 | Platform Container | 适用于运载超长超重的货物，长度可达 6 米以上，载重量可达 40 吨以上 |
| 汽车集装箱 | Car Container | 专供运载汽车的分层载货的集装箱 |

**相关链接**

**海运运费案例**

随着船只变大，规模效益有所增加，货运成本在过去几十年中急剧下降。将一台 DVD 播放器从中国运到美国，只需花费 1.5 美元。

**跨洋运输的成本**

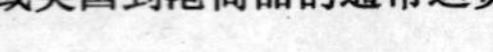

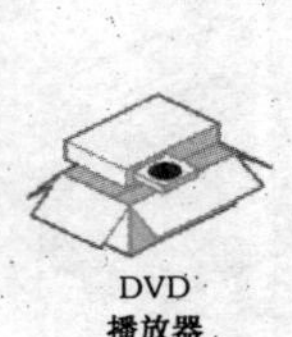

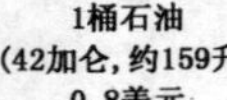

b. 托盘(pallet)

托盘是按一定规格制成的单层或双层平板载货工具。在平板上将若干单件包装的商品放在托盘上，然后用绳索、收缩或拉伸薄膜等物料，将商品与托盘组合加固起来，组成一个运输单位，便于在运输中使用机械设备进行搬运和装卸。托盘货物一般重 1～1.5 吨。托盘的制作材料通常以木制为主，也有用金属或塑料制成的。常见的托盘有平板托盘(flat pallet)和箱型托盘(box pallet)等。托盘有回收周转使用和一次性使用两种。托盘的规格按国际标准化组织

(ISO)规定有80×100、80×120、100×120三种。托盘下面有插口,供铲车装卸使用。托盘的使用是便于计数、装卸、运输和存储。

托盘样式如图4—2所示。

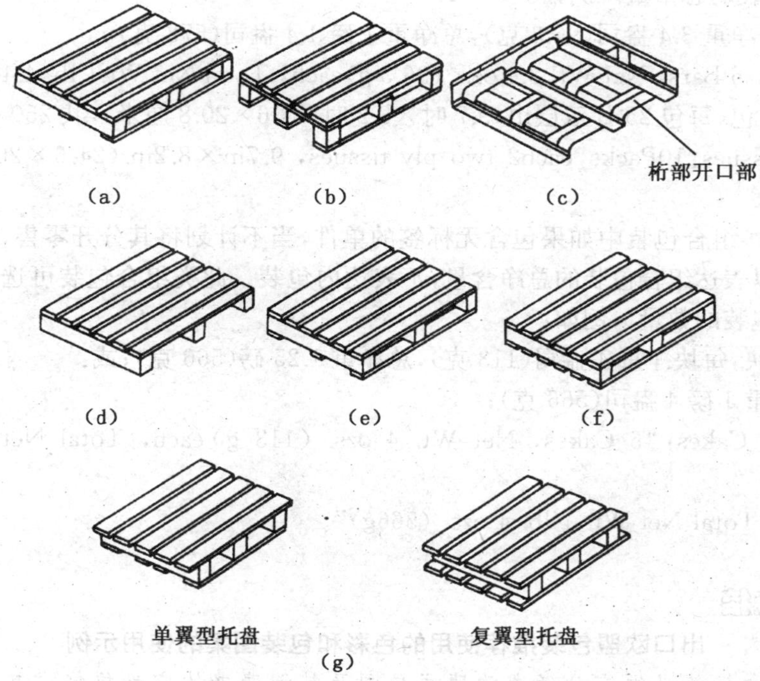


(a)二口型托盘 (b)四口型托盘 (c)桁部开口四口型托盘 (d)单面型托盘
(e)单面使用型托盘 (f)两面使用型托盘 (g)板翼型托盘

**图4—2 托盘样式**

c. 集装包和集装袋(flexible container)

集装包和集装袋一般是指用合成纤维或复合材料编织成圆形大袋或方形大包。集装包和集装袋一般可容纳1～4吨货物,最多可达13吨,有回收周转使用和一次性使用两种。主要用于装载粉粒状货物,如化肥、矿砂、水泥、面粉、食糖等。

(2)销售包装

销售包装又称小包装或内包装,是指直接接触商品、随商品进入零售市场,面对消费者的包装。这类包装除必须具有保护商品的功能外,更应具有促销的功能。

销售包装按其形式和作用可以分为四类:

①便于陈列展览类:堆叠式、可挂式、展开式等。

②便于识别商品类:透明式、开窗式、习惯包装等。

③便于消费使用类:携带式、易开式、喷雾包装等。

④其他类:配套包装、组合包装、复用包装、礼品包装等。

销售包装设计必须主题突出,文字说明要同画面配合,使用外文要准确,包装装潢造型要美观大方,设计要突出商标。无论是文字、图案、数字还是包装装潢,都要注意进口国当地的习惯爱好和有关法律规定。

**[例4—4]** 组合包装是指预期用于销售的包装,该包装包含2个或2个以上的包装或贴

附标签的单件，并且具有相同量的相同商品。组合包装的内装物净含量声明应符合以下规定：

(1)包装或贴附标签的单件的数量；

(2)包装或贴附标签的单件的重量；和

(3)组合包装的总重量。例如：

肥皂：6 块，净重 3.4 盎司(96.3 克)，总净重 1 磅 4.4 盎司(578 克)

"Soap bars：6 Bars，Net Wt. 3.4 ozs. (96.3 g)each，Total Net Wt.1 lb. 4.4 ozs. (578g)"；

面巾纸：10 包，每包 25 片双层巾，9.7 吋×8.2 吋(24.6×20.8 厘米)，共 250 张

"Facial Tissues：10Packs，each2 two-ply tissues，9.7in×8.2in.(24.6×20.8 cm)，Total 250 Tissues."。

[例 4—5] 组合包装中如果包含无标签的单件，当不计划将其分开零售，则包装内装物净含量声明可以表达组合包装的总净含量，不表达内包装。此类组合包装可选择性的表达组合包装中单件包装的数量。例如：

除臭块：5 块，每块净重 4 盎司(113 克)，总净重 1.25 磅(566 克)；或：

5 块，总净重 1 磅 4 盎司(566 克)；

Deodorant Cakes："5 Cakes，Net Wt. 4 ozs. (113 g) each，Total Net Wt. 1.25 lb. (566g)"或：

"5 Cakes，Total Net Wt. 1 lb. 4 ozs. (566g)"。

**相关链接**

### 出口欧盟包装推荐使用的色彩和包装图案的使用示例

包装装潢和标签必须充分考虑欧盟成员国及其消费者的宗教信仰或某些禁忌。详见下表。

**出口欧盟包装适用和忌用的颜色**

| 国　家 | 适用的颜色 | 忌用的颜色 |
|---|---|---|
| 法国 | 粉红色、蓝色、高雅灰色 | 墨绿色 |
| 比利时 | 蓝色、粉红色 | |
| 德国 | 鲜明色彩 | 茶、红、深蓝及黑色 |
| 爱尔兰 | 绿色 | 红、白、蓝色组 |
| 西班牙 | 黑色 | |
| 意大利 | 绿色 | |
| 瑞典 | | 蓝、黄色组 |
| 奥地利 | 绿色 | |
| 保加利亚 | 深绿色 | |
| 荷兰 | 橙色、蓝色 | |
| 挪威 | 红、蓝、绿等鲜明色 | |
| 希腊 | 蓝白相间及鲜明色彩 | |

出口欧盟包装适用和忌用的图案

| 国　家 | 适用的图案 | 忌用的图案 |
|---|---|---|
| 英国 | 月季 | |
| 意大利 | 十字架 | 菊花 |
| 法国 | | 核桃 |
| 瑞士 | | 猫头鹰 |
| 捷克 | | 红三角 |
| 匈牙利 | | 黑猫 |

3. 条码技术在商品包装上的应用

现代商品包装上还应印上条码。条码样式见图 4—3。

图 4—3　条码样式

条码技术最早产生于 20 世纪 20 年代，诞生于 Westinghouse 的实验室里。一位名叫 John Kermode 的发明家想对邮政单据实现自动分检。他的想法是在信封上做条码标记，条码中的信息是收信人的地址，就像今天的邮政编码。为此，Kermode 发明了最早的条码标识，设计方案非常简单，即一个"条"表示数字"1"，两个"条"表示数字"2"，依次类推。然后，他又发明了由基本的元件组成的条码识读设备：一个扫描器(能够发射光并接收反射光)；一个测定反射信号条和空的方法，即边缘定位线圈；使用测定结果的方法，即译码器。条码真正得到使用，是在 1949 年。

条码是由一组配有数字的黑白及粗细不等的平行条纹所组成，它是一种利用光电扫描阅读设备为计算机输入数据的特殊代码语言。

条码的应用有如下优越性：

(1)可靠准确。根据有关统计资料，键盘输入平均每 300 个字符一个错误，而条码输入平均每15 000个字符一个错误。

(2)数据输入速度快。键盘输入，一个每分钟打 90 个字的打字员 1.6 秒可输入 12 个字符或字符串，而使用条码，做同样的工作只需 0.3 秒，速度提高了 5 倍。

(3)经济便宜。与其他自动化识别技术相比较，推广应用条码技术，所需费用较低。

(4)灵活、实用。条码符号作为一种识别手段可以单独使用，也可以与有关设备组成识别系统实现自动化识别，还可与其他控制设备联系起来实现整个系统的自动化管理。同时，在没有自动识别设备时，也可实现手工键盘输入。

(5)自由度大。识别装置与条码标签相对位置的自由度要比 OCR[①] 大得多。

(6)设备简单。条码符号识别设备的结构简单,操作容易,无需专门训练。

(7)易于制作。条码标签易于制作,对印刷技术设备和材料无特殊要求。

目前,世界上已普遍在商品包装上使用条码,顾客在超级市场购物后,收银员只需将打印在商品包装上的条码对着光电扫描器,计算机就能自动准确地识别条码上的信息,确定商品的品名、品种、数量、产地、制造商、生产日期等信息,并以此在商品管理数据库中查询其单价,进行货物结算并打印出购物清单,这就有效地提高了结算的效益和准确性,方便了顾客。如商品包装上没有条码,即使是名优商品,也不能进入超级市场而只能当作低档商品进入廉价商店。

现代商品包装上使用的条码,在国际上通用的有两种:一种是 UPC 码(统一产品代码),由美国和加拿大组织的统一编码委员会(Universal Code Council,UCC)编制;另一种是 EAN 码,由英、法、德等欧共体 12 国成立的欧洲物品编码协会(European Article Number Association,EAN)编制。虽然在 1981 年,EAN 改名为国际货品编码协会(International Article Number Association),但仍保留原简称。

EAN 码系统是 1977 年在引进 UPC 码的基础上发展起来的,与 UPC 系统兼容。EAN 系统能识别 UPC 码,但 UPC 系统则不兼容 EAN 码。

UPC 码有标准码和缩位码,标准码由 12 位数字构成,缩位码由 7 位数字构成,最后一位均为校验位。当 UPC 作为 12 位进行解码时,定义如下:第 1 位数字为编码系统代码,第 2～6 位为生产厂家代码,第 7～11 为厂家产品代码,第 12 位为校验位(used for error detection),用于校验厂商识别代码、商品项目代号正确性。

EAN 码也有标准码和缩位码,标准码由 13 位数字构成,缩位码由 8 位数字构成,最后一位均为校验位。

不同国家(地区)的条码组织对 13 位代码的结构有不同的划分。在中国内地,EAN/UCC-13 代码分为三种结构,每种代码结构由三部分组成,如表 4－4 所示。

表 4－4　**EAN/UCC-13 代码的三种结构**

| 结构种类 | 厂商识别代码 | 商品项目代码 | 校验码 |
|---|---|---|---|
| 结构一 | $X_{13}X_{12}X_{11}X_{10}X_9X_8X_7$ | $X_6X_5X_4X_3X_2$ | $X_1$ |
| 结构二 | $X_{13}X_{12}X_{11}X_{10}X_9X_8X_7X_6$ | $X_5X_4X_3X_2$ | $X_1$ |
| 结构三 | $X_{13}X_{12}X_{11}X_{10}X_9X_8X_7X_6X_5$ | $X_4X_3X_2$ | $X_1$ |

注:$X_i$(i=1～13)表示从右至左的第 i 位数字代码。

(1)前缀码

前缀码由 2～3 位数字($X_{13}X_{12}$ 或 $X_{13}X_{12}X_{11}$)组成,是 EAN 分配给国家(或地区)编码组织的代码。前缀码由 EAN 统一分配和管理,截至 2003 年 7 月,全球共有 101 个国家(或地区)编码组织代表 103 个国家(或地区)加入 EAN International,成为 EAN 的成员组织。

EAN 前缀码的分配如表 4－5 所示。

① OCR:Optical Character Recognition(光学字符识别)的缩写,是指将文字材料通过扫描仪输入作为计算机图像文件,通过软件识别为中文或英文内码,然后进行文字处理。由于手写体的随意性太大,目前 OCR 主要限于印刷文字的识别。

表 4—5　EAN 已分配前缀码

| 前缀码 | 编码组织所在国家(或地区)/应用领域 | 前缀码 | 编码组织所在国家(或地区)/应用领域 | 前缀码 | 编码组织所在国家(或地区)/应用领域 |
|---|---|---|---|---|---|
| 00～13 | 美国和加拿大 | 20～29 | 店内码 | 30～37 | 法国 |
| 380 | 保加利亚 | 383 | 斯洛文尼亚 | 385 | 克罗地亚 |
| 387 | 波黑 | 40～44 | 德国 | 45、49 | 日本 |
| 460～469 | 俄罗斯 | 470 | 吉尔吉斯斯坦 | 471 | 中国台湾 |
| 474 | 爱沙尼亚 | 475 | 拉脱维亚 | 476 | 阿塞拜疆 |
| 477 | 立陶宛 | 478 | 乌兹别克斯坦 | 479 | 斯里兰卡 |
| 480 | 菲律宾 | 481 | 白俄罗斯 | 482 | 乌克兰 |
| 484 | 摩尔多瓦 | 485 | 亚美尼亚 | 486 | 格鲁吉亚 |
| 487 | 哈萨克斯坦 | 489 | 中国香港特别行政区 | 50 | 英国 |
| 520 | 希腊 | 528 | 黎巴嫩 | 529 | 塞浦路斯 |
| 531 | 马其顿 | 535 | 马耳他 | 539 | 爱尔兰 |
| 54 | 比利时和卢森堡 | 560 | 葡萄牙 | 569 | 冰岛 |
| 57 | 丹麦 | 590 | 波兰 | 594 | 罗马尼亚 |
| 599 | 匈牙利 | 600 601 | 南非 | 608 | 巴林 |
| 609 | 毛里求斯 | 611 | 摩洛哥 | 613 | 阿尔及利亚 |
| 616 | 肯尼亚 | 619 | 突尼斯 | 621 | 叙利亚 |
| 622 | 埃及 | 624 | 利比亚 | 625 | 约旦 |
| 626 | 伊朗 | 627 | 科威特 | 628 | 沙特阿拉伯 |
| 629 | 阿拉伯联合酋长国 | 64 | 芬兰 | 690～695 | 中国(内地) |
| 70 | 挪威 | 729 | 以色列 | 73 | 瑞典 |
| 740 | 危地马拉 | 741 | 萨尔瓦多 | 742 | 洪都拉斯 |
| 743 | 尼加拉瓜 | 744 | 哥斯达黎加 | 745 | 巴拿马 |
| 746 | 多米尼加 | 750 | 墨西哥 | 759 | 委内瑞拉 |
| 76 | 瑞士 | 770 | 哥伦比亚 | 773 | 乌拉圭 |
| 775 | 秘鲁 | 777 | 玻利维亚 | 779 | 阿根廷 |
| 780 | 智利 | 784 | 巴拉圭 | 786 | 厄瓜多尔 |
| 789、790 | 巴西 | 80～83 | 意大利 | 84 | 西班牙 |
| 850 | 古巴 | 858 | 斯洛伐克 | 859 | 捷克 |
| 860 | 南斯拉夫 | 865 | 蒙古 | 867 | 朝鲜 |
| 869 | 土耳其 | 87 | 荷兰 | 880 | 韩国 |

续表

| 前缀码 | 编码组织所在国家(或地区)/应用领域 | 前缀码 | 编码组织所在国家(或地区)/应用领域 | 前缀码 | 编码组织所在国家(或地区)/应用领域 |
|---|---|---|---|---|---|
| 884 | 柬埔寨 | 885 | 泰国 | 888 | 新加坡 |
| 890 | 印度 | 893 | 越南 | 899 | 印度尼西亚 |
| 90、91 | 奥地利 | 93 | 澳大利亚 | 94 | 新西兰 |
| 955 | 马来西亚 | 958 | 中国澳门特别行政区 | 977 | 连续出版物 |
| 978、979 | 图书 | 980 | 应收票据 | 981、982 | 普通流通券 |
| 99 | 优惠券 | | | | |

说明:

1.各国家或地区编码组织负责指导本国或本地区范围内对前缀码 20~29、980、981、982、99 的应用。

2.在中国内地,当 $X_{13}X_{12}X_{11}$ 为 690、691 时,EAN/UCC-13 代码采用结构一;当 $X_{13}X_{12}X_{11}$ 为 692、693、694 时,采用结构二。

需要指出的是,随着世界经济一体化发展,前缀码一般并不一定代表产品的原产地,而只能说明分配和管理有关厂商识别代码的国家(或地区)编码组织。

(2)厂商识别代码

厂商识别代码用来在全球范围内唯一标识厂商,其中包含前缀码。在中国内地,厂商识别代码由 7~9 位数字组成,由中国物品编码中心负责注册分配和管理。

根据《商品条码管理办法》规定,具有企业法人营业执照或营业执照的厂商可以申请注册厂商识别代码。当厂商生产的商品品种很多,超过了“商品项目代码”的编码容量时,允许厂商申请注册一个以上的厂商识别代码。

(3)商品项目代码

商品项目代码由 3~5 位数字组成,由获得厂商识别代码的厂商自己负责编制。由于厂商识别代码的全球唯一性,因此,在使用同一厂商识别代码的前提下,厂商必须确保每个商品项目代码的唯一性,对不同的商品项目必须编制不同商品项目代码,这样才能保证每种商品的项目代码的全球唯一性。

(4)校验码

商品条码是商品标识代码的载体,由于条码的设计、印刷的缺陷,以及识读时光电转换环节存在一定程度的误差,为了保证条码识读设备在读取商品条码时的可靠性,我们在商品标识代码和商品条码中设置校验码。

校验码为 1 位数字,用来校验编码 $X_{13}\sim X_2$ 的正确性。校验码是根据 $X_{13}\sim X_2$ 的数按一定的数学算法计算而得。

厂商在对商品项目编码时,不必计算校验码的值,该值由制作条码原版胶片或直接打印条码符号的设备自动生成。

常用的条码使用流程为:①向编码中心及各地分支机构申请厂商代码;②编码中心核发号码给申请者;③厂商自行设定商品代号;④交付印刷;⑤包装出货,分发商品基本资料一览表。

厂商应根据需要选择申请适宜的代码结构,遵循三项基本的编码原则(唯一性原则、无含义性原则、稳定性原则)编制商品标识代码,这样就能保证商品标识代码在全世界范围内是唯一的、通用的、标准的,就能作为全球贸易中信息交换、资源共享的关键字和“全球通用的商业语言”。

(1)唯一性原则

唯一性原则是商品编码的基本原则,也是最重要的一项原则。对同一商品项目的商品必须分配相同的商品标识代码。基本特征相同的商品视为同一商品项目,基本特征不同的商品视为不同的商品项目。对不同商品项目的商品必须分配不同的商品标识代码。商品的基本特征一旦确定,只要商品的一项基本特征发生变化,就必须分配一个不同的商品标识代码。

(2)无含义性原则

无含义性原则是指商品标识代码中的每一位数字一般不表示任何与商品有关的特定信息,即既与商品本身的基本特征无关,也与厂商性质、所在地域、生产规模等信息无关。这样有利于充分利用一个国家(地区)的厂商代码空间。厂商在申请厂商代码后编制商品项目代码时,最好使用无含义的流水号,即连续号,这样在自己的厂商代码下能够最大限度地利用商品项目代码的编码容量。

(3)稳定性原则

稳定性原则是指商品标识代码一旦分配,若商品的基本特征没有发生变化,就应保持标识代码不变。一般情况下,当商品项目的基本特征发生了明显的、重大的变化,就必须分配一个新的商品标识代码。商品代码一经分配,就不能再改,当这一商品不再生产,其相应的代码保存起来,不得分配给其他的商品使用。这样有利于生产和流通各环节的管理信息系统数据保持一定的连续性和稳定性。

在 20 世纪 90 年代发明了二维条码。二维条码除了具有一维条码的优点外,同时还有信息量大、可靠性高、保密、防伪性强等优点。二维条码作为一种新的信息存储和传递技术,从诞生之时就受到了国际社会的广泛关注。经过几年的努力,现已应用在国防、公共安全、交通运输、医疗保健、工业、商业、金融、海关及政府管理等多个领域。

二维条码根据构成原理、结构形状的差异,可分为两大类型:一类是行排式二维条码(2D stacked bar code);另一类是矩阵式二维条码(2D matrix bar code)。目前二维条码主要有 PDF417 码(Portable Data File 417)、Code49 码、Code16K 码、Data Matrix 码、Maxi Code 码、QR Code 码、Code One 码等。几种常见的二维条码,具体结构如图 4—4 所示。

PDF417

Code49

Code 16K

Data Matrix

Code One

QR Code

**图 4—4　几种常见的二维条码图形符号**

## EAN 校验码的计算方法

校验码用于检验条码代码的正误，是根据条码字符的数值按一定的数学方法计算得出。EAN 码标准版和缩短版的校验码计算方法相同。

校验码的计算步骤如下：

(1)包括校验码在内，由右至左编制代码位置序号(校验码的代码位置序号为1)。

(2)从代码位置序号 2 开始，所有偶数位的数字代码求和。

(3)将步骤(2)的和乘以 3。

(4)从代码位置序号 3 开始，所有奇数位的数字代码求和。

(5)将步骤(3)与步骤(4)的结果相加。

(6)用大于或等于步骤(5)所得结果且为 10 的最小整数倍的数减去步骤(5)所得结果，其差即为所求校验码。

厂商在对商品项目编码时，不必计算校验码的值，该值由制作条码原版胶片或直接打印条码符号的设备自动生成。

示例：代码 690123456789$X_1$ 校验码的计算如表 4－6 所示，最后计算出来的代码为 6901234567892。

**表 4－6　　代码 690123456789$X_1$ 校验码的计算**

<table>
<tr><th>步　骤</th><th colspan="2">举　例　说　明</th></tr>
<tr><td>1. 自右向左顺序编号</td><td colspan="2"><table>
<tr><td>位置序号</td><td>13</td><td>12</td><td>11</td><td>10</td><td>9</td><td>8</td><td>7</td><td>6</td><td>5</td><td>4</td><td>3</td><td>2</td><td>1</td></tr>
<tr><td>代　码</td><td>6</td><td>9</td><td>0</td><td>1</td><td>2</td><td>3</td><td>4</td><td>5</td><td>6</td><td>7</td><td>8</td><td>9</td><td>X</td></tr>
</table></td></tr>
<tr><td>2. 从序号 2 开始求出偶数位上数字之和①</td><td>9＋7＋5＋3＋1＋9＝34</td><td>①</td></tr>
<tr><td>3. ①×3＝②</td><td>34×3＝102</td><td>②</td></tr>
<tr><td>4. 从序号 3 开始求出奇数位上数字之和③</td><td>8＋6＋4＋2＋0＋6＝26</td><td>③</td></tr>
<tr><td>5. ②＋③＝④</td><td>102＋26＝128</td><td>④</td></tr>
<tr><td>用大于或等于结果④且为 10 最小整数倍的数减去④，其差即为所求校验码的值</td><td>130－128＝2<br>校验码 $X_1$＝2</td><td></td></tr>
</table>

4. RFID 射频识别技术的应用

条码技术在 1949 年开始真正推广应用，已经走过了半个多世纪的历程。然而，随着无线射频识别(RFID)技术的兴起，这种电子标签将会得到越来越广泛的使用，并将最终取代条码的使用。供应链问题的最新和最具革命性的解决办法之一是 RFID。

(1)RFID 工作原理和系统组成

RFID 是 Radio Frequency Identification 的缩写，即射频识别。

RFID 是指应用射频识别信号对目标物进行识别。射频识别系统一般由两部分构成：①应答器。应答器放置在要识别的物体上，它可以是应答机或卡、标签等。应答器由耦合元件和微电子芯片组成，如图 4－5 所示。②阅读器。阅读器也称为数据捕获装置，它可以是只读或可读写。阅读器包含发送器和接收器、控制单元以及与应答器连接的耦合元件。通常阅读器与电脑相联，所读取的标签信息被传送到电脑上进行下一步处理，如图 4－6 所示。

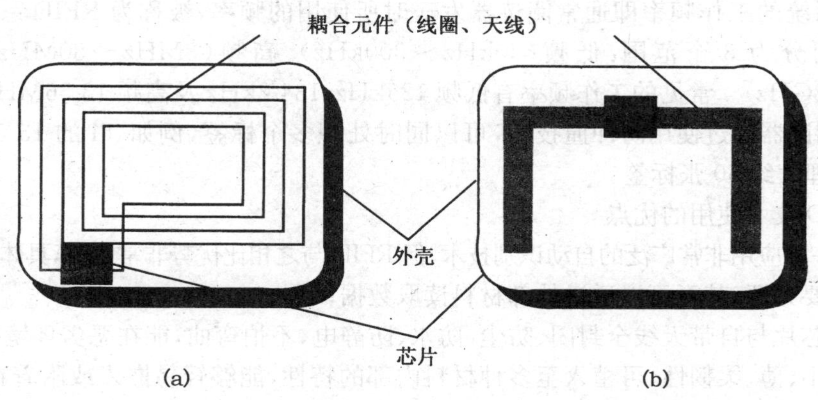


(a)带有天线线圈的电感耦合应答器；(b)带有偶极子天线的微波应答器

**图 4－5　应答器的基本结构**

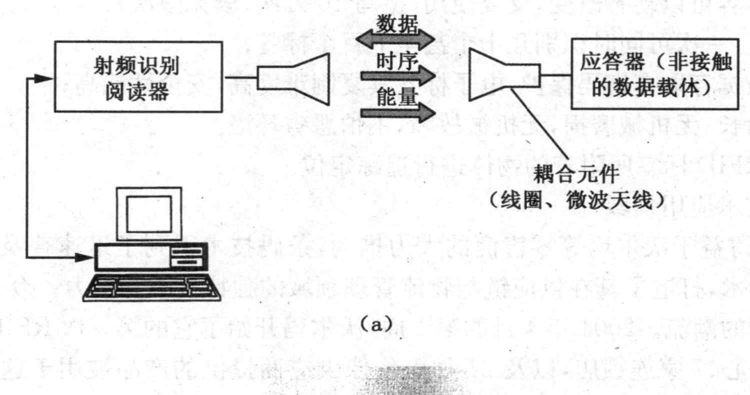


(b)

(a)阅读器和应答器的基本组成部分；(b)一个实际应用的 RFID 阅读器和非接触 IC 卡(应答器)

**图 4－6　RFID 系统的组成**

电子标签中一般保存有约定格式的电子数据，在实际应用中，电子标签附着在待识别物体的上面。阅读器通过天线发送出一定频率的射频信号，当标签进入磁场时产生感应电流从而获得能量，这时阅读器即可无接触地读取并识别电子标签中所保存的电子数据，从而达到自动识别物体的目的。通常阅读器与电脑相连，所读取的标签信息被传送到电脑上进行下一步处理。

RFID 标签可分为被动标签(passive tags)和主动标签(active tags)两种。主动标签自身带有电池供电，读/写距离较远，同时体积较大，与被动标签相比成本更高，也称为有源标签。

被动标签自身不带有电池，由阅读器产生的磁场中获得工作所需的能量，成本要比主动标签低很多，并具有很长的使用寿命。被动标签比主动标签更小也更轻，读写距离则较近，也称为无源标签。

RFID 系统的工作频率即通常阅读器发送时所使用的频率，被称为 RFID 系统的工作频率，基本上划分为 3 个范围：低频（30kHz～300kHz）、高频（3MHz～30MHz）和超高频（300MHz～3GHz）。常见的工作频率有低频 125kHz、134.2kHz 及高频 13.56MHz 等。

RFID 阅读器通过使用防冲撞技术，可以同时处理多个标签，例如 TI 的 13.56MHz 系统每秒钟能处理大约 50 张标签。

(2)RFID 技术使用的优点

条码是一种应用非常广泛的自动识别技术，但 RFID 与之相比优势非常明显，具体体现如下：

- 不需要光源，甚至可以透过外部材料读取数据；
- 标签芯片与自带天线全封闭、防尘、防水、防静电，不怕弯曲，能在恶劣环境下工作；
- 具有小、薄、柔韧性、可植入至多种材料内部的特性，能够轻易嵌入或附着在不同形状、类型的产品上；
- 读取距离更远；
- 可以写入及存取数据，与条码打印相比写入时间更少；
- 标签的内容可以动态改变，反复使用(擦写 10 万次，读无限次)；
- 读取快速，一次可同时识别几十个甚至上百个标签；
- 标签的数据存取有密码保护，电子标签其复制难度高，安全性能高；
- 使用寿命长：无机械磨损，无机械故障，不怕恶劣环境。
- 可以对 RFID 标签所附着的物体进行追踪定位。

(3)RFID 技术应用领域

20 多年前，得益于沃尔玛等零售商的大力推动，条码技术得到了迅速普及。沃尔玛也正是得益于条码技术，打造了其在供应链与物流管理领域的独特核心竞争力。今天，沃尔玛又一次引领技术更新的潮流。2004 年 4 月的第 1 周，沃尔玛开始了它的第一次 RFID 的上线测试。共有 1 个分销中心、7 家连锁店，以及 21 种由伙伴供应商提供的产品被用于这次小规模的测试中。

在这次小规模的应用中，带有小型天线的被动式 RFID 芯片被附在箱子和托盘上。芯片经过附近的一个 RFID 读卡器时被激活，同时产品唯一标识码便被传回到库存控制系统中。这些标有 RFID 标签的、装有 21 种产品的箱子和托盘被运往位于得克萨斯州（Texas）桑格(Sanger)的分销中心。在那里，安装在货运码头通道上的读卡器将通知托运人和沃尔玛都有哪些产品进入了沃尔玛的分销中心，以及这些产品被放在什么位置。RFID 读卡器还被安装在其他一些地方(如传送带上)。这样，每个贴有标记的箱子都能够被追踪到。沃尔玛使用的读卡器的平均范围为 15 英尺①。

沃尔玛设定了一个目标，在 2005 年 1 月，它的前 100 个供应商都要在发给沃尔玛的箱子和托盘上粘贴 RFID 标签。

RFID 系统的典型应用有下列几方面：

①物流和供应链管理。上述沃尔玛的应用就是典型的这方面的应用。物流和供应链管理

① 1 英尺＝0.305 米。

被认为是 RFID 最主要的应用领域。信息的及时性和准确性是物流和供应链管理的关键，这恰恰是 RFID 技术最突出的优势之一。

如果每件商品上都贴上 RFID 标签，无需打开产品的外包装，系统就能对商品成箱、成包地进行识别，准确地获得产品的相关信息，如商品种类、品名规格、生产商、生产时间、生产地点等。RFID 系统可以实现商品从原料、半成品、成品、运输、仓储、配送、上架、最终销售、退货处理等实时的监控追踪，消除了以往各环节上的人工错误，从而降低差错率、减少成本、提高供应链的透明度和管理效率。

②生产制造和配送。运用 RFID 技术能够实现存货管理的现代化，能够及时在纷繁复杂的零部件中准确找出需要的物品及时运送到生产线。安装在工厂、配送中心、仓库货架上的阅读器能够自动记录物品在整个生产制造和配送的全过程。

③另外在航空行李处理、邮件/快运包裹处理、文档追踪/图书馆管理、动物身份标识、运动计时、门禁控制/电子门票、道路自动收费等领域，RFID 技术也有着非常广泛的应用。

5. 商品运输包装的标志

为了在商品的储运中易于辨认，在运输包装的外面书写、压印、刷制一定的图形、文字和数字，就称为商品运输包装标志。

运输包装上的标志，按用途可分为三种：

(1)运输标志(shipping mark)

运输标志又称唛头，通常是由一个简单的几何图形和一些字母、数字及简单的文字组成，其主要内容包括：

①目的地的名称或代号；

②收、发货人的代号；

③件号、批号。

此外，有的运输标志还包括原产地、合同号、许可证号和体积与重量等内容。

运输标志的内容繁简不一，由买卖双方根据商品特点和具体要求商定。

鉴于运输标的内容差异较大，为适应运量增加、运输方式变革和电子计算机在运输与单据流转方面应用的需要，联合国欧洲经济委员会简化国际贸易程序工作组，在国际标准化组织和国际货物装卸协调协会的支持下，制定了一项运输标志向各国推荐使用。该标准运输标志包括：

①收货人或买方名称的英文缩写字母或简称；

②参考号，如运单号、订单号或发票号；

③目的地；

④件号。

至于根据某种需要而在运输包装上刷写的其他内容，如许可证号等，则不作为运输标志必要组成部分。

现列举标准化运输标志实例如下：

| | |
|---|---|
| XYZ | 收货人代号 |
| 1234 | 参考号 |
| LONDON | 目的地 |
| 1/100 | 件数代号 |

(2)指示性标志(indicative mark)

指示性标志是提示人们在装卸、运输和保管过程中需要注意的事项，一般都是以简单、醒目的图形和文字在包装上标出。指示性标志主要用于易碎、易损、易变质的商品运输中。国际标准化组织、国际航空运输协会和国际铁路货运会议分别制定了包装储运指示性标志，建议各国采用。我国参照采用国际标准ISO 780-1997《包装—搬运图示标志》制定了我国自己的国家标准(GB/T 191-2008)，所有图形与国际上通用的图形基本一致。常用的指示性标志如表4—7所示。

表4—7　　包装—搬运图示标志

| 序号 No. | 标志名称 Instruction/Information | 标志 Symbol | 含义 Meaning |
|---|---|---|---|
| 1 | 易碎物品 FRAGILE |  | Contents of the transport package are fragile therefore it shall be handled with care. 表明运输包装内装易碎物品，搬运时应小心轻放 |
| 2 | 禁用手钩 USE NO HAND HOOKS |  | Hooks are prohibited for handling the transport package. 表明运输包装件时禁用手钩 |
| 3 | 向上 THIS WAY UP |  | Indicates correct upright position of the transport package. 表明该运输包装件在运输时应竖直向上 |
| 4 | 怕热 KEEP AWAY FROM SUNLIGHT |  | Transport package shall not be exposed to sunlight. 表明该运输包装件不能直接照晒 |
| 5 | 怕辐射 PROTECT FROM RADIOACTIVE SOURCES |  | Contents of the transport package may deteriorate or may be rendered totally unusable by penetrating radiation. 表明该物品一旦受辐射会变质或损坏 |
| 6 | 怕雨 KEEP AWAY FROM RAIN |  | Transport package shall be kept away from rain. 表明该运输包装件怕雨淋 |
| 7 | 重心 CENTRE OF GRAVITY |  | Indicates the centre of gravity of the transport package which will be handled as a single unit. 表明该运输包装件的重心位置，便于起吊 |
| 8 | 禁止翻滚 DO NOT ROLL |  | Transport package shall not be rolled. 表明搬运时不能翻滚该运输包装件 |
| 9 | 此面禁用手推车 DO NOT USE HAND TRUCK HERE |  | Hand trucks shall not be placed on this side when handling the transport package. 表明搬运货物时禁止放在手推车上 |

续表

| 序号<br>No. | 标志名称<br>Instruction/Information | 标志<br>Symbol | 含义<br>Meaning |
|---|---|---|---|
| 10 | 禁用叉车<br>USE NO FORKS |  | Transport package should not be handled by forklift trucks.<br>表明不能用升降叉车搬运的包装件 |
| 11 | 由此夹起<br>CLAMP AS INDICATED | | Clamps shall be placed on the sides indicated for handling the transport package.<br>表明搬运货物时可用夹持的面 |
| 12 | 此处不能卡夹<br>DO NOT CLAMP AS INDICATED |  | Transport package should not be handled by the clamps on the sides indicated.<br>表明搬运货物时不能用夹持的面 |
| 13 | 堆码质量极限<br>STACKING LIMIT BY MASS |  | Indicates the maximum stacking load permitted on the transport package.<br>表明该运输包装件所能承受的最大质量极限 |
| 14 | 堆码层数极限<br>STACKING LIMIT BY NUMBER |  | Maximum number of identical packages which may be stacked on one another, where "n" is the limiting number.<br>表明可堆码运输包装件的最大层数 |
| 15 | 禁止堆码<br>DO NOT STACK |  | Stacking of the transport package is not allowed and no load should be placed on the transport package.<br>表明该包装件只能单层放置 |
| 16 | 由此吊起<br>SLING HERE |  | Slings shall be placed where indicated for lifting the transport package.<br>表明起吊货物时挂绳索的位置 |
| 17 | 温度极限<br>TEMPERATURE LIMITS |  | Indicates temperature limits within which the transport package shall be stored and handled.<br>表明该运输包装件应该保持的温度范围 |

包装、搬运图示标志的颜色一般为黑色。标志的使用可采用直接印刷、粘贴、拴挂、钉附及喷涂等方法。印刷标志时，外框线及标志名称都要印上，出口货物可省略中文标志名称和外框线；喷涂时外框线及标志名称可以省略。一个包装件上使用相同标志的数目，应根据包装件的尺寸和形状确定。

(3)警告性标志(warning mark)

警告性标志又称危险品标志。凡是运输包装内装有爆炸品、易燃品、有毒物品、腐蚀性物品、氧化剂和放射性物品等危险货物时，都必须在运输包装上标明用于各种危险品的标志，以示警告，使装卸、运输和保管人员按货物特性采取相应的防护措施，以保护货物和有关人身的安全。

除我国颁布的《危险货物包装标志》外，联合国政府间海事协商组织也规定了一套《国际海运危险品标志》，因此，在我国危险货物的运输包装上，要标明我国和国际上所规定的两种危险品标志。

有关联合国危险货物运输标志(Symbols of the United Nations Committee for the

Transport of Dangerous Goods)举例如下：

爆炸品
UN Transport symbol
for explosives

有毒物品（第2类和第6.1类）
UN Transport symbol
for poisonous substances (gases Class 2., other poisonous substances Class 6. 1)

易自燃物品
UN Transport symbol
for substances liable to spontaneous combustion

除上述包装标志外，商品的运输包装上一般还刷上包件的毛重、净重、体积尺码和商品的生产国别或地区，例如：

GROSS WEIGHT 58 kgs
NET WEIGHT 55 kgs
MEASUREMENT 38×28×18cm
MADE IN CHINA

这些标志习惯上称作其他标志。上文述及的列入运输标志的许可证号、信用证号、型号、色泽等均属于其他标志。这些内容除少数情况下作为运输标志的组成部分外，一般均以刷印在非唛头部位的外包装其他空白位置为宜。

6. 定牌、无牌和中性包装

采用定牌、无牌和中性包装，是国际贸易中习惯的做法之一。

(1)定牌(brand designated by the buyer)、无牌

定牌是指卖方按买方要求在其出售的商品或包装上标明买方指定的商标或牌号的做法。世界上许多国家的超级市场、大百货公司和专业商店，其经营出售的商品，都要在商品上或包装上标有商店使用的商标或品牌，以扩大商店知名度和显示该商品的身价。但是这些产品大多不是这些商家自行组织生产，而是从世界各地采购而来。

无牌是指买方要求卖方在出口商品和/或包装上免除任何商标或牌名的做法。它主要用于一些尚待进一步加工的半制成品，如供印染用的棉坯布，或供加工成批服装用的呢绒和绸缎等。其目的主要是避免浪费，降低费用成本。国外有的大百货公司、超级市场向出口商订购低值易耗的日用消费品时，也有要求采用无牌包装方式的。

除非另有约定，否则采用定牌和无牌时，在出口商品和/或包装上均须标明生产国制造字样。

(2)中性包装(neutral packing)

中性包装是指在商品上和内外包装上不注明生产国别的包装。中性包装有定牌中性和无牌中性之分。

定牌中性是指在商品和/或包装上使用买方指定的商标/牌名，但不注明生产国别。无牌中性是指在商品和包装上均不使用任何商标/牌名，也不注明生产国别。

采用中性包装是国际贸易中常用的一种习惯做法。它是出口国家厂商加强对外竞销和扩大出口的一种手段。

在定牌出口贸易中，要特别注意买方指定商标的合法性，防止发生商标侵权事件发生。

7. 包装条款的约定

包装条款是国际货物买卖合同的主要条款之一。包装条款一般包括包装材料、包装方式、包装费用和运输标志等内容。为了订好包装条款，以利合同的履行，在商订包装条款时，需要注意下列事项：

(1)包装材料和包装方式

在合同中要明确规定包装材料、包装方式和规格。

(2)包装材料的提供和包装费用的承担

包装由谁供应，通常有下列三种做法：

①由卖方供应包装，包装费包括在货价之内。

②包装费不包括在货价内，或部分包括在货价内。这主要是针对国外客户对出口货物包装有特殊要求所采用的一种方法。可以采用包装费用由买方负担，或由买方提供包装物料。采用这种做法，要在合同中明确规定。由买方供应包装，还应规定包装费用支付或包装物料到达的时间和方法，以及由于包装或包装物料未能及时提供而影响发运时买卖双方所负的责任。

③包装材料按货物价格一样计算。

(3)对包装的规定要明确具体

一般不宜采用“海运包装”和“习惯包装”之类含糊不清的术语。

(4)运输标志的确定

按照国际惯例，运输标志一般由卖方确定。但如买方要求由他指定运输标志，卖方一般也可接受。这种情况下，要在合同订明买方提出运输标志的最后期限，如买方逾期，则由卖方决定。

## 四、价格条款

进出口合同中的价格条款，一般包括商品的单价(unit price)和总值或总金额(total amount)两项基本内容。单价通常由四个部分组成，即包括计量单位、单位价格金额、计价货币和贸易术语四项内容。例如，US＄150 Per Metric Ton CIF New York(每吨150美元CIF纽约)。总值或总金额是单价和数量的乘积，也就是一笔交易的货款总金额。总值所使用的货币必须与单价所使用的货币一样。总值除使用阿拉伯数字填写外，一般还用文字表示。

1. 作价办法

在国际货物买卖中，根据不同的情况，作价的方法多种多样，通常采用的有下列作价办法：

(1)固定价格

这是国际贸易中常见的作价办法。按照各国法律的规定，合同价格一经确定，就必须严格执行，任何一方都不得擅自更改。它具有明确、具体、肯定和便于核算的特点。如果所交易的商品价格波动不定，商品市场变动频繁，则不适用固定价格。

(2)非固定价格

①暂定价格

即在合同中先订立一个初步价格，作为开立信用证和初步付款的依据，待双方确定最后价格后再进行最后清算。

②暂不作价

在合同中只规定作价方式和作价时间，具体价格留到以后商谈时再定。

有时也可采用部分固定价格、部分非固定价格的做法，或是分批作价的办法，交货期近的价格在订约时固定下来，余下部分在交货前一定期限内再作价。

2. 佣金与折扣

在价格条款中可分为不包含佣金与折扣的价格(即净价)和包含佣金的价格(即含佣价)两种。

①佣金(commission)

佣金是代理人或经纪人(中间商)为委托人进行交易而收取的报酬。在国际货物买卖中，通常表现为出口商付给销售代理人、进口商付给购买代理人的酬金。因此，它适用于与中间商所签订的合同含佣价。

佣金分为明佣和暗佣两种。明佣是指佣金在价格条件中标明或在附注中表示出佣金率。暗佣是指双方在洽谈交易时，对佣金的给予已达成协议，但却约定不在合同中表示出来。这种情况下的价格条款中，佣金由一方当事人按约定另付。

如何计算佣金，可以有不同的方法，最常见的是以合同价格直接乘以佣金率，得出佣金额。例如：每吨1 000美元 CIF 纽约包括 3%佣金(US＄ 1 000 per M/T CIF C3% New York)，佣金额为1 000×0.03＝30 美元。也可规定，CIFC3%以 FOB 值计算，这样，在计付佣金时，要以 CIF 价减去运费、保险费，求出 FOB 值，然后乘以 0.03，得出佣金额。

关于计算佣金的公式如下：

佣金＝含佣价×佣金率

净价＝含佣价－佣金＝含佣价×(1－佣金率)

佣金的支付通常有两种做法：一种是由中间代理商直接从货价中扣除；另一种是在委托人收清货款之后，再按事先约定的期限和佣金比率，另外付给中间代理商。

②折扣(discount)

折扣是卖方给予买方的价格减让，从性质上看，它是一种优惠。折扣通常在规定价格条款中，用文字明确表示出来。例如：每吨1 000美元 CIF 纽约包括 3%折扣(US＄ 1 000 per M/T CIF New York including 3% discount)。

折实价＝原价×(1－折扣率)

3. 规定价格条款时应注意的问题

(1)合理地确定商品的单价水平，防止偏高偏低。

(2)根据船源、货源等实际情况，选择适当的贸易术语。

(3)争取选择有利的计价货币，必要时可加订保值条款。

(4)灵活运用各种不同的作价办法，尽可能避免承担价格变动的风险。

(5)参照国际贸易的习惯做法，注意佣金和折扣的合理运用。

(6)如交货品质、交货数量有机动幅度或包装费另行计价时，应一并订明机动部分作价和包装费计价的具体办法。

(7)单价中的计量单位、计价货币和装运地或卸货地名称，必须书写清楚，以利于合同的履行。

## 五、装运条款

国际货物运输不同于国内运输，它具有线长面广、中间环节多、情况复杂多变和风险大等特点。为了多快好省地完成进出口货物运输任务，从事进出口业务的人员必须合理地选用各种运输方式，订好买卖合同中的各项装运条款，正确编制和运用各种运输单据，并掌握与此有关的运输基本知识。

1. 运输方式

在国际贸易中采用的运输方式很多，其中包括海洋运输、铁路运输、航空运输等各种运输方式，而每种运输方式都有其自身的特点和独特的经营方式。了解各种运输方式的特点和经营方式对于合理选择和正确利用各种运输方式，有着重要的意义。

(1)海洋运输(ocean transportation)

海洋运输是国际贸易中最主要的运输方式。我国绝大部分进出口货物都是通过海洋运输方式运输的。海洋运输通过能力大，万吨以上，甚至数十万吨的巨轮都可在海洋中航行。由于海洋运输量大、运输成本低，所以许多国家，特别是沿海国家的进出口货物，大部分都采用海洋运输。但海洋运输易受自然条件和气候的影响，风险较大，且航行速度较慢，因此，对于不宜经受长期运输的货物以及急用和易受气候条件影响的货物，一般不宜采用海洋运输方式。

海洋运输按照经营方式的不同，可分为班轮运输和租船运输两种方式。

①班轮运输

班轮运输(liner transport)又称定期船运输，它是在一定的航线上，在一定的停靠港口，定期开航的船舶运输。

班轮运输有三个特点：

a.“四固定”。即船公司按固定航线、固定停靠港口、固定的航行时间表航行，按相对固定的运费率计收运费。

b.“一负责”。货物由承运人负责配载装卸并负担装卸费用。

c. 承运人和托运人双方的权利义务和责任豁免以班轮公司签发的提单条款为依据，不计算装卸时间与滞期费和速遣费。

从事班轮运输的船舶是按照预先公布的船期来营运的，并且船速较高，因此能够及时将货物从起运港发送，而且迅速地将货物运抵目的港。货主则可以在预知船舶抵离港时间的基础上，组织、安排货源，保障市场对货物的需求。从事班轮运输的船舶又是在固定的航线上(既定的挂靠港口及挂靠顺序)经营并有规则地从事货物运输服务的，因此对于零星的小批量货物的货主，他们同样可以与大批量货物的货主一样，根据需要向班轮公司托运，节省货物等待集中的时间和仓储费用。另外，用于班轮运输的船舶的技术性能较好，设备较齐全，船员的技术业务水平也较高，所以既能满足普通件杂货物的运输要求，又能满足危险货物、重大件等特殊货物的运输要求，并且能较好地保证货运质量。

班轮运输费用是班轮公司为运输货物而向货主收取的费用。它包括货物从装运港至目的港的海上运费以及货物的装卸费，简称班轮运费。班轮运费包括基本运费和附加费两部分。

基本运费和附加费如图 4—7 所示。

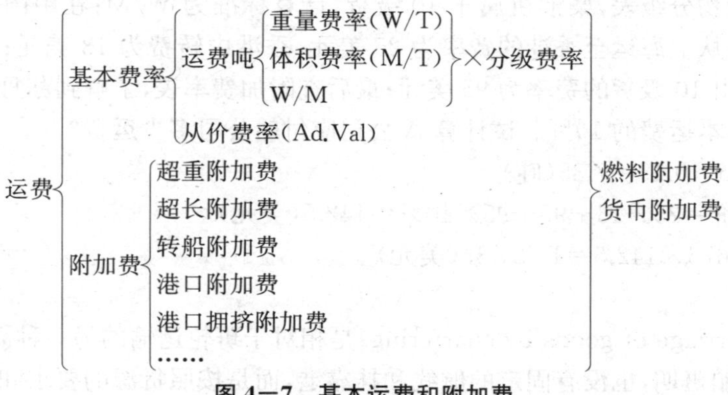


**图 4—7　基本运费和附加费**

基本运费是指货物在预定航线的各基本港口之间进行运输所规定的运价，它是构成全程运费的主要部分，基本运费的计收标准，通常按不同商品分为下列几种：

a. 按货物的毛重计收。即以重量吨(weight ton)为计算单位计收，在运价表内用"W"表示。

b. 按货物的体积计收。即以尺码吨(measurement ton)为计算单位计收，在运价表内用"M"表示。

以上两种计算运费的重量吨和尺码吨统称为运费吨(freight ton)。

c. 按商品的价格(FOB总值)计收，即按从价运费收取，在运价表内用"A. V."或"Ad Val."(拉丁文 ad valorem，意即从价)表示。

d. 按货物的毛重或体积，由船公司选择其中收费较高的一种计收运费，在运价表中用"W/M"表示。

e. 按货物的重量、体积或价值三者中选较高的一种计收运费，在运价表中用"W/M or A. V."表示。

f. 按货物的毛重或体积选择其高者，再加上从价费计收，在运价表中用"W/M plus ad val."表示。

g. 按货物的件数计收。

h. 对大宗低值货物，采用船、货双方临时议定运价的办法。

此外，班轮公司对同一包装、同一票货物或同一提单内出现混装情况时，计收运费的原则是就高不就低，具体收取办法是：

a. 不同商品混装在同一包装内，全部运费一般按其中收费较高者收取。

b. 同一票货物，如包装不同，其计费标准和等级也不同，如托运人未按不同包装分别列明毛重和体积，则全票货物均按收费较高者计收运费。

c. 同一提单内有两种以上的货名，如托运人未分别列明不同货物的毛重和体积，则全部货物均按收费较高者计收运费。

班轮运费中的附加费名目繁多，其中包括：超长附加费、超重附加费、选择卸货港附加费、变更卸货港附加费、燃油附加费、港口拥挤附加费、绕航附加费、转船附加费和直航附加费等。上述基本运费和各种附加费，均按班轮运价表计算。

**【实例一】**

上海东浩国际商务公司出口柴油机一批，共15箱，每箱重量0.49吨，总体积为10.676立方米。由上海装中国远洋运输公司轮船(班轮)，经香港转船至苏丹港。

已知：查阅货物分级表，柴油机属于10级货，计算标准为W/M；在中国—香港航线费率表中查出10级货从上海运至香港的费率为25美元，香港中转费为13美元；再从香港—红海航线费率表中查出10级货的费率为95美元；最后查附加费率表，了解到苏丹港要收港口拥挤附加费，费率为基本运费的10%。试计算A公司应付船公司多少运费？

解：总毛重 15×0.49=7.35(吨)

运费吨的运价=25+13+95+95×10%=142.5(美元)

总运费=10.676×142.5=1 521.33(美元)

②租船运输

租船运输(carriage of goods by chartering)是相对于班轮运输的另一种海上运输方式，其既没有固定的船舶班期，也没有固定的航线和挂靠港，而是按照货源的要求和货主对货物运输的要求，安排船舶航行计划，组织货物运输。因此，租船运输又称为不定期船运输(tramp shipping)。

租船通常是指包租整船而言，大宗货物一般都采用租船运输，租船方式主要包括定程租船和定期租船两种，前者是指按航程租赁船舶，后者是指按期限租赁船舶。不论是按航程或按期限租船，船、租双方都要签订租船合同，以明确双方的权利和义务。

a. 定程租船

在定程租船方式下，船方必须按租船合同规定的航程完成货物运输任务，并负责船舶的经营管理及其在航行中的各项费用开支；租船人则应支付双方约定的运费，程租船的运费一般按装运货物的数量计算，也有按航次包租总金额计算的，至于货物在港口的装卸费用，究竟由船方还是由租方负担，应在租船合同中作出明确规定。

b. 定期租船

按期限租船时，船租双方的权利与义务应在期限船合同中订明，船方应提供适航的船舶，关于船员薪金、伙食等费用以及保持船舶具有适航价值而产生的有关费用，均由船方负担。在船舶的出租期间，租船人可根据租船合同规定的航行区域自由使用和调动船舶，但船舶经营过程中产生的燃料费、港口费、装卸费和垫舱物料费等项开支，均应由租船人负担，关于定期租船的租金，一般是按租期每月每吨若干金额计算。

c. 程租船运输费用

● 程租船的装卸费

程租船运输情况下，有关货物的装卸费用由租船人和船东协商确定后在程租船合同中作出具体规定。具体做法主要有以下四种：船方负担装货费和卸货费，又可称为"班轮条件"；船方管装不管卸(free out，FO)，即船方负担装货费，不负担卸货费；船方管卸不管装(free in，FI)，即船方负担卸货费而不负担装货费；船方装和卸均不管(free in and free out，FIO)

● 装卸时间、滞期费和速遣费

程租船运输情况下，装卸货时间的长短影响船舶的使用周期和在港费用，直接关系到船方利益。因而，在程租船合同中，除需规定装卸货时间外，还需规定一种奖励处罚措施，以督促租船人实现快装快卸。

装卸时间又称装卸期限，是指租船人承诺在一定期限内完成装卸作业，它是程租船合同的一项重要内容。装卸期限既可用若干日表示，也可用装卸率表示，即平均每天装卸若干吨。此外，还要规定哪些时间应算为工作日，哪些时间除外。装卸时间的计算通常有以下几种：按日(days)或连续日或时(running or consecutive days/hours)，是指时间连续满 24 小时就算一日或连续日；按工作日(working days)，是指按港口习惯，属于正常工作的日子；按晴天工作日(weather working days)，是指既是工作日，又是适宜装卸的天气才计算为装卸时间；连续 24 小时晴天工作日(weather working days of consecutive 24 hours)。

在规定的装卸期限内，如果租船人未能完成装卸作业，为了弥补船方的损失，对超过的时间租船人应向船方支付一定的罚款。这种罚款称为"滞期费"或"延滞费"。反之，如果租船人在规定的装卸期限内，提前完成装卸作业，则所节省的时间船方要向租船人支付一定的奖金。这种奖金称为"速遣费"。后者一般为前者的 1/2。

**【实例二】**

A 公司出口化肥120 000吨，租船合同对装卸条件的规定如下：连续 24 小时晴天工作日，星期六、日和节假日除已使用者不算；每一工作日装货2 000吨，6 天装卸完毕，滞期一天罚款5 000美元，速遣奖励减半。

装货时间表

| 日　期 | 星　期 | 工作记录 |
|---|---|---|
| 7月15日 | 四 | 8时到24小时工作 |
| 7月16日 | 五 | 0时到24小时工作 |
| 7月17日 | 六 | 0时到18小时工作 |
| 7月18日 | 日 | 8时到24小时加班(有4小时下雨停工) |
| 7月19日 | 一 | 8时到24小时加班(有3小时下雨停工) |
| 7月20日 | 二 | 0时到5小时装货 |

试计算:应付的滞期费或应得的速遣费是多少?

解:约定工作时间=6×24=144(小时)

实际工作时间=16+24+18+12+13+5=88(小时)

速遣费=(144−88)/24×2 500=5 833.33(美元)

应付的速遣费为5 833.33美元。

(2)铁路运输(rail transportation)

铁路运输是仅次于海运的一种主要的运输方式。铁路运输的运行速度较快,载运量较大且在运输中遭受的风险较小,它一般能保持终年正常运行,具有高度的连续性。办理铁路运输手续比海洋运输简单。

(3)航空运输(air transportation)

航空运输是指利用飞机运送进出口货物,是一种现代化的运输方式。航空运输速度快,运行时间短,安全性高,货物中途破损率小,节省包装费、保险费和存储费,不受地域限制,可以通往世界各地,适合运输急需物资、鲜活商品、精密仪器和贵重物品。但航空运输运量有限,运费较高。

(4)邮包运输(parcel post transportation)

邮包运输是通过邮局寄送进出口货物的一种简便的运输方式。邮包运输的手续简便,费用也不太高,但运量有限,故只能用于运输量轻和体积小的商品,每件邮包重量不得超过20千克,长度不得超过1米。邮包运输适用于运送量轻、体积小的物品,如设备的零部件、精密仪器、药品和急需的零星商品。

国际邮包运输具有国际多式联运和“门到门”运输的性质。我国同许多国家签订了邮政运输协议和邮电协定,为我国发展对外贸易货物的邮包运输提供了有利条件。

(5)国际多式联运(international multi-modal transportation)

多式联运是指利用各种不同的运输方式来完成某项运输任务。它包括陆海联运、陆空联运和海空联运等。在国家间进行的这种联运,称为国际多式联运。由于集装箱最适于多式联运,故随着集装箱运输的发展,国际多式联运也迅速发展起来。在国际贸易中,开展以集装箱运输为主的国际多式联运,有利于简化货运手续、加快货运速度、减少货损货差、降低运营成本和节省运输费用。

(6)其他运输方式

我国同相邻国家的少量进出口货物以及内地同港、澳地区的部分进出口货物是通过公路运输的,同我国有河流相连通的国家,也有少量进出口货物是通过河流运输的。此外,我国到朝鲜的石油一般采用管道运输。

国际货物运输方式很多，在实际业务中，我们应根据货物特性、运量大小、距离远近、运费高低、风险程度、任务缓急及自然条件和气候变化等因素，审慎选用合理的运输方式。

2. 装运条款的主要内容

买卖双方洽商交易时，必须就各项装运条款谈妥，并在合同中订明，以利于合同的履行。装运条款的内容同国际货物买卖合同的性质和运输方式有着密切的关系，不同性质的运输方式，其装运条款也不尽相同。鉴于我国大部分进出口货物是通过海洋运输，而且对外签订的进出口合同大部分属 FOB、CIF、CFR 合同。按照国际惯例，在上述条件下，卖方只要将合同规定的货物在装运港履行交货手续，即算完成交货义务。因此，上述合同的装运条款应包括装运时间、装运港、目的港、是否分批和转船、装运通知，以及滞期费、速遣费等内容。

①装运时间

装运时间又称装运期(time of shipment)。在国际货物买卖合同中，对于装运期的规定方式，一般采用：

a. 规定在某年某月份内装运。例如：2006 年 5 月份交货(装运)(Delivery or Shipment during May 2006)。

b. 规定在某年某月月底前装运。例如：2006 年 5 月底前装运(Shipment on or before the end of May 2006)。

c. 规定在某年某月某日前装运。例如：2006 年 11 月 15 日前装运(Shipment on or before 15th November 2006)。

d. 规定在某几个连续月内装运。例如：2006 年 5～6 月份装运(Shipment during May/June 2006)。

e. 规定在收到信用证后若干天或若干月内装运。例如：收到信用证后 45 天内装运(Shipment within 45 days after receipt of L/C)；收到信用证后 3 个月内装运(Shipment within 3 months days after receipt of L/C)。

在规定装运时间时使用某些术语如“立即装运”(immediate shipment)、“即刻装运”(prompt shipment)、“尽快装运”(shipment as soon as possible)等，要引起充分注意。由于这种方法具体时间不明，容易引起歧义，在实际业务中不宜采用。

②装运地和目的地

装运地是指货物开始装运的港口或地点，目的地是指最终卸货的港口或指定的地点。

装运地和目的地由交易双方商定，其规定方法有下列几种：

a. 在通常情况下，只规定一个装运地(港)和一个目的地(港)，并列明港口名称。如装运港：上海；目的港：新加坡。

b. 在大宗商品交易条件下，可酌情规定两个或两个以上的装运地(港)和目的地(港)，并分别列明港口名称。

c. 在商订合同时，如明确规定一个或几个装运港和目的港有困难，可以采用按“选择港口”的规定办法。规定选择港有两种方式：一是从两个或两个以上列明的港口选一个，如 CIF 伦敦或汉堡或鹿特丹；二是从某一航区的港口中任选一个，如地中海主要港口。上述规定方法，究竟采用哪一种，应视具体情况而定。

③分批装运和转运

分批装运和转运都直接关系买卖双方的利益，因此是否需要分批装运和转运，买卖双方应根据需要和可能，在合同中作出明确具体的规定。

a. 分批装运(partial shipment)

分批装运是指一笔成交的货物，分若干次装运。根据国际商会修订的《跟单信用证统一惯例》规定，一笔成交的货物，分多次装在同一航次、同一条船上，即使分别签发了若干不同内容的提单，也不能按分批装运论处。

国际上对分批装运的解释和运用不一，比如，按有些国家的法律规定：如合同未规定允许分批装运，则不得分批装运。但《跟单信用证统一惯例》规定："除非信用证中另有规定，允许分批装运。"为了避免在履行合同时引起争议，交易双方应在买卖合同中订明是否允许分批装运，若双方同意分批装运，应将批次和每批装运的具体时间与数量订明。

此外，《跟单信用证统一惯例》还规定："如信用证规定在指定时期内分批装运。其中任何一批未按分批装运，信用证对该批和以后各批货物均告失效，除非信用证另有规定。"因此，如果在买卖合同和信用证中规定分批定期、定量装运时，则卖方必须重合同、守信用，严格按照买卖合同和信用证的有关规定办理。为了使分批装运条款能顺利执行，规定每批装运的时间要留有适当的间隔，一笔货物不宜规定在很短时间内分若干批装运，而且每批装运的规定也要适当，防止因安排装运过分集中有困难而影响全局。

b. 转运(Transhipment)

转运是指自装运地(港)或监管地到目的地(港)的运输过程中，货物从一运输工具卸下，再装上另一运输工具的行为。转运因延长在途时间、增加费用开支和可能出现货物损差，所以买方一般对其进口的货物不愿转运。不过，在无直达运输工具、转运不可避免的情况下，应当在买卖合同中订明"允许转运"的条款。

④装运通知

装运通知是装运条款中不可缺少的一项重要内容。不论按哪种贸易术语成交，交易双方都要承担相互通知的义务。规定装运通知的目的在于明确买卖双方的责任，促使买卖双方互相配合，共同搞好车、船、货的衔接，并便于办理货物保险。因此，为有利于合同的履行，需要订明装运通知条款。

特别是买卖双方按 CFR 条件成交时，装运通知具有特殊重要的意义，所以卖方应在货物装船后，立即向买主发出装运通知，以便于买方安排保险事宜。

⑤装卸时间、装卸率和滞期、速遣费条款

买卖双方成交的大宗商品，一般采用程租船运输，负责租船的一方在签订买卖合同之后，还要负责签订租船合同，而租船合同中通常都需要订立装卸时间、装卸率和滞期、速遣费条款。为了明确买卖双方的装卸责任，并使买卖合同与租船合同的内容互相衔接和吻合，在签订大宗商品的买卖合同时，应结合商品特点和港口装卸条件，对装卸时间、装卸率和滞期、速遣费的计算与支付办法作出具体规定。

a. 装卸时间

装卸时间是指装货和卸货的期限，一般以天数或小时数来表示。

b. 装卸率

所谓装卸率，即指每日装卸货物的数量。装卸率的高低，关系到完成装卸任务的时间和运费水平，从而在一定程度上影响货价，所以装卸率应根据货物品种和有关港口的装卸速度来确定，规定得偏高或偏低都不合适。

c. 滞期费、速遣费条款

负责装卸货物的一方，如果未按照约定的装卸时间和装卸率完成装卸任务，致使船舶在港内停泊时间延长，则需要向船方交纳延误船期的罚款，此款项称为滞期费。反之，在约定装卸时间内提前完成装卸任务，有利于加快船舶的周转，则可以从船方取得奖金，此项奖金称为速遣费。按一般惯例，速遣费通常为滞期费的一半。

3. 主要运输单据

运输单据是承运人收到出口商交给的承运货物后签发给出口商的证明文件。运输单据通常是出口商处理索赔和向银行办理收取货款或进行议付的重要单据。

在国际贸易运输中，由于运输方式不同，所以使用的运输单据不同，其中主要包括海运提单、铁路运单、航空运单、邮包收据和多式联运单据等。

(1)海运提单(Bill of Lading，B/L)

海运提单是承运人或其代理人收到其承运的货物后签发给托运人的货物收据。

①提单的性质和作用

a. 提单是承运人或其代理人出具的货物收据，证实其已按提单上所列的内容收到托运人的货物。

b. 提单是代表货物所有权的凭证，提单的持有人拥有支配货物的权利，因此提单可以用来向银行议付货款和向承运人提取货物，也可用来抵押或转让。

c. 提单是承运人和托运人双方订立的运输契约，或是运输契约的证明。由于运输契约是在装货前商订的，而提单一般是在装货后签发的，故提单本身不是运输契约，而只是运输契约的证明。

②提单的种类

海运提单包括班轮提单和租船合同项下的提单，前者，提单正面作了有关货物和运费事项的记载外，在提单背面还有印就的运输条款，为了统一提单背面的运输条款的内容，国际上曾先后签署了《海牙规则》[①]、《维斯比规则》[②]和《汉堡规则》[③]三项国际公约。

提单可以从各种不同的角度分类，在国际贸易中使用的提单主要有下列几种：

a. 根据货物是否已经装船，可分为已装船提单和备运提单。

已装船提单(shipped or on board B/L)是指货物装上船舶以后，由承运人签发给托运人的提单。这种提单必须载明装货船名和装船日期。由于已装船提单对收货人按时收到货物较有保障，因此，在买卖合同中一般都规定卖方须向买方提供已装船提单。

备运提单(received for shipment B/L)又称收讫待运提单。这是承运人在收到货物但尚未把货物装上船只以前签发给托运人的一种提单。由于备运提单没有肯定的装船日期，而且往往不注明装运船舶的名称，将来货物能否出运、何时装运，都很难预料。因此，买方一般都不愿意接受这种提单。

备运提单可以改变为已装船提单，其做法是当承运人已签发备运提单之后，如他已把货物装上船只，则承运人可在提单的正面加注“已装船”字样和装船日期，并在其上签字，这样就可以使备运提单成为已装船提单。

目前，随着集装箱运输的发展，备运提单的使用日益增多。因为集装箱船公司需要在内陆

① 《海牙规则》:《海牙规则》于1924年制订。它是海上运输方面一个十分重要的公约，至今已有50多个国家承认了它。几十年来，许多国家的航运公司都在其所制发的提单上规定采用本规则，据以确定承运人在货物装船、收受、配载、承运、保管、照料和卸载过程中所应承担的责任与义务，以及其应享受的权利与豁免。

② 《维斯比规则》:即修改统一提单的若干法律规则的国际公约的议定书，1968年制定。

③ 《汉堡规则》:即1978年联合国海上货物运输公约。

收货站收货装箱,内陆收货站无法确定船名和装船日期,所以无法签发已装船提单,而只能签发备运提单,这是集装箱运输的正常做法。

b. 按承运人在提单上对货物的外表状态加列批注来分类,可分为清洁提单与不清洁提单。

清洁提单(clean B/L)是指承运人对货物的表面状况未加批注提单。这种提单表明,货物是在表面状况良好的条件下装船的。在承运人签发了清洁提单的情况下,如果在目的港卸货时发现货物表面有缺陷,承运人须承担损害赔偿的责任。但对于经过合理检查不能发现的缺陷,以及因免责海难所遭受的损失,承运人可以免责。在国际货物买卖合同中,一般都规定卖方必须提供已装船的清洁提单。

不清洁提单(unclean B/L,or foul B/L)是指承运人对货物的表面状况加有不良批注的提单,如注明"包装不固"、"破包"、"沾有油污"等。这种提单表明,货物是在表面状况不良的条件下装上船舶的。如卸货时发现货物遭受损害或灭失,而致损的原因可以归咎于这些批注事项的话,就可以减免承运人的责任。因此,在提单上加列批注,是承运人保护其自身利益的一种手段。

c. 按提单收货人抬头分类,可分为记名提单、不记名提单和指示提单。

记名提单(straight B/L)又称收货人抬头提单,是指在提单收货人(consignee)栏内具体指定收货人名称的提单。记名提单只能由指定的收货人提货,它不能转让流通。

不记名提单(bearer B/L)又称来人抬头提单,是指在提单收货人栏内不填写收货人名称而留空,故又称空名提单。不记名提单,仅凭单交货,风险较大,在国际贸易中不经常使用。

指示提单(order B/L)是指在提单的收货人栏内填写"凭指示"(to order)或"凭某人指示"(to order of ...)字样的提单,此种提单可通过背书转让,因而又称为可转让的提单。背书的方法有两种:由背书人单纯签字盖章的称作空白背书;除背书人签字盖章外,还列明被背书人名称的,称作记名背书,提单经背书后,可转让给其他第三者。由于指示提单可以背书转让,故其在国际贸易中被广为使用。在我国贸易中,通常采用凭指定空白背书提单,习惯上称为"空白抬头、空白背书"提单。

d. 按运输方式分类,可分为直达提单、转船提单和联运提单。

直达提单(direct B/L)是指轮船装货后中途不经过转船而直接驶往目的港,承运人所签发的提单。

转船提单(Transhipment B/L)是指货物装上海轮后,在航运的中途港将货物卸入另一船舶再驶往目的港卸货的情况下所签发的包括运输全称的提单。有的甚至换船不止一次。转船提单上一般注有"在某港"转船字样,有的还注明二程船甚至三程船的船名。

联运提单(through B/L)是在由海运和其他运输方式所组成的联合运输时使用。它是由承运人或其代理人在货物起运地签发运往货物最终目的地的提单,并收取全程运费。由于联运提单包括全程运输,所以第一承运人或其代理人应将货物转交给下一程承运人,有关货物中途转换运输工具和交接工作,均不需托运人办理。转运提单和联运提单的区别在于前者仅限于转船,后者可在中途转换其他运输工具。

e. 根据船舶营运方式的不同,可分为班轮提单和租船提单。

班轮提单(liner B/L)是指由班轮公司承运货物后签发给托运人的提单。

租船提单(charter party B/L)是指承运人根据租船合同签发的提单。提单上通常注明"一切条件、条款和免责事项按照某某租船合同"字样。这种提单受租船合同条款的约束,银行或买方在接受这种提单时，有时要求卖方提供租船合同副本。

f. 根据提单内容的简繁，可分为全式提单和略式提单。

全式提单(long form B/L)又称繁式提单，是指不仅有提单正面内容，而且在提单背面有承运人和托运人的权利与义务详细条款的提单。

略式提单(short form B/L)又称简式提单，是指提单背面无条款，而只列出提单正面的必须记载事项的提单。这种提单一般都印有"本提单货物的收受、保管、运输和运费等事项，均按本公司全式提单上的条款办理"的字样。

g. 根据提单使用效力，可分为正本提单和副本提单。

正本提单(original B/L)是指提单上有承运人、船长或其代理人签名盖章并注明签发日期的提单。这种提单在法律上是有效的单据。正本提单必须要标明(original)字样。正本提单一般签发两份或三份(个别也有只签发一份的)，凭其中的任何一份提货后，其余的即作废。为防止他人冒领货物，买方和银行通常要求卖方提供船公司签发的全部正本提单，即所谓"全套"(full set)提单。

副本提单(copy B/L)是指提单上没有承运人、船长或其代理人签名盖章，而仅供参考之用的提单。副本提单一般都标明"副本"(copy)或"不可转让"(non-negotiable)字样，副本提单不得标明(original)字样。

h. 其他提单。

● 过期提单(stale B/L)。关于过期提单有两种说法：一种是提单晚于货物到达目的港，称过期提单。在远洋运输中难免会出现这种情况，因此，买卖合同中一般都规定"过期提单可以接受"的条款；另一种是向银行交单时间超过提单签发日期 21 天，这种滞期交到银行的提单也称为过期提单银行有权拒收。

● 舱面提单(on deck B/L)又称甲板提单，是指货物装在船舶甲板上运输所签发的提单。在这种提单中应注明"在舱面"字样。

● 运输代理行提单(house B/L)，是指运输代理人签发的提单，它只是运输代理人收到托运货物的收据，而不是可以转让的物权凭证。

● 电子提单。电子提单是利用电子数据交换(EDI)系统传送的非书面化提单。电子提单采用了 EDI 传递，与传统的纸面文件传递相比节省了时间和费用。

电子提单的具体操作程序是卖方、发货人、银行、买方、收货人均以承运人为中心，通过 EDI 系统通告运输途中货物所有权的转移时间和对象。电子提单完全改变传统提单通过背书转让物权的方式，取而代之的是以电子密码通知来实施货物所有权的转移，谁拥有密码，谁就拥有货物所有权。

(2)其他主要运输单据

①海上货运单

海上货运单简称海运单(sea waybill)，是证明海上运输货物已由承运人接管装船，并保证将货物交给单证上指定的收货人的一种不可流通的单证，因此又称为不可转让海运单。

海运单不是物权凭证，所以它不可转让。收货人不凭海运单提货，承运人也不凭海运单而凭海运单载明的收货人的提货或收货凭条交付货物，只要该凭条能证明其为运单上指明的收货人即可。目前，西欧、斯堪的那维亚半岛、北美和某些远东、中东地区的贸易界越来越倾向于使用不可转让的海运单，主要是因为海运单能方便进口人及时提货，简化手续，节省费用，还可以在一定程度上减少以假单据进行诈骗的现象。另外，由于 EDI 技术在国际贸易中的广泛使用，不可转让海运单更适宜于使用这种新技术。

②铁路运单

铁路运输分为国际铁路货物联运和国内铁路运输两种方式。国际铁路货物联运使用国际铁路货物运单，国内铁路运输使用国内铁路运单。国际货物运单是指国际货协的各国之间办理铁路联运时所使用的单据。运单由 5 张组成：第 1 张正本和第 5 张货物到达通知，由铁路局送交收货人；第 2 张运行报单和第 4 张货物交付单，由铁路局交给到达站；第 3 张运单副本交发货人。运单不是物权凭证，不能转让。运单副本在铁路加盖戳记证明运输合同已订立之后，退还给发货人。运单是卖方通过有关银行向买方结算货款的主要单证之一。通过铁路对港、澳出口的货物，由于国内铁路运单不能作为对外结汇的凭证，所以使用承运货物收据（cargo receipt，C/R）这种特定性质和格式的单据。

③航空运单

航空运单是由承运的航空公司或其代理人出具的承运货物的收据。它是发货人与承运人缔结的运输契约，但不能作为物权凭证进行转让和抵押。

航空运单依签发人的不同分为主运单（master air waybill）和分运单（house air waybill）。前者是航空公司签发的，后者是由航空货运代理公司签发的，两者在内容上基本相同，法律效力也无不同。

④邮包收据

邮包收据是邮包运输的主要单据，是邮局收到寄件人的邮包后出具的收据，它是收件人以提取邮包的凭证，当邮包发生灭失或损坏时，它还可作为索赔和理赔的依据。但邮包收据不是物权凭证。

⑤多式联运单据

多式联运单据是在多种运输方式情况下使用的一种运输单据。它由多式联运经营人签发。签发这种单据的多式联运经营人必须对全程运输负责，即不论货物在哪种运输方式下发生属于承运人责任范围内的灭失或损害，都要对托运货物的人负赔偿责任。多式联运单据与海运中的联运提单有相似之处，但其性质与联运提单有所区别。联运提单限于在由海运与其他运输方式所组成的联合运输时使用，而多式联运单据，既可用于海运与其他运输方式的联运，也可用于不包括海运的其他运输方式的联运。

除上述各种主要的装运单据外，在实际业务中，还有一些其他装运单据，如重量单和装箱单等。

## 六、运输保险条款

保险是指投保人根据合同约定，向保险人支付保险费，保险人对于合同约定的可能发生的事故因其发生所造成的财产损失承担赔偿保险金责任，或者当被保险人死亡、伤残、疾病或者达到合同约定的年龄、期限等条件时承担给付保险金责任的商业保险行为。[①]

国际货物在运输过程中，可能会遇到自然灾害、意外事故等各种风险而招致损失，为了保障货物在受损后能获得经济上的补偿，就需要办理货物运输保险。

国际货物运输保险的种类，取决于国际货物运输的方式。由于进出口货物一般通过海洋运输、陆上运输、航空运输和邮包运输，因此，国际货物运输保险也相应地分为海运货物保险、陆运货物保险、空运货物保险和邮包运输保险等。海运货物保险起源最早、历史最久，而其他

① 摘自《中华人民共和国保险法》。

种类的货物运输保险，都是在海上货物保险的基础上发展起来的。虽然各种不同运输方式的货物保险的具体责任有所不同，但它们的基本原则和保障的范围基本一致。

国际上没有统一的国际货物运输保险法，在实际操作中，保险人与被保险人的权利义务是由各国国内相关法律和当事人双方签订的保险合同确定的。

1. 海上运输保险的承保范围

海上风险可以分为两类，即海上风险和其他外来原因引起的外来风险，如图 4—8 所示。

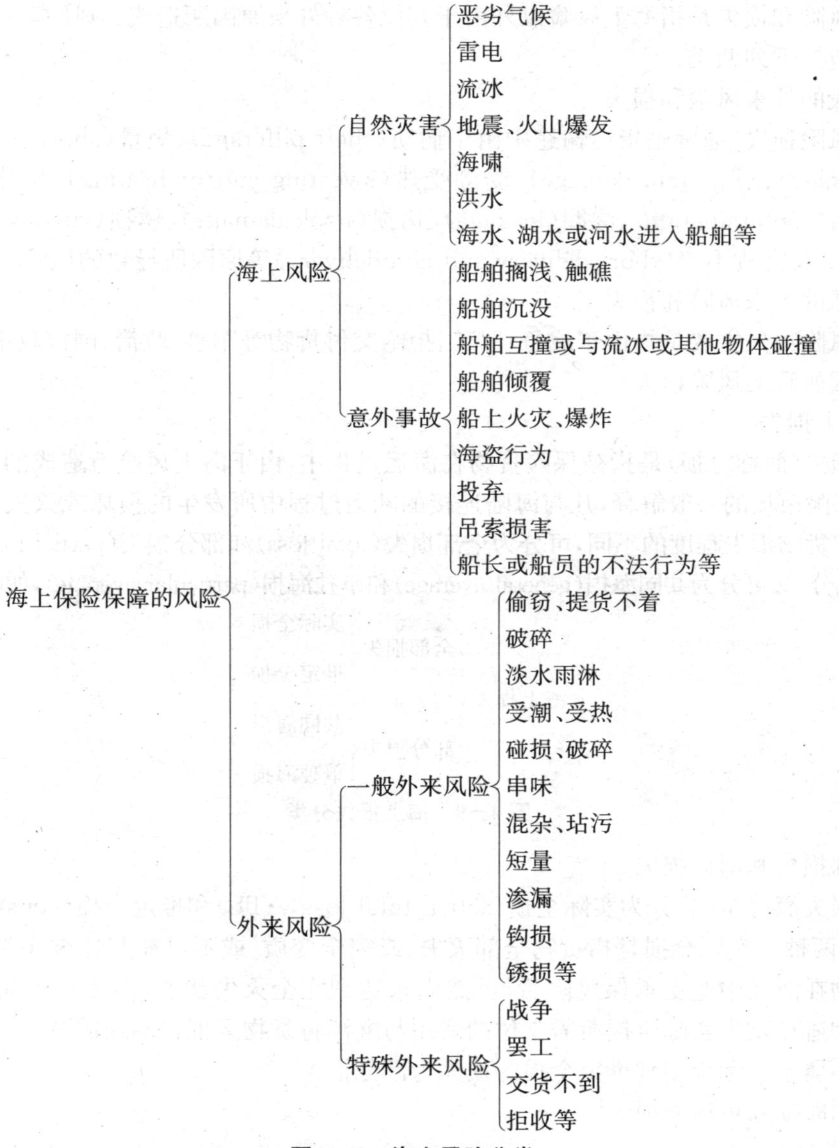


**图 4—8 海上风险分类**

海上运输保险人主要承保由于海上风险和外来风险所造成的货物或费用损失。这里所指的海上运输保险人是指保险公司。

(1)海上风险

海上风险在保险业界又称为海难，一般包括自然灾害和意外事故两种。按照国际保险市场的一般解释，这些风险所指的大致内容如下：

①自然灾害（natural calamities）。所谓自然灾害，是指恶劣气候、雷电、洪水、流冰、地震、海啸、火山爆发以及其他人力不可抗拒的灾害。

②海上意外事故。海上意外事故所指的主要是船舶搁浅、触礁、碰撞、爆炸、火灾、沉没、船舶失踪或其他类似事故。

(2)外来风险和损失

外来风险和损失是指海上风险以外由于其他各种外来原因所造成的风险和损失。外来风险和损失包括下列两类：

①一般的外来风险和损失

这类风险损失，通常是指运输途中由于偷窃（theft pilferage）、短量（shortage in weight）、破碎（breakage）、雨淋（rain damage）、受潮受热（sweating and/or heating）、串味（taint of odour）、玷污（contamination）、渗漏（leakage）、钩损（hook damage）、锈损（rusting）、碰损（clashing）和短少及提货不着（short delivery and non-delivery）等原因所导致的风险。

②特殊的外来风险和损失

这类风险损失主要是指由于战争、罢工、拒绝交付货物等军事、政治、国家政策法令和管制措施等原因所致的风险损失。

(3)海上损失

海上损失（简称海损）是指被保险货物在海运过程中，由于海上风险所造成的损坏或灭失。根据国际保险市场的一般解释，凡与海陆连接的陆运过程中所发生的损坏或灭失，也属海损范围。海损按货物损失程度的不同，可分为全部损失（total loss）和部分损失（partial loss）；按货物损失的性质区分，又可分为共同海损（general average）和单独海损（particular average），如图 4－9 所示。

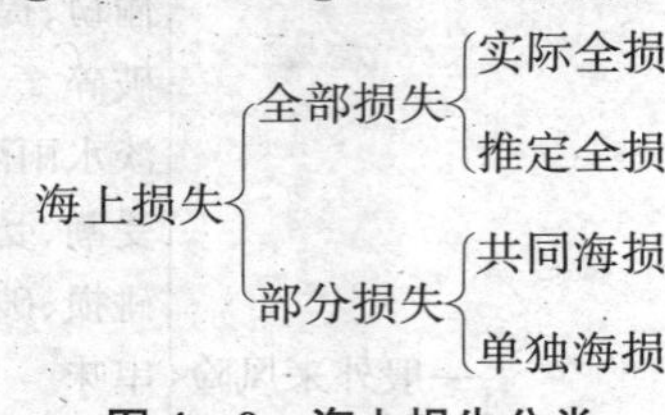


**图 4－9　海上损失分类**

①全部损失和部分损失

全部损失简称全损，分为实际全损（actual total loss，ATL）和推定全损（constructive total loss，CTL）两种。实际全损是指货物全部灭失、或完全变质、或不可能归还被保险人。推定全损是指货物在海运中遭受承保风险后，虽然尚未达到完全灭失状态，但完全灭失是不可避免的。或者为避免发生实际全损所需支付的费用与继续将货物运抵目的地的费用之和超过保险价值。凡不属于实际全损和推定全损的损失为部分损失。

②共同海损和单独海损

a. 共同海损

共同海损（general average）是指在海洋运输途中，载货的船舶在海上遇到灾害、事故，威胁到船、货等各方的共同安全，为了解除这种共同危险，有意采取合理的救难措施，直接造成特殊损失和支付特殊费用，这些损失和费用称为共同海损。在船舶发生共同海损后，凡属共同海损范围内的损失和费用，均可通过共同海损推算，由有关获救受益方（即船方、货方和承运方）根据获救价值按比例分摊，这种分摊称为共同海损分摊。

共同海损的成立，一般应至少具备下列条件中的一个：

● 共同海损的危险必须是共同的，采取的措施是合理的，这是共同海损成立的前提条件。如果危险还没有危及船货各方的共同安全，即使船长有意作出合理的牺牲和支付了额外的费用，也不能算作共同海损。

● 共同海损的危险必须是真实存在的，或者是不可避免地发生的，而不是主观臆测的。

● 共同海损的牺牲必须是自动的和有意采取的行为。其费用必须是额外的。

● 共同海损必须是属于非常性质的损失。

b. 单独海损

单独海损(particular average)是指仅涉及船舶或货物所有人单方面的利益，其损失仅由受损方单独负担。

c. 单独海损与共同海损的主要区别

● 造成海损的原因不同：单独海损是承保风险所直接导致的船、货损失；共同海损，则不是承保风险所直接导致的损失，而是为了解除或减轻共同危险人为地造成的一种损失。

● 承担损失的责任不同：单独海损的损失一般由受损方自行承担；而共同海损的损失，则应由受益的各方按照受益比例共同分摊。

此外，海上风险还会造成费用上的损失。由海上风险所造成的海上费用，主要有施救费用(sue and labour charges or expenses)和救助费用(salvage charges)。所谓施救费用，是指被保险的货物在遭受承保责任范围内的灾害或事故时，被保险人或其代理人与受让人，为了避免或减少损失，采取了各种抢救或防护措施而所支付的合理费用。救助费用是指被保险货物在遭受了承保责任范围内的灾害或事故时，由保险人和被保险人以外的第三者采取了有效的救助措施，由被救方付给救助人的一种报酬。施救费用和救助费用由保险人负责赔偿。

除上述各种风险损失外，保险货物在运输途中还可能发生其他损失，如运输途中的自然损耗以及由于货物本身特点和内在缺陷所造成的货损等。这些损失不属于保险公司承保的范围。

2. 中国人民保险公司规定的海运货物保险条款

"中国保险条款"中的《海洋运输货物保险条款》规定的险别有基本险、附加险和专门险三类，如图 4—10 所示。

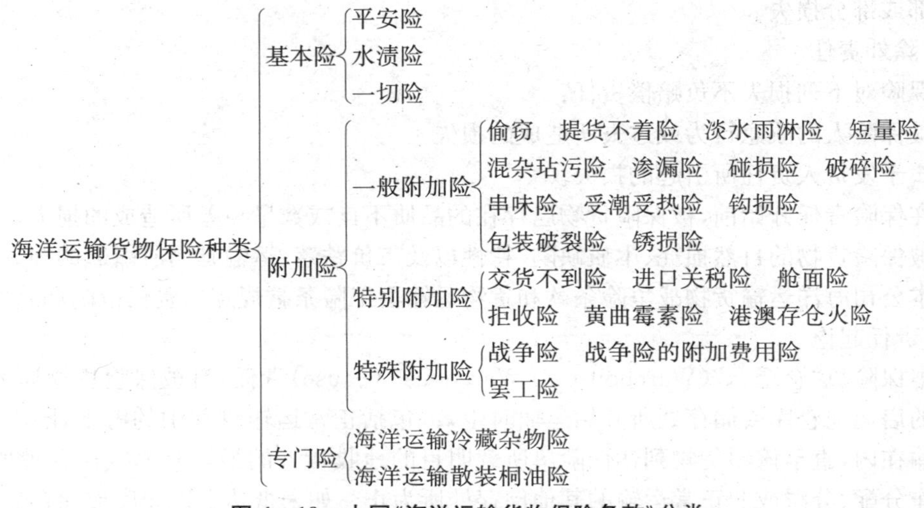


**图 4—10　中国《海洋运输货物保险条款》分类**

(1)责任范围

本保险分为平安险、水渍险和一切险三种。被保险货物遭受损失时，本保险按照保险单上订明承保险别的条款规定，负赔偿责任。

①平安险(Free from Particular Average，FPA)

本保险负责赔偿：

a. 货物在运输途中由于恶劣气候、雷电、海啸、地震、洪水自然灾害造成整批货物的全部损失或推定全损。当被保险人要求赔付推定全损时，须将受损货物及其权利委付给保险公司。被保险货物用驳船运往或运离海轮的，每一驳船所装的货物可视作一个整批。推定全损是指被保险货物的实际全损已经不可避免，或者恢复、修复受损货物以及运送货物到原订目的地的费用超过该目的地的货物价值。

b. 由于运输工具遭受搁浅、触礁、沉没、互撞、与流冰或其他物体碰撞以及失火、爆炸意外事故造成货物的全部或部分损失。

c. 在运输工具已经发生搁浅、触礁、沉没、焚毁意外事故的情况下，货物在此前后又在海上遭遇恶劣气候、雷电、海啸等自然灾害所造成的部分损失。

d. 在装卸或转运时由于一件或数件整件货物落海造成的全部或部分损失。

e. 被保险人对遭受承保责任内危险的货物采取抢救、防止或减少货损的措施而支付的合理费用，但以不超过该批被救货物的保险金额为限。

f. 运输工具遭遇海难后，在避难港由于卸货所引起的损失以及在中途港、避难港由于卸货、存仓以及运送货物所产生的特别费用。

g. 共同海损的牺牲、分摊和救助费用。

h. 运输契约订有“船舶互撞责任”条款，根据该条款规定应由货方偿还船方的损失。

②水渍险(With Average or With Particular Average，WA，or WPA)

除包括上列平安险的各项责任外，本保险还负责被保险货物由于恶劣气候、雷电、海啸、地震、洪水等自然灾害所造成的部分损失。

③一切险(All Risks)

除包括上列平安险的各项责任外，本保险还负责被保险货物在运输途中由于外来原因所致的全部或部分损失。

(2)除外责任

本保险对下列损失不负赔偿责任：

①被保险人的故意行为或过失所造成的损失。

②属于发货人责任所引起的损失。

③在保险责任开始前，被保险货物已存在的品质不良或数量短差所造成的损失。

④被保险货物的自然损耗、本质缺陷、特性以及市价跌落、运输延迟所引起的损失或费用。

⑤本公司海洋运输货物战争险条款和货物运输罢工险条款规定的责任范围和除外责任。

(3)责任起讫

①本保险负“仓至仓”(Warehouse to Warehouse Clause)责任，自被保险货物运离保险单所载明的启运地仓库或储存处所开始运输时生效，包括正常运输过程中的海上、陆上、内河和驳船运输在内，直至该项货物到达保险单所载明目的地收货人的最后仓库或储存处所或被保险人用作分配、分派或非正常运输的其他储存处所为止。如未抵达上述仓库或储存处所，则以被保险货物在最后卸载港全部卸离海轮后满 60 天为止。如在上述 60 天内被保险货物需转运

到非保险单所载明的目的地时，则以该项货物开始转运时终止。

②由于被保险人无法控制的运输延迟、绕道、被迫卸货、重行装载、转载或承运人运用运输契约赋予的权限所作的任何航海上的变更或终止运输契约，致使被保险货物运到非保险单所载明目的地时，在被保险人及时将获知的情况通知保险人，并在必要时加缴保险费的情况下，本保险仍继续有效，保险责任按下列规定终止：

a. 被保险货物如在非保险单所载明的目的地出售，保险责任至交货时为止，但不论任何情况，均以被保险货物在卸载港全部卸离海轮后满 60 天为止。

b. 被保险货物如在上述 60 天期限内继续运往保险单所载原目的地或其他目的地时，保险责任仍按上述第①款的规定终止。

(4)被保险人的义务

被保险人应按照以下规定的应尽义务办理有关事项，如因未履行规定的义务而影响保险人利益时，保险公司对有关损失，有权拒绝赔偿。

①当被保险货物运抵保险单所载明的目的港(地)以后，被保险人应及时提货，当发现被保险货物遭受任何损失，应即向保险单上所载明的检验、理赔代理人申请检验，如发现被保险货物整件短少或有明显残损痕迹应即向承运人、受托人或有关当局(海关、港务当局等)索取货损货差证明。如果货损货差是由于承运人、受托人或其他有关方面的责任所造成，应以书面方式向他们提出索赔，必要时还须取得延长时效的认证。

②对遭受承保责任内危险的货物，被保险人和本公司都可迅速采取合理的抢救措施，防止或减少货物的损失，被保险人采取此项措施，不应视为放弃委付的表示，保险公司采取此项措施，也不得视为接受委付的表示。

③如遇航程变更或发现保险单所载明的货物、船名或航程有遗漏或错误时，被保险人应在获悉后立即通知保险人并在必要时加缴保险费，本保险才继续有效。

④在向保险人索赔时，必须提供下列单证：保险单正本、提单、发票、装箱单、磅码单、货损货差证明、检验报告及索赔清单。如涉及第三者责任，还须提供向责任方追偿的有关函电及其他必要单证或文件。

⑤在获悉有关运输契约中“船舶互撞责任”条款的实际责任后，应及时通知保险人。

(5)索赔期限

本保险索赔时效，从被保险货物在最后卸载港全部卸离海轮后起算，最多不超过两年。

(6)附加险别

在海运保险业务中，进出口商除了投保货物的上述基本险别外，还可根据货物的特点和实际需要，酌情再选择若干适当的附加险别。附加险别包括一般附加险和特殊附加险。

①一般附加险

一般附加险不能作为一个单独的项目投保，而只能在投保平安险或水渍险的基础上，根据货物的特性和需要加保一种或若干种一般附加险。如加保所有的一般附加险，这就称投保一切险。一般附加险被包括在一切险的承保范围内，故在投保一切险时，不存在再加保一般附加险的问题。

由于被保险货物的品种繁多，货物的性能和特点各异，而一般外来的风险又多种多样，故一般附加险的种类也很多，其中主要有：偷窃提货不着险(Theft, Pilferage and Non-delivery, TPND)，淡水雨淋险(Fresh Water & Rain Damage, FWRD)，渗漏险(Risk of Leakage)，短量险(Risk of Shortage)，钩损险(Hook Damage)，混杂、玷污险(Risk of Intermixture and Contamination)，碰损、破碎险(Risk of Clash & Breakage)，锈损险(Risk of Rust)，串味险(Risk of Odour)，受热、受潮险(Damage Caused by Heating and Sweating)和包装破裂险(Breakage of Packing)等。

②特殊附加险

特殊附加险包括战争险(War Risk)和罢工险(Strikes Risk)。

凡加保战争险时，保险公司应按战争险条款的责任范围，对由于战争和其他各种敌对行为所造成的损失负赔偿责任，按中国人民保险公司的保险条款规定，战争险不能作为一个单独的项目投保，而只能在投保上述三种基本险别之一的基础上加保。战争险的保险责任起讫不采取"仓至仓"条款，而是从货物装上海轮开始至货物运抵目的港卸离海轮为止，即只负水面风险。

根据国际保险市场的习惯做法，一般将罢工险与战争险同时承保，如投保了战争险又需加保罢工险时，仅需在保单中附上罢工险条款即可，保险公司不再另行收费。

③其他特殊附加险

为了适应对外贸易货运保险的需要，中国人民保险公司除承保上述各种附加险外，还承保交货不到险(Failure to Delivery Risk)、进口关税险(Import Duty Risk)、舱面险(On Deck Risk)、拒收险(Rejection Risk)、黄曲霉素险(Aflatoxin Risk)以及我国某些出口货物运至香港(包括九龙在内)或澳门存仓火险责任扩展条款(Fire risk extension clause for storage of cargo at destination Hongkong, including Kowloon or Macao)等特殊附加险。

3. 英国伦敦保险协会规定的货物保险条款

在国际保险市场上，各国保险组织都分别有自己的保险条款。其中具有较大影响的是英国伦敦保险协会所制定的《协会货物条款》(Institute Cargo Clause, ICC)，现行的是1982年1月1日协会修订公布的，并于1983年4月1日起正式实行。现行的伦敦保险协会的海运货物保险条款主要有六种险别，它们是：(1)协会货物(A)险条款[Institute Cargo Clause A, ICC(A)]；(2)协会货物(B)险条款[Institute Cargo Clause B, ICC(B)]；(3)协会货物(C)险条款[Institute Cargo Clause C, ICC(C)]；(4)协会战争险条款(货物)(Institute War Clause-Cargo)；(5)协会罢工险条款(货物)(Institute Strikes Clause-Cargo)；(6)恶意损害险条款(Malicious Damage Clause)。

在上述六种险别条款中，除恶意损害险外，其余五种险别均按条文的性质统一划分为八个部分：承保范围(risks covered)、除外责任(exclusions)、保险期限(duration)、索赔(claims)、保险利益(benefit of insurance)、减少损失(minimizing losses)、防止迟延(avoidance of delay)和法律惯例(law and practice)。各个险别条款的结构统一，体系完整。因此，除(A)、(B)、(C)三种险别可以单独投保外，必要时，战争险和罢工险也可征得保险公司的同意，作为独立的险别进行投保。

为了便于理解和对照比较，先将ICC1982(A)、(B)、(C)三种险别下，保险人的风险范围整理如表4－8所示。

表4－8　　ICC1982(A)、(B)、(C)下保险人的承保风险范围

| 承保风险 | ICC1982 | | |
|---|---|---|---|
| | (A) | (B) | (C) |
| (1)火灾、爆炸 | √ | √ | √ |
| (2)船舶、驳船触礁、搁浅、沉没或倾覆 | √ | √ | √ |

续表

| 承保风险 | ICC1982 | | |
|---|---|---|---|
| | (A) | (B) | (C) |
| (3)陆上运输工具倾覆或出轨 | √ | √ | √ |
| (4)船舶、驳船或运输工具同除水以外的其他任何外界物体的碰撞或接触 | √ | √ | √ |
| (5)在避难港卸货 | √ | √ | √ |
| (6)地震、火山爆发或雷电 | √ | √ | √ |
| (7)共同海损牺牲 | √ | √ | √ |
| (8)共同海损分摊和救助费用 | √ | √ | √ |
| (9)运输合同中订有“船舶互撞责任”条款，根据该条款的规定应由货方偿还船方的损失 | √ | √ | √ |
| (10)投弃 | √ | √ | √ |
| (11)浪击落海 | √ | √ | × |
| (12)海水、湖水或河水进入船舶、驳船、运输工具、集装箱、其他海运箱或储存处所 | √ | √ | × |
| (13)货物在装卸船舶或驳船时落海或跌落，造成任何整件的全损 | √ | √ | × |
| (14)由于被保险人以外的其他人(如船长、船员等)的恶意行为所造成的损失或费用 | √ | × | × |
| (15)海盗行为 | √ | × | × |
| (16)由于一般外来原因所造成的损失 | √ | × | × |

注：①“√”表示承保风险；“×”表示免责风险或不承保风险。②第(13)项为“吊索损害”；第(14)项为“恶意损害”。

这里需要指出，当我国按CIF条件出口时，一般都以中国人民保险公司制定的保险条款为依据，但如果国外客户要求按英国伦敦保险协会货物保险条款为准，我们也可以酌情接受。

我国海运进出口货物保险的基本做法是出口采用CIF，进口采用FOB和CFR时通常都使用中国人民保险公司的海洋货物保险条款(The People Insurance Company of China Ocean Marine Cargo Clause)办理。但在我国出口业务中，如果国外客户要求采用英国伦敦保险协会的海运货物保险条款投保，一般也可以接受。

按照国际保险市场的习惯做法，出口货物的保险金额一般按CIF货价另加10%计算，这增加的10%称作保险加成率，也就是买方进行这笔交易所付的费用和预期利润。保险金额计算的公式是：

保险金额＝CIF货值×(1＋加成率)

保险费率(Premium Rate)是由保险公司根据一定时期、不同种类的货物的赔付率，按不同险别和目的地确定的。

保险费则根据保险费率表按保险金计算，其计算公式是：

保险费＝保险金额×保险费率

**【实例三】**

金茂进出口公司以每件 15 美元向美国杰盛公司出口女连衣裙2 000打。货物出口前，由金茂进出口公司向中国人民保险公司投保水渍险、包装破裂险及淡水雨淋险。水渍险、包装破裂险及淡水雨淋险的保险费率分别为 0.6%、0.1%和 0.3%，按发票金额 110%投保。试计算该批货物的投保金额和保险费。

解：投保金额＝CIF 总值×110%

＝15×12×2 000×110%

＝396 000(美元)

保险费＝投保金额×保险费率

＝396 000×(0.6%＋0.1%＋0.3%)

＝3 960(美元)

该批货物的投保金额为396 000美元，保险费为3 960美元。

4. 航空运输货物保险条款

本栏所列的航空运输货物保险条款是中国人保财险的条款。

(1)责任范围

本保险分为航空运输险和航空运输一切险两种。被保险货物遭受损失时，本保险按保险单上订明承保险别的条款负赔偿责任。

①航空运输险

本保险负责赔偿：

a. 被保险货物在运输途中遭受雷电、火灾或爆炸或由于飞机遭受恶劣气候或其他危难事故而被抛弃，或由于飞机遭受碰撞、倾覆、坠落或失踪等意外事故所造成的全部或部分损失。

b. 被保险人对遭受承保责任内危险的货物采取抢救，防止或减少货损的措施而支付的合理费用，但以不超过该批被救货物的保险金额为限。

②航空运输一切险

除包括上述航空运输险的责任外，本保险还负责被保险货物由于外来原因所致的全部或部分损失。

(2)除外责任

本保险对下列损失，不负赔偿责任：

①被保险人的故意行为或过失所造成的损失。

②属于发货人责任所引起的损失。

③保险责任开始前，被保险货物已存在的品质不良或数量短差所造成的损失。

④被保险货物的自然损耗、品质缺陷、特性以及市价跌落、运输延迟所引起的损失或费用。

⑤本公司航空运输货物战争险条款和货物运输罢工险条款规定的责任范围和除外责任。

(3)责任起讫

①本保险负“仓至仓”责任，自被保险货物运离保险单所载明的起运地仓库或储存处所开始运输时生效，包括正常运输过程中的运输工具在内，直到该项货物运达保险单所载明目的地收货人的最后仓库或储存处所或被保险人用作分配、分派或非正常运输的其他储存处所为止。如未运抵上述仓库或储存处所，则以被保险货物在最后卸载地卸离飞机后满 30 天为止。如在上述 30 天内被保险的货物需转送到非保险单所载明的目的地时，则以该项货物开始转运时终止。

②由于被保险人无法控制的运输延迟、绕道、被迫卸货、重行装载、转载或承运人运用运输契约赋予的权限所作的任何航行上的变更或终止运输契约，致使被保险货物运到非保险单所载目的地时，在被保险人及时将获知的情况通知保险人，并在必要时加缴保险费的情况下，本保险仍继续有效，保险责任按下述规定终止：

a. 被保险货物如在非保险单所载目的地出售，保险责任至交货时为止，但不论任何情况，均以被保险的货物在卸载地卸离飞机后满 30 天为止。

b. 被保险货物在上述 30 天期限内继续运往保险单所载原目的地或其他目的地时，保险责任仍按上述第①款的规定终止。

(4)被保人的义务

被保险人应按照以下规定的应尽义务办理有关事项，如因未履行规定的义务而影响本公司利益时，本公司对有关损失有权拒绝赔偿。

①当被保险货物运抵保险单所载目的地以后，被保险人应及时提货，当发现被保险货物遭受任何损失，应即向保险单上所载明的检验、理赔代理人申请检验，如发现被保险货物整件短少或有明显残损痕迹应即向承运人、受托人或有关当局索取货损货差证明，如果货损货差是由于承运人、受托人或其他有关方面的责任所造成，应以书面方式向他们提出索赔。必要时还须取得延长时效的认证。

②对遭受承保责任内危险的货物，应迅速采取合理的抢救措施，防止或减少货物损失。

③在向保险人索赔时，必须提供下列单证：保险单正本、提单、发票、装箱单、磅码单、货损货差证明、检验报告及索赔清单，如涉及第三者责任，还须提供向责任方追偿的有关函电及其他必要单证或文件。

(5)索赔期限

本保险索赔时效，从被保险货物在最后卸载地卸离飞机后起计算，最多不超过两年。

5. 陆上运输货物保险条款

本栏所列的陆上运输货物保险条款是中国人保财险的条款。

(1)责任范围

本保险分为陆运险和陆运一切险两种。被保险货物遭受损失时，本保险按保险单上订明承保险别的条款规定负赔偿责任。

①陆运险。本保险负责赔偿：

a. 被保险货物在运输途中遭受暴风、雷电、洪水、地震自然灾害或由于运输工具遭受碰撞、倾覆、出轨或在驳运过程中因驳运工具遭受搁浅、触礁、沉没、碰撞，或由于遭受隧道坍塌、崖崩或失火、爆炸等意外事故所造成的全部或部分损失。

b. 被保险人对遭受承保责任内危险的货物采取抢救，防止或减少货损的措施而支付的合理费用，但以不超过该批被救货物的保险金额为限。

②陆运一切险除包括上列陆运险的责任外，本保险还负责被保险货物在运输途中由于外来原因所致的全部或部分损失。

(2)除外责任

本保险对下列损失不负赔偿责任：

①被保险人的故意行为或过失所造成的损失。

②属于发货人责任所引起的损失。

③在保险责任开始前，被保险货物已存在的品质不良或数量短差所造成的损失。

④被保险货物的自然损耗、本质缺陷、特性以及市价跌落、运输延迟所引起的损失或费用。

⑤本公司陆上运输货物战争险条款和货物运输罢工险条款规定的责任范围和除外责任。

(3)责任起讫

本保险负“仓至仓”责任，自被保险货物运离保险单所载明的起运地仓库或储存处所开始运输时生效，包括正常运输过程中的陆上和与其有关的水上驳运在内，直至该项货物运达保险单所载目的地收货人的最后仓库或储存处所或被保险人用作分配、分派的其他储存处所为止，如未运抵上述仓库或储存处所，则以被保险货物运抵最后卸载的车站满 60 天为止。

(4)被保险人的义务

被保险人应按照以下规定的应尽义务办理有关事项，如因未履行规定的义务而影响本公司利益时，本公司对有关损失有权拒绝赔偿。

①当被保险货物运抵保险单所载目的地以后，被保险人应及时提货，当发现被保险货物遭受任何损失，应即向保险单上所载明的检验、理赔代理人申请检验。如发现被保险货物整件短少或有明显残损痕迹，应即向承运人、受托人或有关当局索取货损货差证明，如果货损货差是由于承运人、受托人或其他有关方面的责任所造成，应以书面方式向他们提出索赔，必要时还需取得延长时效的认证。

②对遭受承保责任内危险的货物，应迅速采取合理的抢救措施，防止或减少货物损失。

③在向保险人索赔时，必须提供下列单证：保险单正本、提单、发票、装箱单、磅码单、货损货差证明、检验报告及索赔清单。如涉及第三者责任，还须提供向责任方追偿的有关函电及其他必要单证或文件。

(5)索赔期限

本保险索赔时效，从被保险货物在最后目的地车站全部卸离车辆后计算，最多不超过两年。

6. 进出口货运保险投保指南

当一个贸易商需要对一笔货物进行保险时，首先要跟保险公司联系，通常是填制一张投保单，经保险公司接受后就开始生效。保险公司出立保险单以投保人的填报内容为准。填报时要明确以下内容：

(1)被保险人名称：要按照保险利益的实际有关人填写。

(2)标记：应该和提单上所载的标记符号相一致，特别要同刷在货物外包装上的实际标记符号一样，以免发生赔案时，引起检验、核赔、确定责任的混乱。

(3)包装数量：要将包装的性质如箱、包、件、捆以及数量都写清楚。

(4)货物名称：要具体填写，一般不要笼统地写纺织品、百货、杂货等。

(5)保险金额：通常按照发票 CIF 价加成 10%～20%计算，如发票价为 FOB 带保险或 CFR，应将运费、保费相应加上去，再另行加成。需要指出的是，保险合同是补偿性合同，被保险人不能从保险赔偿获得超过实际损失的赔付，因此溢额投保(如过高的加成、明显偏离市场价格的投保金额等)是不能得到全部赔付的。

(6)船名或装运工具：海运需写明船名，转运也需注明；联运需注明联运方式。

(7)航程或路线：如到目的地的路线有两条，要写上自×经×至×。

(8)承保险别：必须注明，如有特别要求也在这一栏填写。

(9)赔款地点：除特别声明外，一般在保险目的地支付赔款。

(10)投保日期：应在开航前或运输工具开行前。

注意事项：

(1)投保申报情况必须属实；

(2)投保险别、币制与其他条件必须和信用证上所列保险条件的要求相一致；

(3)投保险别和条件要和买卖合同上所列保险条件相符合；

(4)投保后发现投保项目有错漏，要及时向保险公司申请批改，如保险目的地变动、船名错误以及保险金额增减等。

7. 进出口货运保险索赔指南

当被保险人保险的货物遭受损失后，向保险公司的索赔问题就产生了。被保险人应按照保单的规定向保险公司办理索赔手续，同时还应以收货人的身份向承运人办妥必要的手续，以维护自己的索赔权利。

(1)损失通知

当被保险人获悉或发现保险货物遭损，应马上通知保险人，以便保险人检验损失，提出施救意见，确定保险责任，查核发货人或承运人责任。延迟通知，会耽误保险人进行有关工作，引起异议，影响索赔。

(2)向承运人等有关方提出索赔

被保险人或其代理人在提货时发现货物明显受损或整件短少，除向保险公司报损外，还应立即向承运人、受托人以及海关、港务局等索取货损货差证明。当这些损失涉及承运人、受托人或其他有关方面如码头、装卸公司的责任，应立即以书面方式向他们提出索赔，并保留追偿权利，必要时还可申请延长索赔时效。

(3)采取合理的施救、整理措施

保险货物受损后，作为货方的被保险人应该对受损货物采取措施，防止损失扩大。特别是对受损货物，被保险人仍须协助保险人进行转售、修理和改变用途等工作。因为相对于保险人而言，被保险人对于货物的性能、用途更加熟悉，因此，原则上残货应由货方处理。

(4)备全必要的索赔单证

①保单或保险凭证正本；

②运输契约，如提单、运单和邮单等；

③发票；

④装箱单、磅码单；

⑤向承运人或有责任方请求赔偿的书面文件；

⑥检验报告；

⑦海事报告摘录或海事声明书；

⑧货损货差证明；

⑨索赔清单。

## 七、支付条款

国际贸易货款的结算，主要涉及支付工具、付款时间、地点及支付方式等问题，买卖双方洽商交易时，必须对此取得一致的意见，并在合同中具体订明。

国际贸易货款的收付，以现金结算货款使用较少，大多使用非现金结算，即使用代替现金作为流通手段和支付手段的信贷工具来进行国家间的债权与债务的结算。票据是国际通行的结算和信贷工具，是可以流通转让的债权凭证。在国际贸易中，作为货款的支付工具有货币和票据，而以票据为主。

我国对外贸易货款的结算的支付工具，主要以汇票为主，也使用本票和支票。使用最多的支付方式是信用证，然后为托收、汇付和保函等。

1. 汇付

在使用汇付方式时，应在合同中明确规定汇付的时间、具体的汇付方式和汇付金额等。

相关链接

**汇付方式用例**

买方应不迟于12月5日将100%的货款由电汇预付并抵达卖方。

The buyers shall pay 100% of the sales proceeds in advance by T/T to reach the sellers not later than Dec.5.

2. 托收

托收有光票托收和跟单托收两种。跟单托收又有付款交单与承兑交单之分；而付款交单方式又有即期付款交单和远期付款交单之别。在远期付款交单方式中，对于汇票的付款日期又有“见票后××天付款”(at ... days’ sight 或 at ... days after sight)、“提单日后××天付款”(at ... days after date of bill of lading)和“出票日后××天付款”(at ... days after date of bill 或 at ... days after date of draft)等规定方法。所以，在磋商和订立合同条款时，对此均需按具体情况予以明确规定。

相关链接

**托收方式用例**

**付款交单—即期**

买方应凭卖方开具的即期跟单汇票，于见票时立即付款，付款后交单。

Upon first presentation the Buyers shall pay against documentary draft drawn by the Sellers at sight. The shipping documents are to be delivered against payment only.

**付款交单—远期**

买方对卖方开具的见票后××天付款的跟单汇票，于提示时应即予承兑，并应于汇票到期日即予付款，付款后交单。

The Buyers shall duly accept the documentary draft drawn by the Sellers at ... days’ sight upon first presentation and make payment on its maturity. The shipping documents are to be delivered against payment only.

买方应凭卖方开具的跟单汇票，于提单日后××天付款，付款后交单。

The Buyers shall pay against documentary draft drawn by the Sellers at ... days after date of B/L. The shipping documents are to be delivered against payment only.

买方应凭卖方开具的跟单汇票，于汇票出票日后××天付款，付款后交单。

The Buyers shall pay against documentary draft drawn by the Sellers at ... days after date of draft. The shipping documents are to be delivered against payment only.

**承兑交单**

买方对卖方开具的见票后××天付款的跟单汇票，于提示时应即承兑，并应于汇票到期日即予付款，承兑后交单。

The Buyers shall duly accept the documentary draft drawn by the Sellers at … days sight upon first presentation and make payment on it's maturity. The shipping documents are to be delivered against acceptance.

买方对卖方开具的跟单汇票，于提示时承兑，并应于提单日后（或出票日后）××天付款，承兑后交单。

The Buyers shall duly accept the documentary draft drawn by the Sellers upon presentation and make payment at … days after date of B/L(or: after date of draft). The shipping documents are to be delivered against acceptance.

在实际业务中，合同中的托收条款有时往往订得比较简单。例如，将即期付款交单简写为：

D/P 即期

D/P at sight 或 D/P sight

远期付款交单，如系见票后 30 天付款，简写为：

D/P 见票后 30 天

D/P at 30 days' sight 或 D/P at 30 days after sight

承兑交单，如系见票后 60 天付款，简写为：

D/A 见票后 60 天

D/A at 60 days' sight 或 D/A at 60 days after sight

如客户与我方业务往来已久，对各种托收方式的含义和做法，以及对上述托收条款的简化订法，与我方理解完全一致，在合同中可作上述简化约定。但是，如对新客户或对某些进口地区按当地习惯对 D/P、D/A 有特殊解释者，例如把 D/P、D/A 分别解释为货到目的地后的"付款交货"(delivery against payment)和"承兑交货"(delivery against acceptance)，则除了应在交易磋商时向对方明确说明各种托收方式的具体含义和做法外，在书面合同中也应作详细的规定，以防事后发生争议。

3. 信用证方式

在出口业务中，如采用信用证支付方式，通常应在合同中就信用证的开证时间、开证银行、信用证种类、金额、装运期、有效期等作明确规定。

(1)开证时间

开证时间的订法如下：

在装运月份前××天开到卖方

To be opened to reach the sellers … days before the month of shipment

不迟于×月×日开到卖方

To be opened to reach the sellers not later than …(month)…(day)

接卖方货已备齐的通知后××天内开证

To be opened within … days after receipt of the sellers' advice that the goods are ready for shipment

前两种是常用的订法。第三种只是在特殊需要时才使用，而按此订法，买方开证以接到卖方通知为前提，如卖方不发出通知，买方就没有开证义务。

(2)开证银行

为保证收汇安全，在销售合同中，有时还应对开证行的资信地位作必要的规定。例如，规定信用证应“通过为卖方可接受的银行”(through a bank acceptable to the Seller)。

(3)信用证种类

随着具体交易的不同情况，对信用证种类的要求也有不同。因此，每份合同均须明确订定信用证的类别。

(4)支付时间

信用证的支付时间有即期、远期之分。

(5)金额

信用证金额，一般规定为发票价值的100%。但如果涉及额外费用需在信用证金额外支付者，则必须在合同中明确，有关信用证应作相应的规定，以免影响收汇。又如在出口合同中对装运数量订有“约”数或“溢短装条款”的，则应要求买方在信用证内注明“约”数或规定装运数量多交或少交的百分率，同时，对信用证金额也应作相应规定，以利于货物溢装时收足货款。

(6)到期日和到期地点

到期日又称有效期，是指受益人将符合信用证规定的单据提交给开证行或指定银行的最后日期，因此又称交单截止日。

4. 不同支付方式的结合使用

在国际贸易中，对买卖双方来说，绝对安全的支付方式是不存在的，而不同的支付方式又各有优劣。所以，在实际业务中，虽然一笔交易通常只使用一种支付方式，但必要时，也可以把两种或多种方式结合起来使用。不同方式的结合使用，往往可以起到取长补短、相辅相成的作用，在较大程度上提高收汇和用汇的安全性，同时也有利于加快资金周转，方便成交和扩大贸易。现今较为常见的是信用证与托收相结合。

信用证与托收相结合是指不可撤销信用证与付款交单(D/P)托收两种支付方式的结合。其具体做法是一笔交易的部分货款以信用证方式支付，其余货款以托收方式支付，又称“部分信用证、部分托收”。在实践中，必须坚持托收是付款交单方式，出口人在收到信用证经审核无误并装运货物后，要签发两张汇票，一张用于信用证项下部分货款凭光票支付，另一张随附全部规定的货运单据，按即期或远期付款交单托收。这种做法对进口人来说，可减少开证金额，少付开证押金，少垫资金；对出口人来说，对托收部分虽有一定风险，但因有部分信用证的保证，而且货运单据在信用证内规定跟随托收汇票，开证行须在全部货款付清后方能向进口人交单。所以，托收部分货款的收款也能得到保证。

相关链接

**不同支付方式的结合使用用例**

为了防止信用证项下的部分货款收取后，进口人拒付托收款项而单据已被取走的风险，在出口合同中应明确规定如下条款：

买方须在装运月份前××天开立不可撤销信用证并送达卖方，规定××%发票金额凭即期光票支付，其余××%金额用跟单托收方式(即期或远期)付款交单。全套货运单据附于托收项下，在买方付清发票的全部金额后交单。如果买方不能付清全部发票金额，则货运单据须由开证行掌握，凭卖方指示处理。

Payment by Irrevocable Letter of Credit to reach the sellers ×× days before the month of shipment stipulating that ××% of the invoice value available against clean draft, while the remaining ××% against the draft at sight on collection basis. The full set of shipping documents shall accompany the collection draft and shall only be released after full payment of the invoice value. If the buyers fail to pay the full invoice value, the shipping documents shall be held by the issuing bank at the seller's disposal.

## 八、商品检验检疫条款

在国际货物买卖中，由于交易双方身处异地，相距遥远，货物在长途运输过程中难免会发生残损、短少甚至灭失，尤其是在凭单证交接货物的象征性交货条件下，买卖双方对所交货物的品质、数量等问题更易产生争议。因此，为了便于查明货损原因，确定责任归属，以利货物的交接和交易的顺利进行，就需要一个公证的第三者，即商品检验机构，对货物进行检验。由此可见，进出口商品检验是国际货物买卖中不可缺少的一个重要环节。做好进出口商品检验工作并在国际货物买卖中约定好商品检验条款，有着非常重要的意义。

鉴于进出口商品检验如此重要，我国进出口商品通常都要依法进行检验。根据我国《商检法》的规定，凡列入出入境检验检疫机构"必须实施检验的进出口商品目录"的进出口商品，必须由商检机构按照国家技术规范的强制性要求进行检验；尚未制定国家技术规范的强制性要求的，应当依法及时制定，未制定之前，可以参照国家商检部门指定的国外有关标准进行检验。除非经国家商检部门审查批准免于检验的，进口商品未经检验的，不准销售、使用；出口商品未经检验合格的，不准出口。

从上述各种规定可以看出，它们都体现了一个共同的原则，即除非买卖双方另有规定，买方在接受货物之前应有权对其购买的货物进行检验。但买方对货物的检验权并不是买方接收货物的前提条件。如果买方未利用合理的机会检验货物，那么他就自动放弃了检验货物的权利。另外，如果合同中的检验条款规定，以卖方的检验为准，此时，就排除了买方对货物的检验权。因此，交易双方应在买卖合同中对与商品检验有关的问题作出明确、具体的规定，国际货物买卖合同中的检验条款，通常包括检验时间和地点、检验机构、检验证书、检验标准等项内容。

1. 检验时间和地点

检验时间和地点是指在何时、何地行使对货物的检验权。所谓检验权，是指买方或卖方有权对所交易的货物进行检验，其检验结果即作为交付与接收货物的依据。确定检验的时间和地点，实际上就是确定买卖双方中的哪一方行使对货物的检验权，也就是确定检验结果以哪一方提供的检验证书为准。谁享有对货物的检验权，谁就享有了对货物的品质、数量、包装等项内容进行最后评定的权利。由此可见，如何规定检验时间和地点是直接关系到买卖双方切身利益的重要问题，因而是交易双方商定检验条款时的核心所在。

(1)在出口国检验

此种方法又包括产地(工厂)检验和装运港(地)检验两种。

①产地(工厂)检验

产地(工厂)检验是指货物在产地出运或工厂出厂前，由产地或工厂的检验部门或买方的验收人员进行检验和验收，并由买卖合同中规定的检验机构出具检验证书，并作为卖方所交货物的品质、数量等项检验内容的最后依据。卖方只承担货物离开产地或工厂前的责任，对于货物在运输途中所发生的一切变化，卖方概不负责。

②装运港(地)检验

装运港(地)检验又称"离岸品质、离岸重量"(shipping quality and weight)，是指货物在装运港或装运地交货前，由买卖合同中规定的检验机构对货物的品质、重量(数量)等项检验内容进行检验，并以该机构出具的检验证书作为最后依据。卖方对交货后货物所发生的变化不承担责任。

采用上述两种规定办法时，即使买方在货物到达目的港或目的地后，自行委托检验机构对货物进行复验，也无权对商品的品质和重量等项检验内容向卖方提出异议，除非买方能证明，他所收到的与合同规定不符的货物是由于卖方的违约或货物的固有瑕疵所造成的。因此，这两种规定办法从根本上否定了买方的复验权，对买方极为不利。

(2)在进口国检验

此种方法又分为目的港(地)检验和买方营业处所(最终用户所在地)检验。

①目的港(地)检验

目的港(地)检验又称为"到岸品质、到岸重量"(landed quality and weight)，是指货物运达目的港或目的地时，由合同规定的检验机构在规定的时间内，就地对商品进行检验，并以该机构出具的检验证书作为卖方所交货物品质、重量(数量)等项检验内容的最后依据。采用这种方法时，买方有权根据货物运抵目的港或目的地时的检验结果，对属于卖方责任的品质、重量(数量)等项检验内容的不符点，向卖方索赔。

②买方营业处所(最终用户所在地)检验

对于一些因使用前不便拆开包装，或因不具备检验条件而不能在目的港或目的地检验的货物，如密封包装货物、精密仪器等，通常都是在买方营业处所或最终用户所在地，由合同规定的检验机构在规定的时间内进行检验。货物的品质和重量(数量)等项检验内容以该检验机构出具的检验证书为准。

采取上述两种做法时，卖方实际上须承担到货品质、重量(数量)等项检验内容的责任。由此可见，这两种方法对卖方极为不利。

(3)出口国检验、进口国复验

出口国检验、进口国复验是指卖方在出口国装运货物时，以合同规定的装运港或装运地检验机构出具的检验证书，作为卖方向银行收取货款的凭证之一，货物运抵目的港或目的地后，由双方约定的检验机构在规定的地点和期限内对货物进行复验。复验后，如果货物与合同规定不符，而且属于卖方责任所致，此时，买方有权凭该检验机构出具的检验证书，在合同规定的期限内向卖方索赔。由于这种做法兼顾了买卖双方的利益，较为公平合理，因而是国际货物买卖中最常见的一种规定检验时间和地点的方法，也是我国进出口业务中最常用的一种方法。

(4)装运港(地)检验重量、目的港(地)检验品质

在大宗商品交易的检验中，为了调和买卖双方在商品检验问题上存在的矛盾，常将商品的重量检验和品质检验分别进行，即以装运港或装运地验货后检验机构出具的重量检验证书，作为卖方所交货物重量的最后依据，以目的港或目的地检验机构出具的品质检验证书，作为商品品质的最后依据。货物到达目的港或目的地后，如果货物在品质方面与合同中规定的不符，而且该不符点是卖方责任所致，则买方可凭品质检验证书，对货物的品质向卖方提出索赔，但买方无权对货物的重量提出异议。这种规定检验时间和地点的方法就是装运港(地)检验重量、目的港(地)检验品质，简称"离岸重量、到岸品质"(shipping weight and landed quality)。

**检验规定与贸易术语等之间的关系**

由于实际业务中检验时间和地点的规定，常常与合同中所采用的贸易术语、商品的特性、检测手段、行业惯例以及进出口国的法律、法规密切相关，因此，在规定商品的检验时间和地点时，应综合考虑上述因素，尤其要考虑合同中所使用的贸易术语。通常情况下，商品的检验工作应在货物交接时进行，即卖方向买方交付货物时，买方随即对货物进行检验。货物经检验合格后，买方即受领货物，卖方在货物风险转移之后，不再承担货物发生品质、数量等变化的责任。这一做法特别适用于EXW、DAT、DAP以及DDP这几种实际交货的贸易术语达成的交易，但如果按装运港交货的FOB、CFR和CIF贸易术语成交时，情况则大不相同。由于在采用上述三种术语成交的情况下，卖方只要按合同规定在装运港将货物装上船舶，并提交合同规定的单据，就算完成交货义务，货物风险也自货物装到装运港船上开始由卖方转移给买方。但此时买方却并没收到货物，自然更无机会检验货物。因此，按装运港交货的贸易术语达成的买卖合同，在规定检验时间和地点时，采用“出口国检验、进口国复验”最为适宜。

2. 检验机构

根据客户的委托或有关法律、法规的规定对进出境商品进行检验、鉴定或监督管理的机构就是进出口商品检验机构，简称检验机构或商检机构。

(1)国际上商品检验机构的类型

国际上的商品检验机构，其种类繁多，名称各异，大体可归纳为官方检验机构、半官方检验机构和非官方检验机构三种。

①官方检验机构

官方检验机构是指由国家或地方政府投资，按照国家有关法律法令对出入境商品实施检验、鉴定和监督管理的机构。

②半官方检验机构

半官方检验机构是指一些有一定权威的、由国家政府授权、代表政府行使某项商品检验或某一方面检验管理工作的民间机构。

③非官方检验机构

非官方检验机构主要是指由私人创办的、具有专业检验和鉴定技术能力的公证行或检验公司。

(2)我国的商品检验机构

中华人民共和国国家质量监督检验检疫总局(以下简称“国家质检总局”)主管全国进出口商品检验工作。国家质检总局设在省、自治区、直辖市以及进出口商品的口岸、集散地的出入境检验检疫局及其分支机构(以下简称“出入境检验检疫机构”)，管理所负责地区的进出口商品检验工作。国家质检总局根据保护人类健康和安全、保护动物或者植物的生命和健康、保护环境、防止欺诈行为、维护国家安全的原则，制定、调整必须实施检验的进出口商品目录(以下简称“目录”)并公布实施。

出入境检验检疫机构对列入目录的进出口商品以及法律、行政法规规定须经出入境检验检疫机构检验的其他进出口商品实施检验(以下简称“法定检验”)。列入目录的进口商品，未经检验的，不准销售、使用；列入目录的出口商品未经检验合格的，不准出口。列入目录的进出口商品符合国家规定的免予检验条件的，由收货人、发货人或者生产企业申请，经国家质检总局审查批准，出入境检验检疫机构免予检验。出入境检验检疫机构对法定检验以外的进出口商品,根据国家规定实施抽查检验。

经国家质检总局和有关主管部门审核批准,获得许可,并依法办理工商登记的检验机构,方可接受委托办理进出口商品检验鉴定业务。国家质检总局和出入境检验检疫机构依法对经许可的检验机构的进出口商品检验鉴定业务活动进行监督,并可对其检验的商品抽查检验。国家质检总局根据国家统一的认证制度,对有关的进出口商品实施认证管理。出入境检验检疫机构可根据国家质检总局同外国有关机构签订的协议或者接受外国有关机构的委托进行进出口商品质量认证工作,准许在认证合格的进出口商品上使用质量认证标志。

出入境检验检疫机构依照商检法的规定,对实施许可制度的国家规定必须经过认证的进出口商品实行验证管理,查验单证,核对证货是否相符。

3.检验证书

检验检疫机构对进出口商品检验检疫或鉴定后,根据不同的检验结果或鉴定项目签发的各种检验证书、鉴定证书和其他证明书,统称为检验证书。

目前,我国检验检疫机构签发的检验证书主要有:

(1)品质检验证书(Inspection Certificate of Quality)。

(2)重量或数量检验证书(Inspection Certificate of Weight or Quantity)。

(3)包装检验证书(Inspection Certificate of Packing)。

(4)兽医检验证书(Veterinary Inspection Certificate);凡加上卫生检验内容的,称兽医卫生检验证书(Veterinary Sanitary Inspection Certificate)。

(5)卫生检验证书(Sanitary Inspection Certificate)又称健康检验证书(Inspection Certificate of Health)。

(6)消毒检验证书(Inspection Certificate of Disinfection)。

(7)熏蒸证书(Inspection Certificate of Fumigation)。

(8)温度检验证书(Certificate of Temperature)。

(9)残损检验证书(Inspection Certificate on Damaged Cargo)。

(10)船舱检验证书(Inspection Certificate on Tank/Hold)。

(11)货载衡量检验证书(Inspection Certificate on Cargo Weight & Measurement)。

(12)价值证明书(Certificate of Value)。

4. 合同中的检验条款

国际货物买卖合同中的检验条款一般包括下列内容:有关检验权的规定、检验(复验)时间和地点、检验机构、检验证书等。例如:买卖双方同意以装运港(地)中国出入境检验检疫局签发的质量和重量(数量)检验证书作为信用证项下议付所提交的单据的一部分,买方有权对货物的质量和重量(数量)进行复验,复验费由买方负担。假如质量和/或重量(数量)被发现与合同规定不符,买方有权向卖方索赔,并提供经卖方同意的公证机构出具的检验报告。索赔期限为货物到达目的港(地)后××天内。

It is mutually agreed that the Certificate of Quality and Weight(Quantity) issued by the China Exit and Entry Inspection and Quarantine Bureau at the port/place of shipment shall be part of the documents to be presented for negotiation under the relevant L/C. The Buyers shall have the right to reinspect the quality and weight(quantity) of the cargo. The reinspection fee shall be borne by the Buyers. Should the quality and/or weight(quantity) be found not in conformity with that of the contract, the Buyers are entitled to lodge with the Sellers a claim which should be supported by survey reports issued by a recognized surveyor approved by the Sellers. The claim, if any, shall be lodged within ×× days after arrival of the goods at the port/place of destination.

## 九、异议与索赔条款

索赔(claim)是指交易一方不履行合同义务或不完全(也称“不适当”)履行合同义务，致使另一方遭受损失时，受损方向违约方提出要求给予损害赔偿的行为。对受损方提出的索赔要求予以受理并进行处理，称为理赔。

异议与索赔条款(discrepancy and claim clause)是买卖合同中的条款之一。索赔与理赔是一个问题的两个方面。索赔事件发生的原因很多，一般来说，容易发生在交货期、交货品质、数量、包装等方面，故买方向卖方提出索赔的情况较多。当然，买方不按期接运货物或无理拒收货物与拒付货款的情况时有发生，因此，也有卖方向买方索赔的情况。

1. 异议与索赔条款的主要内容

(1)索赔的证据

在异议与索赔条款中，一般都规定：货到目的地卸货后，若发现交货品质、数量或重量与合同规定不符，除由保险公司或承运人负责者外，买方应凭双方约定的某商检机构出具的检验证明向卖方提出异议与索赔。但货物在运输途中发生品质和重量上的自然变化，则不在索赔之列。

(2)索赔期限

在异议与索赔条款中，一般都规定守约方向违约方索赔的时限，如超过约定时限索赔，违约方可不予受理。在约定索赔时限时，对该时限的起算时间，也应一并作出具体规定，常用的起算方法有下列几种：

①货到目的地后××天起算；

②货到目的地卸离运输工具后××天起算；

③货到买方营业处所或用户所在地后 ××天起算；

④货到检验后××天起算。

此外，凡有质量保证期的商品，合同中应加订质量保证期限，若在质量保证期内出现质量问题，买方有权凭相关证明向卖方提出索赔。

约定索赔期限可长可短，视买卖货物的性质而定。在我国出口合同中，一般规定为：“货到目的港(地)后 60 天内”。对某些容易变质或鲜活易腐货物，应规定得短一些。但有些货物，如机械设备，因安装调试费时，则可适当予以延长。法定索赔期限较长，例如，我国《合同法》规定：因国际货物买卖合同争议提起诉讼或者仲裁的期限为四年，自当事人知道或者应当知道其权利受到侵犯之日起计算。《联合国国际货物销售合同公约》第 39 条则规定，“如果买方未在实际收到货物之日起两年内将货物不符合同情形通知卖方，他就丧失声称货物不符合同的权利，除非这一时限与合同规定的保证期限不符”。由于约定索赔期限的效力可超越法定索赔期限，因此在合同中按货物性质规定适当的、合理的索赔期限是十分重要的。

(3)索赔金额

在异议与索赔条款中，对索赔金额事先难以预计，故订约时一般不作具体规定，待出现违约事件后，再由有关方面酌情确定。一般来说，一方违约给对方造成损失的，索赔金额应相当于因违约所造成的损失，其中包括合同履行后可以获得的利益，但不得超过违约方订立合同时能预见到或应当预见到的因违约可能造成的损失。若买卖合同中有约定了损害赔偿的金额或损害赔偿额的计算方法，则按约定的赔偿金额或根据约定的损害赔额的计算方法计算出的赔偿金额提出索赔。

(4)索赔方法

在有的异议与索赔条款中，对守约方如何索赔和违约方如何理赔都分别作了具体规定。凡有此类规定的，应按约定办法处理。如合同未作具体规定，则应本着实事求是、公平合理的原则，在弄清事实与分清责任的基础上，区别不同情况，有理有据地对违约事件进行适当处理。

2. 约定异议与索赔条款的注意事项

(1)应按公平合理原则约定索赔证据

在国际货物买卖合同的异议与索赔条款中，通常都规定由双方约定的某商检机构出具检验证明，作为双方交接货物、结算货物款和办理索赔的依据，可见选择公正、权威的检验机构出具的对双方都有约束力的证明文件，关系到合同当事人的切身利益。

(2)索赔期的长短应合理

索赔期的长短同买卖双方有利害关系。若索赔期规定过长，势必使违约方承担责任的期限也随之延长，从而加重其负担；如索赔期规定太短，有可能使守约方无法行使索赔权而蒙受更大的损失。因此，交易双方约定索赔期时，必须根据不同种类的商品特点，并结合运输、检验条件和检验所需的时间等因素，酌情作出合理的安排。对于一些性能比较复杂和有质量保证期的机、电、仪等设备的交易，由于在合同中需要加订质量保证期，故其索赔期可适当延长一些。此外，在不影响守约方行使其索赔权的前提下，索赔期可适当缩短一点。

(3)应注意索赔条款与检验条款之间的联系

异议与索赔条款同商品检验条款有着密切的联系。例如，买方索赔的期限同买方对货物进行复验的有效期限互相关联，故约定索赔期限时，必须考虑检验条件和期限的长短等因素。为了使这两项条款的约定互相衔接和更加合理，以免出现彼此脱节或互相矛盾的情况，在有些买卖合同中，有时便将这两项条款结合起来订立，即并称为“检验与索赔条款”。

**相关链接**

**异议与索赔条款用例**

买方对于装运货物的任何异议，必须于货物运抵提单所列明的目的港60天内提出，并须提供经卖方认可的公证机构出具的检验报告。

Any claim by the Buyers regarding the goods shipped shall be filed within 60 days after the arrival of the goods at the port of destination specified in the relative Bill of Lading and supported by a survey report issued by a surveyor approved by the Sellers.

## 十、不可抗力条款

不可抗力(force majeure)是指在国际货物贸易中，由于自然原因或社会原因引起的人力不可抗拒的事件，使买卖双方签署的合同不能履行，在此情况下，按照国际贸易有关法律和惯例，可以免除合同当事人的责任。

国际上对不可抗力的含义及称呼并不统一。按《联合国国际货物销售合同公约》的解释是，合同签订后，发生了合同当事人订约时无法预见和事后不能控制的障碍，以致不能履行合同义务。在英美法中，有“合同落空”之说。在大陆法中，有“情势变迁”或“契约失效”之说。尽管上述称呼和解释不一，但其基本精神和处理原则大体相同，即合同签订后，发生了当事人无法预见、无法预防和无法控制的意外事件，致使合同不能履行，可以免除当事人的责任。鉴于国际上对不可抗力事件及其引起的法律后果并无统一规定，为防止合同当事人对不可抗力事件的性质、范围作随意解释，或提出不合理的要求，或无理拒绝对方的合理要求，故有必要在买卖合同中订立不可抗力条款，明确约定不可抗力事件的性质、范围、处理原则和办法，以免引起不必要的争议，并有利于合同的履行。由此可见，在买卖合同中约定不可抗力条款，有着重要的法律和实践意义。

1. 不可抗力条款的主要内容

不可抗力条款的约定，一般包括下列内容。

(1)不可抗力事件的性质与范围

不可抗力事件的范围较广，它包括自然力量引起的水灾、旱灾、冰灾、雪灾、雷电、暴风雨、地震、海啸、火山爆发等以及社会原因引起的战争、暴动、骚乱、政府禁令、封锁禁运和政策调整等。关于不可抗力事件的性质与范围，交易双方商定合同时应达成共识，并具体写明，以免事后引起争议。

(2)不可抗力事件的通知与证明

不可抗力事件发生后如影响合同履行，发生事件的一方当事人，应按约定的通知期限和通知方式，将事件情况如实通知对方，对方在接到通知后，应及时答复，如有异议也应及时提出。此外，发生事件的一方当事人还应按约定办法出具证明文件，作为发生不可抗力事件的证据。在国外，这种证明文件一般由当地的商会或法定公证机构出具。在我国，由中国国际贸易促进委员会出具。

(3)不可抗力事件的处理原则与办法

发生不可抗力事件后，应按约定的处理原则和办法及时进行处理。不可抗力的后果有两种：一是解除合同；二是延期履行合同。究竟如何处理，应视事故的原因、性质、规模及其对履行合同所产生的实际影响程度，由双方当事人酌情依约处理。

鉴于在实践中往往会出现一旦发生不可抗力事件一方就提出解除合同的问题，且合同是否延期执行或解除直接关系到交易双方的经济利益，故在不可抗力条款中，应就不可抗力所引起的法律后果作出明确规定，以利于执行。

2. 不可抗力条款约定的注意事项

(1)对不可抗力事件性质和范围的约定办法要合理

关于不可抗力事件的性质和范围，通常有下列几种约定办法，我们应在权衡利弊的基础上，选用其中有利的一种。

通常列明经常可能发生的不可抗力事件(如战争、洪水、地震、火灾等)的同时，再加上“以及双方同意的其他不可抗力事件”的文句。这种规定办法，既明确具体，又有一定的灵活性，是一种可取的办法。在我国进出口合同中，一般都采用这种规定办法。

(2)约定不可抗力条款要公平合理

不可抗力条款应对买卖双方都有约束力，任何一方当事人因发生不可抗力事件，以致不能履行合同义务，均可免除责任。这样的规定，体现了公平合理的原则。

(3)不可抗力条款的内容要完备

为了便于履行合同和按约定办法及时处理不可抗力事件，故不可抗力条款的内容应当完备。在实际业务中，有的合同只约定了不可抗力事件的性质和范围，而对不可抗力事件的通知、出证和如何处理等事项，却缺乏明确具体的规定，以致影响对不可抗力事件作出及时妥善的处理。

## 十一、仲裁条款

在国际贸易中，买卖双方签订合同后，由于种种原因，没有如期履行合同，会引起交易双方间的争议。谋求解决争议的方法一般有友好协商、调解、仲裁和诉讼四种。

友好协商是解决争议的最妥善的方法。争议双方通过友好协商，达成和解，取得彼此都能接受的解决方法。

调解(conciliation)是在争议双方自愿基础上，由第三者出面居间调停。调解是解决争议的一种好办法，我国仲裁机构采取调解与仲裁相结合的办法。

仲裁(arbitration)是指买卖双方达成协议，一旦发生争议和纠纷，自愿将争议和纠纷交由双方同意的仲裁机构进行裁决的一种解决纷争的方法。仲裁已成为国际上解决这种争议普遍采用的方式。仲裁的优势在于其程序简便，结案较快，费用开支较少，且能独立、公正和迅速地解决争议，给予当事人以充分的自治权。此外，仲裁还具有灵活性、保密性、终局性和裁决易于得到执行等优点。

如通过友好协商和调解难以达成协议，可诉诸法律，通过诉讼途径解决争端。诉讼带有强制性，只要一方当事人向有管辖权的法院起诉，另一方就必须应诉，争议双方都无权选择法官。诉讼程序复杂，处理问题比仲裁慢。诉讼处理争议，双方当事人关系比较紧张，有伤和气，不利于以后贸易关系的继续发展。诉讼费用较高。

国际贸易中的争议，如友好协商、调解都未成功而又不愿意诉诸法院解决，一般都采用仲裁的办法，所以仲裁就成为解决合同争议广泛采用的一种行之有效的重要方式。

仲裁协议的作用包括下列三个方面：第一，约束双方当事人只能以仲裁方式解决争议，不得向法院起诉。第二，排除法院对有关案件的管辖权。如果一方违背仲裁协议，自行向法院起诉，另一方可根据仲裁协议要求法院不予受理，并将争议案件退交仲裁庭裁断。第三，使仲裁机构取得对争议案件的管辖权。在上述三项作用中，最关键的是排除法院对争议案件的管辖权。因此，若双方当事人不愿将其争议提交法院审理，就应在争议发生前在合同中约定仲裁条款，以免将来发生争议后，由于达不成仲裁协议而不得不诉诸法院。

1. 仲裁协议的形式

①仲裁协议的形式

在国际货物贸易中，仲裁协议是指合同当事人或争议双方达成的有关解决彼此争议的一种书面协议。它主要包括下列两种形式：一种是在争议发生之前订立的，它通常作为合同中的一项仲裁条款出现；另一种是在争议发生之后订立的，它是把已经发生的争议提交仲裁的协议。

②仲裁协议的法律效力

上述两种形式的仲裁协议，其法律效力是相同的，而且它们都具有独立性。根据我国仲裁规则规定，合同中的仲裁条款，应视为与合同其他条款分离地、独立地存在的条款，附属于合同的仲裁协议也视为与合同其他条款分离地、独立地存在的一部分；合同的变更、解除、终止、失效或无效以及存在与否，均不影响仲裁条款或仲裁协议的效力。

根据我国法律，有效的仲裁协议必须载有请求仲裁的意思表示、选定的仲裁委员会和约定仲裁事项(该仲裁事项依法应具有可仲裁性)必须是书面的；当事人具有签订仲裁协议的行为能力；形式和内容合法。否则，依中国法律，该仲裁协议无效。

若当事人对仲裁协议的效力有异议，应在仲裁庭首次开庭前提出。

2. 仲裁条款的基本内容

(1)仲裁地点

按各有关国家的法律规定,凡属程序方面的问题,除非仲裁条款(或协议)另有规定,一般都适用审判地法律,即在哪个国家仲裁,就往往适用哪个国家的仲裁法规。至于确定合同当事人权利、义务的实体法,如在合同中未具体约定,一般都由仲裁庭按仲裁地点所在国的法律冲突规则予以确定。

鉴于仲裁地点是买卖双方共同关心的一个十分重要的问题,故在仲裁条款中必须作出明确具体的规定。在我国进出口合同中,关于仲裁地点通常有三种规定办法:一是约定在中国仲裁;二是约定在被申请人所在国仲裁;三是约定在双方同意的第三国仲裁。

(2)仲裁机构

国际上的仲裁机构很多,其中有常设的仲裁机构,也有由双方当事人共同指定仲裁员临时组成的仲裁庭。

在国际上,有些国际组织和许多国家或地区,都分别成立了常设仲裁机构。我国常设的涉外仲裁机构主要是中国国际经济贸易仲裁委员会和中国海事仲裁委员会。

(3)仲裁规则

各国仲裁机构一般都制定了自己的仲裁规则,按照国际仲裁的通常做法,原则上都采用仲裁所在地的仲裁规则,但值得注意的是,在法律上也允许根据双方当事人的约定,采用仲裁地点以外的其他国家(或地区)仲裁机构所制定的仲裁规则进行仲裁。在中国仲裁时,双方当事人通常都约定适用《中国国际经济贸易仲裁委员会仲裁规则》。根据中国现行仲裁规则的规定,凡当事人同意将争议提交仲裁委员会仲裁的,均视为同意按照该仲裁规则进行仲裁。在此需要指出,如果当事人约定适用其他仲裁规则,并征得仲裁委员会同意的,原则上也可适用其他仲裁规则。

(4)仲裁裁决的效力

仲裁庭依法作出的裁决,通常都是终局性的,对争议双方当事人均具有法律效力,任何一方都必须依照执行,并不得向法院起诉要求变更裁决。即使当事人向法院起诉,法院一般也只是审查程序,而不审查实体,即只审查仲裁裁决在法律手续上是否完备、有无违反程序上的问题,而不审查裁决本身是否正确。若法院查出仲裁程序上确有问题,则可宣布仲裁裁决无效。

由于仲裁是建立在双方当事人自愿基础上的,因此,仲裁庭作出的裁决,如仲裁程序上没有问题,双方当事人应当承认和执行。若败诉方不执行裁决,胜诉方有权向有关法院起诉,请求法院强制执行,以维护自身的合法权益。若仲裁裁决的承认与执行涉及一个国家的仲裁机构所作出的裁决要由另一个国家的当事人去执行的问题,在此情况下,若国外当事人拒不执行仲裁裁决,则可依据国际双边协议或多边国标公约的规定来解决。例如,按 1958 年各国在纽约签订的《承认与执行外国仲裁裁决公约》第 2 条、第 3 条的规定,双方当事人所签订的仲裁协议有效,根据仲裁协议所作出的仲裁裁决,缔约国应承认其效力并有义务执行。

为了明确仲裁裁决的效力,以利于执行裁决,在订立合同中的仲裁条款时,应明确规定"仲裁裁决是终局性的,对双方当事人均有约束力"的条文。

(5)仲裁费的负担

仲裁费由谁负担,通常都在仲裁条款中予以约定,以明确责任。根据双方当事人的意愿,有的约定由败诉方承担,也有的约定由仲裁庭裁决确定。

## 申请仲裁须知

欢迎垂询中国国际经济贸易仲裁委员会、中国海事仲裁委员会。如果您/您公司准备通过本会的仲裁向对方索赔或者解决已经出现的纠纷，请关注下列申请仲裁须知：

一、到本会仲裁，一般需要您/您公司与对方的合同中有仲裁条款，或者达成书面仲裁协议。

二、同时，请提交下列文件：

（一）仲裁申请书（包含证据，包括有仲裁协议的合同或书面仲裁协议）。

（二）授权委托书，如果委托代理人代为办理。

（三）如果需要申请财产保全和证据保全，请(1)提交财产保全申请书和证据保全申请书原件两份；(2)增加提交一份仲裁申请书及证据；(3)书面指示本会向哪一具体法院转送，并提供该法院的地址、邮政编码和电话等。

（四）申请人营业执照复印件、法定代表人身份证明等文件。

（五）另外，请注意：

(1)仲裁申请书正文、授权委托书、法定代表人身份证明需要原件；证据文件一般只需要复印件，但应在开庭时带原件来以备当庭质证。

(2)如果索赔金额不超过200万元人民币，则适用简易程序，需要仲裁申请书及证据一式三份；如果索赔金额超过200万元人民币，或者涉及争议金额不清的仲裁请求，则适用一般程序，需要仲裁申请书及证据一式五份；如果被申请人不止一个，那么，每增加一个被申请人，就得增加一份仲裁申请书及证据。

三、同时，请按照仲裁规则中仲裁费用表的规定缴纳仲裁费预付金。原则上，仲裁费将由败诉方承担；如果庭外和解或仲裁庭调解和解而撤销案件的，根据具体情况退回一定的仲裁费预付金。

## 涉外案件仲裁费用表

（本费用表适用于仲裁规则第三条第（二）款第1项和第2项仲裁案件，自2012年5月1日起施行）

| 争议金额（人民币） | 仲裁费用（人民币） |
|---|---|
| 1 000 000元以下 | 争议金额的4%，最低不少于10 000元 |
| 1 000 000～2 000 000元 | 40 000元+争议金额1 000 000元以上部分的3.5% |
| 2 000 000～5 000 000元 | 75 000元+争议金额2 000 000元以上部分的2.5% |
| 5 000 000～10 000 000元 | 150 000元+争议金额5 000 000元以上部分的1.5% |
| 10 000 000～50 000 000元 | 225 000元+争议金额10 000 000元以上部分的1% |
| 50 000 000～100 000 000元 | 625 000元+争议金额50 000 000元以上部分的0.5% |
| 100 000 000～500 000 000元 | 875 000元+争议金额100 000 000元以上部分的0.48% |
| 500 000 000～1 000 000 000元 | 2 795 000元+争议金额500 000 000元以上部分的0.47% |

续表

| 争议金额(人民币) | 仲裁费用(人民币) |
|---|---|
| 1 000 000 000～2 000 000 000 元 | 5 145 000 元＋争议金额 1 000 000 000 元以上部分的 0.46% |
| 2 000 000 000 元以上 | 9 745 000 元＋争议金额 2 000 000 000 元以上部分的 0.45%，最高不超过 15 000 000 元 |

申请仲裁时，每案另收立案费人民币10 000元，其中包括仲裁申请的审查、立案、输入及使用计算机程序和归档等费用。

申请仲裁时未确定争议金额或情况特殊的，由仲裁委员会决定仲裁费用的数额。

收取的仲裁费用为外币时，按本仲裁费用表的规定收取与人民币等值的外币。

仲裁委员会除按照本仲裁费用表收取仲裁费外，还可以按照仲裁规则的有关规定收取其他额外的、合理的实际开支。

仲裁条款举例如下：

(1)在中国仲裁的条款格式

“凡因执行本合同所发生的或与本合同有关的一切争议，双方应通过友好协商来解决，如果协商不能解决，应提交北京中国国际经济贸易仲裁委员会根据该会的《仲裁规则》进行仲裁。仲裁裁决是终局的，对双方都有约束力”。

(2)在被告国仲裁的条款格式

“凡因执行本合同所发生的或与本合同有关的一切争议，双方应通过友好协商解决，如果协商不能解决，应提交仲裁，仲裁在被诉人所在国进行。在中国，由中国国际经济贸易仲裁委员会根据该会《仲裁规则》实行仲裁。如在××国(被诉人所在国名称)由××国××地仲裁机构(被诉人所在国家的仲裁机构的名称)根据该组织的仲裁程序规则进行仲裁。仲裁裁决是终局的，对双方都有约束力。”

(3)在第三国仲裁的条款格式

“凡因执行本合同所发生的或与本合同有关的一切争议，双方应通过友好协商来解决，如果协商不能解决，应按××国××地××仲裁机构根据该仲裁机构的仲裁程序规则进行仲裁。仲裁裁决是终局的，对双方都具有约束力。”

**相关链接**

**《中国—瑞士自由贸易协定》的仲裁庭程序规则**

第一条　第一次书面陈述

一、起诉方应在选定最后一名专家后的 20 天内提交第一次书面陈述。被诉方应在起诉方提交第一次书面陈述后的 30 天内提交其第一次书面陈述。

二、一缔约方应当向另一缔约方和每位专家提交其书面陈述的副本。同时应当以电子格式提供文件副本。

第二条　听证会

一、仲裁庭主席应在与缔约方及其他专家磋商后确定听证会的日期、时间和地点，并应将其决定通知缔约双方。除非任一缔约方不同意，仲裁庭可决定不召开听证会。

二、如缔约双方同意，仲裁庭可以额外召开听证会。

三、所有专家都应当出席听证会。

四、除非缔约双方另有约定，仲裁庭听证会原则上应当举行闭门会议，特别是在交换机密信息的情况下。

五、每一缔约方可在听证会后的20天内提交补充书面陈述，对听证会上出现的任何事宜做出回应。补充书面陈述应当根据第1条第2款提交。

第三条　书面问题

一、仲裁庭可在诉讼程序的任何时候书面向缔约一方或双方提出问题，并规定回答这些问题的期限。

二、仲裁庭向其提出书面问题的缔约一方应当将任何书面答复的副本提交给另一缔约方和仲裁庭。每一缔约方均应有机会在另一缔约方提交此类书面答复后的5天内对该答复提交书面评论。

第四条　保密

缔约双方应维护仲裁庭听证会的保密性。缔约一方应当将另一缔约方提交给仲裁庭的被其指定为机密的信息作为机密信息对待。

第五条　单方面接触

任何缔约方都不得就仲裁庭正在考虑的事项与仲裁庭进行单方面接触。

第六条　专家的作用

一、仲裁庭可应缔约一方请求或者主动从任何个人或机构寻求其认为适当的信息和技术建议。据此获取的任何信息都应提交给缔约双方评论。

二、如仲裁庭请求专业人士提交书面报告，适用于仲裁庭程序的任何时限都应当中止，中止时间从提出请求之日开始，至仲裁庭收到报告时止。

第七条　工作语言

一、争端解决程序的工作语言应为英语。

二、书面陈述、文件、听证会上的口头辩论或陈述、仲裁庭的初步报告和最终报告以及缔约双方与仲裁庭间的所有其他书面或口头交流，都应以工作语言提交或进行。

## 思考题

1. 为什么要在合同中订立不可抗力条款？
2. 合同中的不可抗力条款包括哪些内容？
3. 仲裁协议有哪些作用？
4. 货运保险在对外贸易中有何作用？
5. 什么是自然灾害？其包括哪些风险？
6. 什么是意外事故？海上风险中意外事故包括哪些？
7. 什么是一般外来风险？其包括哪些内容？
8. 什么是实际全损？构成实际全损有哪几种情况？
9. 海上运输货物保险的保障的费用有哪些？其各自含义是什么？
10. 班轮运输的特点是什么？
11. 班轮运费包括哪些？
12. 同一包装、同一票货物和同一提单内出现混装情况，班轮公司如何计收运费？
13. 租船运输主要包括哪些方式？
14. 在定程租船方式下，对装卸费的收取方法有哪几种规定？
15. 采用定期租船时，船、租双方各有什么权利和义务？
16. 什么是装运期？合同中规定装运期有何意义？

17. 买卖合同中的装运港和目的港有哪些规定办法？规定装运港和目的港应注意哪些问题？

18. 什么是分批装运？《跟单信用证统一惯例》对此有何规定？

19. 为什么在买卖合同中要规定装运通知条款？

20. 提单的性质和作用是什么？

21. 什么是已装船提单？为什么买卖合同中卖方必须提交已装船提单？

22. 什么是清洁提单？

23. 什么是指示提单？它在国际贸易中的使用情况如何？

# 第五章　国际贸易进出口合同的商定和履行

## 开篇案例

**案情简介**

国内出口企业 X 向俄罗斯买家出口一批货物，形式发票约定支付条件为“70%定金生产前支付，30%余款在收到传真单据 7 日后支付”，货物从厦门通过铁路运输至阿拉山口再运往俄罗斯。货物到达俄罗斯后，买方在应付款到期后迟迟不支付 30%的余款，由于投保了出口信用保险，X 遂向中国信保报损并提出索赔。中国信保在处理过程中，发现该案存在以下问题：

(1)出口合同约定货物价值120 274.20美元，而发票金额为85 142.89美元；

(2)出口合同约定价格中包含运费，而形式发票的价格条件为 FOB，且被保险人在安排货物出口时代买方垫付运费36 800美元；

(3)买方在应付款发生逾期、X 多次催讨的情况下，赴厦门与 X 以口头协商方式变更支付方式为“货物出口后 30 天内支付余款(含被保险人代垫的运费和阿拉山口的滞期费)”。

在后续调查过程中，中国信保发现 X 应买方要求低开了发票金额；买方声称按照《国际贸易术语解释通则 2000》的条款，FOB 项下由买方承担运费，且 X 无法提供全部事项的书面证据材料。

**案例分析**

上述案件存在出口企业未保留相关书面材料的问题，为债权确认和欠款追讨工作增加了难度。

案例中，做低发票金额、更改支付条件等均属于更改合同的主要内容，在贸易双方达成一致的情况下，也应留存书面文件，以便将来发生贸易纠纷时，出口企业能够提出相应证据进行抗辩。其实，贸易双方的往来信函、电子邮件和在线聊天工具的聊天记录等都可以作为证据留存，不一定必须要求原始的纸质资料。而在出口贸易的实际操作中，一些出口企业往往只是一通电话就口头约定了合同内容或对其进行修改、补充。而且出口企业认为事后再让买方出具书面证明可能会给对方留下对进口商不信任、不放心的印象，不利于双方贸易关系的维系和发展。其实出口商在和买方达成口头协议或收到买方的口头指示之后，完全可以通过邮件、传真、在线聊天等形式和买方再次确认双方洽谈和指示的内容，并委婉表示希望买家能书面答复，而这些往来的记录都可以作为证据留存。

从上述案例中可以看到，其实出口企业只需在贸易过程中多个心眼，以各种方式和途径保留贸易过程中的证据，就可以在出险后及时提供有力证明，为挽回损失打下基础。因此广大出口企业，特别是业务操作人员应该重视贸易往来书面证据的留存，吸取其他企业的惨痛教训，积极维护企业的贸易利益。

国际货物贸易的进出口双方交易的达成，是以进出口合同的订立为前提的。因此，进出口合同的订立尤为重要。

交易磋商是合同买卖双方就交易的有关合同条款进行磋商，以求达成合同订立的过程。交易磋商的双方就交易条件达成一致，买卖合同即告成立。

国际货物买卖合同的磋商、订立和履行涉及的环节众多，时间跨度长，交易双方在政治、经济、文化等诸多方面存在差异，难度较大，因此，国际货物买卖合同的成立必须符合国际贸易条约和国际贸易惯例的规范，遵守有关国家法律和行政法规的规定。

出口业务的主要流程（价格条款：CIF，信用证支付方式）如图 5—1 所示。

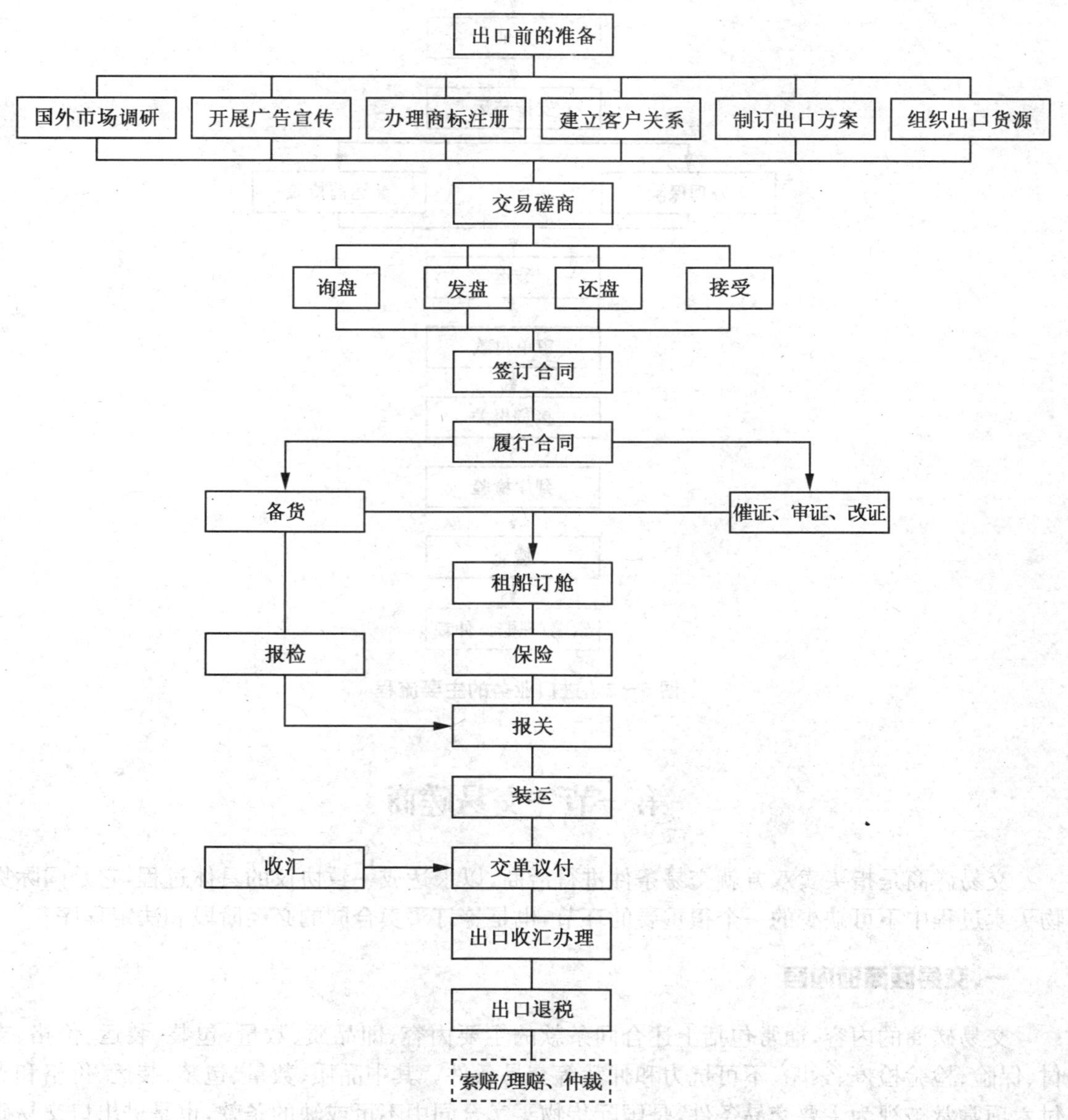


**图 5—1　出口业务的主要流程**

进口业务主要流程（价格条款：FOB，信用证支付方式）如图 5—2 所示。

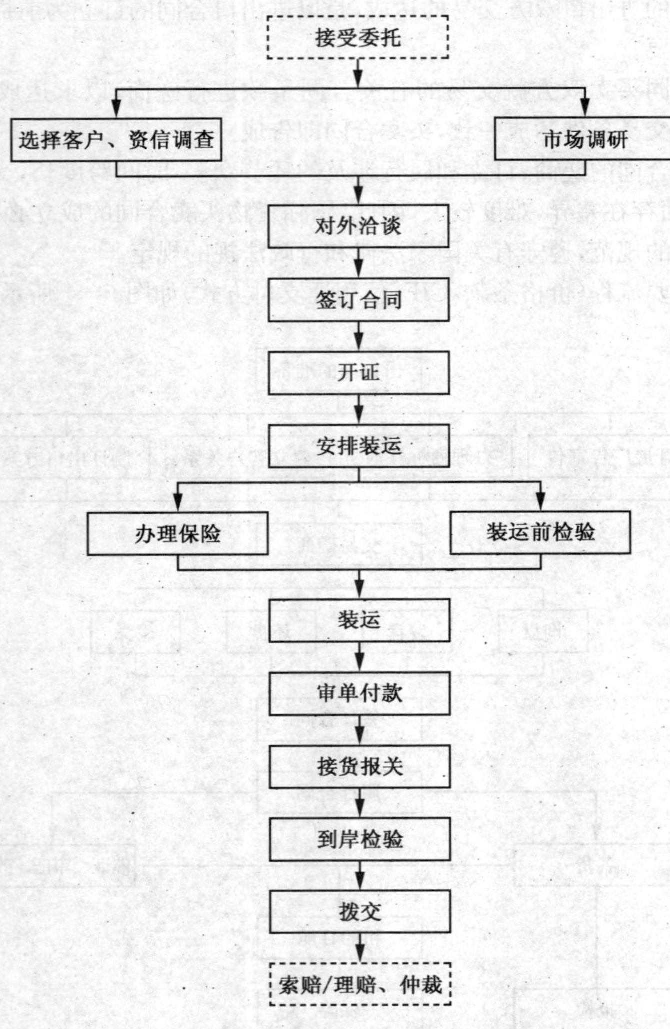


图 5—2　进口业务的主要流程

## 第一节　交易磋商

交易磋商是指买卖双方就交易条件进行洽商，以求达成一致协议的具体过程，它是国际货物买卖过程中不可缺少的一个很重要的环节，也是签订买卖合同的必经阶段和法定程序。

### 一、交易磋商的内容

交易磋商的内容，通常包括上述合同条款的主要内容，即品质、数量、包装、装运、价格、支付、保险、检验检疫、索赔、不可抗力和仲裁等交易条件。其中品质、数量、包装、装运、价格和支付六项常常被视为主要交易条件，是国际货物买卖合同中不可或缺的条款，也是进出口交易磋商的必谈内容。而保险、检验检疫、索赔、不可抗力和仲裁等交易条件，涉及的是合同履行过程中可能发生问题或发生争议的解决办法，并非合同成立不可或缺的内容，往往被视为一般交易条件。一般交易条件，事先就印在合同格式的正面下部或背面，双方若无异议，就不必逐条磋商。

交易磋商的形式有两种：口头磋商和书面磋商。口头磋商是指买卖双方在广交会、华交会等国际交易会上或客户来访或出国小组拜访客户等面对面直接磋商，以及交易双方通过电话交谈磋商。书面磋商是指交易双方通过信函、电报、电传、传真、电子邮件（E-mail）和网上洽谈等通信工具进行磋商。

## 二、交易磋商的环节

交易磋商有询盘、发盘、还盘和接受四个环节，其中发盘和接受是达成交易、合同成立必不可少的两个基本环节及必经的法律步骤。

1. 询盘（inquiry）

询盘是指买方（或卖方）为了购买（或出售）商品而向潜在的供货人或买主询问该商品的成交条件或交易的可能性的业务行为。询盘的内容可以涉及某种商品的品质规格、数量、包装、价格和装运等成交条件，也可以索取样品。其中多数是询问成交价格，因此，在实际业务中，也有人把询盘称作询价。

在国际贸易业务中，发出询盘的目的，除了探询价格或有关交易条件外，有时还表达了与对方进行交易的愿望，希望对方接到询盘后及时作出发盘，以便考虑接受与否，这种询盘实际上属于邀请发盘。邀请发盘是当事人订立合同的准备行为，其目的在于使对方发盘，询盘本身并不构成发盘。

询盘不具有法律上的约束力，也不是每笔交易必经的程序。如交易双方彼此都了解情况，不需要向对方探询成交条件或交易的可能性，则不必使用询盘，可直接向对方作出发盘。

2. 发盘（offer）

（1）发盘的含义及性质

发盘是指买方（或卖方）为了购买（或出售）商品而向潜在的供货人或买主提出有关交易条件，并愿意按照这些条件达成交易和订立合同的一种口头或书面的肯定表示。

发盘又称发价或报价，既是商业行为，又是法律行为，在合同法中称为要约。一项发盘发出后，对发盘人便产生法律上的约束力。如果对方完全同意发盘内容，并按时答复，表示接受，则双方合同关系成立，交易达成。

《联合国国际货物销售合同公约》（以下简称《公约》）对发盘的含义及性质有严格的规定。《公约》第 14 条（1）款作出了如下定义："向一个或一个以上的特定的人提出订立合同的建议，如果十分确定，并且表明发盘人在得到接受时承受约束的意旨，即构成发盘。一个建议如果写明货物并且明示或暗示地规定数量和价格或规定如何确定数量和价格，即为十分确定。"《公约》还规定，凡不完全符合上述规定的，不能视为发盘，而只能起邀请对方发盘的作用。

（2）发盘的形式

发盘既可由卖方提出，也可由买方提出，由卖方向买方发盘称为售货发盘（selling offer），由买方向卖方发盘称为购货发盘（buying offer），又称为递盘（bid）。在实际业务中，发盘大多是由卖方提出。

（3）发盘的构成条件

①发盘要有特定的受盘人。受盘人可以是一个，也可以是一个以上的人；可以是自然人，也可以是法人，但必须是特定的人（specific persons）。所谓特定的人，是指在发盘中指明个人

姓名或企业名称的受盘人,而不能是泛指广大的公众。因此,一方在报纸杂志上或电视广播中做商业广告,向国外客商寄发商品目录、价目单和其他宣传品,与发盘要区分开来。广告的对象是广大社会公众,商品目录、价目单和其他宣传品是普遍寄发给为数众多的客商的。这些对象都不属于特定的受盘人。因此,这类行为一般不构成发盘,而只能看作邀请发盘。

为了避免纠纷,谨慎的出口商往往会在宣传品上注明"所列价格仅供参考"、"价格需经确认为准"或"价格不经事先通知不予变动"等字句。

②表明承受约束的意旨。一项发盘必须明确表示或默示表明当受盘人作出接受时发盘人承受约束的意旨。即承担按发盘的条件与受盘人订立合同的责任。这种意旨有时可以从发盘所用的有关术语加以表明。如说明是"发盘"、"发实盘"、"实盘"、"递盘"、"递实盘"、"订购"或"订货"等字样时,就表示了发盘人肯定订约的意旨。但是否使用上述词句,并不是辨别对方是否具有"得到受盘人接受时承受约束的意旨"的唯一依据。有时上述意旨也可以用暗示的方式表明。暗示的表示,则应与其他有关情况结合起来考虑,包括双方磋商的情况、当事人确立的习惯做法、惯例和当事人随后的行为。

③内容十分确定。《公约》第 14 条规定:一项订立合同的建议"如果写明货物并且明示或暗示地规定数量和价格或如何确定数量和价格,即为十分确定。"按此规定,一项订约建议只要列明货物、数量和价格三项条件,即可被认为其内容"十分确定",而构成一项有效的发盘。至于所缺少的其他内容,如货物的包装、交货和支付条件等,可在合同成立后,按双方之间已确立的习惯做法、惯例或按《公约》第三部分有关买卖双方义务的规定,予以补充。

④送达受盘人。《公约》第 15 条规定:"发盘于送达受盘人时生效。"就是说发盘虽已发出,但在到达受盘人之前并不产生对发盘人的约束力,即使受盘人已由某一途径获悉该发盘,也不能接受该发盘。所谓"送达"对方,是指将发盘的内容通知对方或送交对方来人,或其营业地或通信地址。

发盘在未被送达受盘人之前,如果发盘人改变主意,可以撤回发盘,即使发盘是不可撤销的,或者明确规定了发盘的有效期。但发盘人必须做到:撤回通知要在发盘送达受盘人之前或在送达受盘人的同时到达,以阻止发盘生效。

必须同时具备以上四项条件,才能构成法律上有效的发盘;否则,不能构成有效发盘,对发盘人是没有约束力的。

(4)发盘的有效期

凡是发盘,都有有效期。发盘的有效期是指发盘供受盘人接受的期限,也是发盘人对发盘承受约束的期限。这一含义有两层内容:一是发盘人在发盘有效期内承受约束,即如果受盘人在有效期内将接受通知送达发盘人,发盘人承担按发盘条件与之签订合同的责任;二是指超过有效期,发盘人将不再受约束。发盘的有效期,既是对发盘人的一种限制,也是一种保障。

①在发盘中明确规定有效期。在实际业务中,常见的明确规定发盘有效期的方法主要有:第一,规定最迟接受的期限。例如:"发盘有效期至 10 日"。由于国际贸易是在不同国家的商人之间进行的,两国间往往有时差,因此发盘中应明确以何方的时间为准。在实际业务中,发盘人大多在发盘中规定以本方时间为准,也就是以发盘人所在地时间为准。第二,规定一段接受的期限。例如:"发盘有效期三天"。这种方法存在一个如何计算"一段接受期间"的起讫问题,对此《公约》作出了规定,即以电报表示发盘的,从电报交到邮电局时起算。以信件表示发盘的,以信内载明的发信日期起算。如信内未载明日期,则以信封上邮戳的日期起算。以电话、电传或其他可立即传达对方的方式发盘的,从发盘到达受盘人时起算。在所规定的一段时

期内，在受盘人所在地如遇假日或非营业日，也应包括在内。但如该段有效期的最后一天恰逢发盘人所在地的假日或非营业日，受盘人的接受不能送达发盘人的地址时，则此段期限顺延至下一个营业日。

②发盘中不明确规定有效期。例如："发盘……复"，"发盘……电复"，"发盘……速复"。在这些发盘中，没有明确有效期，此种表示方法被称为在合理时间内有效，而合理时间究竟有多长，各国法律并无明确规定，要依据发盘的方式、货物的行情等因素来掌握。因此，在对外发盘时，一般采用明确规定具体有效期的方式，不采用不明确规定有效期的方式，以避免造成不必要的麻烦或损失。

(5)发盘的撤回

"撤回"是指一项发盘在尚未送达受盘人之前即尚未生效之前，由发盘人将其取消。《公约》第 15 条(2)款规定："一项发价，即使是不可撤销的，得予撤回，如果撤回通知于发价送达被发价人之前或同时，送达被发价人。"这一规定是建立在发盘尚未生效的基础上的。对一项尚未被收到还未生效的发盘，原定的受盘人无权向发盘人提出任何主张，因为根本不存在法律应予保护的"可期待之物"。可见"撤回"的实质是阻止发盘生效。在实际业务中，发盘的撤回只有在使用信件或电报向国外发盘时，方可适用。因为，使用信件或电报发盘，从信件投邮或电报交发到信件或电报送达收件人有一段时间间隔。这样，如发盘信件投邮或电报交发后，发盘人发现市场情况有重大变化或发盘内容有误，可采用快速通信方法(如电话、电传)，在发盘信件或电报送达前，通知受盘人撤回发盘。如果发盘系使用电话、电传或电子邮件等数据电文发出者，因这些信息随发随到，就不存在撤回发盘的可能性。

(6)发盘的撤销

"撤销"是指一项发盘在已经送达受盘人之后即已开始生效之后，由发盘人将其取消。

至于发盘的撤销问题，各国合同法的规定有较大分歧。英美法系国家的法律认为，发盘一般在被接受前的任何时候都准予撤销。英国法律规定，只有经受盘人付出某种对价要求发盘人在一定有效期内保证不撤销的发盘属于例外。美国《统一商法典》规定：凡是由商人以书面形式作成的发盘，在规定的有效期内不得撤销，未规定有效期的发盘在合理期限内不得撤销，但无论如何不得超过三个月。

但是，大陆法系国家的法律认为：发盘在有效期内不得撤销。《德国民法典》明文规定：订有具体有效期的发盘，在有效期内不得撤销；未规定具体有效期的发盘，按通常情况在可望得到答复以前不得撤销。

《公约》协调和折中了各国法律的不同规定，在《公约》16 条中规定：①在未订立合同之前，如果撤销的通知于受盘人发出接受通知之前送达受盘人，发盘可以撤销。②但在下列情况下，发盘不得撤销：发盘中写明了发盘的有效期或以其他方式表明发盘是不可撤销的；或受盘人有理由信赖该发盘是不可撤销的，而且已本着对该发盘的信赖行事。

(7)发盘的失效

发盘在被接受之前并不产生法律效力，并可在一定条件下于任何时候被终止。发盘在下列四种情况下失效：

①在有效期内未被接受而过期。明确规定有效期的发盘，在有效期内如未被受盘人接受即失效；未明确规定有效期的发盘，在合理期限内未被接受亦失效。

②受盘人表示拒绝或还盘。只要受盘人对发盘表示拒绝或还盘，虽然规定的有效期尚未满期，发盘也告失效。

③发盘人对发盘依法撤回或撤销。

④法律的实施。发盘还可因法律的实施而终止。例如，发盘可由于发盘人或受盘人在发盘被接受前丧失行为能力（如破产、死亡或精神失常），或因特定标的物的毁灭而失效。如在发盘人发盘后，政府宣告发盘中的商品禁止进口或禁止出口，该发盘即因进口或出口禁令的实施而失效。

3. 还盘(counter-offer)

还盘是指受盘人不完全同意发盘内容而提出修改意见或变更交易条件的一种口头或书面表示。还盘又称还价，在法律上称为反要约。受盘人的答复，如果在实质上变更了发盘条件，就构成对发盘的拒绝，其法律上讲是否定了原发盘，原发盘即告失效，原发盘人就不再受其约束。

一方的发盘经对方还盘以后即失去效力，除非得到原发盘人同意，受盘人不得在还盘后反悔，再接受原发盘。

对还盘作再还盘，实际上是对新发盘的还盘。

一方发盘，另一方如对其内容不同意，可以进行还盘。同样，一方的还盘，另一方如对其内容不同意，也可以再进行还盘。一笔交易有时不经过还盘即可达成，有时要经过还盘，甚至往返多次的还盘才能达成。

还盘不仅可以对商品价格，也可以对交易的其他条件提出意见。

在还盘时，对双方已经同意的条件一般无须重复列出。

进行还盘时，可用“还盘”术语，但一般仅将不同条件的内容通知对方，即意味着还盘。

还盘若经原发盘人接受，合同即告成立。

还盘并非交易磋商的必备环节，一项发盘可不经还盘而由受盘人直接接受。

4. 接受(acceptance)

接受在法律上称为承诺，它是指受盘人在发盘规定时限内，无条件同意发盘内容并愿意按这些条件与对方达成交易，订立合同的行为。

发盘一经接受，交易即告达成，合同即告成立。

(1)接受的含义

接受是指受盘人接到对方的发盘或还盘后，同意对方提出的条件，并愿按这些条件与对方达成交易、订立合同的一种肯定的表示。这在法律上称为承诺，接受如同发盘一样，既属于商业行为，也属于法律行为。

一方的要约或反要约经另一方接受，交易即告达成，合同即告订立，合同双方均应承担各自的义务。表示接受，一般用“接受”、“同意”、“确认”等术语。

(2)接受的构成要件

构成一项有效的接受，必须具备以下条件：

①接受必须由特定的受盘人作出。这一条件与发盘第一个条件是相呼应的。发盘必须向特定的人发出，发盘的约束力是约束发盘人对特定的受盘人而不是对任何其他人承担义务，即表示发盘人愿意按发盘的条件与受盘人订立合同，但并不表示他愿意按这些条件与其他任何人订立合同。因此，接受也只能由受盘人作出，才具有效力，其他任何人对发盘表示同意，不能构成接受也不能导致合同成立。

②接受必须表示出来。表示接受，必须以口头或书面的声明向发盘人明确表示出来，另外，还可以用行为表示接受。缄默或不行动，即不作任何方式的表示，不能构成接受。

根据《公约》规定，声明可以是书面的，也可以是口头的。一般来说，发盘人如果以口头发盘，受盘人即以口头表示接受；发盘人如果以书面形式发盘，受盘人也以书面形式来表示接受。

在业务实践中，受盘人还可以其他行为表示接受。《公约》第 18 条(3)对此作了说明："如果根据该项发盘或依照当事人之间确立的习惯做法或惯例，受盘人可以作出某种行为，例如用与发运货物或支付价款有关的行为来表示同意，而无须向发盘人发出通知，则该接受于该行为作出时生效，但该行为必须在上一款规定的期间内。"根据这一规定，受盘人可以用与发货或付款有关的行为表示对发盘的接受，而不向发盘人发出接受通知。用这种行为表示的接受，构成有效接受。比如，某进口商向某出口商发盘，由于发盘内容明确，所列条件又符合出口商的要求，他接到发盘后，马上就把货物装运出去。或者买方同意卖方在发盘中提出的交易条件并随即支付货款或开出信用证。这些做法就属于用行为表示接受。

③接受必须在发盘的有效期内送达到发盘人。当发盘规定了接受的时限时，受盘人必须在发盘规定的时限内作出接受，方为有效。如发盘没有规定接受的时限，则受盘人应在合理时间内表示接受。对何谓"合理时间"，往往有不同的理解。为了避免争议，最好在发盘中明确规定接受的具体时限。

接受通知的传递方式应符合发盘的要求。发盘人发盘时，有的具体规定接受通知的传递方式，也有未作规定的。如发盘没有规定传递方式，则受盘人可按发盘所采用的，或采用比其更快的传递方式将接受通知送达发盘人。需要强调说明的是，接受通知在规定期限内到达发盘人，对于合同的成立具有重要作用。因此，各国法律通常都对接受到达发盘人的期限作出了规定。我国《合同法》第 23 条也对此作了明确规定，即：承诺应当在要约确定的期限内到达要约人。要约没有确定承诺期限的，承诺应依照下列规定履行：要约以对话方式作出的，应当及时作出承诺，但当事人另有约定的除外；要约以非对话方式作出的，承诺应在合理期限内到达。

④接受必须与发盘相符。如要达成交易，成立合同，根据传统的法律规则，受盘人必须无条件地、全部同意发盘的条件。也就是说，接受必须是绝对的、无保留的，必须与发盘人所作出的发盘的条件完全相符。但是，在国际贸易的实际业务中，受盘人在表示接受时，往往对发盘作出某些添加、限制或其他更改。为了适应现代商业的需要，尽量促进交易的达成，不要因为受盘人在接受时对发盘作出任何添加、限制或更改即影响合同的成立，《公约》将接受中对发盘的条件所作的变更分为：在实质上变更发盘的条件，即实质性变更(material alteration)，以及在实质上并不变更发盘的条件，即非实质性变更(non-material alteration)两类。凡对货物的价格、付款、质量和数量、交货地点和时间、赔偿责任范围或解决争端等的添加、限制或更改，均视为实质上变更发盘的条件。表示接受但含有实质性变更，无疑构成还盘。发盘人对此不予确认，合同不能成立。至于非实质性变更，例如，要求提供重量单、装箱单、商检证和产地证等单据，要求增加提供装船样品或某些单据的份数，要求分两批装运，或要求在包装上刷制指定的标志等，附有这类非实质性变更的接受，除发盘人及时向受盘人表示反对其间的差异外，仍构成接受，合同得以成立，并且合同的条件以该项发盘的条件以及在接受中所载的变更为准。

(3)逾期接受

如果接受通知超过发盘规定的有效期限，或发盘未具体规定有效期限而超过合理时间才传达到发盘人，这就成为一项逾期接受，或称迟到的接受。对于这种迟到的接受，发盘人不受其约束，不具有法律效力。但也有例外的情况，《公约》第 21 条(1)规定："逾期接受仍有接受的效力，如果发盘人毫不迟延地用口头或书面将此种意见通知被发盘人。"《公约》第 21 条(2)规定："如果载有逾期接受的信件或其他书面文件表明，是在传递正常、能及时送达发盘人的情况下寄发的,则该项逾期接受具有接受的效力,除非发盘人毫不迟延地用口头或书面通知被发盘人:他认为他的发盘已经失效。”按《公约》规定,如果发盘人于收到逾期接受后,毫不迟延地通知受盘人,确认其为有效,则该逾期接受仍有接受的效力。另一种情况是,一项逾期接受,从它使用的信件或其他书面文件表明,在传递正常的情况下,未能及时送达发盘人,由于出现传递不正常的情况而造成延误,这种逾期接受仍可被认为是有效的,除非发盘人毫不迟延地用口头或书面形式通知受盘人,表示他的发盘已经失效。

(4)接受的撤回

接受的撤回是指在接受生效之前将接受予以撤回,以阻止其生效。《公约》规定:“接受准予撤回,如果撤回通知先于接受生效之前或同时送达发盘人”。根据这一规定,受盘人发出接受之后,如想反悔,可撤回其接受,但必须采取比接受更加快速的传递方式,将撤回通知赶在接受通知之前送达发盘人,或者最迟与接受同时送达发盘人,才能撤回。如果撤回通知迟于接受送达发盘人,就不能撤回了。因为接受通知一经到达发盘人,立即生效。而接受通知生效后,就不存在撤回的问题了,而是属于能否撤销的问题。因为接受一经生效,合同成立,如要撤销接受,属于毁约行为,将按违约处理。

## 三、交易磋商的实例

出口交易磋商来往函电举例:

上海长润信息技术有限公司(以下简称“上海公司”)与德国一进口商(以下简称“德国公司”)就采购 STV 牌等离子平板型电视进行交易磋商,双方交换函电如下:

● 4 月 1 日德国公司向上海公司发来询盘电传。

对 STV 牌型号 SH-50C1 等离子平板型电视感兴趣,请发盘。

INTERESTED IN PLASMA DISPLAY PANEL TV SET STV BRAND MODEL SH-50C1 PLEASE OFFER

● 4 月 3 日上海公司向德国公司发去发盘电传。

你 1 日电传发盘限 8 日复到我方 STV 牌型号 SH-50C1 等离子平板型电视 500 纸箱装每箱 1 台每台 600 美元 CIF 汉堡 6 月装即期不可撤销信用证

YOURS FIRST OFFER SUBJECT REPLY REACHING US EIGHTH PLASMA DISPLAY PANEL TV SET STV BRAND MODEL SH-50C1 500 SETS PACKED IN CARTONS OF ONE SET EACH USD600 PER SET CIF HAMBURG JUNE SHIPMENT IRREVOCABLE SIGHT CREDIT

● 4 月 5 日德国公司向上海公司发来还盘电传。

你 3 日电传价格太高还盘 580 美元限 8 日复

YOURS THIRD PRICE TOO HIGH COUNTER OFFER USD580 REPLY EIGHTH

● 4 月 7 日上海公司向德国公司发去对还盘再还盘电传。

你 5 日电传最低价 590 美元限 15 日复

YOURS FIFTH LOWEST USD590 SUBJECT REPLY FIFTEENTH HERE

● 4 月 10 日德国公司向上海公司发来接受电传。

YOURS SEVENTH WE ACCEPT

询盘、发盘、还盘和接受构成交易磋商的四个环节。在国际货物买卖合同签订中,并非每一笔交易都得经过这四个环节。但发盘和接受则是交易磋商过程中必不可少的两个基本环节。

# 第二节 合同的订立

## 一、书面合同的作用

在国际贸易中，交易双方就交易条件经过磋商，不论是口头磋商还是书面磋商，当任何一方作出的发盘为另一方接受，合同即告成立。但在国际贸易实践中，买卖双方往往还需另行签订一份正式的书面合同。签订书面合同的意义主要包括下列三个方面：

1. 作为合同成立的证据

根据有关国家法律的规定，凡是合同都须能得到证明，提供证据。尤其是在通过口头谈判达成交易的情况下，签订一定样式的书面的合同就成为不可缺少的必经程序。虽然《联合国国际货物销售合同公约》第 11 条规定，销售合同无须以书面订立或书面证明，在形式方面也不受任何其他条件的限制。也就是说，无论当事人是采用口头方式还是书面方式，都不影响合同的有效性，也不影响其证据力。但我国政府在批准该公约时对该条款和其他相关条款作了保留，即声明合同必须采用书面形式。其他缔约国有些也对此声明作了保留。

2. 作为合同生效的条件

交易双方在交易磋商时，如买卖双方的一方声明并经另一方同意以签订一定格式和正式书面合同为准，则正式签订书面合同时方为合同成立。

3. 作为合同履行的依据

交易双方通过口头谈判或函电往返，磋商达成交易后把彼此磋商一致的内容，汇总签订一定格式的书面合同，双方当事人指定以书面合同为准，这有利于合同的履行。

**相关链接**

**我国《合同法》与《联合国国际货物销售合同公约》对于合同形式的规定及适用趋于统一**

时间：2013-02-22 来源：商务部新闻办公室

近日，我国政府正式通知联合国秘书长，撤回对《联合国国际货物销售合同公约》（以下简称《公约》）所作“不受公约第十一条及与第十一条内容有关的规定的约束”的声明。日前，该撤回已正式生效。至此，我国《合同法》与《公约》对于合同形式的规定及适用趋于统一。

《公约》是调整和规范国际货物买卖合同关系最重要的国际公约之一，也是迄今最成功的国际贸易统一法之一，于 1980 年在联合国维也纳外交会议上获得正式通过，1988 年 1 月 1 日起正式生效。我国于 1986 年 12 月 11 日正式向联合国递交了对《公约》的核准书。《公约》对消除国际贸易法律障碍、促进我国改革开放发挥了积极的作用。

《公约》第十一条规定：销售合同无须以书面订立或书面证明，在形式方面也不受任何其他条件的限制，可以用包括人证在内的任何方法证明。根据该条规定，国际货物买卖合同可以用书面、口头或其他方式订立、证明，不受形式方面的限制。同时，《公约》也允许缔约国提出保留，即声明不受该条约束。鉴于当时我国适用于国际经济贸易的《涉外经济合同法》要求合同必须以书面形式订立，与《公约》第十一条不一致，因此我国在递交核准书时，声明不受《公约》第十一条及与第十一条内容有关的规定的约束。阿根廷、智利、匈牙利、立陶宛、俄罗斯等国在批准或加入《公约》时也对该条规定提出了保留。

1999 年，我国公布了《合同法》，同时废止了《涉外经济合同法》。《合同法》对合同形式不作要求，合同可以各种方式成立，该规定已与《公约》第十一条的内容一致。国内学界和实务界多次建议撤回相关声明，《公约》也允许撤回声明。经认真研究并广泛征求意见，我国政府根据《缔结条约程序法》及《公约》的相关规定，撤回了对《公约》第十一条及与第十一条内容有关规定所作的声明。

本次撤回声明有效解决了国内法与《公约》之间的冲突，使两者对于合同形式的规定及适用趋于统一，可以避免外贸经营者和其他国家产生我国"合同形式的法律适用不平等"的误解，为我国进一步发展对外贸易减少了法律障碍，有利于我国积极融入国际社会，充分参与经济全球化进程。

## 二、货物买卖合同的形式

货物买卖合同的形式和签订的方式，随着贸易的性质和交易条件的不同而异。合同名称的英文方式也因此不尽相同，详见表5－1。

表5－1　进出口合同名称中英文对照

| 序号 | 英文 | 中文 |
|---|---|---|
| 1 | Agreement | 协议书 |
| 2 | Sales Note | 销售单，销售确认书 |
| 3 | Sales Agreement | 销售协议书 |
| 4 | Sales Contract | 销售合同 |
| 5 | Sales Confirmation /Acknowledgement of Sales | 销售确认书 |
| 6 | Purchase Contract | 购货合同 |
| 7 | Purchase Confirmation | 购货确认书 |
| 8 | Confirmation Order | 订货确认单 |
| 9 | Purchase Agreement | 购货协议书 |
| 10 | Purchase Note | 购货单 |
| 11 | Order Sheet/Purchase Order/Indent | 订单 |
| 12 | Trade Agreement | 贸易协议 |
| 13 | Bilateral Trade Agreement | 双边贸易协议 |
| 14 | Import Contract | 进口合同 |
| 15 | Export Contract | 出口合同 |
| 16 | Agency Agreement | 代理协议 |
| 17 | Agency Contract | 代理合同 |
| 18 | Consignment Contract | 寄售合同 |

## 三、合同效力

根据各国法律的规定，合同若有效，一般须具备以下实质要件和形式要件。

1. 实质要件

(1)合同当事人须有签约能力

签订买卖合同的当事人主要为自然人或法人。按各国法律的一般规定，自然人签订合同的行为能力，是指精神正常的成年人才能订立合同；未成年人、精神病人等订立合同必须受到限制。关于法人签订合同的行为能力，各国法律一般认为，法人必须通过其代理人，在法人的经营范围内签订合同，即越权的合同不能发生法律效力。我国《合同法》第 9 条规定："当事人订立合同，应当具有相应的民事权利能力和民事行为能力。"由此可见，在订立合同时，注意当事人的缔约能力和主体资格问题是十分重要的。

(2)当事人的意思表示必须真实

各国法律都认为，合同当事人的意思表示必须是真实的才能成为一项有约束力的合同，否则这种合同无效。

(3)合同内容必须合法

许多国家往往从广义上解释"合同内容必须合法"，其中包括不得违反法律、不得违反公共秩序或公共政策，以及不得违反善良风俗或道德三个方面。我国《合同法》第 7 条规定："当事人订立、履行合同，应当依照法律、行政法规，尊重社会公德，不得扰乱社会经济秩序，损害社会公共利益。"

(4)合同必须有对价或约因

英美法认为，对价(consideration)是指当事人为了取得合同利益所付出的代价。法国法认为，约因(cause)是指当事人签订合同所追求的直接目的。按照英美法和法国法的规定，合同只有在有对价或约因时，才是法律上有效的合同，无对价或无约因的合同，是得不到法律保障的。

2. 形式要件

世界上大多数国家，只对少数合同才要求必须按法律规定的特定形式订立，而对大多数合同，一般不从法律上规定应当采取的形式。《公约》第 11 条规定，销售合同无须以书面订立或书面证明，在形式方面也不受任何其他条件的限制。销售合同可以用包括证人在内的任何方法证明。我国《合同法》第 10 条规定："当事人订立合同，有书面形式、口头形式和其他形式。法律、行政法规规定采用书面形式的，应当采用书面形式。当事人约定采用书面形式的应当采用书面形式。"

为了使签订的合同能得到法律上的保护，我们必须了解上述合同生效的各项要件，并依法行事。此外，我们还应了解造成合同无效的几种情况。根据我国《合同法》第 52 条规定，有下列情形之一的，合同无效：(1)一方以欺诈、胁迫的手段订立合同，损害国家利益；(2)恶意串通，损害国家、集体或者第三人利益；(3)以合法形式掩盖非法目的；(4)损害社会公共利益；(5)违反法律、行政法规的强制性规定。

## 四、合同生效的时间

合同成立与合同生效是两个不同的概念。合同成立是指当事人达成协议建立了合同关系。合同生效是指合同具备法定要件后才能产生法律效力。在多数情况下，合同成立时即具备了生效要件，因而，其成立和生效时间是一致的。但是，合同成立并不等于合同生效。

例如，附条件的合同在条件成就之前，虽然合同已成立，但不产生效力；效力未定的合同在追认前不产生效力，但合同已成立。

合同生效的时间是确定合同生效的时间界限。依据我国《合同法》，合同生效时间可分为以下情形:(1)依法成立的合同,自成立时合同生效,即合同成立的时间为合同生效的时间;(2)法律、法规规定应当办理批准、登记手续的合同,合同生效时间为办理完毕批准、登记手续的时间;(3)附条件的合同,合同生效的时间为条件成就时间;(4)附期限的合同,合同生效的时间为合同中约定的生效时间,如规定“本合同自签字之日起15天内生效”。

### 五、签订买卖合同应注意的事项

(1)要遵循平等互利、互通有无的对外贸易政策;不可盛气凌人,也不可奴颜婢膝,要不卑不亢。

(2)要符合合同有效成立的要件,即双方当事人的意思表达一定要一致且真实;当事人都有订约行为能力;合同标的、内容一定要合法。

(3)合同的内容须与磋商达成的协议内容严格一致,在条款的规定上必须严密,责任和权利一定要明确。

(4)合同各条款之间须协调一致,不能相互矛盾。

## 第三节　合同的履行

在交易双方所订立的买卖合同中,都规定了合同双方当事人的权利和义务。交易对象、成交条件及所选用的惯例不同,每份合同中规定的当事人的基本义务却是相同的。根据《联合国国际货物销售合同公约》规定:卖方的基本义务是,按合同规定交付货物,移交与货物有关的各项单据、转移货物的所有权;买方的基本义务是,按合同规定支付货款和收取货物。

合同签订后,买卖双方都应受其约束,都要本着“重合同,守信用”的原则,切实履行合同规定的各项义务,如合同一方没有或没有完全履行他在合同中所承担的义务,致使对方的权利受到损害时,受损害的一方可以采取适当的措施取得补偿。这种依法取得补偿的方法在法律上称为救济方法。

为了有利于合同的履行,现将履行进出口合同的基本程序、各环节的基本内容和履行当中的注意事项等,分别介绍和说明如下。

### 一、出口合同的履行

在我国出口贸易中,按CIF或CFR条件成交的合同较多,货款收付按信用证支付方式为主。

履行出口合同的程序,一般包括备货、催证、审证、改证、租船、订舱、报关、报验、保险、装船、制单、结汇、出口收汇核销和出口退税等工作环节。在这些工作环节中,以货(备货)、证(催证、审证和改证)、运(租船、订舱)、款(制单结汇)四个环节的工作最为重要。

1. 备货与报验

为了保证按时、按质、按量交付约定的货物,在订立合同之后,卖方必须及时落实货源,备妥应交的货物,并做好出口货物的报验工作。

备货工作的内容,主要包括按合同和信用证的要求安排生产加工或组织货源和催交货物,核实货物的加工、整理、包装和刷唛情况,对应交的货物进行验收和清点。在备货工作中,应着重注意下列事项:

(1)货物的品质。出口企业要根据出口合同的要求,认真核对交付货物的品质、规格,如果发现不符合要求的，应进行筛选、加工和整理，或者给予更换，直至达到要求。

(2)货物的数量。必须按约定数量备货，而且应留有余地，以备必要时作为调换之用，如约定可以溢短装时，则应考虑满足溢装部分的需要。

(3)货物的包装。货物的包装应符合出口合同的规定，适应运输方式的要求，如发现包装不良或有破损，应及时修整或调换。在包装的明显部位，应按约定的唛头式样刷制唛头，对包装上的其他各种标志也应注意是否符合要求。

(4)发运货物的时间。为了保证按时交货，应根据合同和信用证对装运期的规定，并结合船期安排，做好供货工作，使船货衔接好，以防止出现船等货的情况。

法定检验检疫[①]的进出境货物的货主或其代理人应当在检验检疫机构规定的时间和地点，向报关地检验检疫机构报检，未经检验检疫的不准销售、使用或不准出口。

报验是指卖方根据国家有关法规和出口合同的要求，在备妥货物后，向规定的检验检疫机构报请检验检疫，只有取得合格的检验检疫证书，海关才准予放行，凡检验不合格的货物，一律不得出口。

申请报验时，应填制出口报验申请单，向检验检疫局办理申请报验手续，该申请单的内容，一般包括品名、规格、数量或重量、包装、产地等项，在提交申请单时，应随附合同和信用证副本等有关文件，供检验检疫机构局检验和发证时参考。

当货物经检验合格，检验检疫局发给检验合格证书，外贸公司应在检验证规定的有效期内将货物装运出口，如在规定的有效期内不能装运出口，应向检验检疫局申请展期，并由检验检疫局进行复验，复验合格后，才准予出口。

代理报检是指经国家质量监督检验检疫总局注册登记的境内企业法人(简称代理报检单位)依法接受进出口货物收发货人的委托，为进出口货物收发货人办理报检手续的行为。出口货物发货人可以在产地和报关地委托代理报检单位报检。

2. 信用证落实

在履行凭信用证付款的出口合同时，应注意做好下列工作：

(1)催开信用证

在按信用证付款条件成交时，买方按约定时间开证是卖方履行合同的前提条件。如果买方不及时开出信用证，卖方将无法安排生产和组织货源。在出口业务中，由于市场行情变化或资金短缺等种种原因，买方不能按时开证的情况时有发生。为此，我们应结合备货情况做好催证工作，及时提请对方按约定时间开出信用证。

(2)审核信用证

在实际业务中，由于各种原因，买方开来的信用证常有与合同条款不符的情况，为了维护我方的利益，确保收汇安全和合同的顺利履行，应对国外来证，按合同条款进行认真的核对和审查。审核信用证时着重审核开证行与保兑行的政治背景、资信情况、付款责任、索汇路线、信用证条款是否与买卖合同相一致。

出口企业的信用证审核依据为：①我国的外贸、外汇管理法规；②买卖合同约定，信用证条款应与买卖合同内容相一致；③国际商会《跟单信用证统一惯例》(UCP600)规定；④货物准备情况和运输条件；等等。

---

① 出入境检验检疫机构对列入目录的进出口商品以及法律、行政法规规定须经出入境检验检疫机构检验的其他进出口商品实施检验。

具体要注意以下条款的内容：

①信用证的性质和开证行对付款的责任

要注意审查信用证是否生效，在证内，对开证行的付款责任是否加了“限制性”条款或其他“保留”条件。

②信用证金额

信用证金额与合同金额一致，如合同订有溢短装条款，则信用证金额还应包括溢短装部分的金额，来证采用的货币与合同规定的货币一致。

③有关货物的记载

来证中对有关品名、数量或重量、规格、包装和单价等项内容的记载，是否与合同的规定相符，有无附加特殊条款，如发现信用证与合同规定不符，应酌情作出是否接受或修改的决策。

④有关装运期、信用证有效期和到期地点的规定

按惯例，一切信用证都必须规定一个交单付款、承兑或议付的到期日，未规定到期日的信用证不能使用。通常信用证中规定的到期日是指受益人最迟向出口地银行交单议付的日期，如信用证规定在国外交单到期日，由于寄单费时，且有延误的风险，一般应提请修改；否则，就必须提前交单，以防逾期。装运期必须与合同规定一致，如来证太晚，无法按期装运，应及时申请国外买方延展装运期限，信用证有效期与装运期应有一定的合理间隔，以便在装运货物后有足够的时间办理制单结汇工作。信用证有效期与装运期规定在同一天的，称为“双到期”，应当指出，“双到期”是不合理的，受益人是否就此提出修改，应视具体情况而定。

⑤装运单据

对来证要求提供的单据种类份数及填制方法等，要仔细审查，如发现有不适当的规定和要求，应酌情作出适当处理。

⑥其他特殊条款

审查来证中有无与合同规定不符的其他特殊条款，如发现有对我方不利的附加特殊条款，一般不宜接受，如对我方无不利之处，而且也能办到的也可酌情灵活掌握。

(3)修改信用证

在审证过程中如发现信用证内容与合同规定不符，应区别问题的性质，分别同有关部门研究，作出妥善的处理。一般来说，如发现我方不能接受的条款，应及时提请开证人修改，在同一信用证上如有多处需要修改的，应当一次提出。对信用证中可改可不改的，或经过适当努力可以办到而并不造成损失的，则可酌情处理，对通知行转来的修改通知内容，如经审核不能接受时，应及时表示拒绝，如一份修改通知书中包括多项内容，只能全部接受或全部拒绝，不能只接受其中一部分而拒绝另一部分。

3. 货物出运

(1)租船订舱

按CIF或CFR条件成交时，卖方应及时办理租船订舱工作，如系大宗货物，需要办理租船手续；如系一般杂货则需洽订舱位。各外贸公司洽订舱位需要填写托运单，托运单是托运人根据合同和信用证条款内容填写的向船公司或其代理人办理货物托运的单证，船方根据托运单内容，并结合航线、船期和舱位情况，如认为可以承运，即在托运单上签章，留存一份，退回托运人一份，至此，订舱手续即告完成，运输合同即告成立。

船公司或其代理人在接受托运人的托运申请之后，即发给托运人装货单，凭以办理装船手续。装货单的作用有三：一是通知托运人已配妥××船舶、航次、装货日期，让其备货装船；二

是便于托运人向海关办理出口申报手续；三是作为命令船长接受该批货物装船的通知。

货物装船以后，船长或大副则应该签发收货单，即大副收据作为货物已装妥的临时收据，托运人凭此收据即可向船公司或其代理人交付运费并换取正式提单，如收货单上有大副批注，换取提单时应将大副批注在提单上。

现在的进出口企业一般都委托国际货运代理企业办理货物出运手续，进出口企业与国际货运代理企业双方要明确各自的权利与义务，签订好代理协议。在货物和单据的交接中，要严格按照交接手续办理。

(2)出口报关

出口货物在装船出运之前，需向海关办理报关手续，出口货物办理报关时必须填写出口货物报关单，必要时还需提供出口合同副本、发票、装箱单、重量单、商品检验检疫证书、出口收汇核销单，以及其他有关证件，海关查验有关单据后，即在装货单上盖章放行，凭以装船出口。

委托报关的要签订好《代理报关委托书/委托报关协议》。《代理报关委托书》是进出口货物收发货人根据《海关法》和相关法律法规要求提交报关企业的具有法律效力的授权证明。《代理报关委托书》由进出口货物收发货人认真填写，并加盖单位行政公章和法定代表人或被授权人签字。《委托报关协议》是进出口货物收发货人(或单位)与报关企业按照《海关法》的要求签署的明确具体委托报关事项和双方责任的具有法律效力的文件，分为正文表格和通用条款两大部分。

(3)投买保险

凡按 CIF 条件成交的出口合同，在货物装船前，卖方应及时向中国人民保险公司等办理投保手续，出口货物投保都是逐笔办理，投保人应填制投保单，将货物名称、保险金额、运输路线、运输工具、开航日期、投保险别等一一列明。为了简化投保手续，也可利用出口货物明细单或货物出运分析单来代替投保单，保险公司接受投保后，即签发保险单或保险凭证。

4. 制单结汇

按信用证付款方式成交时，在出口货物装船发运之后，外贸公司应按照信用证规定，及时备妥缮制的各种单证，并在信用证规定的交单有效期内交银行办理议付和结汇手续。在制单工作中，必须做到“单证(信用证)相符”和“单单一致”，以便于及时、安全收汇。为了保证单证相符，应在制单前做好信用证分析单(见表5—2)工作。

**表 5—2　　信用证分析单样式**

**信 用 证 分 析 单**　　　　包括修改　次

<table>
<tr><td>银行编号</td><td>AD09487</td><td rowspan="2">合约</td><td rowspan="2" colspan="2">PO824/02/AU</td><td rowspan="2">受益人</td><td rowspan="2" colspan="3">SHANHAI DONGXU IMP & EXP CORP.</td></tr>
<tr><td>证号</td><td>3204N05478</td></tr>
<tr><td>开证银行</td><td colspan="4">INDIAN OVERSEAS BANK, HONG KONG</td><td>进口商</td><td colspan="3">AUTD FENK CO. LTD</td></tr>
<tr><td>开证日期</td><td>15 SEPT. 2013</td><td>索汇方式</td><td>DHL</td><td colspan="2">启运口岸</td><td>SHANGHAI</td><td rowspan="2">目的地</td><td rowspan="2">HONG KONG</td></tr>
<tr><td>金额</td><td>USD35 400.00</td><td>可否转运</td><td colspan="4">NOT ALLOWED</td></tr>
<tr><td>汇票付款人</td><td>APPLICANT</td><td>可否分批</td><td colspan="4">NOT ALLOWED</td><td colspan="2">唛头：</td></tr>
<tr><td>汇票期限</td><td>见票 90 天期</td><td>装运期限</td><td colspan="4">31 OCT. 2013</td><td rowspan="3" colspan="2">PO824/02/AU/NO.1-UP</td></tr>
<tr><td rowspan="2">注意事项</td><td rowspan="2"></td><td>效期时间/地点</td><td colspan="4">17 NOV.2013<br>SHANGHAI</td></tr>
<tr><td>交单期</td><td colspan="4">15 天</td></tr>
</table>

续表

| 单证名称 | 提单 | 副本提单 | 商业发票 | 领事发票 | 海关发票 | 包装单 | 重量单 | 尺码单 | 保险单 | 产地证 | GSP产地证 | EEC产地证 | 贸促会产地证 | 出口许可证 | 装船证书 | 投保通知 | 寄投保通知邮据 | 寄单证明 | 寄单邮据 | 寄样证明 | 寄样邮据 | 铁路货物收据 | 汇票 | 声明 | 电传副本 |
|---|---|---|---|---|---|---|---|---|---|---|---|---|---|---|---|---|---|---|---|---|---|---|---|---|---|
| 银行 | | | 3 | | | 3 | | | 2 | | 1+1 | | | | | | | 1 | | | | | 1+1 | 1 | 1 |
| 客户 | | | | | | | | | | | | | | | | | | | | | | | | | |

| | | | | | |
|---|---|---|---|---|---|
| 提单 | 抬头 | | 保单 | I.C.C. WAR AND MARINE TRANS ALL RISKS, W/W RISKS, FREC, SHORTAGE, TPND | | |
| | 通知 | | | 保额另加10% | 赔款地点 | HONGKONG |
| 运费预付 PREPAID | | | | | | |
| 5% MORE OR LESS IN QUANTITY & AMOUNT ALLOWED<br>GSP FORM A 内容有规定 | | | | | | |

THIS DOCUMENTARY CREDIT IS SUBJECT TO THE UNIFORM CUSTOMS AND PRACTICE

分析单编号：

如分析单内容与合约有不符或疑问，请查核信用证原本。

(1)主要单证

在办理议付结汇时，通常提交的单据有下列几种：

①汇票

汇票一般都是开具一式两份，只要其中一份付讫，则另一份即自动失效。

②发票

商业发票简称发票，是卖方开立的载有货物的名称、数量、价格等内容的清单，是买卖双方凭以交接货物和结算货款的主要单证，也是办理进出口报关、纳税所不可缺少的单证之一。商业发票样式如表5－3所示。

**表5－3** **商业发票样式**

**商业发票**

**Commercial Invoice**

<table>
<tr><td rowspan="2">1. 出口商 Exporter<br>HAIXING INTERNATIONAL TRADING CO., LTD.<br>NO.763, ZHULI ROAD DALIAN, CHINA</td><td colspan="2">4.发票日期和发票号 Invoice Date and No.<br>20131112 1300015</td></tr>
<tr><td>5.合同号 Contract No.<br>1303025</td><td>6.信用证号 L/C No.</td></tr>
<tr><td rowspan="2">2.进口商 Importer<br>NORTH AMERICAN SPORT SHOES INC.<br>15030 VENTURA BLVD. NO. 19－411 CALIFORNIA<br>UNITED STATES 91403</td><td colspan="2">7.原产地国 Country/region of origin of<br>CHINA</td></tr>
<tr><td colspan="2">8.贸易方式 Trade mode<br>ORDINARY TRADE</td></tr>
<tr><td>3.运输事项 Transport details<br>FROM DALIAN TO SAN FRANCISCO</td><td colspan="2">9.交货和付款条款 Terms of delivery and payment<br>CIF SAN FRANCISCO<br>T/T</td></tr>
</table>

续表

| 10.运输标志和集装箱号<br>Shipment marks;Container No. | 11.包装类型及件数;商品编码;商品描述<br>Number and kind of packages;Commodity No.;Commodity description | 12.数量<br>Quantity | 13.单价<br>Unit Price | 14.金额<br>Amount |
|---|---|---|---|---|
| NASSI<br>1303025<br>SAN FRANCISCO<br>CN:1—740 | BATMAN CAR<br>2013 NEWEST 4CH RC HELICOPTER | 1 200PCS<br>5 000PCS | USD10.50<br>USD8.50 | USD12 600.00<br>USD42 500.00 |
| TOTAL QUANTITY:6 200PCS IN 740 CARTONS.<br>WE CERTIFY THAT THE CONTENTS OF THIS INVOICE ARE TRUE AND CORRECT. | | | | |
| 15.总值(用数字和文字表示)Total amount (in figure and word)<br>TOTAL:USD55 100.00<br>TOTAL AMOUNT:SAY U. S. DOLLARS FIFTY FIVE THOUSAND ONE HUNDRED ONLY. | | | | |
| | 16.出口商签章<br>Exporter stamp and signature<br><br>HAIXING INTERNATIONAL<br>TRADING CO., LTD.<br>朱钟林 | | | |

在托收方式下,发票内容应按合同规定并结合实际装货情况填制,在信用证付款方式下,发票内容应与信用证的各项规定和要求相符,如信用证规定由买方负担的选港费或港口拥挤费等费用,可加在发票总额内,并允许凭本证一并向开证行收款,卖方可照此办理,但应注意,发票总金额不得超过信用证规定的最高金额,因按银行惯例,开证行可以拒绝接受超过信用证所许可金额的商业发票。

③海关发票

在国际贸易中,有些进口国要求国外出口商按进口国海关规定的格式填写海关发票,以作为估价完税,或征收差别待遇关税,或征收反倾销税的依据。此外,也可供编制统计资料之用。

填写海关发票时,必须格外注意下列事项:

各国使用的海关发票,都有其特定的格式,不得混用。

凡海关发票与商业发票上共有的项目和内容,必须一致,不得互相矛盾。

对"出口国国内市场价格"一栏,应按有关规定审慎处理,因为,其价格的高低是进口国海关作为是否收反倾销税的重要依据。

如售价中包括运费或包括运费和保险费,应分别列明 FOB 价、运费、保险费各多少,FOB 价加运费应与 CFR 货值相等,FOB 价加运费和保险费应与 CIF 货值相等。

海关发票的签字人和证明人不能为同一个人,他们均以个人身份签字,而且必须手签才有效。

④领事发票

有些进口国家要求国外出口商必须向该国海关提供该国领事签证的发票,其作用与海关发票基本相似,各国领事签发领事发票时,均需收取一定的领事签证费。有些国家规定了领事发票的特定格式，也有些国家规定可在出口商的发票上由该国领事签证。

⑤厂商发票

厂商发票是出口厂商所出具的以本国货币计算的价格，用来证明出口国国内市场的出厂价格的发票，其作用是供进口国海关估价、核税以及征收反倾销税之用，如国外来证要求提供厂商发票，应参照海关发票有关国内价格的填写办法处理。

⑥提单

提单是各种单据中最重要的单据，它是确定承运人和托运人双方权利与义务、责任与豁免的依据，各船公司所负责制的提单格式各不相同但其内容大同小异，其中包括承运人、托运人、收货人、通知人的名称、船名、装卸港名称、有关货物和运费的记载以及签发提单的日期、地点及份数等。

⑦保险单

按 CIF 条件成交时，出口商应代为投保并提供保险单，保险单的内容应与有关单证的内容衔接。例如：保险险别与保险金额，应与信用证的规定相符；保险单上的船名、装运港目的港、大约开航日期以及有关货物的记载，应与提单内容相符；保险单的签发日期不得晚于提单日期，保险单上的金额，一般应相当于发票金额加一成的金额。

⑧原产地证明书

有些不使用海关发票或领事发票的国家，要求出口商提供原产地证明书，以便确定以进口货物应征收的税率，原产地证明书一般由出口地的公证行或工商团体签发，在我国，通常由国家出入境检验检疫局或中国国际贸易促进委员会签发。

⑨普惠制原产地证明书

新西兰、日本、加拿大和欧盟等几十个国家[①]给我国以普惠制待遇，凡向这些国家出口的货物，须提供普惠制原产地证明书，作为对方国家海关减免关税的依据，对各种普惠制原产地证明书内容的填写，应符合各个项目的要求，不能填错；否则，就有可能丧失享受普惠制待遇的机会。

⑩优惠贸易协定原产地证书

优惠贸易协定原产地证书有亚太贸易协定优惠原产地证明书，中国—东盟自贸区优惠原产地证明书(FORM E)、中国—巴基斯坦优惠证明书、中国—智利自贸区优惠证明书(FORM F)、中国—新西兰自贸区优惠原产地证明书、中国—新加坡自贸区优惠原产地证明书、中国—秘鲁自贸区优惠原产地证明书、《海峡两岸经济合作框架协议》优惠原产地证明书，中国—哥斯达黎加自贸区原产地证明书等。

出口的货物若是可以享受优惠贸易协定税率的商品，出口前应向我国出口原产地证书签发机构申领原产地证书，目前原产地证书签发机构有国家出入境检验检疫局和中国国际贸易促进委员会，企业需要持《优惠原产地证书注册登记表》、企业营业执照副本及复印件、自营进出口权批件(资格证书或批准证书或备案登记表)、组织机构代码证正本及复印件、企业海关代码证及复印件等资料去上述机构办理。

⑪检验检疫证书

检验检疫证书包括品质检验证书、重量检验证书、数量检验证书、兽医检验证书、卫生检验

---

① 包括德国、英国、荷兰、意大利、法国、西班牙、比利时、瑞典、丹麦、希腊、奥地利、芬兰、葡萄牙、爱尔兰、卢森堡、波兰、捷克、斯洛伐克、匈牙利、斯洛文尼亚、爱沙尼亚、拉脱维亚、立陶宛、塞浦路斯、马耳他、保加利亚、罗马尼亚、日本、加拿大、瑞士(列支敦士登)、澳大利亚、挪威、俄罗斯、白俄罗斯、新西兰、土耳其、乌克兰、哈萨克斯坦。

证书、价值检验证书和残损检验证书等，需提供何种检验证书，应事先在检验检疫条款中作出明确规定。

⑫装箱单和重量单

装箱单又称花色码单，它列明每批货物的逐件花色搭配；重量单则列明每件货物的净重和毛重，这两种单据可用来补充商业发票内容的不足，便于进口国海关检验和核对货物。

装箱单样式如表 5－4 所示。

**表 5－4　装箱单样式**

**装箱单**

**Packing List**

<table>
<tr><td colspan="2">1. 出口商 Exporter<br>SHANGHAI HUNING INTERNATIONAL TRADING CO., LTD. NO. 100, XIMEN ROAD SHANGHAI, CHINA</td><td colspan="3">3.装箱单日期 Packing List Date<br>20131112</td></tr>
<tr><td colspan="2" rowspan="2">2.进口商 Importer<br>KOBORI BUTSUGU MFG. CO., LTD. 2－20－12, DOGENZAKA, SHIBUYA - KU, TOKYO, JAPAN ZIP: 1500043</td><td>4.合同号 Contract No.<br>20131002</td><td colspan="2">5.信用证号 L/C No.</td></tr>
<tr><td colspan="3">6.发票日期和发票号 Invoice Date and No.<br>20131112　IV 93568</td></tr>
<tr><td>7.运输标志和集装箱号<br>Shipment marks; Container No.</td><td>8.包装类型及件数；商品编码；商品描述<br>Number and kind of packages; Commodity No.; Commodity description</td><td>9.毛重 kg<br>Gross weight</td><td>10.净重 kg<br>Net weight</td><td>11. 体积 $M^3$<br>Cube</td></tr>
<tr><td>KBMC<br>131002</td><td>SOFT TOYS　240 CARTONS<br>1 200PCS</td><td>10KGS/CTN</td><td>9KGS/CTN</td><td>0.06CBM/CTN</td></tr>
<tr><td>TOKYO<br>CN: 1－740</td><td>FREE SHIPPING COOLER BAG　500 CARTONS<br>5 000PCS</td><td>12KGS/CTN</td><td>10KGS/CTN</td><td>0.12CBM/CTN</td></tr>
<tr><td colspan="5">TOTAL QUANTITY: 6 200PCS<br><br>TOTAL: 740 CARTONS<br>G.W.8 400KGS<br>N.W.7 160KGS<br>CBM: 4.400<br><br>SAY SEVENTY FOUR HUNDRED CARTONS ONLY.</td></tr>
<tr><td colspan="2"></td><td colspan="3">12.出口商签章<br>Exporter stamp and signature<br><br>SHANGHAI HUNING INTERNATIONAL TRADING CO., LTD.<br><br>程大海</td></tr>
</table>

(2)缮制结汇单据要求

提高单证质量，对保证安全迅速收汇有着十分重要的意义，特别是在信用证付款条件下，实行的是单据和货款对流的原则，单证不相符，单单不一致，银行和进口商就可能拒收单据和

拒付货款。因此,缮制结汇单据时,要求做到以下几点:

①正确

单据内容必须正确,既要符合信用证的要求,又要能真实反映货物的实际情况。各单据填制的内容之间不能相互矛盾。在信用证业务中,单据的重要性集中体现在单据与信用证条款的一致,单据与单据之间彼此一致。

②完整

单据的种类、份数应符合信用证的规定,不能短少,单据本身的内容,应当完备,不能出现项目短缺情况。

③及时

每一种单证的出单日期要及时、合理和有序,既要保证在信用证或合同规定的有效期内,又要符合一般的商务习惯和要求。全套单据制作完毕后,应及时到议付行交单议付。银行不接受超过信用证有效期的单据,也不接受迟于装运日期后 21 天的提单。

④简明

单据内容应按信用证要求和国际惯例填写,力求简明,切勿加列不必要的内容。简化单证既有利于减少工作量,提高工作效率,也有利于提高单证质量和减少差错。

⑤整洁

单据的布局要美观大方,缮写或打印的字迹要清楚醒目,单据表面要洁净。

⑥规范

单据的布局、字体的大小、内容的填制都必须规范。

单据必须做到四相符,即单据与信用证相符、单据与单据相符、单据与合同相符和单据内部诸项目之间要相符。当然,单据的四相符是以信用证和合同相符为前提的,因此也可说是五相符,即“证同相符”“单证相符”“单单相符”“单货相符”和“单内相符”。

在履行凭信用证付款的 CIF 出口合同时,上述四个基本环节是不可缺少的,但是,在履行按其他付款方式或其他贸易术语成交的出口合同时,其工作环节则有所不同。例如:在采用汇付或托收的情况下,就没有我方催证、审证和改证的工作环节,在履行 CFR 出口合同时,就没有我方负责投保的工作,在履行 FOB 出口合同时,我方既无负担租船订舱的任务,也无投保货物运输险的责任,由此可见,履行出口合同的环节和工作内容,主要取决于合同的类别及其所采用的支付方式。

此外,在履行出口合同过程中,如因国外买方未按时开证或未按合同规定履行义务,致使我方遭受损失,我们应根据不同对象、不同情况及损失程度,有理有据地及时向对方提出索赔,以维护我方的正当权益。当外商对我方交货的品质、数量、包装不符合约定的条件,或我方未按时装运,致使对方蒙受损失而向我方提出索赔时,我方应查明事实,分清责任,酌情作出适当的处理,如确属我方责任,我们应实事求是地予以赔偿,如属外商不合理的要求,我们必须以理拒赔。

5. 货物贸易外汇管理制度

为大力推进贸易便利化,进一步改进货物贸易外汇服务和管理,国家外汇管理局、海关总署、国家税务总局决定,自 2012 年 8 月 1 日起在全国实施货物贸易外汇管理制度改革,并相应调整出口报关流程,优化升级出口收汇与出口退税信息共享机制。

(1)改革货物贸易外汇管理方式

改革之日起,取消出口收汇核销单(以下简称“核销单”),企业不再办理出口收汇核销手续。国家外汇管理局分支局(以下简称"外汇局")对企业的贸易外汇管理方式由现场逐笔核销改变为非现场总量核查。外汇局通过货物贸易外汇监测系统,全面采集企业货物进出口和贸易外汇收支逐笔数据,定期比对、评估企业货物流与资金流总体匹配情况,便利合规企业贸易外汇收支;对存在异常的企业进行重点监测,必要时实施现场核查。

(2)对企业实施动态分类管理

外汇局根据企业贸易外汇收支的合规性及其与货物进出口的一致性,将企业分为A、B、C三类。A类企业进口付汇单证简化,可凭进口报关单、合同或发票等任何一种能够证明交易真实性的单证在银行直接办理付汇,出口收汇无须联网核查;银行办理收付汇审核手续相应简化。对B、C类企业在贸易外汇收支单证审核、业务类型、结算方式等方面实施严格监管,B类企业贸易外汇收支由银行实施电子数据核查,C类企业贸易外汇收支须经外汇局逐笔登记后办理。

外汇局根据企业在分类监管期内遵守外汇管理规定情况,进行动态调整。A类企业违反外汇管理规定将被降级为B类或C类;B类企业在分类监管期内合规性状况未见好转的,将延长分类监管期或被降级为C类;B、C类企业在分类监管期内守法合规经营的,分类监管期满后可升级为A类。

(3)调整出口报关流程

改革之日起,企业办理出口报关时不再提供核销单。

(4)简化出口退税凭证

自2012年8月1日起报关出口的货物(以海关"出口货物报关单[出口退税专用]"注明的出口日期为准,下同),出口企业申报出口退税时,不再提供核销单;税务局参考外汇局提供的企业出口收汇信息和分类情况,依据相关规定,审核企业出口退税。

国家规定自2012年8月1日起,全国上线运行货物贸易外汇监测系统(以下简称"监测系统"),停止使用贸易收付汇核查系统、贸易信贷登记管理系统、出口收结汇联网核查系统以及中国电子口岸—出口收汇系统。外汇指定银行(以下简称"银行")和企业用户通过国家外汇管理局应用服务平台(以下简称"应用服务平台")访问监测系统,具体访问渠道为:

| 用户类型 | 网络连接方式 | 访问地址 |
| --- | --- | --- |
| 银行 | 外部机构接入网 | http://asone.safe:9101/asone |
| 企业 | 互联网 | http://asone.safesvc.gov.cn/asone |

6. 出口退税

为加强我国出口产品在国际市场上的竞争力,按照国际惯例,我国对出口产品实行退税制度。

出口退税是将出口货物在国内生产、流通环节缴纳的增值税、消费税,在货物报关出口后退还给出口企业的一种税收管理制度,是一国政府对出口货物采取的一项免征或退还国内间接税的税收政策。

出口退税与跨国经济贸易紧密地联系在一起,是作为一种涉外宏观经济政策为被世界各国所认同,逐渐发展成为一种国际惯例。出口退税政策作为一国对于出口的一项优惠措施,最初的目的在于鼓励出口,但在发展演变当中,由于国家对外经济贸易战略目标的需要,又成为国家对于出口商品结构的一种导向性调节工具。由于出口退税与企业产品的生产成本密切相关，因此出口退税率的降低或提高必然会使企业出口产品成本增大或缩小，影响企业产品在国际市场上的竞争力，进而影响企业的出口量。另外，出口退税是生产和流通各环节中已经缴纳的国内流转税，在实行增值税的国家中它着重于对实物经济而不是金融经济的影响，它与产出水平（或经济活动水平）的联系更为密切。

我国的出口退税政策实行普遍优惠与产业政策优惠相结合的原则。普遍优惠政策能够降低出口成本，提高国际竞争能力，推动出口贸易规模的增长。在出口退税普遍优惠的基础上，推行第二层次的产业政策税收优惠原则，即对不同行业、不同效益的出口产品实行差别性的税收政策，以促使企业优化出口商品结构，提高出口产品质量和单位附加值。

(1)适用增值税退(免)税政策的出口货物和劳务

①出口企业出口货物。

出口企业，是指依法办理工商登记、税务登记、对外贸易经营者备案登记，自营或委托出口货物的单位或个体工商户，以及依法办理工商登记、税务登记但未办理对外贸易经营者备案登记，委托出口货物的生产企业。

出口货物，是指向海关报关后实际离境并销售给境外单位或个人的货物，分为自营出口货物和委托出口货物两类。

生产企业，是指具有生产能力（包括加工修理修配能力）的单位或个体工商户。

②出口企业或其他单位视同出口货物

具体是指：

a. 出口企业对外援助、对外承包、境外投资的出口货物。

b. 出口企业经海关报关进入国家批准的出口加工区、保税物流园区、保税港区、综合保税区、珠澳跨境工业区（珠海园区）、中哈霍尔果斯国际边境合作中心（中方配套区域）、保税物流中心（B型）（以下统称“特殊区域”）并销售给特殊区域内单位或境外单位、个人的货物。

c. 免税品经营企业销售的货物。

● 中国免税品（集团）有限责任公司向海关报关运入海关监管仓库，专供其经国家批准设立的统一经营、统一组织进货、统一制定零售价格、统一管理的免税店销售的货物；

● 国家批准的除中国免税品（集团）有限责任公司外的免税品经营企业，向海关报关运入海关监管仓库，专供其所属的首都机场口岸海关隔离区内的免税店销售的货物；

● 国家批准的除中国免税品（集团）有限责任公司外的免税品经营企业所属的上海虹桥、浦东机场海关隔离区内的免税店销售的货物。

d. 出口企业或其他单位销售给用于国际金融组织或外国政府贷款国际招标建设项目的中标机电产品（以下简称“中标机电产品”）。上述中标机电产品，包括外国企业中标再分包给出口企业或其他单位的机电产品。

e. 生产企业向海上石油天然气开采企业销售的自产的海洋工程结构物。

f. 出口企业或其他单位销售给国际运输企业用于国际运输工具上的货物。上述规定暂仅适用于外轮供应公司、远洋运输供应公司销售给外轮、远洋国轮的货物，国内航空供应公司生产销售给国内和国外航空公司国际航班的航空食品。

g. 出口企业或其他单位销售给特殊区域内生产企业生产耗用且不向海关报关而输入特殊区域的水（包括蒸气）、电力、燃气（以下统称“输入特殊区域的水电气”）。

除财政部和国家税务总局另有规定外，视同出口货物，适用出口货物的各项规定。

③出口企业对外提供加工修理修配劳务

对外提供加工修理修配劳务，是指对进境复出口货物或从事国际运输的运输工具进行的加工修理修配。

(2)增值税退(免)税办法

适用增值税退(免)税政策的出口货物劳务，按照下列规定实行增值税免抵退税或免退税办法。

①免抵退税办法。生产企业出口自产货物和视同自产货物及对外提供加工修理修配劳务，以及列名生产企业出口非自产货物，免征增值税，相应的进项税额抵减应纳增值税额(不包括适用增值税即征即退、先征后退政策的应纳增值税额)，未抵减完的部分予以退还。

②免退税办法。不具有生产能力的出口企业(以下统称"外贸企业")或其他单位出口货物劳务，免征增值税，相应的进项税额予以退还。

(3)增值税出口退税率

①除财政部和国家税务总局根据国务院决定而明确的增值税出口退税率(以下简称"退税率")外，出口货物的退税率为其适用税率。国家税务总局根据上述规定将退税率通过出口货物劳务退税率文库予以发布，供征纳双方执行。退税率有调整的，除另有规定外，其执行时间以货物(包括被加工修理修配的货物)出口货物报关单(出口退税专用)上注明的出口日期为准。

②退税率的特殊规定

a. 外贸企业购进按简易办法征税的出口货物、从小规模纳税人购进的出口货物，其退税率分别为简易办法实际执行的征收率、小规模纳税人征收率。上述出口货物取得增值税专用发票的，退税率按照增值税专用发票上的税率和出口货物退税率孰低的原则确定。

b. 出口企业委托加工修理修配货物，其加工修理修配费用的退税率，为出口货物的退税率。

c. 中标机电产品、出口企业向海关报关进入特殊区域销售给特殊区域内生产企业生产耗用的列名原材料(以下简称"列名原材料")、输入特殊区域的水电气，其退税率为适用税率。如果国家调整列名原材料的退税率，列名原材料应当自调整之日起按调整后的退税率执行。

d. 海洋工程结构物退税率的适用。

③适用不同退税率的货物劳务，应分开报关、核算并申报退(免)税，未分开报关、核算或划分不清的，从低适用退税率。

(4)增值税退(免)税的计税依据

出口货物劳务的增值税退(免)税的计税依据，按出口货物劳务的出口发票(外销发票)、其他普通发票或购进出口货物劳务的增值税专用发票、海关进口增值税专用缴款书确定。

(5)适用消费税退(免)税或征税政策的出口货物

属于消费税应税消费品，实行下列消费税政策：

①适用范围

a. 出口企业出口或视同出口适用增值税退(免)税的货物，免征消费税，如果属于购进出口的货物，退还前一环节对其已征的消费税。

b. 出口企业出口或视同出口适用增值税免税政策的货物，免征消费税，但不退还其以前环节已征的消费税，且不允许在内销应税消费品应纳消费税款中抵扣。

c. 出口企业出口或视同出口适用增值税征税政策的货物，应按规定缴纳消费税，不退还其以前环节已征的消费税，且不允许在内销应税消费品应纳消费税款中抵扣。

②消费税退税的计税依据

出口货物的消费税应退税额的计税依据，按购进出口货物的消费税专用缴款书和海关进口消费税专用缴款书确定。

属于从价定率计征消费税的，为已征且未在内销应税消费品应纳税额中抵扣的购进出口货物金额；属于从量定额计征消费税的，为已征且未在内销应税消费品应纳税额中抵扣的购进出口货物数量；属于复合计征消费税的，按从价定率和从量定额的计税依据分别确定。

## 二、进口合同的履行

我国进口货物，大多是按 FOB 条件并采用信用证付款方式成交，按此条件签订的进口合同，其履行的一般程序包括：开立信用证，租船订舱，接运货物，办理货运保险，审单付款，报关提货验收与拨交货款和办理索赔等。

1. 开立信用证

买方开立信用证是履行合同的前提条件，因此，签订进口合同后，应按规定办理开证手续。如合同规定在收到卖方货物备妥通知或在卖方确定装运期后开证，应在接到上述通知后及时开证；如合同规定在卖方领到出口许可证或支付履约保证金后开证，买方应在收到对方已领到许可证的通知，或银行通知履约保证金已付讫后开证。买方向银行办理开证手续时，应填写开证申请书，连同所需附件交开证银行。银行则按开证申请书内容开立信用证，因此，信用证内容是以合同为依据开立的，它与合同内容应当一致。

卖方收到信用证后，如要求展延装运期和信用证有效期或变更装运港等，若我方同意对方的请求，即可向银行办理信用证修改手续。

2. 租船、订舱和催装

按 FOB 条件签订进口合同时，应由买方安排船舶，如买方自己没有船舶，则应负责租船订舱或委托租船代理办理租船订舱手续，当办妥租船订舱手续，接到运输机构的配船通知后，应按规定期限及时将船名及预计到港日期通知卖方，以便卖方备货装船。

买方备妥船后，应做好催装工作，随时了解和掌握卖方备货情况和船舶动态，催促卖方按期装运。对于数量大或重要的进口货物，在交货期前一两个月应发函电催装，必要时可委托我驻外商务机构就近协助了解和督促对方根据规定，按时、按质、按量履行交货义务，或派员前往出口地点监督装运。

对 CIF 和 CFR 条件下的进口合同，应由卖方负责租船、订舱，安排装运。买方要及时与卖方联系，掌握卖方的备货和装运情况。

3. 办理货运保险

FOB、FCA、CFR 和 CPT 条件下的进口合同，由进口方办理货物的运输保险。当接到卖方的装运通知后，进口方应及时将船名、提单号、开航日期、装运港、目的港以及货物的名称和数量等内容通知中国人民保险公司，办妥投保手续。

4. 审单付款

货物装船后，卖方即凭提单等有关单据向当地银行议付货款，当议付行寄来单据后，经银行审核无误即通知买方付款赎单。如经银行配合审单发现单证不符或单单不符，应分别情况进行处理。处理办法有很多，例如：拒付货款；相符部分付款，不符部分拒付；货到检验合格后再付款；凭卖方或议付行出具担保付款，在付款的同时提出保留索赔权。

5. 报关提货

买方付款赎单后，一俟货物运抵目的港，即应及时向海关办理进口报关手续。经海关查验有关单据、证件和货物，并在提单上签章放行后，即可凭以提货。

6. 验收、拨交货物和索赔

在进口货物中，卖方交货后，买方应有合理机会对货物进行检验，如发现品质、数量、包装有问题应及时取得有效的检验证明，以便向有关责任方提出索赔或采取其他救济措施。

对于法定检验的进口货物，必须向卸货地或到达地的出入境检验检疫机构报验。未经检验的货物，不准销售和使用。国家对重要的进口商品实施进口安全质量许可证制度，实施进口安全质量许可证的商品目录由国家检验检疫部门公布。

为了在规定时效内对外提出索赔，凡属下列情况的货物，均应在卸货港口就地报验：(1)合同订明须在卸货港检验的货物；(2)货到检验合格后付款的；(3)合同规定的索赔期限很短的货物；(4)卸货时已发现残损、短少或有异状的货物。如无上述情况，而用货单位不在港口的，可将货物转运至用货单位所在地，由其自选验收，验收中如发现问题，应及时请当地检验检疫机构出具检验证明，以便在索赔有效期内对外提出索赔。

进口货物的收货人可以在报关地和收货地委托代理报检单位报检。

货物进口后，应及时向用货单位办理拨交手续，如用货单位在卸货港所在地，则就近拨交货物，如用货单位不在卸货地区，则委托货运代理将货物转运内地，并拨交给用货单位，在货物拨交后，外贸公司再与用货单位进行结算。

在履行凭信用证条款的 FOB 进口合同时，上述各项基本环节是不可缺少的。在履行其他付款方式和其他贸易术语成交的进口合同时，其工作环节有所不同。(1)在汇付或托收方式下，就不存在买方开证的工作环节；(2)在 CFR 方式下，买方不负责租船订舱，此项工作由卖方办理；(3)在 CIF 方式下，买方不承担货物从装运港到目的港的运输任务、不负责办理货运投保手续，此项工作由卖方按约定条件代为办理。

在进口业务中，有时会发生卖方未按期交货或货到后发现品质、数量和包装等方面有问题，致使买方遭受损失，而需向有关方面提出索赔。进口索赔事件牵涉到维护我方的利益，我们对此项工作应当充分注意，一旦出现卖方违约或发生货运事故，应切实做好进口索赔工作。为此，我们必须注意下列事项：

(1)在查明原因、分清责任的基础上确定索赔对象

根据事故性质和致损原因的不同，向责任方提出索赔。例如：凡属原装短少和品质、规格与合同不符，应向卖方提出索赔，货物数量少于提单所载数量，或在签发清洁提单情况下货物出现残损短缺，则应向装运人索赔，由于自然灾害、意外事故而使货物遭受承保险别范围内的损失，则应向保险公司索赔。

(2)提供索赔证据

为了保证索赔工作的顺利进行，必须提供足够的证据。常见的索赔证据有公证报告、保险单正本、事故记录、短卸或残损证明、检验证书、提单、发票、装箱单、磅码单、买卖合同及往来函电、索赔清单等，必要时，还可提供物证或实物照片等。

(3)掌握索赔期限

向责任方提出索赔，应在规定的期限内提出，过期提出索赔无效，在合同内一般都规定了索赔期限：向卖方索赔，应在约定期限内提出，如合同未规定索赔期限，按《联合国国际货物销售合同公约》规定，买方向卖方声称货物不符合合同时限，是买方实际收到货物之日起两年；向船公司索赔的时限，按《海牙规则》规定，是货物到达目的港交货后一年内；向保险公司索赔的时限，按中国人民保险公司制定的《海洋运输货物保险条款》规定，为被保险货物在卸载港全部

卸离海轮后两年内。

(4)索赔金额

索赔金额应适当确定,除包括受损商品价值外,还应加上有关费用(如检验费等)。索赔金额究竟为多少,其中包括哪些费用,应视具体情况而定。

## 思考题

1. 构成一项法律上有效的发盘必须具备哪些条件?
2. 对于商业广告是否为发盘的问题,英美法系、大陆法系及《联合国国际货物销售合同公约》是如何规定的?
3. 为什么明确发盘生效的时间具有重要的法律和实践意义?
4. 关于发盘的撤销问题,《联合国国际货物销售合同公约》是如何规定的?
5. 什么是接受? 构成一项有效的接受必须具备什么条件?
6. 什么是逾期接受? 对此问题,《联合国国际货物销售合同公约》是如何规定的?
7. 关于接受生效的时间,《联合国国际货物销售合同公约》采取什么原则?
8. 一项有法律约束力的合同必须具备什么条件?
9. 履行以信用证付款的 CIF 出口合同,需要经过哪些环节?

# 第六章　国际结算

### 从一则拒收案例看买方拒收风险——《国际商报》

**基本案情**

国内Z公司与非洲某国买方T公司于2007年7月首次开展贸易，出口价值7万美元的烧碱，贸易支付方式为D/P AT SIGHT。

2007年7月15日，买方通过电子邮件将代收行信息提供给Z公司。Z公司发货后按照D/P操作规则，将正本装船提单等单据通过国内托收行寄往买方指定的代收行。单据在途期间，Z公司为了解单据寄送情况，致电买方提供的银行联系方式了解单据情况。Z公司发现买方提供的该银行联系方式为个人电话，而不是银行对公电话。Z公司预感到风险，立即通过国内托收行核实买方提供的代收行信息，发现买方提供的代收行地址、代码等信息均无误，但联系电话非代收银行电话。经询问买方，买方称该电话为代收行单据处理部门负责人A的私人电话。

因上述操作不符合托收方式惯例，且Z公司与买方T公司为首次合作，不了解T公司的信用状况。因此，在担心存在银行与买方串通欺诈的情况下，Z公司当即要求托收行将正本单据退回，并寻求中国出口信用保险公司（简称中国信保）的帮助。

中国信保立即对本案涉及的代收行进行调查，发现该银行为非洲该国第一大银行，在世界银行排名中靠前，未发现联合买方欺诈出口商的不良记录。因此，中国信保建议Z公司立即通过国内托收行发送电文联系代收行，要求代收行确认是否与买方达成了托收业务，并请代收行核实其单据处理部门负责人的姓名。代收行答复：买方在该行未设有银行账户，且代收银行也无A员工。代收行同时建议，如担心买方风险，可要求买方出具经代收行背书的保函。

在中国信保的协助下，Z公司联系买方要求其出具付款保证函，并要求进行银行背书。买方按要求出具了付款保证函但不愿意交由银行背书，并要求Z公司尽快按照合同约定寄交单据，否则将不再收取货物。

根据上述信息，我们判断代收行联合买方欺诈的可能性较小。同时，虽然在此托收贸易中买方确实较为可疑，但没有足够的证据表明买方欺诈/违约或者即将进行欺诈/违约，如此时Z公司不按照合同约定将单据寄送代收行，则Z公司可能面临被追究违约责任的风险。但此时货物即将到港，如不尽快采取措施将产生额外的滞港等费用。因此，在基本排除银行欺诈的情况下，中国信保建议Z公司继续通过国内托收行联系代收行对公部门寄送单据，并促请代收行务必严格按照D/P操作规则在买方付款后才可放单。Z公司按照上述建议，于8月7日再次通过国内托收行将单据重新寄送代收行，并通知买方按时付款赎单。

此时，Z公司反馈，国际市场上烧碱的价格大幅下跌，本案货物的市场价已经降为5万美元。中国信保立即提示Z公司，鉴于本案买方的各种风险信号和产品市场价格的下跌，应预防买方拒收风险的发生。在中国信保的协助下,Z公司开始就本案项下涉及的烧碱寻找新的买方,并进行初步接洽,以应对可能发生的拒收风险。

2007年8月8日,货物按期运抵买方指定港口;8月10日,正本单据寄至代收行;8月14日,托收行收到代收行电文通知:T公司以Z公司未按照其要求的方式寄送单据(T公司指示使用“FEDEX”寄送单据)为由拒绝付款赎单,并要求代收行将正本单据退回。

经向国内托收行了解,该行全部单据由DHL承运寄送;托收行同时表示,按照托收惯例,单据的寄送方式只要没有影响单据的到达,并不构成买方拒绝付款赎单的理由。

Z公司立即与T公司联系,要求其立即到银行付款赎单,但T公司称目前当地市场的烧碱价格下降且行情低迷,不愿付款赎单,在表示歉意的同时让Z公司另寻买家。

**案件处理**

拒收风险项下,减损措施一般有三种:一是运回国内;二是将货物在当地转卖;三是折价卖给原买家。结合本案实际情况,中国信保对上述三种方案进行了比较分析。

由于货物退运成本过高,且退关手续复杂,中国信保经评估后优先考虑后两种方案,在当地对货物进行减损处理。

鉴于Z公司首次打入该非洲国家,在该国尚无其他客户关系。因此,我们首先尝试了第三种方案,即由Z公司询问T公司在降价的情况下是否愿意接受货物。但T公司回绝了Z公司的提议,明确表示不愿意接收货物。于是,中国信保全力协助Z公司寻找新的买家以处理该批货物。

由于我们较早认识到了风险发生的可能性,并已经及时对Z公司进行了预警,Z公司已经提前半个月在当地寻找新的买方。8月22日,经同行介绍,Z公司在邻国寻找到了新买方U公司,U公司同意以D/P AT SIGHT6.5万美元的价格接受该批货物。经中国信保查询,U公司拥有良好的信用记录。通过执行上述转卖方案,本案最终损失被控制在1万美元以内。

**案件评析**

(一)买方拒收理由多

国际贸易中,无论是国际市场形势还是买方资信情况都瞬息万变,买方可以用明示或默示的方式,以各种有理或无理的“理由”拒绝接收货物。本案项下,买方拒收的表面理由为:Z公司未按照买方指定的方式(“FEDEX”寄单)寄送单据。在一般人看来,买方的这一理由近乎古怪,但作为国际贸易主体的经济人其拒收行为一定有隐藏在背后的真实原因。进一步探究,我们发现,T公司拒收的真正原因并不是Z公司未按照买方指示寄单这么简单,而是烧碱在当地市场价格下降、行情低迷,买方T公司如付款赎单提货,将无法得到预期收益。产品市场价格下降直接导致了本案买方发生拒收风险。

(二)对风险信号保持高度警觉

本案项下,出口商Z公司始终对风险保持高度警觉,以保障自身利益。只要一出现风险信号,Z公司就及时向中国信保征询应对措施。在寄单过程中,Z公司在发现买方指定的代收行信息有误的风险信号后,及时要求托收行追回单据正本,并积极核实银行信息;在排除银行风险后,为不违反作为卖方的交单义务,Z公司在听取中国信保的专业意见后,继续通过国内托收行向代收行对公部门寄送单据,并提示代收行严格执行托收规则;在继续履约的同时,Z公司接受中国信保的协助,积极寻找新的买方,防范和应对买方拒收风险。

(三)D/P项下银行擅自放单风险需提防

传统意义上,D/P方式具有比OA支付方式更为安全的特性。但这只是一种在信任银行信用基础上的一种理解。因此,在使用D/P方式操作时,出口商应当预先了解代收行的信用状况,尽量采用信誉较好、实力较强的银行作为代收银行,以防止出现D/P项下银行擅自放单的风险。

另外,在单据流转的安全方面还有另外一种风险。某些银行,尤其是部分发展中国家的银行内部管理混乱,银行工作人员或者其他人员个人接触单据并转移单据的风险也不容忽视。如在本案项下,买方要求将单据寄送给个人的行为是十分危险的。在托收业务项下,出口商应当事先核实代收银行的具体信息,只有将单据寄送银行的对公部门,才能最大限度保障单据流转的安全。

(四)买方拒收后的货物处理

在发生买方拒收风险后,出口商不必手足无措,而应积极应对,处理货物,以防止损失扩大,并及时寻求中国信保的协助。一般拒收风险下减损的措施有三种:一是运回货物;二是将货物在当地转卖;三是折价卖给原买家。不同的方案成本与风险均不同。中国信保将协助出口商结合案件实际情况选择最佳方案。

在上述三种减损方案中,转卖方案实施的最大难点在于寻找新买方。一般而言,可以通过以下几种途径寻找新买方:一是出口商在当地的客户关系;二是中国信保的当地渠道推荐的买方;三是其他业内同行提供的客户资源。

## 第一节　票　据

### 一、票据的基本概念

1. 票据的定义

票据是社会经济生活中的重要支付手段,票据是以支付金钱为目的的几种证券,它们是由出票人签名在这些票据之上,无条件地约定由其本人或其指定的另一人支付确定的金额,并可以流通转让。

在国际货款结算中,基本上都采用票据作为结算工具。国际贸易中使用的票据包括汇票、本票及支票,以使用汇票为主。

票据有三个基本关系人,即出票人(Drawer)、付款人(Drawee)和受款人(Payee)。除三个基本关系人外,票据上还经常出现持票人、背书人和承兑人。

出票人是指开出票据的人,即指示付款人在一定日期履行付款责任的人。出票人在票据上一旦签名,即已发出指令,对受款人或持票人承担该项票据提示时一定付款或承兑的保证责任。

付款人是指根据出票人的指令支付票款的人,付款人对票据承担付款责任。票据一经付款人承兑,付款人必须承担到期付款的责任。

受款人是指接受票据的人,是票据的主债权人。受款人有权向付款人要求付款,如被拒绝,有权向出票人追索票款。

持票人是指占有票据的人。

背书人是指受款人或持票人在收到票据后通过背书又将票据转让给第三者的人。

承兑人是指付款人经承兑保证票据到期付款的人。

票据是可以转让流通的一种信用证券,票据自出票到兑付之间产生一系列票据行为,主要有:出票(to draw)、背书(endorsement)、提示(presentation)、承兑(acceptance)、付款(payment)、拒绝承兑和拒付(refusal of acceptance and dishonour of payment)和追索(recourse)等。

2. 票据的特性

票据可分为汇票、本票和支票三种,若约定由出票人自行付款,则是本票;若由另一指定人付款,则是汇票或支票。

各种形式的票据,一般均具有以下特性:

(1)转让性

流通转让是票据的基本特性,票据所有权通过交付或背书及交付即可进行转让,转让时不必通知债务人,债务人不能以未接到转让通知为理由拒绝向票据权利人清偿债务。票据的受让人可获得票据的全部法律权力,完成受让后可用自己的名义提出诉讼。票据受让人的权利是通过支付对价后获得的,那么其权利不会因前手票据权利的缺陷而受影响。

(2)无因性

出票人签发票据给收款人即是保证将由自己或第三人支付票据上列明的款项。出票人之所以让收款人去收款,是因为对收款人负有债务,两者间产生了票据的权利与义务关系,两者间的这种关系被称为对价关系。如果收款人再将此票据转让出去,那么他和受让人之间也必定存在对价关系。第三人作为付款人之所以代出票人付款,是因为出票人在他处有存款或是他愿意向出票人提供贷款,两者间的这种关系被称为资金关系。票据债权人在行使其票据权利时,不必证明票据的原因,只需凭票据上的文字记载,即可要求票据债务人支付票据规定的金额。

(3)要式性

各国票据法都非常强调票据的要式性。票据的要式性就是指票据的必要项目必须齐全,票据的形式和内容必须符合规定。

票据是一种要式凭证,票据行为是一种要式法律行为。票据和票据行为的生效,必须以票据上记载的事项为依据。汇票、本票、支票上的记载事项可以分为必须记载事项、任意记载事项、不发生票据法上效力的记载事项和不得记载事项四类。

(4)文义性

文义即文字上的含义或其思想内容,指票据的效力是由文字的含义来决定的,债权人和债务人只受文义的约束,债权人不得以票据上未记载的事项向债务人有所主张,债务人也不能用票据上未记载的事项对债权人有所抗辩。

## 二、汇票

1. 汇票的定义

汇票(bill of exchange,简称"draft"或"bill")是出票人签发的,委托付款人在见票时或者在指定日期无条件支付确定的金额给收款人或者持票人的票据。[①]

英国票据法的定义,汇票是"由一人签发给另一人的无条件书面命令,要求受票人见票时或于未来某一规定的或可以确定的时间,将一定金额的款项支付给某一特定的人或其指定人,或持票人"。

2. 汇票的种类

① 参见《中华人民共和国票据法》第19条。

常见的出口贸易结算的汇票从不同的角度分类，可分成以下几种：

(1)银行汇票(banker's draft)和商业汇票(commercial draft)

从出票人的角度来分，汇票可分为银行汇票和商业汇票。

银行汇票的出票人和付款人都是银行。例如，在汇款业务中汇款人请求汇出行把款项交收款人，这时汇出银行开立汇票交给汇款人以便寄交收款人向付款行领取款项，这种汇票其出票人是银行，所以称银行汇票。银行汇票一般为光票，不随附货运单据。

银行汇票的样张，如图 6—1 所示。

BANK OF CHINA
本汇票有效期为一年
This draft is valid for one
year from the date of issue

号码 20003513
No.
金额
AMOUNT ____

中国银行

致：
TO ________

请　付
PAY TO ________

金　额
THE SUM OF ________

请凭本汇票付款划我　行账
PAY AGAINST THIS DRAFT TO THE
DEBIT OF OUR　ACCOUNT

中国银行上海分行
BANK OF CHINA SHANGHAI

图 6—1　银行汇票的样张

商业汇票的出票人是商家或个人，付款人可以是商家或个人，也可以是银行。进出口贸易结算中的托收支付方式和信用证项下的支付方式所开具的汇票就属于商业汇票。商业汇票大多附有货运单据。

商业汇票的样张(一)如图 6—2 所示。

号码　　汇票金额　　中国　上海　　年　月　日
No. ........ Exchange for ________ Shanghai, China ........ 20........

见票　　日后（本汇票之副本未付）付交
At ........ sight of this FIRST of Exchange (Second of Exchange being Unpaid)

Pay to the order of

金　额
the sum of ________

against shipment of ........

........

此致
To ........

........

........

号码 汇票金额 中国上海 年 月 日
No. Exchange for Shanghai, China 20
见票 日后(本汇票之副本未付)付交
At sight of this FIRST of Exchange (Second of Exchange being Unpaid)
Pay to the order of
金 额
the sum of

against shipment of

此致
To

2

图 6—2 商业汇票的样张(一)

商业汇票的样张(二),如图 6—3 所示。

凭 ROYAL BANK OF CANADA 信用证
Drawn under CANADA L/C No.1736830M05401
日期
dated 130328 支取 Payable with interest @ % 按 息 付款
号码 上海
No. IEB030305113 **Exchange** for USD39652.86 Shanghai 20
见票 日 后(本汇票之副本未付)付交 金额
At * * * * * * * sight of this F I R S T of Exchange (Second of exchange being unpaid) Pay to the order of the sum of
SAY U.S. DOLLARS THIRTY NINE THOUSAND SIX HUNDRED AND FIFTY TWO AND CENTS EIGHTY SIX ONLY
款已收讫
Value received

BANK OF CHINA

此致: ROYAL BANK OF CANADA
To TRADE SERVICE CENTRE
TORONTO ONTARIO M5J 1J1

上海东浩国际商务有限公司
SHANGHAI EAST BEST INTERNATIONAL
BUSINESS DEVELOPMENT CO., LTD.
(签字)

1

图 6—3 商业汇票的样张(二)

(2)商业承兑汇票(commercial acceptance bill)和银行承兑汇票(banker's acceptance bill)

从承兑人的角度来分,汇票可分为商业承兑汇票和银行承兑汇票。在商业汇票中,远期汇票的付款人为商家或个人，并经付款人承兑，这种汇票称为商业承兑汇票。银行承兑汇票则是有银行承兑的远期汇票。银行承兑汇票是建立在银行信用的基础上。

(3)跟单汇票(documentary draft)和光票(clean draft)

汇票按是否跟随货运单据及其他单据来分，可以分为跟单汇票和光票。

跟单汇票是指附有货运单据的汇票，又称押汇汇票。“Credit available by your drafts at sight on us to be accompanied by the following documents.”这个我们经常在信用证上见到的条款就是跟单汇票条款。开立这种汇票必须跟随有关货运单据(提单、发票、保险单等)及其他相关单据才能生效。汇票的付款人要取得货运单据提取货物，必须付清货款或提供担保。跟单汇票基于对进出口双方钱款和单据对流的方式，比较安全，因此，在国际货物结算中成为最多运用的结算工具。

光票是指不附有货运单据的汇票，又称为净票或白票。光票的流通全靠出票人、付款人或出让人(背书人)的信用。在国际结算中，在费用或佣金等收取上采取光票方式。

(4)即期汇票(sight draft)和远期汇票(time draft)。

从汇票的付款期限来分，有即期汇票和远期汇票。

即期汇票是指出口商开出即期汇票，开证行见票立即付款。有的信用证免出汇票，但在偿付条款中也明确规定：“我行(指开证行)收到符合信用证的全套单据后将立即实现付款。”即期汇票可以在汇票付款期限栏中填上“at sight”。这种汇票无需提示承兑。

远期汇票是指指定付款人将于见票后××天或固定某日付款。

在实际业务中，一般远期付款的期限计算有 4 种：

①规定某一个特定日期，即定日付款。

②付款人见票后若干天付款(at...days after sight)，如见票后 30 天、60 天、90 天、180 天……

③出票后若干天付款(at...days after date of draft)。

④运输单据日后若干天付款(at days after date of transport document)，其中，较多用“提单后若干天”(at...days after date of bill of lading)。

上述 4 种远期付款方式中，第二种使用最多。

3. 汇票的内容及填制

(1)汇票作为一种要式证券，必须具备的内容

①标明“汇票”字样；

②无条件支付的委托；

③确定的金额；

④付款人名称；

⑤收款人名称；

⑥出票日期；

⑦出票人签章。

汇票上未记载上述规定事项之一的，汇票无效。汇票一般不得涂改。

除了上述必备内容外，可因交易需要设置其他记载事项。如：

①利息条款。

②副本汇票条款。按有无副本划分汇票分为正本汇票(first exchange)和副本汇票(second exchange)，但一定要标明付一不付二或付二不付一。

③无追索权条款。

④出票条款。

(2)汇票的具体填制要求

①出票依据(Drawn under)——如为信用证支付方式,应填写开证行的完整名称;如为托收方式,应填 D/P 或 D/A。

②信用证号码(L/C No.)——填写信用证号。

③开证日期(Date of issuance)——填上信用证开立的日期。

④年息(Payable with interest@...%per annum)——这一栏由结汇银行填写,用以清算企业与银行间的利息费用。

⑤号码(No.)——一般填商业发票的号码,以核对发票与汇票中相关内容,或者填汇票本身的顺序编号。

⑥小写金额(Amount in figures)——由货币符号和阿拉伯数字组成,例如:美元二千零六元三十美分,写为:USD 2 006.30。

填写时应注意以下几点:

a. 信用证没有特别规定,其金额应与发票金额一致,无证托收的汇票金额和发票金额一般均应一致;

b. 如信用证金额规定汇票金额为发票金额的百分之几,例如 97%,那么发票金额应为 100%,汇票金额为 97%,其差额 3%一般理解为应付佣金;

c. 如信用证规定部分以《贷记通知单》(Credit Note)扣应付佣金,那么发票金额开 100%,而汇票金额应是发票金额减去《贷记通知单》金额后的余额;

d. 如信用证规定部分信用证付款,部分托收,应各分做两套汇票:信用证下支款的按信用证允许的金额支取,以银行为付款人,托收部分以买方为付款人,发票金额是两套汇票相加的和。

⑦汇票交单日期和地点(Date and address)——一般是提交议付的日期,该日期往往由议付行填写。该日期不能迟于信用证的有效期,也不得早于各单据的出单日期。出票地点一般应是议付地点。

⑧汇票期限(At...sight)——如为即期汇票,在 At 与 Sight 之间打下"* * * * * *"符号,如为远期汇票,则应按信用证上规定的时间填制在此。例如:

"at 60 days after sight.",见票后 60 天付款。

"at 30 days after date of draft.",出票日后 30 天付款。

"at 45 days after date of B/L.",提单日期后 45 天付款。

计算汇票的时间,不包括见票日、出票日等,即常说的"算尾不算头"。

⑨受款人(Pay to the order of...)——在信用证方式下,通常都是填由受益人或出口人所委托的某家银行(议付行)作为受款人。例如,通过中国银行议付的就填"Bank of China"。

⑩汇票金额的大写(Amount in words)——汇票上的金额小写和大写必须一致。由货币名称和英文文字组成,习惯上在大写数字前加"Say"和大写数字后加"Only"字样。例如:

- Say U.S. Dollars two Thousand and Six and Cents Thirty Only.
- Say U.S. Dollars two Thousand and Six and 30/100 Only.
- Say U.S. Dollars two Thousand and Six and Point Thirty Only.
- Say U.S. Dollars two Thousand and Six & Cents Thirty Only.

- Say U.S. Dollars two Thousand and Six & 30/100 Only.
- Say U.S. Dollars two Thousand and Six & Point Thirty Only.

⑪付款人(Payer)——根据信用证汇票条款中所规定的付款人填写，如信用证规定：DRAFT DRAWN ON US，则这里付款人应填开证行的名称及地址。如信用证规定：DRAFT DRAWN ON APPLECANT，则这里付款人应填开证申请人的名称及地址。

⑫出票人(Drawer)——汇票右下方应由出票人签字盖章。在信用证方式下，出票人一般是信用证上指定的受益人，并应与发票上的签署人相一致。

按有无副本划分，汇票分成正本汇票(First Exchange)和副本汇票(Second Exchange)，但一定要标明付一不付二(Second/First Unpaid)或付二不付一(First/Second Unpaid)。

4. 汇票的使用

汇票的使用即汇票的票据行为随其是即期还是远期而有所不同。即期汇票只需经过出票、提示和付款的程序。而远期汇票还需经过承兑手续。如需流通转让，通常还要办理背书手续。汇票若被拒付，还要涉及作成拒付证明，依法行使追索权等法律问题。

(1)出票

出票(to draw)是指出票人签发票据并将其交付给收款人的票据行为。出票由三个动作组成：一是由出票人写成汇票，或在事先印好的格式上的相关空白部分将票据内容填上；二是在汇票上签字(sign)；三是由出票人将汇票交付给(deliver to)付款人。由于出票是建立在设立债权债务上的行为，所以，只有经过交付汇票才开始生效。

(2)提示

提示(presentation)是指收款人或持票人将汇票提交付款人要求承兑或付款的行为。付款人看到汇票即为见票(sight)。提示可分为两种：

①提示承兑(presentation for acceptance)。提示承兑是指远期汇票持票人向付款人出示汇票，并要求付款人承诺付款的行为。

②提示付款(presentation for payment)。提示付款是指汇票的持票人向付款人(或远期汇票的承兑人)出示汇票，要求付款人(或承兑人)付款的行为。

远期汇票的提示承兑和即期汇票的提示付款均应在法定期限内进行。对此，各国票据法规定不一。我国《票据法》规定，即期和见票后定期付款汇票自出票日后1个月；定日付款或出票后定期付款汇票应在到期日前向付款人提示承兑；已经承兑的远期汇票的提示付款期限为自到期日起10日内。①

(3)承兑

承兑(acceptance)是指汇票付款人承诺在汇票上到期日支付汇票金额的票据行为。我国《票据法》第41条规定："付款人对向其提示承兑的汇票，应当自收到提示承兑的汇票之日起3日内承兑或者拒绝承兑。""付款人收到持票人提示承兑的汇票时，应当向持票人签发收到汇票的回单。回单上应当记明汇票提示承兑日期并签章。"第43条规定："付款人承兑汇票，不得附有条件；承兑附有条件的，视为拒绝承兑。"但按《票据法》的一般规则，承兑附有条件的，承兑人仍应按所附条件承担责任。

《票据法》第42条规定："付款人承兑汇票的，应当在汇票正面记载'承兑'(accepted)字样和承兑日期并签章；见票后定期付款的汇票，应当在承兑时记载付款日期。汇票上未记载承兑

① 《票据法》第39、40条和第53条(2)款。

日期的，以前条第一款规定期限的最后一日为承兑日期。”按《票据法》的一般规则，仅有付款人签名而未写“承兑”字样，也构成承兑。

《票据法》第 44 条规定：“付款人承兑汇票后，应当承担到期付款的责任。”因此，汇票一经承兑，付款人就成为汇票的承兑人(acceptor)，并成为汇票的主债务人，承兑人事后不得以诸如“出票人的签字是伪造的”等理由来否认承兑汇票的效力，而汇票一经付款人承兑，出票人便成为汇票的从债务人(或称次债务人)。

(4)付款

付款(payment)是指汇票付款人向持票人支付汇票金额以消灭票据关系的行为。即期汇票在付款人见票时即付；远期汇票于到期日在持票人提示付款时由付款人付款。持票人获得付款时，应当在汇票上签收，并将汇票交给付款人作为收据存查。汇票一经付款，汇票上的一切债权债务关系即告终止。

(5)背书

背书(endorsement)是一种以转让票据为目的的票据行为，是票据转让的一种重要方式。票据的转让不必通知债务人。一张票据，尽管经过多次转让，数易其主，但最后的持票人仍有权要求票据债务人向其清偿，票据债务人不得以未接到转让通知为由拒绝清偿。票据转让必须按照票据法规定的方式，方为有效。

票据转让方式一般有两种：单纯交付和经背书后交付。单纯交付是指持票人未在票据上作任何记载而直接将票据交与受让人，即产生转让的效力。这种方式由于在票据上未作任何转让事项记载，不能反映票据转让过程，转让人的责任定位难以确认，对持票人即受让人来说，风险较大。我国《票据法》从保护出票人的票据权利出发，在第 27 条中明确规定：持票人转让汇票应当背书并交付汇票。

背书是指在票据背面或者粘单①上记载有关事项经签章后交付给受让人(transferee)的行为。汇票经过背书，收款的权利就转让给了受让人，由被背书人取得了汇票的权利。

背书的方式有限制性背书、空白背书和特别背书三种。

限制性背书(restrictive endorsement)即不可转让背书，是指背书人对支付给被背书人的指示带有限制性的词语。限制性背书的汇票，只能由指定的被背书人凭票取款，而不能再行转让或流通。背书人在汇票上记载“不得转让”字样，其后手再背书转让的，原背书人对后手的被背书人不承担保证责任。

空白背书(blank endorsement)又称略式背书或不记名背书，是指背书人只在票据背面签名，不指定被背书人，即不写明受让人。这种汇票可交付给任何持票人，可与来人抬头汇票一样，只凭交付就可转让。

特别背书(special endorsement)又称记名背书，是指背书人在票据背面签名外，还写明被背书人名称或其指定人。这种特别背书，被背书人可以进一步凭背书交付而将汇票转让。我国《票据法》第 30 条规定，汇票以背书转让或者以背书将一定的汇票权利授予他人行使时，必须记载被背书人名称。这就表明我国不允许对票据作不记名背书。限制性背书和特别背书应记载的事项包括被背书人名称、背书日期和被背书人签章。其中，背书人签章和被背书人名称是绝对应记载事项，欠缺记载的，按我国《票据法》规定，背书行为无效。按外国票据法规定，一

① 《票据法》第 28 条规定：“票据凭证不能满足背书人记载事项的需要，可以加附粘单，粘附于票据凭证上。粘单上的第一记载人，应当在汇票和粘单的粘接处签章。”

般只需背书人签章，背书即有效。

经特别背书的汇票在到期前，受让人（被背书人）可以再经过背书继续进行转让。对于受让人来说，所有在他之前的背书人和出票人均为他的“前手”（prior party）；而对于出票人和出让人（背书人）来说，所有在他交付或让与之后的受让人都是他的“后手”（sequent party）。“前手”对“后手”负有保证汇票必然会被承兑或付款的担保责任。

受让人在受让汇票时，要按照汇票的票面金额扣除从转让日起到汇票付款日止的利息后将票据付给出让人，这种行为通称“贴现”（discount）。

（6）拒付

拒付（dishonour）包括拒绝付款和拒绝承兑。付款人对于远期汇票拒绝承兑，或对即期汇票拒绝履行，并不使他对持票人负有法律责任。因为，付款人对汇票的承兑和/或付款，是由于付款人与出票人原有的债权债务关系，即合同关系，如果出票人出票不当，或与原来订立的合同关系不符，或根本没有这个债务，付款人自然有权拒付。但是，远期汇票一经承兑，承兑人必须承担到期付款的法律责任。如到期拒付，就不仅可被持票人追索，而且还可被出票人追索。

在付款人或承兑人发生死亡、逃匿、被依法宣告破产或因违法被责令停止业务活动等情况下，使得汇票的承兑或付款在事实上成为不可能，同样构成拒付行为。付款人虽未明示拒付汇票，但迟迟拖延不付款或不承兑，也可认为汇票已被拒付。

（7）追索

汇票被拒付，持票人有权向任何一个前手追索，并可直至出票人。

按国际通行规则，持票人进行追索（recourse）时，应将拒付事实书面通知其前手，并提供被拒绝承兑或被拒绝付款的证明或退票的理由书。在国外，通常要求持票人提供拒绝证书（protest）。

## 三、本票

1．本票的定义

本票（promissory note）是出票人签发的，承诺自己在见票时无条件支付确定的金额给收款人或者持票人的票据。

2．本票的种类

本票又可分为银行本票和商业本票。

（1）银行本票

银行本票是银行签发的，承诺自己在见票时无条件支付确定金额给付款人或者持票人的票据。按照《票据法》第73条给本票所下的定义，本法所称本票，就是指银行本票。

①银行本票的特点

银行本票都是即期的。银行本票见票即付，可以用来支取现金，也可以用于转账，但银行本票仅限于在同城范围的商品交易、劳务供应及其他款项结算。按我国《票据法》第78条规定，本票自出票日起，付款期限最长不得超过2个月。

②定额银行本票

定额银行本票是银行签发的，承诺自己在见票时无条件支付票面金额给收款人或者持票人的票据。定额银行本票目前只在部分地区（如上海、广州等）使用，这些地区的单位和个人均可以使用定额银行本票。定额银行本票的面额有1 000元、5 000元、10 000元和50 000元四种。

(2)商业本票

商业本票是由工商企业或个人签发的本票,也称一般本票(general promissory note)。商业本票可按付款时间分为即期和远期两种。商业本票一般不具备再贴现条件,特别是中小企业或个人开出的远期本票,因信用保证不高,因此很难流通,而我国的《票据法》所定义的本票,也仅指银行本票,所以,本书介绍的本票为银行本票。

3. 本票必须记载的事项

(1)标明“本票”的字样;

(2)无条件支付的承诺;

(3)确定的金额;

(4)收款人名称;

(5)出票日期;

(6)出票人签章。

本票上未记载前款规定事项之一的,本票无效。

本票上记载付款地、出票地等事项的,应当清楚、明确;本票上未记载付款地的,出票人的营业场所为付款地;本票上未记载出票地的,出票人的营业场所为出票地。

4. 银行本票的使用

银行本票是银行签发的,承诺自己在见票时无条件支付确定金额给付款人或者持票人的票据。本票是承诺式票据,本票的基本当事人只有出票人和收款人两个,本票的付款人就是出票人自己。

银行本票的出票人是经中国人民银行当地分支机构批准办理本票业务的银行机构。因此银行本票是以银行信用为基础的,属于银行票据,具有较高的信誉。

银行本票可以用于一般商品交易,也可以用于劳务及其他款项的结算。银行本票可以办理转账结算,符合规定条件的也可以用以支取现金。银行本票仅限于同城使用,在这一点上不同于汇票。

使用银行本票的申请人可以是单位,也可以是个人;可以是在出票银行开立存款账户的单位和个人,也可以是没有在出票银行开立存款账户的单位和个人,但申请人必须先足额交存一定的本票资金。

银行本票见票即付,资金转账速度是所有票据中最快最及时的。

定额银行本票的起点金额是1 000元,可以背书转让。

填明“现金”字样的银行本票丧失,可以向银行申请挂失,或向法院申请公示催告或提起诉讼。未填明“现金”字样的银行本票丧失不得挂失。

我国普遍运作银行本票的时间并不长,银行本票还是一种较新的票据结算方式,银行本票对于企事业单位和个人在同城范围办理转账结算具有明显的优点。从长远看,随着市场经济的发展和票据使用、流通的广泛,必定会对出票人的资格限制逐步放宽。

## 四、支票

1. 支票的定义

支票(cheque,check)是出票人签发的,委托办理支票存款业务的银行或者其他金融机构在见票时无条件支付确定的金额给收款人或者持票人的票据。

支票都是即期的，支票限于见票即付，不得另行记载付款日期。另行记载付款日期的，该记载无效。有些支票虽有时被称为期票，但仍然不是远期的。只是填迟日期，那个日期实际上应被视为出票日期，对那个日期来说，支票仍是见票即付的即期支票。

出票人签发支票时，应在付款行存有不低于票面金额的存款。如存款不足，持票人提款时会遭银行拒付，这种支票称为空头支票。开出空头支票的出票人要负法律责任。

2. 支票的种类

(1)记名支票与不记名支票

①记名支票

记名支票是出票人在收款人栏中注明"付给某人"、"付给某人或其指定人"。这种支票转让流通时，须由持票人背书，取款时须由收款人在背面签字。

②不记名支票

不记名支票又称空白支票，抬头一栏注明"付给来人"。这种支票无须背书即可转让，取款时也无须收款人在背面签字。

(2)转账支票与现金支票

①转账支票

支票上印有"转账"字样的为转账支票，转账支票是专门制作的只能用于转账的支票，转账支票不得用以支取现金。

②现金支票

支票上印有"现金"字样的为现金支票，现金支票是专门制作的用于支取现金的一种支票，现金支票只能用于支取现金。

(3)普通支票与划线支票

①普通支票

支票上未印有"现金"或"转账"字样的为普通支票，普通支票可以用于支取现金，也可以用于转账。

收款人收到未划线支票后，可通过自己的往来银行向付款银行收款，存入自己的账户，也可以径自到付款银行提取现款。

②划线支票

在普通支票左上角划两条平行线的称为划线支票(crossed cheques)，划线支票只能用于转账，不得支取现金。视需要，支票既可由出票人划线，也可由收钱人或代收银行划线。

收款人收到划线支票，或收到未划线支票自己加上划线后，收款人只能通过往来银行代为收款入账。我国目前也有在普通支票上加划线而使之成为仅限于通过银行转账之用的。

(4)保付支票

为了避免出票人开出空头支票，收款人或持票人可以要求付款行在支票上加盖"保付"印记，付款银行保付后就必须付款，这样的支票就是保付支票，支票经保付后身价提高。

3. 支票必须记载的事项

(1)标明"支票"的字样；

(2)无条件支付的委托；

(3)确定的金额；

(4)付款人名称；

(5)出票日期；

(6)出票人签章。

支票上未记载前款规定事项之一的,支票无效。

4. 支票的使用

支票是出票人签发的,委托办理支票存款业务的银行或者其他金融机构在见票时无条件支付确定的金额给收款人或者持票人的票据。

按照我国多年使用支票的习惯,并考虑国际上的通行做法,我国保留了现金支票和转账支票,并新增了普通支票和划线支票。

支票是以商业信用为基础,要求支票的出票人有较高的信誉度。《票据法》严禁签发空头支票。

支票可用以办理转账结算,也可用以支取现金,但用于支取现金的,必须符合现金管理条例的规定。

支票的部分记载事项可以由出票人授权补记。出票人在签发支票时,可能无法确定支付的金额和收款人名称,因此,为了更加方便支票的使用人,《票据法》明确规定了支票的金额、收款人名称可以由出票人授权补记,也可以由出票人授权本单位的使用人员补记,还可以授权收款单位补记。未补记前不得背书转让和提示付款。

支票可以背书转让,但是出票人在支票上记载“不得转让”字样的支票不得转让。背书人在背书栏注明“不得转让”字样的,被背书人也不得再转让。

支票的持票人可以委托其开户银行收款或者直接向付款人提示付款,用于支取现金的支票仅限于收款人向付款人提示付款。支票见票即付,但支票持票人委托其开户银行向付款人提示付款的,进账时间在同城为经过同城票据交换系统将票款划回的时间。2007 年 6 月 25 日,支票在全国通用。支票全国通用后,异地使用支票时,一般来说,款项到账时间较同一城市范围内的支票可能稍长,确切的时间则因持票人采用的提示付款方式而有所差异。持票人最早可在 2～3 小时之内收到款项,一般最长在银行受理支票之日起 3 个工作日内可以收到异地支票款项。如果持票人选择向出票人开户银行提示付款,支票款项最短的在 1 小时之内可以到账,最长的可能为 1～2 天。

## 第二节　汇　付

### 一、汇付的基本概念

商业银行的主要业务是存款、贷款和汇兑(拨头寸)。汇兑是指在国家间的货币资金转移,是两种不同货币资金的转换。国际汇兑是指银行借助一定的结算工具在不同国家的两地之间进行资金的调拨,以结清两国客户间的债权债务关系。国际汇兑分为动态的和静态的两种。动态(dynamic)国际汇兑是指一国汇款人通过银行将资金汇付给另一国收款人,以实现国际债权债务清偿和国际资金的转移。静态(static)国际汇兑主要是指外汇,即一国以外币表示的用以国际结算的支付手段。

1. 汇付定义

汇付(remittance)又称汇款,是国际贸易支付方式之一,也是最简单的国际货款结算方式。采用汇付方式结算货款时,出口商(卖方)依照售货合同,将货物运给进口商(买方)后,有关货运单据由卖方直接寄给买方,买方则委托当地银行将货款按合同列明的汇款方式(如电汇、信汇、票汇),通过受托行海外代理行交付国外出口商(卖方)的结算方式。

根据资金流向和结算工具传送的方向是否一致,国际结算方式可分为顺汇和逆汇两类。顺汇(to remit)又称汇付法,是指债务人委托本国银行,将款项主动汇付国外债权人的汇兑业务。顺汇的特点是它的资金流向与结算工具传送方向相同。顺汇包括贸易及非贸易项下的各种汇款业务。逆汇(reverse remittance)又称出票法,指债权人委托本国银行,通过签发汇票等形式,主动向国外债务人索汇的另一类汇兑业务。逆汇的特点是它的资金流向与结算工具传送方向相反。逆汇包括贸易项下的信用证议付及跟单托收业务以及非贸易项下的光票托收业务。

相关链接

**顺汇与逆汇**

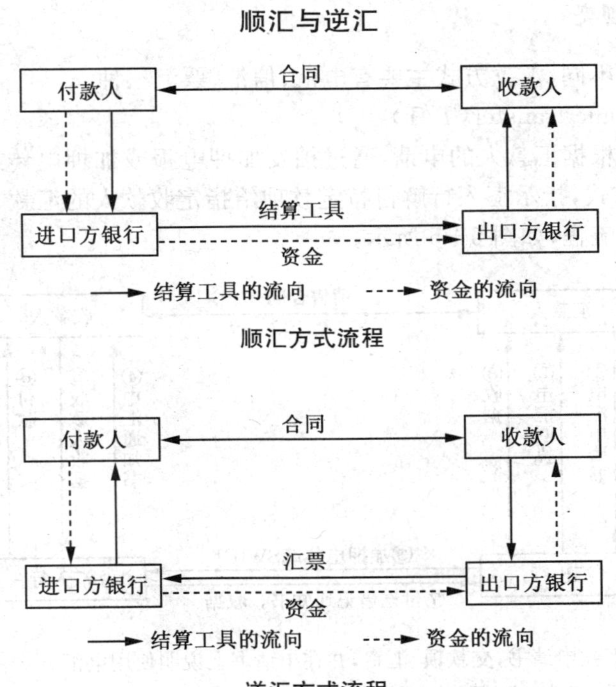


2. 汇付方式的当事人

汇付方式的基本当事人,即汇款人、收款人、汇出行和汇入行。

汇款人(remitter)即付款人,一般是进口商或债务人,是委托当地银行将货款交付国外出口商的人。

收款人(payee)又称受益人,一般是出口商或债权人,也可以是汇款人自己,是接受汇款人所汇款项的指定当事人。

汇出行(remitting bank),是应汇款人委托或申请,按汇款人指定的汇款方式将货款汇付收款人的银行,通常为进口地银行。

汇入行(receiving bank)又称解付行(paying bank),是接受汇出行指令,将款项交付指定收款人的银行,通常是出口地银行。

3. 汇付方式的业务流程

汇付方式的业务流程,如图 6—4 所示。

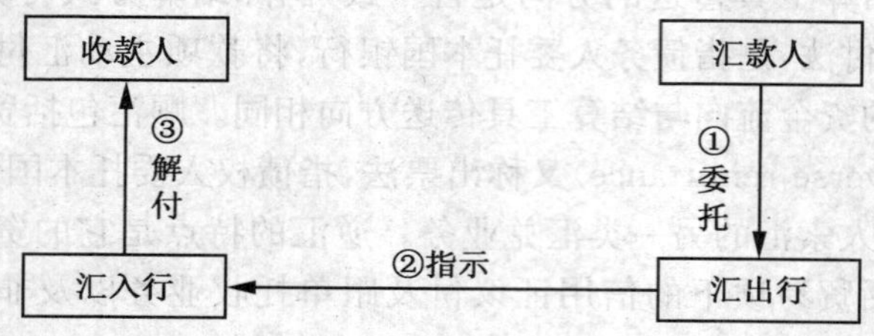


图 6—4　汇付方式的业务流程

## 二、汇付方式的种类

根据汇款方式的不同,汇款方式主要有电汇、信汇、票汇三种。

1. 电汇(telegraphic transfer,T/T)

电汇是指汇出行根据汇款人的申请,通过拍发加押电报或加押电传或环球银行间金融电信网络(SWIFT)的方式,指示汇入行解付特定款项给指定收款人的汇款方式。

电汇方式的业务流程,如图 6—5 所示。

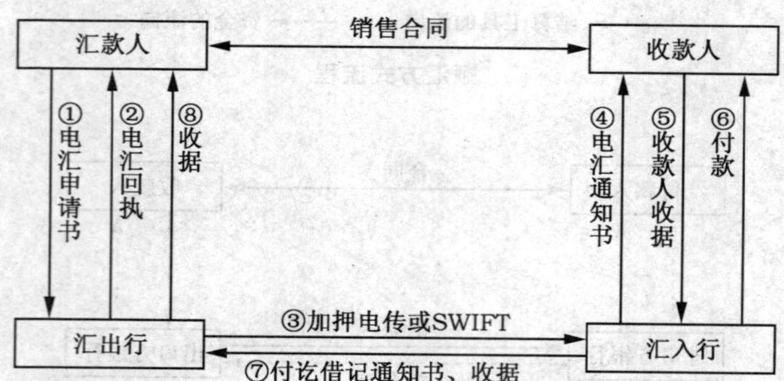


注:①汇款人填写汇款申请书,交款项、汇费,并在申请书上说明使用电汇方式。

②汇出行审核后,汇款人取得电汇回执。

③汇出行发出加押电报/电传/SWIFT 给汇入行,委托汇入行解付款项给收款人。

④汇入行收到核对密押后,缮制电汇通知书,通知收款人收款。

⑤收款人收到通知书后在收据联上盖章,提示汇入行。

⑥汇入行借记汇出行账户,并解付款项给收款人。

⑦汇入行将付讫借记通知书寄给汇出行,通知它款项已解付完毕。

图 6—5　电汇方式的业务流程

电汇的优点是交款迅速安全。在三种汇款方式中电汇是最快捷的一种。通常情况下,只要汇款人资金落实,汇款申请书填制正确,汇出行与汇入行之间的工作日为:港澳地区 2～3 天,其他地区 4～7 天;比信汇和票汇的流转速度快得多,因此在实务操作中,电汇方式的使用率最高。由于电汇通常是银行间的直接通信,因此风险相对较小。电汇支付方式下,汇出行收取的费用由汇款手续费和电信费组成,如是贸易项下的电汇,有些银行还要收取无兑换手续费。

目前，SWIFT 的付款电均以 MT100 格式发出，MT100 标准格式见表 6－1。

表 6－1　　MT100 标准格式

| Status | Tag 提示 | Field Name 栏位名称 | Content/Options 内容 |
|---|---|---|---|
| M | 20 | Transaction Reference Number 汇款编号 | 16x |
| M | 32A | Value Date,Currency Code,Amount 起息日/货币/金额 | 6！n3！a15D |
| M | 50 | Ordering Customer 付款人 | 4＊35x |
| O | 52A | Ordering Institution 付款人银行 | A or D |
| O | 53A | Sender's Correspondent 发送行的代理行 | A、B or D |
| O | 54A | Receiver's Correspondent 收款行的代理行 | A、B or D |
| O | 56A | Intermediary 中间行 | A |
| O | 57A | Account With Institution 受益人银行 | A、B or D |
| M | 59 | Beneficiary Customer 受益人 | [/34x]4＊35x |
| O | 70 | Details of Payment 汇款摘要 | 4＊35x |
| O | 71A | Details of Charges 汇款费用 | 3！a |
| O | 72 | Sender to Receiver Information 银行指令 | 6＊35x |
| M＝Mandatory(必须项目)　O＝Optional(任选项目) | | | |

2. 信汇(mail transfer，M/T)

信汇是汇出行根据汇款人的申请，将信汇委托书(M/T advice)或支付通知书(payment order)通过邮政航空信函送达汇入行，授权汇入行依其指令，解付特定款项给指定收款人的汇款方式。

信汇方式的业务流程，如图 6－6 所示。

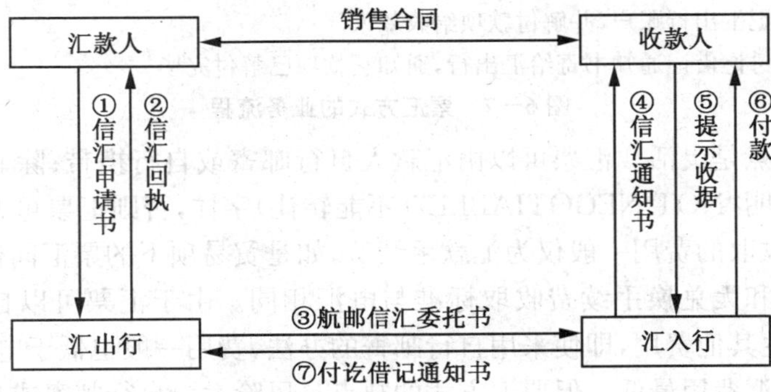


注：①汇款人填写汇款申请书，交款项、汇费，并在申请书上说明使用信汇方式。

②汇出行审核后，汇款人取得信汇回执。

③汇出行根据汇款申请书缮制信汇委托书或支付委托书，邮寄给汇入行。

④汇入行收到后，核对印鉴无误，将信汇委托书的第二联信汇通知书及第三、第四联收据正副本一并通知收款人。

⑤收款人凭收据取款。

⑥汇入行借记汇出行账户，并解付款项给收款人。

⑦汇入行将付讫借记通知书寄给汇出行，通知款项已解付完毕。

图 6－6　信汇方式的业务流程

由于信汇委托书需通过航空信函送达，因此途中信函有遗失或延误的可能，由于委托付款指示的送达信汇要比电汇慢，所以收款人收汇时间较长。

3. 票汇(remittance by banker's demand draft, D/D)

票汇是汇出行根据汇款人的申请，开立的以汇出行的国外代理行为解付行的银行即期汇票，交由汇款人自行邮寄指定收款人或由其自带银行汇票出境，凭票向解付行取款的汇款方式。

票汇方式的业务流程，如图 6－7 所示。

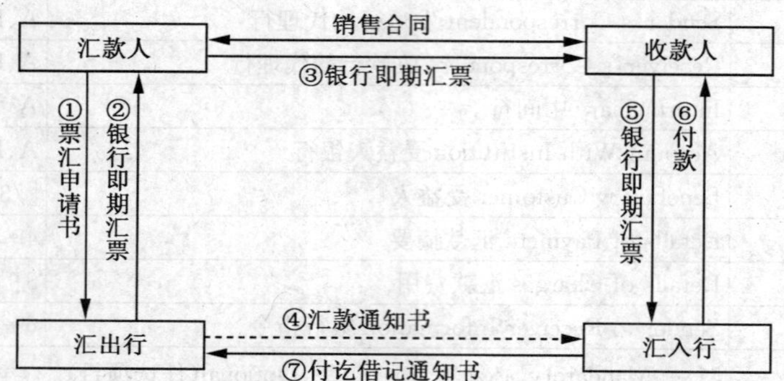


注：①汇款人填写汇款申请书，交款项、汇费，并在申请书上说明使用票汇方式。

②汇出行作为出票行，开立银行即期汇票交给汇款人。

③汇款人将汇票寄收款人。

④汇出行将汇款通知书(又称票根)，即汇票一式五联中的第二联寄汇入行。汇入行凭此联与收款人提交的汇票正本核对。近年来，银行为了简化手续，汇出行已不再寄汇款通知书了，汇票从一式五联改为一式四联，取消汇款通知书联。

⑤收款人提示银行即期汇票要求付款。

⑥汇入行借记汇出行账户，并解付款项给收款人。

⑦汇入行将付讫借记通知书寄给汇出行，通知它款项已解付完毕。

**图 6－7　票汇方式的业务流程**

票汇方式的优点是灵活。汇票可以由汇款人自行邮寄或自行携带；除非汇出行开出的是划线汇票且同时注明"NOT NEGOTIABLE"(不能转让)字样，否则汇票可背书转让。票汇支付方式下，汇出行收取的费用一般仅为汇款手续费，如是贸易项下的票汇同样要收取无兑换手续费。汇款手续费和无兑换手续费收取标准与电汇相同。由于汇票可以自行携带或背书转让，所以可以不发生其他费用，即使采用自行邮寄的办法，费用一般也低于电汇及信汇，因此在三种汇款方式中票汇费用最低。但票汇方式的缺点是风险大。自行邮寄或自行携带使得汇票遗失或毁损的可能性大大增加，背书转让又可能引起债务纠纷。

关于国际结算的费用，参照中国银行的资费表，如表 6－2 所示。

**表 6－2　　国际结算业务资费标准**

| 服务项目 | 收费标准 |
| --- | --- |
| 汇出境外汇款 | |
| 电汇 | 汇款金额的 1‰，最低 50 元/笔，最高1 000元/笔，另加收电信费 |
| 票汇、信汇 | 汇款金额的 1‰，最低 100 元/笔，最高1 200元/笔，另加收邮费(如有) |

续表

| 服务项目 | 收费标准 |
|---|---|
| 外币光票托收 | |
| 光票托收 | 托收金额的 1‰，最低 50 元/笔，最高 1 000 元/笔，另加收邮费 |
| 买入外币票据 | |
| 买入票据 | 票据金额的 7.5‰，最低 50 元/笔 |
| 现钞托收 | 100 元/笔，另加收邮费 |
| 进口托收 | 进口代收金额的 1‰，最低 200 元/笔，最高 2 000 元/笔 |
| 跟单托收 | 代收金额的 1‰，最低 200 元/笔，最高 2 000 元/笔，另加收邮费 |

注：①本表为对公国际结算资费表。

②我行费用计价单位为人民币，可收取人民币或等值外币；收取等值外币时，按当日公布中国银行外汇买入价折算收取；

③除另有约定外，我行一律向业务委托方收取有关费用；

④凡业务发生的境外银行收费，按实收取；

⑤以上所列价格为基准价格，我行有权根据客户资信状况、交易风险程度及业务复杂性的不同进行浮动；

⑥各类凭证工本费，另行收取；

⑦我行提供的其他对公结算服务项目及具体收费标准，敬请垂询中国银行柜台或拨打"95566"客户服务热线；

⑧本服务价格根据中国银行业监督管理委员会、国家发委颁布的《商业银行服务价格管理暂行办法》制定；

⑨本服务价格的解释权归中国银行所有。

## 三、汇付业务的实务操作

根据汇款资金流向的不同，汇款业务又可分为汇出汇款业务与汇入汇款业务。

1. 汇出汇款

作为汇出行所处理的汇款业务，被称为汇出汇款(outward remittance)业务。

汇出汇款按性质可分为贸易和非贸易汇款。贸易项下的汇款主要用于支付进口货款(包括贸易项下的从属费用，如运费、保险费、佣金、赔款、罚款、利息、押金、保证金、广告费等)。非贸易项下汇出的汇款有赡家费、外籍人员允许汇出的工资、外商投资企业外方利润、律师费、代理费等。

(1)正确填具汇款申请书

汇款申请书主要包括以下内容：汇款方式、汇款日期、收款人名称、收款人地址(城市名，国名)、开户行行名、银行账号、货币金额的大小写、汇款人名称、附言、汇款人签名盖章(汇款人为公司，需加盖开户时预留的印鉴)。汇款申请书上的各项内容均须用英文填写。

电汇和票汇申请书通常使用同一格式。汇款人如果是企事业单位，则应填具一式二联的汇款申请书。第一联由汇款人签名盖章，银行凭此办理汇款，并作汇出汇款科目贷方传票附件；第二联由银行加盖业务章后交汇款单位备查。私人汇款填写一联即可。

信汇汇款申请书一式三联。第一联由汇款人签名盖章，银行凭此联办理汇款，并作汇出汇款科目贷方传票附件；第二联是信汇通知书，寄送付款行；第三联由银行加盖业务章后交汇款人备查。

(2)汇款

汇款人在申请汇款时,须将所汇款项如数缴纳或划付给汇出行。同时有义务付清受托行(汇出行)要求缴付的所有银行费用。汇出行根据汇款人所填汇款申请书的要求,发电(函)指示汇入行付款或开立即期银行汇票,并及时偿付汇入行。

当采用电汇或信汇方式时,如要办理汇款退汇,前提是需在汇款解付前提出撤销申请。每办理一笔退汇,汇出行需收取退汇费用人民币 100 元。退汇的手续是先由汇款人提出书面申请并退还原汇款凭证,然后由汇出行向付款行致电(函)要求退汇,待收到付款行同意撤销的确认电(函)且查实该款项已贷记本行的总行账户后,通知汇款人来行办理退汇。当采取票汇方式时,退汇的前提是汇款人在寄发汇票以前提出撤销申请。每办理一笔退汇,汇出行收取的退汇费用也是人民币 100 元。退汇的手续是先由汇款人提出书面申请并交还原汇票且在该汇票上背书,然后由汇出行在汇票上加盖"注销"(CANCEL)章并立即通知付款行将已寄出的票根退回注销。

2. 汇入汇款

作为汇入行所处理的汇款业务,又称汇入汇款(inward remittance)业务。

(1)解付

汇入行在收到国外汇出行所汇头寸或可以立即借记汇出行账户的通知后,才可办理解付。无特殊情况,银行不予以垫付头寸。

对电汇和信汇来说,汇入行接到汇出行的汇款电报、电传及信汇委托书正本后,电汇核对密押,信汇委托书核对印鉴。对票汇来说,收到汇出行的支付通知书(票根)后,汇入行核对签字样本。收款人持票前来兑取汇款时,银行还须再次核对出票行签署的有效性、汇票签发有效日期,并要求收款人在正本汇票的反面背书。

(2)退汇

收款人在汇款抵达前已经回国或收款人回国前已来银行办理授权汇入行办理退汇手续;收款人拒收汇款;款项解付前,汇出行来电(函)要求将汇款撤销并退回。款项解付后,汇出行来电(函)要求撤销汇款时,汇入行须征询收款人意见,否则无权自行退汇。

### 四、汇付方式的性质和实际运用

在国际贸易实务中,使用汇付方式结算货款的过程中,银行不提供信用而只提供服务。运用汇款方式结算进出口双方的债权债务,以货物与货款交付的先后来划分,主要有两类,即预付货款和货到付款。

1. 预付货款

预付货款(payment in advance)是进口商先将部分货款通过汇款方式预支给出口商,出口商收到货款后,在约定时间内备货出运,货交进口商的一种结算方式,其实质是进口商向出口商预交一笔订金(down payment)。同一笔汇款,进口商称为预付货款,对出口商来说即为预收货款(advance on sales)。

预付货款的结算方式相对有利于出口商,对进口商较为不利。对于出口商来说,就资金而言,货物出运前已得到一笔货款或称为无息贷款,出口商可以先收款后购货出运,主动权在他手里。就风险而言,一方面,预付货款的支付对于进口商日后可能出现的违约行为起到一定程度的制约作用;另一方面,一旦进口商违约,出口商也可将该预付款抵扣部分货款及费用,减少其损失。

对于进口商来说，就资金而言，货物未到手之前，先汇出货款，资金被占用时间长。就风险而言，一方面，出口商收款后，可能未按时履行交货/交单的义务或未符合合同规定的货物质量和数量的要求；另一方面，如果出口商违约，即便进口商依约向出口商提出索赔，不仅费时费力，并且丧失了稍纵即逝的商机。

进口商考虑预付货款主要是基于：(1)该商品热销而货源有限，且进口商对市场销售有一定程度的把握；(2)出口商是信誉良好的大公司，双方之前已有较为频繁的业务接触；(3)要求出口方银行出具预付货款保函。

2. 货到付款

货到付款(payment after arrival of goods)是出口商先发货，进口商收到货物后，在约定期限内向出口商汇付货款的结算方式，其实质是赊账交易(open account transaction，O/A)。货到付款交易情况与预付货款恰好相反，该结算方式无疑有利于进口商而不利于出口商。

我国的进口商申请办理货到付款性质的汇款，须向银行提供证明贸易真实性的文本资料，例如，贸易进口付款核销单(代申报单)、合同、发票、正本运输单据、正本进口货物报关单、进口付汇备案表、进口批文、代理协议、售(付)汇通知单等。

## 第三节　托　收

### 一、托收的基本概念

1. 托收的定义

托收(collection)是国际结算中常见的基本方式之一，通常又称无证托收，意指出口商根据双方签订的贸易合同的规定，在货物发运后，委托当地银行按其指示，明确交单条件，即凭付款及/或承兑及/或以其他条件交单，通过代收行向进口商提示金融单据(又称资金单据，包括汇票、本票、支票、付款收据或其他类似用于取得付款的凭证)及/或商业单据(指发票、运输单据、所有权凭证或其他类似的单据或其他“非金融”方面的单据，如保险单据等)而收取货款的结算方式。

2. 托收方式的主要当事人

托收方式的主要当事人由以下几部分组成：

(1)委托人(principal)，指委托当地银行办理托收业务，代收货款的人，通常为出口商。

(2)付款人(payer)，指被代收行提示单据，并应承担付款或承兑赎单的人，通常为进口商。

(3)托收行(remitting bank)，是委托人的代理人，是接受委托人的委托，向付款人代收货款的银行，通常为出口地银行。

(4)代收行(collecting bank)，是托收行的代理人，是受托收行的委托，参与办理托收业务及/或直接向付款人提示单据而代为索款的进口地银行。通常为付款人的账户行或托收行的代理行。

(5)提示行(presenting bank)，指接受托收行或代收行的委托，直接向付款人提示单据，代为索款的进口地银行。

通常情况下，提示行就是代收行。当托收指示中的代收行与付款人地处同一国家的两个城市或两者无直接账户关系时，且托收行未指定具体的提示行，则代收行有权自行选择一家本行的代理行为该笔托收业务的提示行，而此时，单据的代收行与提示行则分别为两家各自独立的银行。

3. 出口托收业务流程

出口托收业务流程，如图 6—8 所示。

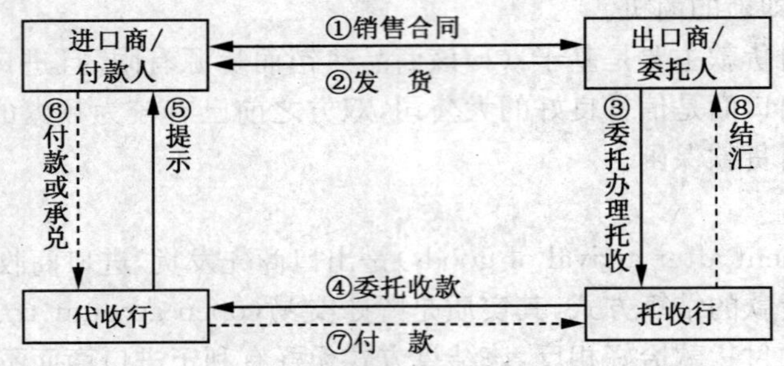


图 6—8　出口托收业务流程

4. 出口托收的种类

按照是否附有商业单据来划分，出口托收方式主要有两类，即光票托收和跟单托收。

(1)光票托收

光票托收(clean collection)是指仅凭金融单据向付款人提示付款，而不附带任何商业单据的一种托收方式。光票托收一般适用于货款的尾数、样品费、进口赔款等金额较小的费用的结算，而汇票的付款期限通常为即期。

托收中所使用的汇票样式，如图 6—9 所示。

**BILL OF EXCHANGE**

No. ............................................

Documents against PAYMENT/ACCEPTANCE

For　　　　　　　　　　　　　　Due date

At ............................................ sight of this FIRST Bill of Exchange (SECOND being unpaid) pay to ............................................

Value received and charge the same to account

To ____________________

____________________

____________________

____________________

AUTHORIZED SIGNATURE

图 6—9　汇票样式

(2)跟单托收

跟单托收(documentary collection)是指金融单据附带商业单据或为节省印花税而仅凭商业单据，不附带任何金融单据来提示承兑及/或付款的托收方式。

根据交付货运单据条件的不同，跟单托收结算方式又可细分为承兑交单与付款交单两种。

①承兑交单

承兑交单(documents against acceptance，D/A)是指代收行或提示行仅凭付款人在远期汇票上“履行承兑”[在汇票正面所示的具体承兑日(acceptance date)与到期日(due date)一侧加盖公章并注明“同意承兑”字样］为唯一的交单条件，至此，作为代收行或提示行应已履行了托收指示中其应尽的责任。（实务中，汇票到期之日或之前，付款人应将已承兑款项划至代收行或提示行以便银行按时汇付。而作为一家负责的代收行，当汇票临近到期日时，应善意提醒付款人届时支付的履行；若届时付款人拒付，也应及时向托收行尽其通达的义务。）

承兑交单的业务流程图，如图 6－10 所示。

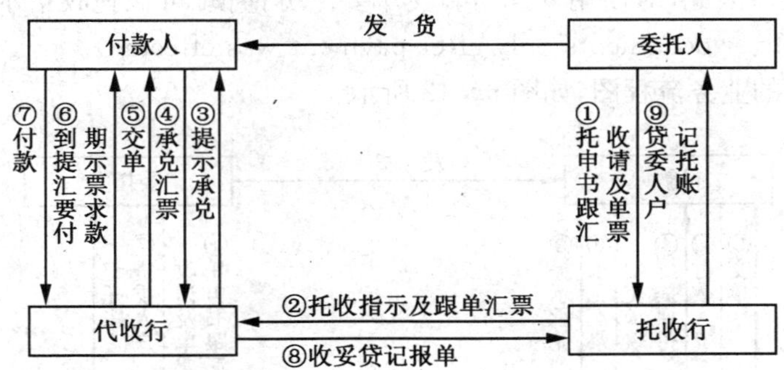


图 6－10　承兑交单的业务流程

②付款交单

付款交单（documents against payment，D/P）是指代收行或提示行，须凭付款人的实质性付款为同意放单的唯一条件。

根据付款期限的远近不同，付款交单方式又可具体细分为即期付款交单（D/P at sight）与远期付款交单（D/P at ×× days after sight/after B/L date）。

即期付款交单指凭即期汇票及相关商业单据或仅以相关商业单据的交付请求即期付款的托收方式。

即期付款交单的业务流程图，如图 6－11 所示。

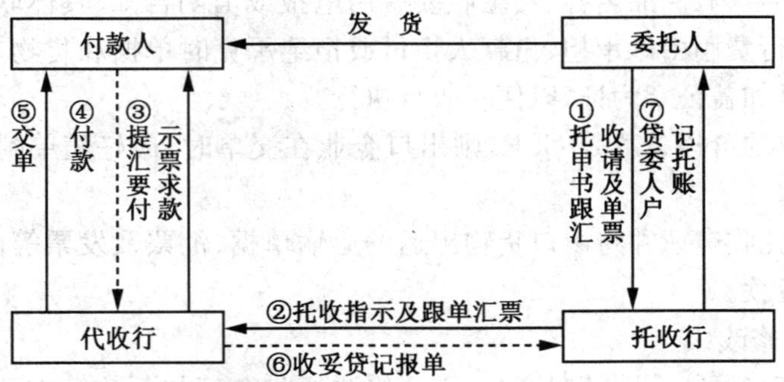


图 6－11　即期付款交单的业务流程

远期付款交单（D/P at ×× days after sight）是指须凭远期汇票及相关商业单据或仅以相关商业单据在将来某一确定日期的交付请求届时付款的托收方式。

这种交单方式在实务中往往会引起许多问题，例如：货先到而付款期限未到，进口商因不能付款赎单而由此产生了由谁负责办理货物的提取、存仓、保险等种种手续和相关费用的支付问题。为此，URC522 第 7a 条规定："托收不应该含有远期付款汇票而同时又指示商业单据需在付款后交给付款人"；第 7c 条进一步指出："如果托收包含在将来日期付款的，以及托收指示注明商业单据凭付款而交出，则单据实际只能凭这样付款才可交出，代收行对产生于延迟交单的任何后果不负责任。"可见，国际商会明确表示不赞成远期付款交单的安排。

另外，有些国家或地区在法律中规定，将进口远期付款交单以承兑交单方式处理，从而增加了出口商的风险。因此，对使用远期付款交单要十分谨慎，可在托收指示中特别注明："付款后才能交单"(deliver documents only after payment was effected)。

远期付款交单的业务流程图，如图 6—12 所示。

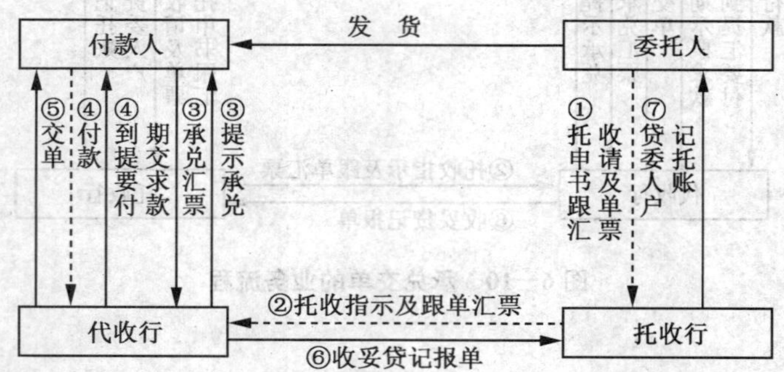


图 6—12 远期付款交单的业务流程

## 二、出口托收的一般业务程序

1. 出口托收的申请

出口企业委托其开户行或某一银行办理托收时，应填制出口申请书。出口申请书内须明确注明代收行名称及详细地址、付款人的名称及详细地址、付款金额、付款期限和交单条件、单据种类和份数、合同号码、商品名称、货款收妥后用电报或信函告知、具体联系人及电话、托收业务中发生的代收行费用由谁承担、付款人拒付或拒绝承兑时单据和货物应如何处理等所有有关托收的条件，且加盖公章为证，以便托收行执行。

另外，如果托收的价格条款是 CFR，则出口企业在交单时，最好随单附一份担保通知，说明已通知买方保险。

出口企业填写托收申请并将出口货物出运的运输单据、汇票及发票等商业单据一并递交托收行，委托代收货款。

2. 出口托收的修改

出口托收寄单后，可能会因情况变化，需要修改托收金额与条款等方面要求时，构成出口托收的修改。

(1)出口商提出的修改

出口商提出的修改，则由出口商提交书面的托收修改申请。申请书上要注明原托收单据的有关信息，即金额、发票号、合同号、商品名称、付款人，以及修改后新的委托指示及简明说明事由，加盖本公司公章后交托收行审核，由托收行通过电传、SWIFT 或信函方式通知国外代收行办理修改手续。

(2)付款人提出的修改

如果由代收行来函(电)通知付款人拒绝承兑或付款,要求改变交单条件或其他要求,托收行有责任立即通知出口商,由出口商研究处理。若出口商同意其要求,则出口商须拟书面修改单交托收行,由托收行转告代收行确认;若出口商不同意修改,坚持按原托收指示行事,同样须以书面形式明示托收行后,由托收行通过代收行与付款人再行交涉。

3. 出口托收的注销

若国外客户迟迟不予赎单,出口商有权向银行提出申请,注销该笔托收业务。受托银行查核后联系国外代收行退单,待托收行收妥因托收业务所产生的各项银行费用及国外退单后,该笔托收业务才告正式注销。

## 三、托收统一规则

各国银行在办理托收业务时,银行与委托人之间对各方的权利、义务和责任经常因解释上的分歧而产生纠纷,影响了国际贸易和结算的开展。为此,国际商会曾于 1958 年拟定了《商业单据托收统一规则》(Uniform Rules for Collection of Commercial Paper,国际商会第 192 号出版物)。1967 年 5 月,国际商会修订了上述规则并建议自 1968 年 1 月 1 日起实施(即国际商会第 254 号出版物),在银行托收业务中取得了统一的术语、定义、程序和原则,同时为出口人在委托代收货款时有所依循和参考。之后,随着国际贸易不断发展的需要,国际商会于 1978 年对该规则作了修订,改名为《托收统一规则》,即国际商会第 322 号出版物(Uniform Rules for Collection,ICC Publication No.322,URC322)于 1979 年 1 月 1 日起实施。在使用了 17 年后,根据使用中的情况和问题,国际商会于 1995 年 4 月又一次颁布了新的修订本,作为国际商会第 522 号出版物,名称仍为《托收统一规则》(Uniform Rules for Collections),版本为国际商会第 522 号出版物(ICC Publication No.522,URC522),并于 1996 年 1 月 1 日起正式实施。URC522 全文共 26 条,分为总则和定义、托收的形式和结构、提示方式、义务和责任、付款、利息和手续费及其他费用、其他条款共七个部分,对国际托收程序、技术和法律等方面均有所修改。新规则已被许多国家的银行采纳,并据以处理托收业务中各方的纠纷和争议。我国银行在接受托收业务时,也遵循该规则办理。

《托收统一规则》是国际商会制定的,仅次于《国际贸易术语解释通则》和《跟单信用证统一惯例》,有着重要影响的规则。规则自公布实施以来,对减少当事人之间在托收业务中的纠纷和争议起了较大作用,很快被各国银行所采用,但由于它只是一项国际惯例,所以,只有在托收指示书中约定按此行事时,才对当事人有约束力。

托收方式对进口商来说,由于不需要预垫资金,或仅需垫付较短时间的资金,所以非常有利,如果采用承兑交单条件,进口商还有进一步运用出口商资金的机会,或者仅凭本身的信用进行交易而无需购货资金。所以,以托收方式进行结算,能起到调动进口商的经营积极性,提高交易商品在国际市场上的竞争能力,出口商据此可以达到扩大销售的目的。因此,在国际贸易中,托收方式经常被用作一种非价格竞争的手段。

但是,对进口商非常有利的托收方式,对出口商则承担着很大的风险,这是一把“双刃剑”。按照《托收统一规则》,银行在托收业务中,只提供服务,不提供信用。银行只以委托人的代理人行事,既无法保证付款人必然付款的责任,也无检查审核货运单据是否齐全、是否符合买卖合同的义务;当发生进口商拒绝付款赎单的情况后,除非事先取得托收银行同意,代收银行也无代为提货、办理进口手续和存仓保管的义务。所以,托收方式与汇付方式一样,也属商业信用性质。出口商委托银行收取的货款能否收到,全靠进口人的信用。所以,采用托收方式,出口商必须对进口商的资信情况、经营能力和经营作风进行了解,适度掌握授信额度;原则上国外代收行一般不能由进口人指定;出口商在货物装运后,直到买方付清货款前,都要关心货物安全,在出口业务中,原则上应由我方办理保险,即争取以 CIF 或 CIP 条件成交;对贸易管制和外汇管制较严的国家,在使用托收方式时要特别谨慎,对于进口需要领取许可证的商品,在成交时应规定进口商将领得的许可证或已获准进口外汇的证明在发运有关商品前寄达,否则不予发运;填写运输单据时一般应做空白抬头并加背书,如需做代收行抬头时,应先与银行联系并经认可后办理,被通知人一栏,必须详细列明进口人的名称和地址,以便承运人到货时及时通知;严格按照出口合同规定装运货物、制作单据,以防止被买方找到借口而拒付货款;采用远期付款交单方式更要慎重等。总之,在托收业务中,出口商的风险很大,资金负担也较重,所以,在出口业务中决定采用托收方式收款时必须慎之又慎。

当然,如果我方作为进口商时,采用托收方式支付货款则非常有利,我们应该积极争取。

## 第四节　信用证

### 一、信用证的含义及其作用

1. 信用证的含义

信用证(letter of credit,L/C),又称信用状,是指开证银行应开证人的请求开具给受益人的,保证在一定条件下履行付款责任的一种书面担保文件。在国际货物买卖中,向银行申请开立信用证的是买方(即进口人),信用证的受益人是卖方(即出口人),开证银行在信用证中向受益人作出承诺,只要受益人按照信用证条款,提交合乎信用证要求的单据,开证银行保证履行付款或承兑的责任。因此,信用证对于买方是银行授予的一种信用工具,对卖方是银行向其保证付款的一种支付手段。在信用证付款条件下,银行承担第一性付款责任,因此,信用证付款的性质属于银行信用。

信用证虽以贸易合同为基础,但信用证一经开出就成为独立于合同以外的另一种契约。开证银行只受信用证的约束而与该合同完全无关。

信用证纯粹是单据业务,银行处理的只是单据,不问货物、服务或其他行为。而且只强调从表面上确定其是否与信用证条款相符,以决定是否承担付款的责任。

2. 信用证的作用

信用证付款方式是目前我国对外贸易货款结算中使用最多的支付方式。信用证的作用如下:

(1)信用证的使用可促成国际贸易交易的达成

国际货物买卖的双方,分处不同的国家或地区,对于彼此之间的财力和商业信誉不太了解。而一笔国际货物买卖的交易从磋商成交到合同履行,往往需要经过一段相对较长的时间。在这期间,不仅国际市场的行情可能波动,而且买卖双方的财务状况或经营条件也可能发生变化。因此,买卖双方谁先出钱或出货都会感到不安全。买方会担心在他履行付款之后,卖方不交付货物或交不出货物;卖方则担心在他交出货物或者代表货物的货运单据之后，买方可能拒收货物或者拒付货款。采用信用证方式付款，卖方得到银行以信用证方式作出的确切保证，只要依据信用证要求装运货物提交单据，开证银行即保证履行付款责任。而买方在通过银行承兑汇票或者支付货款之后，则肯定会得到代表货物的表面合乎要求的货运单据，凭以提领货物。由于银行信用远比买卖双方之间的商业信用可靠得多，信用证是以银行的信用为基础的，从而也更容易为买卖双方所接受，因此，可促成国际贸易交易的达成。

(2)信用证的使用可起到买卖双方资金融通的作用

在信用证付款条件下，出口方可以凭信用证向当地银行抵押贷款，俗称“打包放款”，在出运货物之后，即可备齐单据，凭信用证向当地银行申请办理押汇，收回货款。进口方在偿付全部货款前，只需付一定的开证保证金，银行就能为进口商开立信用证。若是远期信用证付款，买方资信又不错，则可凭信托收据向银行借单，预先提领货物转售，待到约定的付款日期才向银行偿付货款。因此，使用信用证方式付款，利用的是银行的资金，有利于买卖双方的资金融通。

## 二、信用证的主要内容

在进出口业务中所使用的信用证虽然没有统一的格式，但其基本项目是相同的，主要有以下几方面：

(1)信用证本身的说明。如信用证的种类、性质、金额及其有效期和到期地点等。

(2)货物本身的描述。货物的品质、规格、数量、包装、价格等。

(3)货物运输的说明。装运期限、启运港(地)和目的港(地)、运输方式、可否分批装运和可否中途转船等。

(4)单据的要求。单据中主要包括商业发票、提单、保险单等。

(5)特殊条款。根据进口国政治经济贸易情况的变化或每一笔具体业务的需要，可能作出不同规定。

(6)开证行对受益人及汇票持有人保证付款的责任文句。

(7)使用信用证作为支付方式，要求做到信用证与合同、信用证与单据、单据与单据、单据与货物相一致，保证安全及时收汇。

## 三、信用证的使用程序

使用信用证时，会涉及开证申请人、开证银行、通知银行、受益人、议付银行和付款银行等当事人。使用的基本程序，如图 6－13 所示。

信用证的基本当事人有开证申请人、开证银行和受益人。此外，还有其他关系人，有通知行、保兑行、付款行、偿付行、议付行等。

开证申请人(applicant)是指向银行申请开立信用证的人，一般为进口人，在信用证中往往又称开证人(opener)，如由银行自己主动开立信用证，此种信用证所涉及的当事人，则没有开证申请人。

开证银行(opening bank，issuing bank)是指接受开证申请人的委托，开立信用证的银行，一般是进口地的银行。信用证一经开出，它承担保证付款的责任，开证行负有承担付款的责任。

受益人(beneficiary)是指信用证上指定的有权使用该证的人，一般为出口人。受益人通

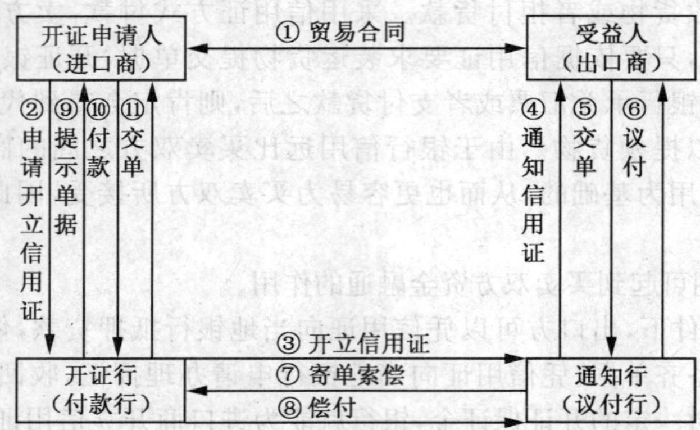


注：①买卖双方在合同中约定凭信用证付款。

②买方向当地银行申请开证，并按合同内容填写开证申请书和缴纳开证押金或提供其他保证。

③开证行按申请内容开证，并通知通知行。

④通知行将信用证交与受益人（卖方）。

⑤卖方收到信用证后，如审核无误，即按信用证要求发货，开出汇票并附各种单据向有关银行交单议付货款。

⑥议付行议付。

⑦议付行将汇票和单据给开证行或信用证指定的付款行索偿。

⑧付款行将货款偿付给议付行。

⑨付款行向开证申请人提示单据。

⑩开证申请人向付款行付款。

⑪付款行向开证申请人交单。

**图 6—13 信用证支付的一般程序**

常也是信用证的收件人（addressee）。

通知银行（advising bank，notifying bank）是指受开证行的委托，将信用证通知（或转交）受益人的银行，它只证明信用证的真实性，并不承担其他义务。通知银行一般是出口人所在地银行。

议付银行（negotiating bank）是指愿意买入受益人交来跟单汇票的银行。议付银行可以是指定的银行，也可以是非指定的银行，由信用证的条款来规定。议付银行又称押汇银行、购票银行或贴现银行。

付款银行（paying bank，drawee bank）是指信用证上指定的付款银行。它一般是开证行，也可以是指定的另一家银行，根据信用证的条款的规定来决定。

偿付银行（reimbursing bank）是指受开证行的指示或授权，对有关代付银行或议付银行的索偿予以照付的银行。信用证的偿付银行又称信用证的清算银行（clearing bank）。

保兑银行（conforming bank）是指开证银行请求在信用证上加具保兑的银行，它具有与开证银行相同的责任和地位。

承兑银行（accepting bank）是指对承兑信用证项下的单据，经审单确认与信用证规定相符时，在汇票正面签字承诺到期付款的银行。承兑银行可以是开证银行本身，也可以是通知行或其他指定的银行。

信用证通知书样式如表 6—3 所示。

表 6—3　　　　信用证通知书样式

BANK OF CHINA SHANGHAI BRANCH
ADDRESS：NO.200 YIN CHENG RD(M)SHANGHAI
P. O. 200120

信用证/保函/备用信用证通知书

NOTIFICATION OF DOCUMENTARY CREDIT/GUARANTEE/STANDBY LETTER OF CREDIT

SWIFT：BKCHCNBJ300

FAX：50372594　　　　2013/10/26

| | | | |
|---|---|---|---|
| TO：致 0389330<br>SHANGHAI WENTONG CO.，LTD.<br>1125 YANCHANG ROAD SHANGHAI CHINA | | WHEN CORRESPONDING<br>PLEASE QUOTE OUR REF.NO　AD30009A26589<br>ADV&CHGFLAG： | |
| ISSUING BANK 开证行 8001749<br>MIZUHO BANK LTD.，TOKYO<br>1-5 UCHISAIWACHO 1-CHOME<br>CHIYODA-KU，TOKYO<br>100-0011 JAPAN | | TRANSMITTED TO US THROUGH 转递行<br>REF NO | |
| L/C/L/G/S.B.L/CNO.信用证/保函/备用信号<br>30-0038-556987 | DATED 开证日期<br>2013/10/25 | AMOUNT 金额<br>USD 9 195.00 | EXPIRY PLACE 有效地<br>LOCAL |
| EXPIRY DATE 有效期<br>2013/11/20 | TENOR 期限<br>0 DAYS | CHARGE 未付费用<br>RMB 200.00 | CHARGE BY 费用承担人<br>BENE |
| RECEIVED VIA 来证方式<br>SWIFT | AVAILABLE 是否生效<br>VALID | TEST/SIGN 印押是否相符<br>YES | CONFIRM 我行是否保兑<br>NO |

DEAR SIRS 敬启者

WE HAVE PLEASURE IN ADVISING YOU THAT WE HAVE RECEIVED FROM THE A/M BANK A(N) LETTER OF CREDIT /GUARANTEE/STANDBY LETTER OF CREDIT，CONTENTS OF WHICH ARE AS PER ATTACHED SHEET(S). THIS ADVICE AND THE ATTACHED SHEET(S) MUST ACCOMPANY THE RELATIVE DOCUMENTS WHEN PRESENTED.

兹通知贵司，我行收自上述银行信用证/保函/备用信用证一份，现随附通知。贵司交单时，请将本通知及信用/保函/备用信用证一并提示。

REMARK 备注：

PLEASE NOTE THAT THIS ADVICE DOES NOT CONSTITUTE OUR CONFIRMATION OF THE ABOVE L/C NOR DOES IT CONVEY ANY ENGAGEMENT OR OBLIGATION ON OUR PART.

THIS L/C/L/G/S.B.L/C CONSISTS OF SHEET(S)，INCLUDING THE COVERING LETTER AND ATTACHMENT(S).

本信用证/保函/备用信用证连同面函及附件共　页。

IF YOU FIND ANY TERMS AND CONDITIONS IN THE L/C/L/G/S.B.L/C WHICH YOU ARE UNABLE TO COMPLY WITH AND OR ANY ERROR(S)，IT IS SUGGESTED THAT YOU CONTACT APPLICANT DIRECTLY FOR NECESSARY AMENDMENT(S) SO AS TO AVOID ANY DIFFICULTIES WHICH MAY ARISE WHEN DOCUMENTS ARE PRESENTED.

如本信用证/保函/备用信用证中有无法办到的条款及/或错误，请迳与开证申请人联系，进行必要的修改，以排除交单时可能发生的问题。

此证如有任何问题及疑虑，请与通知科联络，电话：50375447

YOURS FAITHFULLY
FOR BANK OF CHINA

信用证修改通知书样式如表 6－4 所示。

表 6－4　　信用证修改通知书样式

BANK OF CHINA SHANGHAI BRANCH
ADDRESS：NO.200 YIN CHENG RD(M)SHANGHAI
P.O. 200120

修 改 通 知 书
NOTIFICATION OF AMENDMENT

SWIFT：BKCHCNBJ300
FAX：50372594

2013/11/16

| TO：致 0389330<br>SHANGHAI WENTONG CO.，LTD.<br>1125 YANCHANG ROAD SHANGHAI CHINA | | WHEN CORRESPONDING<br>PLEASE QUOTE OUR REF.NO　AD30009A26589<br>ADV&CHGFLAG： | |
|---|---|---|---|
| ISSUING BANK 开证行 8001749<br>MIZUHO BANK LTD.，TOKYO<br>1-5 UCHISAIWACHO 1-CHOME<br>CHIYODA-KU，TOKYO<br>100-0011 JAPAN | | TRANSMITTED TO US THROUGH 转递行<br>REF NO | |
| L/C/L/G/S.B.L/CNO.信用证/保函/备用信号<br>30-0038-556987 | DATED 开证日期<br>2013/10/25 | TTL AMT 总金额<br>USD 16 860.00 | EXPIRY PLACE 有效地<br>LOCAL |
| EXPIRY DATE 有效期<br>2013/12/30 | TENOR 期限<br>0 DAYS | CHARGE 未付费用<br>RMB 300.00 | CHARGE BY 费用承担人<br>BENE |
| RECEIVED VIA 修改方式<br>SWIFT | AVAILABLE 修改是否生效<br>VALID | TEST/SIGN 修改印押是否相符<br>YES | CONFIRM 我行是否保兑修改<br>NO |
| AMEND NO 修改次数<br>1 | AMEND DATE 修改日期<br>2013/11/13 | INCREASE AMT 增额<br>USD 7 665.00 | DECREASE AMT 减额<br>USD 0.00 |
| DEAR SIRS 敬启者<br>WE HAVE PLEASURE IN ADVISING YOU THAT WE HAVE RECEIVED FROM THE A/M BANK A(N) AMENDMENT TO THE CAPTIONED L/C/L/G/S.B.L/C，CONTENTS OF WHICH ARE AS PER ATTACHED SHEET(S).<br>兹通知贵司，我行自上述银行收到修改一份，内容见附件。<br>REMARK 备注： | | | |

THIS AMENDMENT CONSISTS OF SHEET(S), INCLUDING THE COVERING LETTER AND ATTACHMENTS.
本修改连同面函及附件共 页。

KINDLY TAKE NOTE THAT THE PARTIAL ACCEPTANCE OF THE AMENDMENT IS NOT ALLOWED.
本修改不能部分接受。

此证如有任何问题及疑虑,请与通知科联络,电话:50375447

YOURS FAITHFULLY
FOR BANK OF CHINA

## 四、信用证的种类

1. 跟单信用证和光票信用证

根据付款凭证的不同,信用证可分为跟单信用证和光票信用证。

(1)跟单信用证(documentary credit)是指凭跟单汇票或单纯凭单据付款、承兑或议付的信用证。所谓"跟单",大多是指代表货物所有权或证明货物已装运的运输单据、商业发票、保险单据、商检证书、海关发票、产地证书、装箱单等。

(2)光票信用证(clean credit)是指开证行仅凭受益人开具的汇票或简单收据而无需附带单据付款的信用证。光票信用证在国际贸易货款的结算中主要被用于贸易总公司与各地分公司间的货款清偿及贸易从属费用和非贸易费用的结算。

2. 不可撤销信用证和可撤销信用证

在 UCP500 中根据开证银行的保证责任性质,可分为不可撤销信用证和可撤销信用证。在 UCP600 中取消了可撤销信用证。

不可撤销信用证(irrevocable credit)是指信用证一经通知受益人,在有效期内,非经信用证受益人及有关当事人(即开证行、保兑行)的同意,不得修改或撤销信用证。不可撤销信用证对受益人提供了可靠的保证,只要受益人提交了符合信用证规定的单据,开证行就必须履行其确定的付款责任。

3. 保兑信用证和非保兑信用证

不可撤销信用证中,根据有无另一家银行提供保兑,可分为保兑信用证和非保兑信用证。对于卖方来说,可能因为开证行是一家你不熟悉的国外小银行,这家银行与买方关系不一般,或者可能受到尚未所知的外汇管制的限制,因此,希望有另外一家银行、最好是由卖方当地银行给开证行的付款保证再加以保证(保兑)。

(1)保兑信用证(confirmed letter of credit)是指开证行开出的信用证由另一家银行保证兑付的信用证。经保证兑付的信用证,对符合信用证条款规定的单据履行付款义务,有保兑行兑付的保证。对于保兑信用证,开证行和保兑行都承担第一性的付款责任,所以,这种有双重保证的信用证对出口商安全收汇是有利的。

开证行要求通知行或第三家保兑行的邀请或授权,常见的措辞有:

①We authorized to add your confirmation.

②Please notify beneficiary and adding your confirmation.

③We have requested forwarding bank to add their confirmation to this credit.

保兑行同意保兑的措辞常见的有：

①We confirmed the credit and thereby undertake that all drafts draw and presented as above specified will be dully honored by us at our counter on or before ...

②At the request of our correspondent，we confirm their credit and also engage with you that all drafts drawn under and in compliance with the terms of this credit will be dully honored.

通知行保兑的不可撤销信用证的流程如图 6—14 所示。

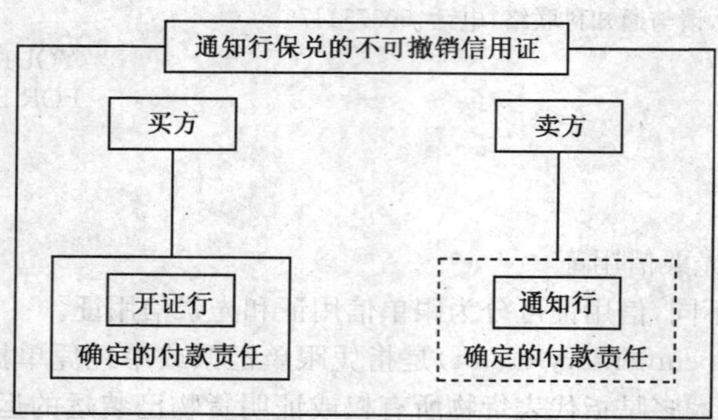


**图 6—14　通知行保兑的不可撤销信用证的流程**

(2)非保兑信用证(unconfirmed letter of credit)是指未经另一家银行加具保兑的信用证，即一般的不可撤销信用证。在非保兑信用证中，只有开证行承担付款责任，也就是由开证行单独负责付款。非保兑信用证一般通过卖方国家的银行通知给卖方，并且相关的运输单据和其他单据通常也是提交给这家银行以求得到最终付款。但是，最终的付款责任依旧由买方承担。通常在与发达国家的一家荣膺评估的开证行打交道时，大部分卖方很可能接受这种非保兑信用证作为较安全的支付工具。如果对开证行及其资信状况有疑问，可以通过本地银行的国际业务部门进行查询。

通知行非保兑的不可撤销信用证的流程如图 6—15 所示。

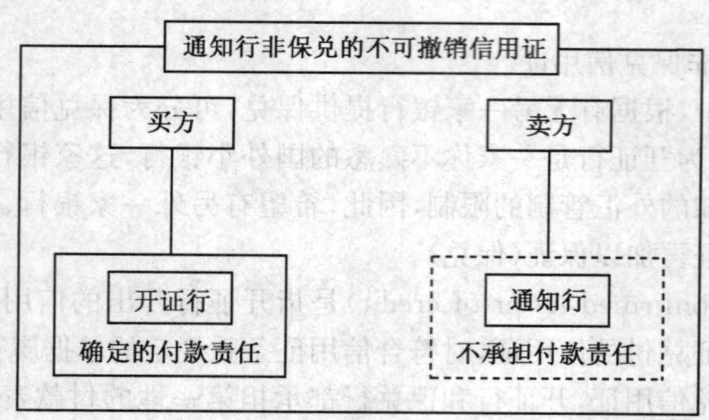


**图 6—15　通知行非保兑的不可撤销信用证的流程**

4. 即期信用证和远期信用证

根据付款时间不同，信用证可分为即期信用证和远期信用证。

(1)即期付款信用证

即期付款信用证(sight L/C)是开证行或付款行收到符合信用证条款的汇票及/或单据，立即履行付款责任的信用证。由于即期信用证可使受益人通过银行付款或议付及时取得货款，因此在国际贸易结算中被广泛使用。即期信用证一般要求出具汇票，汇票的付款人是银行，但目前由于信用证有时规定无需开立汇票，所以凡是凭单据立即付款的信用证，都是即期付款信用证。即期付款信用证付款的性质属于立即、终局性、无追索权的付款。即期付款信用证的付款银行为开证行或被指定使用信用证的银行。

即期付款信用证的常见措辞有：

①Credit is available by sight payment with ××× bank.(or)Credit is available with advising bank by payment at sight against the documents detailed herein and beneficiary's draft(s) drawn on advising bank.

②Upon receipt of documents in conformity with the L/C, we will credit your account with us.

(2)远期信用证

远期信用证(usance L/C)是指开证行或付款行收到远期汇票或单据后，在规定的一定期限内付款的信用证。其主要作用是便利进口商资金融通。远期信用证主要包括延期付款信用证、承兑信用证、议付信用证。远期信用证是否必须提交汇票，是划分延期付款信用证与承兑信用证的主要标志。

①延期付款信用证

延期付款信用证(deferred payment L/C)是指开证行或被指定延期付款的银行仅凭受益人提示的满足信用证条款的单据，承担延期付款的责任，并于信用证到期日向受益人付款的信用证。

使用延期付款信用证不需要开立汇票。在实务中，如果开证申请人需要汇票，开证行可要求受益人或寄单行于延期付款信用证的到期日向其提示即期汇票。(注意，此种汇票不宜贴现。)

延期付款信用证中确定付款日的常见表述有：

a. 开证行见单后若干天付款(×× days after sight)。

b. 装运日后若干天付款(×× days after B/L date，或 ×× days after the date of shipment)。

延期付款信用证的付款属于延期、终局性、无追索权的付款。延期付款信用证的付款银行为开证行或被指定使用延期付款信用证的银行。

延期付款信用证的常见措辞有：

a. Credit is available by deferred payment at ×× days after sight (or)×× days after B/L date with ×× bank.

b. We hereby engage that payment will be duly made at maturity against the documents presented in conformity with the terms of this credit.

②承兑信用证

承兑信用证(acceptance L/C)是指付款银行在收到符合信用证规定的远期汇票和单据时，先在汇票上履行承兑手续，待汇票到期日再付款的信用证。

延期付款信用证和承兑信用证均属远期信用证，均是在交单以后某一个可以确定的日期付款；两者的不同点在于承兑信用证有汇票，必须有一个承兑的过程。承兑后，承兑行即承担不可推卸的到期付款的责任。经承兑的汇票，受益人便可去贴现市场贴现，获得资金周转。延期付款信用证则没有上述要求或规定，即使因开证申请人坚持，开证行允许受益人或寄单行于延期付款的到期日向其提示即期汇票，此种汇票也很难在贴现市场中获得融资。

承兑信用证一般必须要求提供远期汇票，而承兑人，即日后的付款人可以是开证行，也可以是信用证中指定的使用该证的银行。付款日系汇票承兑日后某一可以确定的日期。付款性质属终局性、对受益人无追索权的付款。承兑后承兑行可确定并注明付款日；如向开证行电索，电报费由开证行承担；若议付行收到承兑电后又要求寄回全套已承兑汇票，则承兑行有权拒绝。

承兑信用证常用的措辞有：

a. Credit available with ×× bank by acceptance of drafts at ×× days sight against the documents detailed herein and beneficiary's drafts drawn on ×× bank.

b. (Undertaking clause) We hereby engage that drafts drawn in conformity with the terms of this credit will be duly accepted on presentation to drawee bank and duly honoured on maturity.

③议付信用证

议付信用证(negotiation L/C)是指允许受益人向某一指定银行或任何银行交单议付的信用证。通常在单证相符条件下，银行扣取垫付利息和手续费后，即付给受益人。议付是汇票流通中的一个环节，除非保兑行议付，否则议付银行对其议付行为可保留追索权。(如果汇票付款人不付款，持票人有权向其前手追索，直至出票人为止。)议付信用证可分为自由议付信用证(available by negotiation with any bank)、限制议付信用证(negotiation restricted to ×× bank)和指定议付信用证(available by negotiation with ×× bank)。

自由议付信用证又称公开议付或流通信用证，是指开证行对愿意办理议付的任何银行作公开的议付邀请和普遍的付款承诺。尽管自由议付信用证规定任何银行议付，但指的是到期地点的任何银行。如果选择非到期地点的银行交单，则该银行为受益人的交单行，并且在该信用证有效期之前，必须保证单据到达开证行。

指定议付与限制议付的相同点是两者都特定某一被授权银行的议付。不同点是两者的开证银行开立的动机不同，即指定议付是为了便于受益人向该指定银行交单；开证银行开立限制议付信用证的主要目的是为被限制的银行招揽业务，被限制银行通常为开证行的代理行。

议付一般需要汇票，汇票的主要作用是开证行的支付凭证，是已履约的凭据，能维护双方利益。有些银行开立的信用证不要汇票的主要原因是为节省开具汇票而支付的印花税，所以，以发票或收据替代汇票，将汇票中应具备的要素均在发票或收据上显示。

5. 可转让信用证和不可转让信用证

按受益人是否有权将信用证转让给其他人使用，信用证可分为可转让信用证和不可转让信用证。

(1)可转让信用证

可转让信用证(transferable L/C)是指信用证的第一受益人将现存信用证的全部或部分金额转让给第二受益人(通常是货物的最终供货方)使用的信用证。这种信用证经常被中间商当作融资工具使用。

①可转让信用证的签发程序

可转让信用证的签发程序如图 6—16 所示。

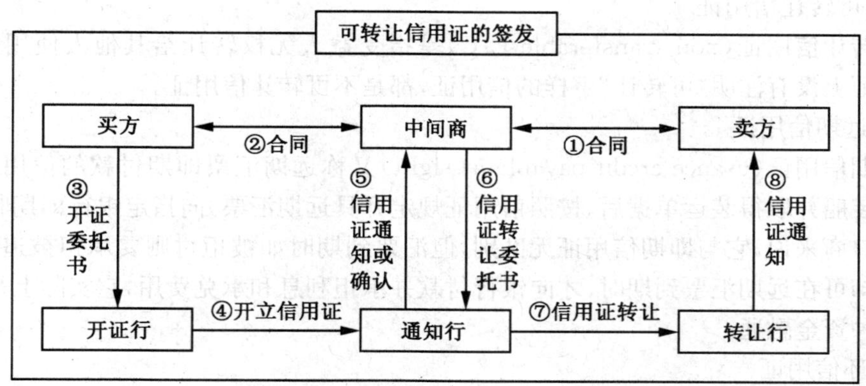


注：①中间商（第一受益人）和卖方（第二受益人）订立购货合同；
②中间商和买方订立售货合同（第一步和第二步没有先后顺序）；
③买方向开证行递交开证委托书；
④开证行签发信用证并将信用证转给通知行；
⑤通知行通知中间商这笔信用证；
⑥中间商指示将信用证转让给卖方（第二受益人）；
⑦通知行将信用证转让给转让行（卖方银行）；
⑧转让行告知卖方（第二受益人）这笔信用证。

**图 6－16　可转让信用证的签发程序**

②可转让信用证转让受益的程序

可转让信用证转让受益的程序如图 6－17 所示。

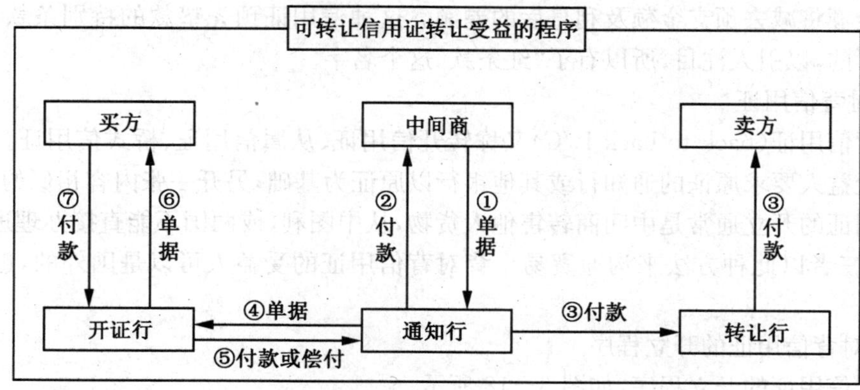


注：①中间商（第一受益人）向议付行提示单据；
②议付行付款给中间商而不是卖方（第二受益人）；
③议付行付款给转让行，转让行依次支付给卖方（第二受益人）转让的金额；
④议付行向开证行提交单据；
⑤开证行依据信用证条款向议付行付款或偿付；
⑥开证行向买方提示单据；
⑦买方依据信用证条款向开证行付款。

**图 6－17　可转让信用证转让受益的程序**

(2)不可转让信用证

不可转让信用证(non-transferable L/C)是指受益人无权转让给其他人使用的信用证。凡在信用证上没有注明“可转让”字样的信用证,都是不可转让信用证。

6. 假远期信用证

假远期信用证(usance credit payable at sight)又称远期汇票即期付款的信用证,即出口商在货物装船并取得装运单据后,按照信用证规定开具远期汇票,向指定银行即期收回全部货款。对出口商来说,它与即期信用证无区别,但汇票到期时如被拒付则要承担被追索的风险。而进口商却可在远期汇票到期时,才向银行付款并承担利息和承兑费用,它实际上是银行对进口商的一种资金融通。

7. 循环信用证

循环信用证(revolving L/C)是指该信用证在一定时间内利用规定金额后,能够重新恢复信用证原金额而再被利用,直至达到规定次数或规定的总金额为止。它可按时间循环和按金额循环,后者又可分为以下三种:

(1)自动循环(automatic revolving)

即在一定时期内金额被使用完毕后,不等开证行通知而恢复到原金额者。

(2)半自动循环(semi-automatic revolving)

即金额被使用后,如开证行未在一定期限内提出不能恢复原金额而自动恢复至原金额者。

(3)非自动循环(non-automatic revolving)

即需开证行通知后才能恢复至原金额者。

8. 预支信用证

预支信用证(anticipatory L/C)是指允许受益人在货物出运前先凭光票向议付银行预支一部分货款作为备货资金,在信用证规定装运期内,受益人向议付银行提供全套货运单据,议付信用证金额将减去预支金额及利息后的差额。这种信用证预先垫款的特别条款,习惯上是用红色打写的,以引人注目,所以有了“红条款”这个名字。

9. 背对背信用证

背对背信用证(back-to-back L/C)又称转开信用证、从属信用证、桥式信用证。背对背信用证是指受益人要求原证的通知行或其他银行以原证为基础,另开一张内容相似的新信用证。背对背信用证的开立通常是中间商转售他人货物,从中图利,或两国不能直接办理进出口贸易时,通过第三者以此种方法来沟通贸易。背对背信用证的受益人可以是国外的,也可以是国内的。

(1)背对背信用证的开立程序

背对背信用证的开立程序,如图 6—18 所示。

(2)背对背信用证的使用程序

背对背信用证的使用程序,如图 6—19 所示。

10. 对开信用证

对开信用证(reciprocal L/C)是指两张信用证的开证申请人互以对方为受益人而开立的信用证。开立信用证是为了达到贸易平衡,以防止对方只出不进或只进不出。第一张信用证的受益人就是第二张信用证(也称“回头证”)的开证申请人;反之,第一张信用证的开证申请人就是回头证的受益人,第一张信用证的通知行往往就是回头证的开证行。两张信用证的金额相等或大致相等,两证可同时互开,也可先后开立,这种信用证一般用于进料加工对口合同。

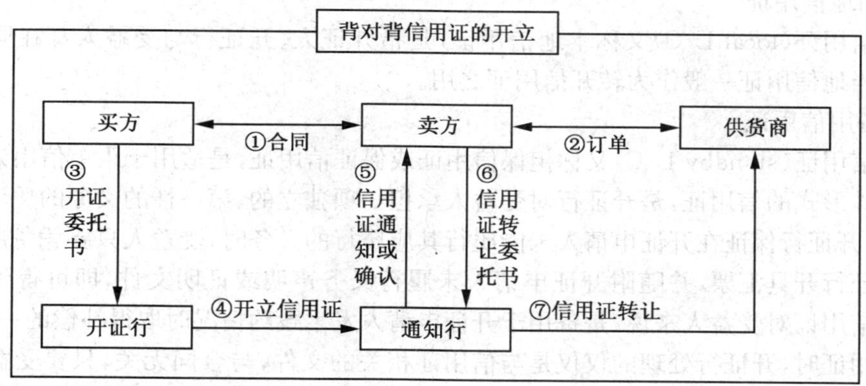


注:①买卖双方磋商订立合同;
②卖方给供货商下订单;
③买方向开证行递交开证委托书;
④开证行签发信用证并将信用证转给通知行;
⑤通知行通知卖方这笔信用证;
⑥卖方指示将信用证转让给供货商;
⑦通知行将信用证转让给供货商,也可以将信用证转让给第二个通知行或转让给保兑行。

**图 6—18　背对背信用证的开立程序**

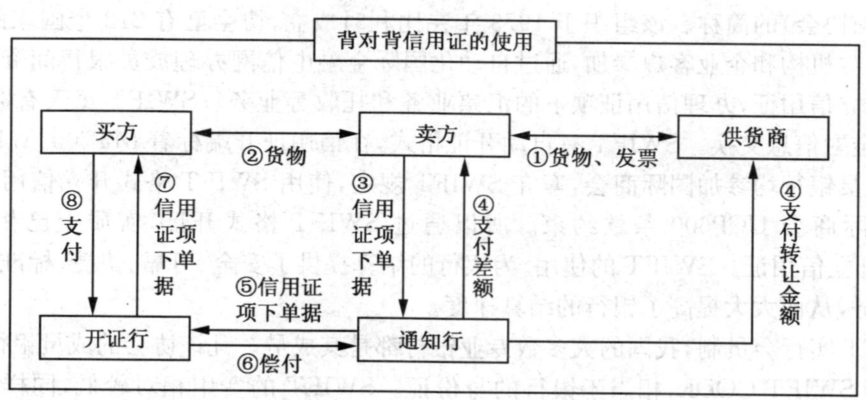


注:①最终供货商发货给卖方,并递交发票;
②卖方将货物发运给买方;
③卖方将单据转至通知行;
④ a. 通知行按照卖方委托书中的金额向供货商支付;
b. 通知行将原证金额和已转让给供货商的差额支付给卖方;
⑤通知行将单据寄给开证行;
⑥开证行向通知行偿付;
⑦开证行将单据转给买方;
⑧买方向开证行偿付。

**图 6—19　背对背信用证的使用程序**

11. 当地信用证

当地信用证(local L/C)又称本地信用证,是指开证人、开证行与受益人都在同一国家的信用证。当地信用证一般作为转开信用证之用。

12. 备用信用证

备用信用证(standby L/C)又称担保信用证或保证信用证,是适用于跟单信用证统一惯例的一种特殊形式的信用证,是开证行对受益人承担一项独立的、第一性的义务的凭证。在备用信用证中,开证行保证在开证申请人未能履行其应履行的义务时,受益人只要凭备用信用证的规定向开证行开具汇票,并随附开证申请人未履行义务声明或证明文件,即可得到开证和偿付。此类信用证对受益人来说,是备用于开证申请人发生毁约情况时取得补偿的一种方式,采用备用信用证时,开证行处理的仅仅是与信用证相关的文件,与合同无关,只要受益人出具的汇票和证明开证申请人未有履约的文件是符合信用证规定的,开证行即对受益人作无追索付款。这种信用证一般用在投标、履约、还款保证、预付、赊销等业务中。

13. 红条款信用证

红条款信用证(red clause L/C),之所以称其为红条款信用证,是因为信用证中授权预付货款的条款传统上用红墨水书写。在红条款信用证中,有一个特殊条款授权保兑银行在受益人(卖方)提交装运单据之前,优先向受益人支付。在这类信用证中,买方实际上给卖方提供了资金融通,并承担了一定的风险。

14. SWIFT 信用证

SWIFT 是"Society for Worldwide Interbank Financial Telecommunications"(全球银行间金融电信协会)的简称。该组织于 1973 年在比利时成立,协会已有 212 个国家的10 000多家银行、证券机构和企业客户参加,通过自动化国际金融电信网办理成员银行间资金调拨,汇款结算,开立信用证,办理信用证项下的汇票业务和托收等业务。SWIFT 每天有数以百万计的标准化金融信息交换。SWIFT 有自动开证格式,在信用证开端标着 MT700、MT701 代号。SWIFT 成员银行均参加国际商会,遵守 SWIFT 规定,使用 SWIFT 格式开立信用证,其信用证则受国际商会 UCP600 条款约束。所以通过 SWIFT 格式开证,实质上已相等于根据 UCP600 开立信用证。SWIFT 的使用,为银行的结算提供了安全、可靠、快捷、标准化、自动化的通信业务,从而大大提高了银行的结算速度。

SWIFT 实行会员制,我国的大多数专业银行都是其成员。凡该协会的成员银行都有自己的代码,即 SWIFT CODE,相当于银行的身份证。SWIFT 的费用相对较低,同样多的内容,SWIFT 的费用只有 TELEX(电传)的 18%左右、CABLE(电报)的 2.5%左右。SWIFT 的安全性较高,它使用的密押比电传的密押可靠性强、保密性高,且具有较高的自动化水平。SWIFT 的格式具有标准化,对于 SWIFT 电文,SWIFT 组织有着统一的要求和标准的格式。

相关链接

**SWIFT 的数字电文业务性质区别**

SWIFT 电文是格式化的,用 0~9 的数字区别电文业务性质。0 代表 SWIFT 系统电报,1 代表客户汇款与支票(Customer Payment & Cheques),2 代表银行头寸调拨(Financial Institution Transfers),3 代表外汇买卖、货币市场及衍生工具(Foreign Exchange, Money Markets and Derivatives),4 代表托收业务(Colection & Cash Leters),5 代表证券业务(Securities Markets),6 代表贵金属和银团贷款业务(Precious Metalsand Syndications),7 代表跟单信用

证和保函(Documentary Credits and Guarantes),8 代表旅行支票(Travelers Cheques),9 代表银行和客户账务(Cash Management & Customers Status)。每一类包含若干组,每一组又包含若干格式,每个电报格式代号由三位数字构成,如 MT700 代表信用证业务。

## 五、SWIFT 信用证格式注释

MT700 是由开证行发送给通知行,用来列明发报行(开证行)开立的跟单信用证条款的报文格式。当跟单信用证内容超过 MT700 报文格式的容量时,可以使用几个(最多 3 个)MT701 报文格式传送有关跟单信用证条款。MT700 标准格式如表 6—5 所示。

表 6—5 **MT700 Issue of a Documentary Credit**

**跟单信用证的开立**

| Status | Tag 代号 | Field Name 栏位名称 | Content/Options 内容 | No. |
|---|---|---|---|---|
| M | 27 | Sequence of Total 合计次序 | 1! n/1! n 1 个数字/1 个数字 | 1 |
| M | 40A | Form of Documentary Credit<br>跟单信用证类别 | 24x<br>24 个字 | 2 |
| M | 20 | Documentary Credit Number 信用证号码 | 16x 16 个字 | 3 |
| O | 23 | Reference to Pre-Advice 预通知的编号 | 16x 16 个字 | 4 |
| O | 31C | Date of Issue 开证日期 | 6! n 6 个数字 | 5 |
| M | 40E | Applicable Rules 适用规则 | 30x[/35x] 30 个字[/35 个字] | 6 |
| M | 31D | Date and Place of Expiry 到期日及地点 | 6! n29x 6 个数字 29 个字 | 7 |
| O | 51a | Applicant Bank 申请人的银行 | A or D A 或 D | 8 |
| M | 50 | Applicant 申请人 | 4 * 35x 4 行 35 个字 | 9 |
| M | 59 | Beneficiary 受益人 | [/34x] 4 * 35x<br>[/34 个字] 4 行 35 个字 | 10 |
| M | 32B | Currency Code, Amount 币别代码、金额 | 3! a15d 3 个字母,15 个数字 | 11 |
| O | 39A | Percentage Credit Amount Tolerance<br>信用证金额加减百分率 | 2n/2n 2 个数字/ 2 个数字 | 12 |
| O | 39B | Maximum Credit Amount 最高信用证金额 | 13x 13 个字 | 13 |
| O | 39C | Additional Amounts Covered 可附加金额 | 4 * 35x 4 行 35 个字 | 14 |
| M | 41a | Available With ... By ...<br>向……银行押汇,押汇方式为…… | A or D<br>A 或 D | 15 |
| O | 42C | Drafts at ... 汇票期限 | 3 * 35x 3 行 35 个字 | 16 |
| O | 42a | Drawee 付款人 | A or D A 或 D | 17 |
| O | 42M | Mixed Payment Details 混合付款指示 | 4 * 35x 4 行 35 个字 | 18 |
| O | 42P | Deferred Payment Details 延迟付款指示 | 4 * 35x 4 行 35 个字 | 19 |
| O | 43P | Partial Shipments 分批装运 | 1 * 35x 1 行 35 个字 | 20 |
| O | 43T | Transhipment 转运 | 1 * 35x 1 行 35 个字 | 21 |
| O | 44A | Place of Taking in charge/Dispatch from .../Place of Receipt<br>接受监管地/发运地/收货地 | 1 * 65x<br>1 行 65 个字 | 22 |

续表

| Status | Tag 代号 | Field Name 栏位名称 | Content/Options 内容 | No. |
|---|---|---|---|---|
| O | 44E | Port of Loading/Airport of Departure<br>装运港/出发机场 | 1＊65x<br>1行65个字 | 23 |
| O | 44F | Port of Discharge/Airport of Destination<br>卸货港/目的地机场 | 1＊65x<br>1行65个字 | 24 |
| O | 44B | Place of Final Destination/For Transportation to …/Place of Delivery<br>最终目的地/运往……/交货地 | 1＊65x<br>1行65个字 | 25 |
| O | 44C | Latest Date of Shipment 最后装运日 | 6！n 6个数字 | 26 |
| O | 44D | Shipment Period 装运期间 | 6＊65x 6行65个字 | 27 |
| O | 45A | Description of Goods and/or Services<br>货物描述及/或交易条件 | 100＊65x<br>100行65个字 | 28 |
| O | 46A | Documents Required 应具备单据 | 100＊65x 100行65个字 | 29 |
| O | 47A | Additional Conditions 附加条件 | 100＊65x 100行65个字 | 30 |
| O | 71B | Charges 费用 | 6＊35x 6行35个字 | 31 |
| O | 48 | Period for Presentation 提示期间 | 4＊35x 4行35个字 | 32 |
| M | 49 | Confirmation Instructions 保兑指示 | 7！x 7个字 | 33 |
| O | 53a | Reimbursing Bank 清算银行 | A or D A或D | 34 |
| O | 78 | Instructions to the Paying/Accepting/Negotiating Bank<br>对付款/承兑/议付银行的指示 | 12＊65x<br>12行65个字 | 35 |
| O | 57a | Advise Through Bank<br>收讯银行以外的通知银行 | A，B or D<br>A,B或D | 36 |
| O | 72 | Sender to Receiver Information<br>银行间的通知 | 6＊35x<br>6行35个字 | 37 |
| M=Mandatory(必需项目)　O=Optional(任选项目) | | | | |

1. 项目说明

采用 SWIFT 信用证必须遵守 SWIFT 的规定，也必须使用 SWIFT 手册规定的代号(Tag)，而且信用证必须遵循国际商会《跟单信用证统一惯例》各项条款的规定。在 SWIFT 信用证中可省去开证行的承诺条款(Undertaking Clause)，但不因此免除银行所应承担的义务。SWIFT 信用证的特点是快速、准确、简明、可靠。

SWIFT 报文(Text)由一些项目(Field)组成，每一种报文及格式(Message Type，MT)规定了由哪些项目组成，每一个项目又严格规定由多少字母、多少数字或多少字符组成。这些规定的表示方法及含义如下：

n：表示数字；

a：表示字母；

c：表示数字或字母；

x:表示 SWIFT 电信中允许出现的任何一个字符(包括 10 个数字、26 个字母、有关标点符号、空格键、回车键和跳行键);

*:表示行数;

d:表示数字或","号;

2!n:表示必须填入 2 位数字;

[/34x]:表示在"/"后跟 34 个 SWIFT 字符,这个项目是可选的。

例如,2n 表示最多填入 2 位数字;3a 表示最多填入 3 个字母;4*35x 表示所填入的内容最多 4 行,每行最多 35 个字符。

在一份 SWIFT 报文中,有些规定项目是必不可少的,称为必选项目(Mandatory Field, M);有些规定项目可以由操作员根据业务需要确定是否选用,这些项目称为可选项目(Optional Field,O)。

项目代号(Tag)由 2 位数字或 2 位数字加一个小写字母后缀组成,该小写字母后缀在某一份报文中必须由某一个规定的大写字母替换。带上不同的大写字母后缀,其含义和用法也就不一样。

(1)项目表示方式

SWIFT 由项目(FIELD)组成,如:59 BENEFICIARY(受益人),就是一个项目,59 是项目的代号,可以用两位数字表示,也可以用两位数字加上字母来表示,如 51a APPLICANT(申请人)。不同的代号,表示不同的含义。项目还规定了一定的格式,各种 SWIFT 电文都必须按照这种格式表示。

在 SWIFT 电文中,一些项目是必选项目(MANDATORY FIELD),一些项目是可选项目(OPTIONAL FIELD),必选项目是必须要具备的,如:31D DATE AND PLACE OF EXPIRY(信用证到期日及地点),可选项目是另外增加的项目,并不一定每个信用证都有的,如:39B MAXIMUM CREDIT AMOUNT(信用证最高金额)。

(2)日期表示方式

SWIFT 电文的日期表示为:YYMMDD(年月日)

如:1999 年 6 月 15 日,表示为:990615;

2000 年 2 月 10 日,表示为:000210;

2002 年 12 月 6 日,表示为:021206。

(3)数字表示方式

在 SWIFT 电文中,数字的格式可以表示成:

nn…nn,nn…n

它的整数部分至少包含一位数字,","作为小数点。当数字小数部分是"00"的时候,小数部分可以省略,但是","不能省略。需要注意的是,当我们在描述有关数字域的长度的时候,该长度是该数字包含","的长度。

如:3,152,286.34 表示为:3152286,34;

3,000,000.00 表示为:3000000,;

4/5 表示为:0,8;

5% 表示为:5 PERCENT。

(4)货币表示方式

货币可以用代码表示,如表 6-6 所示。

表 6－6　常用货币代码

| 货币名称 | 货币代码 |
|---|---|
| 澳大利亚元 | AUD |
| 奥地利元 | ATS |
| 比利时法郎 | BEF |
| 加拿大元 | CAD |
| 人民币元 | CNY |
| 日元 | JPY |
| 挪威克朗 | NOK |
| 英镑 | GBP |
| 瑞典克朗 | SEK |
| 瑞士法郎 | CHF |
| 美元 | USD |
| 欧元 | EUR |

2. 详细分析

27：报文页次。

如果该跟单信用证条款能够全部容纳在该 MT700 报文中，那么该项目内就填入“1/1”。如果该证由一份 MT700 报文和一份 MT701 报文组成，那么在 MT700 报文的项目“27”中填入“1/2”，在 MT701 报文的项目“27”中填入“2/2”，依此类推。

40A：跟单信用证形式。

该项只能用代码来表示信用证的性质，如表 6－7 所示。

表 6－7　信用证代码

| | |
|---|---|
| IRREVOCABLE | 不可撤销跟单信用证 |
| IRREVOCABLE TRANSFERABLE | 不可撤销可转让跟单信用证 |
| IRREVOCABLE STANDBY | 不可撤销备用信用证 |
| IRREVOC TRANS STANDBY | 不可撤销可转让备用信用证 |

如果为转让信用证，则详细的转让条款应在项目“47a”中列明。

20：跟单信用证号码。

23：预先通知编号。

如果采用此格式开立的信用证已被预先通知，此项目内应填入“PREADV/”，后跟预先通知的编号或日期。

31C：开证日期。

该项目列明开证行开立跟单信用证的日期。如果报文无此项目，那么开证日期就是该报文的发送日期。

40E：适用规则

该项目有 6 种可供使用的选择，分别为：

(1)“UCP LATEST VERSION”(统一惯例最新版本)，表示信用证适用在开证日有效的国际商会跟单信用证统一惯例；

(2)“EUCP LATEST VERSION”(电子化交单统一惯例最新版本)，表示信用证适用在开证日生效的国际商会跟单信用证统一惯例电子化交单附则；

(3)“UCP URR LATEST VERSION”(统一惯例及偿付统一规则最新版本)，表示信用证适用在开证日有效的国际商会跟单信用证统一惯例及国际商会银行间偿付统一规则；

(4)“EUCP URR LATEST VERSION”(电子化交单统一惯例及偿付统一规则最新版本)，表示信用证适用在开证日有效的国际商会跟单信用证统一惯例电子化交单附则及国际商会银行间偿付统一规则；

(5)“ISP LATEST VERSION”(《国际备用证惯例》最新版本)，表示备用信用证适用在开证日有效的国际商会国际备用证惯例；

(6)“OTHER”(其他)，表示信用证适用任何其他规则，此时应在第 47 中注明该信用证适用的具体规则的名称。

只有当使用的代码为“OTHER”时，40E 第二部分(即“/35x”)才允许出现。

31D：到期日及到期地点。

该项目列明跟单信用证最迟交单日期和交单地点。

51a：开证申请人的银行。

如果开证行和开证申请人的银行不是同一家银行，该报文使用该项目列明开证申请人的银行。

50：开证申请人。

59：受益人。

32B：跟单信用证的货币及金额。

信用证金额的其他特殊信息将在 39A、39B 及 39C 表示。

39A：信用证金额浮动允许范围。

允许浮动的范围以百分比表示，格式为 2n/2n。

斜杠前数字表明向上浮动百分比值；斜杠后数字表示向下浮动百分比值。

如：15/15，表明上下浮动各不超过 15%。

(注：39A 与 39B 不能同时出现)

39B：信用证金额最高限额。

该项必须使用以下列出的代码，在代码后跟金额。

NOT EXCEEDING

(注：39B 与 39A 不能同时出现。)

39C：附加金额。

该项目列明信用证所涉及的附加金额，诸如保险费、运费、利息等。

41a：指定的有关银行及信用证兑付方式。

该项目列明被授权对该证付款、承兑或议付的银行及该信用证的兑付方式。

| | | |
|---|---|---|
| 选择 A，格式为： | 4! a2! a2! c[3! c] | (BIC) |
| | 14x | (Code) |
| 选择 D，格式为： | 4 * 35x | (Name and Address) |
| | 14x | (Code) |

(1)银行表示方法

如果该信用证为任意银行自由议付信用证，必须使用 41D，表示为“41D：Available With Any bank in (City/Country)”；如果该信用证可以由任意地方任意一家银行进行议付，则表示为“41D：Available With Any bank”；如果用 41A，则银行名一定要用 SWIFT BIC 表示。

(2)兑付方式表示方法

分别用下列词句表示：

BY PAYMENT：即期付款

BY ACCEPTANCE：远期承兑

BY NEGOTIATION：议付

BY DEF PAYMENT：迟期付款

BY MIXED PYMT：混合付款

当报文使用“BY DEF PAYMENT”或“BY MIXED PYMT”时，有关付款的细节将在域 42P 或 42M 中表述。

当报文使用“BY PAYMENT”时就意味着“PAYMENT AT SIGHT”(即期付款)。

42C：汇票付款期限。

该项目列明跟单信用证项下汇票付款期限。

42a：汇票付款人。

| | | |
|---|---|---|
| 选择 A，格式为： | [/1! a][/34x] | (Party Identifier) |
| | 4! a2! a2! c[3! c] | (BIC) |
| 选择 D，格式为： | [/1! a][/34x] | (Party Identifier) |
| | 4 * 35x | (Name & Address) |

付款人必须是银行。如果付款人是开证申请人，那么此项应被作为单据在 46A 列示，该域内不能出现账号。

42M：混合付款条款。

该项目列明混合付款跟单信用证项下付款日期、金额及其确定的方式。

42P：延期付款条款。

该项目列明只有在延期付款跟单信用证项下的付款日期及其确定的方式。

43P：分批装运条款。

该项目列明跟单信用证项下分批装运是否允许。

43T：转运条款。

该项目列明跟单信用证项下货物转运是否允许。

44A：接受监管地/发运地/收货地。

该项目列明货物启运地点(在使用多种方式联运单据的情况下)，接收地(公路、铁路、内陆水运单据、信件、快递服务单据)，标注在货运单据上的发货地。

44E：装运港/出发机场。

该项目描述了货运单据中列明的装货港口或始发航空港的名称。

44F：卸货港/目的地机场。

该项目描述了货运单据中列明的卸货港口或航空港目的地的名称。

44B：最终目的地/运往……/交货地。

该项目描述了货运单据中列明的最终目的地或交货地点名称。

44C:最后装运日。

该项目列明最迟装船、发运和接受监管的日期。(注:44C与44D不能同时出现。)

44D:装运期间。

该项目列明装船、发运和接受监管的期间。(注:44C与44D不能同时出现。)

45A:货物/劳务描述。

FOB、CIF等价格条款应出现在45A中。

为使信用证长度符合规定,1个MT700后最多可跟3个MT701,可是45A只可以出现在其中一个报文中,或者是出现在MT700;或者是出现在任意一个MT701中。这就意味着在任意一个信用证中只有100行,每行65个字符可以被用来对货物或劳务进行描述。

下述为有效组合的实例:

- MT700包含45A、46A和47A。
- MT700包含45A,同时发送的另一个MT701中包含46B和47B。
- MT700包含46A,同时发送的另一个MT701中包含45B和47B。
- MT700包含46A,同时发送的第一个MT701中包含45B,第二个MT701中包含47B。
- MT700不含45A、46A、47A,同时发送的第一个MT701中包含45B,第二个MT701中包含46B,第三个MT701中包含47B。

下述为无效组合的实例:

- MT700包含45A,同时发送的第一个MT701中包含45B和46B,第二个MT701中包含47B(无效原因:同时存在2个45A)。
- MT700包含45A,同时发送第一个MT701中包含45B,第二个MT701中包含45B、46B、47B(无效原因:同时存在3个45A)。

46A:单据要求。

如果信用证规定运输单据的最迟出单日期,该条款应和有关单据的要求一起在该项目中列明。

如果信用证内规定了运输单据的特定交单日期,该日期应与有关单据要求一起列明在46A中。

对每个新条款的描述应另起一行在行首加上符号"+"。

(注:有关45A、46A、47A及45B、46B、47B的组合见上述45A的说明。)

47A:附加条款。

该项目列明信用证的附加条款。

(注:有关45A、46A、47A及45B、46B、47B的组合见上述45A的说明。)

如果有关信用证遵循的规则(准则或惯例)在域40E中没有短码适用,那么进一步的详细说明应该在信用证的47A中出现。

对于遵循eUCP的信用证:

如果提示电子文件及纸质文件都被允许的话,那么提示电子文件的地址(也就是提示行为必须向其做出的电子地址)与提示纸质文件的地址都在该域中列明。

如果仅允许电子文件被提示,那么提示电子文件的地址(也就是提示行为必须向其作出的电子地址)必须在该域中列明。

如果(有关电子地址)不是原始信用证内容中的一部分,通知行特别是收报行必须向受益人或另一家通知行提供开证行的电子地址;此外,通知行必须向受益人或另一家通知行提供有关电子地址，并且通知行希望电子文件向该地址提示。

如果电子地址中包含“@”符号，则该符号必须被“AT”代替。

如果电子地址中包含“_”符号，则该符号必须被“UNDERSCORE”代替。

例如：

EUCP@DRESDNER-BANK.COM 应该表示成 EUCP(AT)DRESDNER-BANK.COM

EUCP_RECS@DRESDNER-BANK.COM 应该表示成 EUCP(UNDERSCORE)RECS(AT)DRESDNER-BANK.COM

对每个新条款的描述应另起一行，在行首加上符号“+”。

71B：费用负担。

格式如下：

Line 1/8a/[3! a13d][additional information](Code) (Currency) (Amount) (Narrative)

Lines 2—6[//continuation of additional information]

该项目的出现只表示费用由受益人负担。若报文无此项目，则表示除议付费、转让费外，其他费用均由开证申请人负担。

下述一个或多个代码会被用到，代码后跟着币别代码和金额。

| | |
|---|---|
| AGENT | Agent's commission |
| COMM | Our commission |
| CORCOM | Our correspondent's commission |
| DISC | Commercial discount |
| INSUR | Insurance premium |
| POST | Our postage |
| STAMP | Stamp duty |
| TELECHAR | Teletransmission charges |
| WAREHOUS | Wharfing and warehouse |

48：交单期限。

该项目列明在开立运输单据后多少天内交单。若报文未使用该项目，则表示在开立运输单据后 21 天内交单。

49：保兑指示。

该项目列明给收报行的保兑指示。该项目内容有：

CONFIRM ：要求收报行保兑该信用证。

MAY ADD：收报行可以对该信用证加具保兑。

WITHOUT：不要求收报行保兑该信用证。

53a：偿付行。

选择 A，格式为：[/1! a][/34x] (Party Identifier)

4! a2! a2! c[3! c] (BIC)

选择 D，格式为：[/1! a][/34x] (Party Identifier)

4 * 35x (Name & Address)

开证行授权偿付信用证的银行。该银行可以是发报行或收报行的分行，或是完全不同的另一家银行。只有下列情况是例外，即当该信用证是议付信用证，发报行与收报行之间直接开有单一账户，且该账户币别与信用证币种一致时，此项缺省表示双方将通过该账户来进行偿付。

78：给付款行、承兑行、议付行的指示。

此域列明开证行对付款/承兑/议付行的要求。可用以要求付款/承兑/议付行预先通知索偿或预先借记通知。

如开证行要求预先通知，则应在此域中列明预先通知的时间段（天数——银行工作日或日历天数）。

57a：通知行。

选择 A，格式为：[/1！a][/34x]　　(Party Identifier)
4！a2！a2！c[3！c]　　(BIC)

选择 B，格式为：[/1！a][/34x]　　(Party Identifier)
[35x]　　(Location)

选择 D，格式为：[/1！a][/34x]　　(Party Identifier)
4 * 35x　　(Name & Address)

如果该信用证需通过收报行以外的另一家银行转递、通知或加具保兑后给受益人，则在该项目内填写该银行。

72：附言。

格式如下：

Line 1　　/8c/[additional information]
Lines 2～6　　[//continuation of additional information]
or
[/8c/[additional information]]

该项目可能出现的代码：

/PHONBEN/：请用电话通知受益人（后跟电话号码）。

/TELEBEN/：请用快捷有效的电信方式通知受益人。

MT701 标准格式如表 6—8 所示。

表 6—8　**MT701 Issue of a Documentary Credit**

**跟单信用证的开立**

| Status | Tag 代号 | Field Name 栏位名称 | Content/Options 内容 | No. |
|---|---|---|---|---|
| M | 27 | Sequence of Total 合计次序 | 1！n/1！n 1 个数字/1 个数字 | 1 |
| M | 20 | Documentary Credit Number 信用证号码 | 16x 16 个字 | 2 |
| O | 45B | Description of Goods and/or Services 货物描述及/或交易条件 | 100 * 65x<br>100 行 65 个字 | 3 |
| O | 46B | Documents Required 应具备单据 | 100 * 65x 100 行 65 个字 | 4 |
| O | 47B | Additional Conditions 附加条件 | 100 * 65x 100 行 65 个字 | 5 |
| M=Mandatory（必需项目）　O=Optional（任选项目） | | | | |

27：报文页次。

20：跟单信用证号码。

45B：货物/劳务描述。

46B：单据要求。

47B:附加条款。

如对已经开出的SWIFT信用证进行修改,则需采用MT707标准格式传递信息。MT707标准格式如表6—9所示。

表6—9 **MT707 Amendment to a Documentary Credit**

**跟单信用证的修改**

| Status | Tag 代号 | Field Name 栏位名称 | Content/Options 内容 | No. |
|---|---|---|---|---|
| M | 20 | Sender's Reference 送讯银行的编号 | 16x 16个字 | 1 |
| M | 21 | Receiver's Reference 收讯银行的编号 | 16x 16个字 | 2 |
| O | 23 | Issuing Bank's Reference 开证银行的编号 | 16x 16个字 | 3 |
| O | 52a | Issuing Bank 开证银行 | A or D A或D | 4 |
| O | 31C | Date of Issue 开证日期 | 6! n 6个数字 | 5 |
| O | 30 | Date of Amendment 修改日期 | 6! n 6个数字 | 6 |
| O | 26E | Number of Amendment 修改序号 | 2n 2个数字 | 7 |
| M | 59 | Beneficiary (before this amendment)<br>受益人(修改以前的) | [/34x] 4 * 35x<br>[/34个字] 4行35个字 | 8 |
| O | 31E | New Date of Expiry 新的到期日 | 6! n 6个数字 | 9 |
| O | 32B | Increase of Documentary Credit Amount<br>信用证金额的增加 | 3! a15d<br>3个字母,15个数字 | 10 |
| O | 33B | Decrease of Documentary Credit Amount<br>信用证金额的减少 | 3! a15d<br>3个字母,15个数字 | 11 |
| O | 34B | New Documentary<br>Credit Amount After Amendment<br>修改后新的信用证金额 | 3! a15d<br>3个字母,15个数字 | 12 |
| O | 39A | Percentage Credit Amount Tolerance<br>信用证金额加减百分率 | 2n/2n<br>2个数字/2个数字 | 13 |
| O | 39B | Maximum Credit Amount 最高信用证金额 | 13x 13个字 | 14 |
| O | 39C | Additional Amount Covered 可附加金额 | 4 * 35x 4行35个字 | 15 |
| O | 44A | Place of Taking in charge/Dispatch from.../Place of Receipt<br>接受监管地/发运地/收货地 | 1 * 65x<br>1行65个字 | 16 |
| O | 44E | Port of Loading/Airport of Departure<br>装运港/出发机场 | 1 * 65x<br>1行65个字 | 17 |
| O | 44F | Port of Discharge/Airport of Destination<br>卸货港/目的地机场 | 1 * 65x<br>1行65个字 | 18 |
| O | 44B | Place of Final Destination/For Transportation to.../Place of Delivery<br>最终目的地/运往……/交货地 | 1 * 65x<br>1行65个字 | 19 |
| O | 44C | Latest Date of Shipment 最后装运日 | 6! n 6个数字 | 20 |
| O | 44D | Shipment Period 装运期间 | 6 * 65x 6行65个字 | 21 |
| O | 79 | Narrative 叙述 | 35 * 50x 35行50个字 | 22 |

续表

| Status | Tag 代号 | Field Name 栏位名称 | Content/Options 内容 | No. |
|---|---|---|---|---|
| O | 72 | Sender to Receiver Information<br>银行间的通知 | 6 * 35x<br>6 行 35 个字 | 23 |
| M=Mandatory(必需项目) O=Optional(任选项目) | | | | |

MT707 相关栏目规定：

如果出现项目 32B 或 33B，项目 34B 必须出现。

如果出现项目 34B，项目 32B 或 33B 必须出现。

如果出现项目 23，项目 52a 必须出现。

项目 39A 和 39B 不能同时出现。

项目 44C 和 44D 不能同时出现。

MT707 准则：

- MT707 中未涉及的信用证条款保持不变。
- 撤销跟单信用证，必须使用 MT707 的格式。
- 在 MT707 中，对于涉及到期日，装船、发运和接受监管的地点，信用证金额的增减等修改应使用报文中专定的域，其他条款的修改则应在域 79 中表明。
- 如果 MT707 是用来表明实际和完整的修改，那么它将被视为信用证的有效部分。
- 如果 MT707 只是简述修改的细节，那么它将不能被视为信用证的有效部分，同时，在这个 MT707 的域 79 中，必须含有这样的字样："DETAILS TO FOLLOW"。

（注：当修改包含的偿付指示在先前所开立的信用证上没有提及，除非另有规定，如果适用，跟单信用证项下的偿付遵循现实有效的巴黎国际商会制定的《跟单信用证项下银行间偿付的统一规则》。）

20：发报行的编号。

21：收报行的编号。

如果发报行不知道收报行的编号，可在该栏目内填写"NONREF"。

23：开证银行的编号。

如果该 MT707 报文是由开证行以外的银行（即通知行）发送的，则使用该项目列明开证行的跟单信用证号码。

52a：开证银行

如果发报行不是开证行，则使用该项目列明开证行。

31C：开证日期

该项目列明原跟单信用证开立的日期，即开证行开立信用证的日期。

30：修改日期。

该项目列明开证行修改信用证的日期。如果报文未使用该项目，则修改日期即为该 MT707 报文的发送日期。

26E：修改次数。

该项目列明信用证修改的次数，要求按顺序排列。

59：信用证的受益人（本次修改前的）。

该项目为原信用证的受益人，如果要修改信用证的受益人，则需要在域 79(修改详述)中列明。

31E:信用证新的有效期。

信用证修改后的最后的交单日期。

32B:跟单信用证金额的增额。

该项列明增额的币种应与原证金额的币种一致。

33B:跟单信用证金额的减额。

该项列明减额的币种应与原证金额的币种一致。

34B:跟单信用证修改后的金额。

39A:信用证金额上下浮动允许的最大范围的修改。

该项目的表示方法较为特殊，数值表示百分比的数值，如:5/5，表示上下浮动最大为 5%。

39B:信用证最大限制金额的修改。

该项必须使用以下列出的代码，在代码后跟金额。

NOT EXCEEDING

39C:附加金额的修改。

该项目列明对信用证所涉及的保险费、利息、运费等金额的修改。

44A:接受监管地/发运地/收货地的修改。

该域列明接受监管的地点(如果要求的是多式运输单据)，收货地点(如果要求的是公路、铁路或内河运输单据或专递或快递机构出具证明收到待运货物的单据)，运输单据上列明的装船发运地点。

44E:装运港/出发机场的修改。

44F:卸货港/目的地机场的修改。

44B:最终目的地/运往……/交货地的修改。

44C:最后装运日的修改。

该项目列明对最迟装船、发运和接受监管日期的修改。

44D:装运期间的修改。

该项目列明对装船、发运和接受监管日期的修改。

79:修改详述。

当 MT707 只用来简述修改内容，简述内容并不构成信用证的有效部分，该项必须包含以下的代码"DETAILS TO FOLLOW"。

该项还可用来表明开证行是否需要索偿的预先通知或是借记的预先通知，同时表明预先通知的银行工作天数或日历天数。

当该报文用来修改受益人姓名时，则新的受益人名称、地址必须明确地在该域中表明。

对于货币币种的变动及连同币种变动的信用证金额的增减，需在该域中表示。

72:附言。

该项目可能出现的代码有:

/BENCON/:要求收报行通知发报行受益人是否接受该信用证的修改。

/PHONBEN/:请电话通知受益人(列出受益人的电话号码)。

/TELEBEN/:请用快捷有效的电信方式通知受益人。

### SWIFT 银行识别代码

SWIFT 银行识别代码（BIC：BANK IDENTIFIER CODE）

代码格式：8 码长——XXXXXXXX

或 11 码长——XXXXXXXXXXX

每个申请加入 SWIFT 组织的银行都必须事先按照 SWIFT 组织的统一规则，制定出本行 SWIFT 地址代码，经 SWIFT 组织批准后正式生效。

XXXXxxxxxxx

银行代码

（BANK CODE）：由四位易于识别的银行行名字头缩写字母构成，如 ABOC、ICBK、CITI 等。

xxxxXXxxxxx

国家代码

（COUNTRY CODE）：根据国际标准化组织的规定由两个字母构成，如 CN、HK、GB、US、DE 等。

xxxxxxXXxxx

地区代码

（LOCATION CODE）：由两个数字或字母构成，标明城市，如 BJ、HH、SX 等。

xxxxxxxxXXX

分行代码

（BRANCH CODE）：由三个数字或字母构成，标明分行，如 100、010、CJ1、400 等。

例：中国农业银行厦门市分行的 BIC CODE 为：

ABOCCNBJ400

信用证开立样式如表 6－10 所示。

**表 6－10　　信用证开立样式**

2013OCT25 16:48:58　　LOGICAL TERMINAL 1068

MT S700　　ISSUE OF A DOCUMENTARY CREDIT　　PAGE 00001

FUNC SWPR3

UMR 26049536

MSGACK DWS765I AUTH OK，KEY DIGEST BKCHCNBJ MHBKJPJT RECORD

| | | | |
|---|---|---|---|
| BASIC HEADER | F | 01 BKCHCNBJA300 1813 535071 | |
| APPLICATION HEADER | O | 700 1745 131025 MHBKJPJTBXXX 2816 392123 131025 1648 N | |
| | | ＊MIZUHO BANK LTD. | |
| | | ＊TOKYO | |
| USER HEADER | SERVICE CODE | 103： | |
| | BANK. PRIORITY | 113： | |
| | MSG USER REF. | 108： | |
| | INFO. FROM CI | 115： | |
| SEQUENCE OF TOTAL | ＊27 | :1/1 | |
| FORM OF DOC. CREDIT | ＊40A | :IRREVOCABLE | |
| DOC. CREDIT NUMBER | ＊20 | :30-0038-556987 | |

| | | |
|---|---|---|
| DATE OF ISSUE | 31C | :131025 |
| APPLICABLE RULES | *40E | :UCP LATEST VERSION<br>/ |
| EXPIRY | *31D | :DATE 131120 PLACE CHINA |
| APPLICANT | *50 | :RAIN DREANS INTERNATIONAL, INC.<br>10-14 ,KODENMACHO NIHONBASHI CHUO-KU<br>TOKYO JAPAN |
| BENEFICIARY | *59 | :SHANGHAI WENTONG CO., LTD.<br>1125 YANCHANG ROAD<br>SHANGHAI CHINA |
| AMOUNT | *32B | :USD9195, |
| POS./NEG. TOL.(%) | 39A | :05/05 |
| AVAILABLE WITH/BY | *41D | :ANY BANK<br>BY NEGOTIATION |
| DRAFTS AT... | 42C | :BENEFICIARY'S DRAFT(S)<br>AT SIGHT<br>FOR FULL INVOICE COST |
| DRAWEE | 42A | :MHBKJPJT<br>*MIZUHO BANK LTD.<br>*TOKYO |
| PARTIAL SHIPMENTS | 43P | :ALLOWED |
| TRANSHIPMENT | 43T | :PROHIBITED |
| PORT OF LOADING | 44E | :CHINESE PORT |
| PORT OF DISCHARGE | 44F | :JAPANESE PORT |
| LATEST DATE OF SHIP. | 44C | :131104 |
| DESCRIPT. OF GOODS | 45A | : |

KNIT WEAR

393B71039(AR_C5628) 600PCS

393B71040(AR_C5629) 1000PCS

393B71041(AR_C5630) 500PCS

393B71042(AR_C5631) 500PCS

C AND F (CFR) JAPANESE PORT

DOCUMENTS REQUIRED 46 A :

+SIGNED COMMERCIAL INVOICE IN 2 COPIES

+FULL SET LESS ONE ORIGINAL OF CLEAN ON BOARD MARINE BILLS OF LADING MADE OUT TO THE ORDER OF SHIPPER AND BLANK ENDORSED,MARKED 'FREIGHT PREPAID', NOTIFY APPLICANT

+ONE ORIGINAL B/L SHOULD BE SENT TO L/C APPLICANT BY DHL WITHIN 2 DAYS AFTER SHIPMENT AND BENEFICIARY'S CERTIFICATE TO THIS EFFECT IS REQUIRED.

+PACKING LIST IN 2 COPIES

2013OCT25 16:49:17 LOGICAL TERMINAL 1068

MT S700　　ISSUE OF A DOCUMENTARY CREDIT　　PAGE 00002
FUNC SWPR3
UMR 26049536

ADDITIONAL COND.　47A　:
(1)THIRD PARTY'S AND FACTORY'S NEEDLE INSPECTION CERTIFICATE SHOULD BE FAXED WITH SHIPPING DOCUMENTS
DETAILS OF CHARGES　71B　:ALL BANKING CHARGES OUTSIDE JAPAN ARE FOR BENEFICIARY'S ACCOUNT.
PRESENTATION PERIOD　48　:DOCUMENTS MUST BE PRESENTED WITHIN 15 DAYS AFTER THE DATE OF SHIPMENT BUT WITHIN THE VALIDITY OF THIS CREDIT.
CONFIRMATION　*49　:WITHOUT
INSTRUCTIONS　78　:
INSTRUCTIONS TO THE NEGOTIATING BANK :
T.T. CLAIM FOR REIMBURSEMENT IS PROHIBITED.
ON RECEIPT OF DOCS IN ORDER, WE'LL REMIT AS PER YR INSTRUCTION.
ALL DOCS TO BE SENT TO US IN TWO LOTS BY COURIER SERVICE
(ADD.:1-5 UCHISAIWACHO 1-CHOME CHIYODA-KU, TOKYO 100-0011 JAPAN).
DISCREPANT FEE OF USD50.00/JPY5000-EQUIVALENT AND CABLE CHG OF USD20.200/JPY2000-TO BE DEDUCTED FROM PROCEEDS, FOR DISCREPANT DOC.

TRAILER　ORDER IS <MAC:> <PAC:> <ENC:> <CHK:> <TNG:> <PDE:>
MAC:4D547E67
CHK:D29F858B5C8B

信用证修改样式如表 6－11 所示。

**表 6－11**　　**信用证修改样式**

2013NOV13 16:57:54　　LOGICAL TERMINAL 1068
MT S707　　AMENDMENT TO A DOCUMENTARY CREDIT　　PAGE 00001
FUNC SWPR3
UMR 26228533
MSGACK DWS765I AUTH OK, KEY DIGEST BKCHCNBJ MHBKJPJT RECORD
BASIC HEADER　F　01 BKCHCNBJA300 1819 028781
APPLICATION HEADER　O　707 1656 131113 MHBKJPJTBXXX 2838 462718 131113 1556 N
*MIZUHO BANK LTD.
*TOKYO
USER HEADER　SERVICE CODE　103:
BANK. PRIORITY　113:
MSG USER REF.　108:
INFO. FROM CI　115:
SENDER'S REF.　*20　:30-0038-556987
RECEIVER'S REF.　*21　:UNKNOWN
DATE OF ISSUE　31C　:131025

| DATE OF AMENDMENT | 30 | :131113 |
|---|---|---|
| NUMBER OF AMENDMENT | 26E | :01 |
| BENEFICIARY | *59 | :SHANGHAI WENTONG CO., LTD.<br>1125 YANCHANG ROAD<br>SHANGHAI CHINA |
| NEW DATE OF EXPIRY | 31E | :131230 |
| INCREASE DOC CREDIT | 32B | :USD7665, |
| NEW AMOUNT | 34B | :USD16860, |
| POS./NEG. TOL.(%) | 39A | :05/05 |
| LATEST DATE OF SHIP. | 44C | :131215 |
| **REPEATABLE SEQUENCE 001************************OCCURRENCE 00001 | | |
| NARRATIVE | 79 | :ADDITIONAL SHIPMENT OF:<br>KNIT WEAR<br>301A71008(6012)1050PCS |
| TRAILER | ORDER IS ＜MAC:＞＜PAC:＞＜ENC:＞＜CHK:＞＜TNG:＞＜PDE:＞<br>MAC:AF8F4F6F<br>CHK:42E5B5A91177 | |

相关链接

## 跟单信用证结算中的单据日期

1. 商业发票(Commercial Invoice)

商业发票是全套出口单据中的核心单据,其开立日期应早于其他的出口结汇单据(包装单据除外),该日期主要视货物的筹备情况和信用证的规定而定。至于发票与信用证的关系,除非信用证另有规定,银行将接受出单日期早于信用证开立日期的单据,但该单据必须在信用证和UCP600惯例规定的期限内提交。可见,商业发票的日期可以早于开证日期,但不得迟于信用证的议付有效期。而且,由于发票开立后,还需要办理运输、保险、检验等有关事宜,因此,发票日期在可能的情况下应尽量提前,给其他单据的日期安排留出空间。

2. 包装单据(Packing Documents)

包装单据主要包括装箱单、重量单和尺码单等,这些单据主要用来说明商品的包装情况,来补充商业发票的内容,因而也被许多人认作是商业发票的附件。由于货物是要先经过包装再对外进行销售,因而包装单据的日期不宜迟于商业发票的开立日,多数出口企业习惯上将包装单据和商业发票同日开立。

3. 保险单据(Insurance Documents)

保险单据上一般会有开航日期和保险单的签发日期两个日期。

(1)开航日期

保险单据上的开航日期一般填写海运提单(或其他运输单据)的装船或发运或接受监管日,有的企业在操作时,直接填写"AS PER B/L(OR OTHER TRANSPORT DOCUMENTS)"。

(2)保险单的签发日期

保险单据日期不得晚于发运日期,除非保险单据表明保险责任不迟于发运日生效。由于保险公司在多数涉外运输中保险期限采用"仓至仓"(Warehouse to Warehouse)条款,所以要求保险手续在货物离开出口方仓库前办理。保险单据的签发日期也应为货物离开出口方仓库前的日期。在实际操作中，该日期往往比开航日期略作提前，以提前一天的情况居多，若提前过多，将直接影响将来的责任期限和索赔期限。

4. 运输单据(Transport Documents)

运输单据签发日期表示货物实际装运的日期或已经接受承运人监管的日期，以运输单据中最重要的海运提单为例，提单若无批注的装船日期，其签发日就为货物实际装运或已交由船方监管的日期。一般信用证中都明确规定最迟装运日期，卖方必须在该日期之前某一天将货物完成装运或交给承运人，运输单据的签发日期或批注的装船、发运或接管日期也相应以之为准。

除海运提单之外，还有其他运输方式下的多种其他运输单据，它们的日期与海运提单异曲同工，可参照而行。

5. 汇票(Bill of Exchange)

汇票是一种无条件的支付命令，是议付时必须要提交的单据，该单据设计的日期主要有以下两种：

(1)付款期限内的日期

在各国的票据操作实践中，付款期限被普遍视作是汇票最重要的项目之一，一张汇票如果没有确定的付款期限，则该汇票将是无效的。在填写汇票付款期限栏目时，分即期和远期，按信用证的要求填写，需要指出的是其中指定日期付款的汇票须填写明确的付款日期。

(2)出票日期

汇票的出票日期是全套出口结汇单据中的重要内容，它实际也就是卖方向银行提交出口结汇单据的日期，直接关系到卖方的及时结汇。该日期应比其他的出口结汇单据的日期要晚，因为只有在其他单据备齐之后才可向银行提交单据要求付款、议付或承兑；同时，又要在交单期和有效期之内。

例如，信用证没有规定装运日后必须交单的期限，若提单装运日期为 6 月 8 日，则汇票日期应在 6 月 29 日(从 6 月 9 日起算的第 21 天)之前；但若信用证的有效期为 6 月 16 日，则汇票日期必须在 6 月 16 日之前。

如果恰逢接受交单的银行非因不可抗力而歇业，则信用证的有效期或最迟交单日顺延至银行重新开业的第一个银行工作日。也就是说，如果应交单的最后一天因其他原因而不是银行的营业日，则交单日(即汇票的开立日期)可顺延至银行开始营业的第一个工作日。如上例中，若 6 月 16 日恰好是银行休假日、交单日顺延到银行的下一个营业日 6 月 17 日时，则汇票开立日期最迟可为 6 月 17 日。

信用证业务中若发现单据不符而遭到拒付后，受益人可在规定的时间内及时将替代或更正后的单据补交给银行。考虑到万一出现交单遭拒付后给自己留出补救的时间，从应早日结汇的角度着想，卖方应在取得运输单据及其他单据后尽快开立汇票，向银行结汇，也就是说，汇票日期应尽量前提。

6. 其他单据(Other Documents)

出口结汇过程中可能还会涉及其他多种单据，诸如海关发票、检验证书、原产地证明书等。这些单据的日期一般要在商业发票日期之后、运输单据日期之前，当然一些单据存在后发、补发证书等情况，则另当别论。

综上所述，在信用证项下的出口业务中，卖方要处理上述多种单据，单据的制作过程要求非常严格，不仅涉及每份单据及其相关业务的运作，单据之间的日期衔接也非常重要。

## 六、跟单信用证统一惯例

19 世纪末开始信用证付款方式在国际贸易中被逐步采用，跟单信用证已逐渐成为国际贸易结算中一种通行的支付方式。但由于国际上对跟单信用证项下有关当事人的权利、责任与义务、信用证所用条款的定义和有关术语的解释缺乏公认的准则，各国银行则根据自身的利益和习惯行事，因此信用证的各有关当事人之间的争议和纠纷时常发生。特别在市场不景气时，进口商和开证银行往往挑剔单据上某些内容不符要求为借口提出异议，拖延甚至拒绝付款，以致引起司法诉讼。国际商会为了减少因解释不同而引起的争端，调和各有关当事人之间的矛盾，于 1930 年拟订一套《商业跟单信用证统一惯例》(Uniform Customs and Practice for Commercial Documentary Credits)并于 1933 年以国际商会第 82 号出版物的名称正式公布，建议各国银行采用。以后随着国际贸易的变化，国际商会先后于 1951 年、1962 年、1974 年、1983 年和 1993 年相继对《跟单信用证统一惯例》进行修订，1993 年修订的《跟单信用证统一惯例》称为国际商会第 500 号出版物，该惯例的英文全称是 Uniform Customs and Practice for Documentary Credits, 1993 revision, I.C.C. Publication No. 500(简称"UCP500")，于 1994 年 1 月生效并开始实施。

UCP500 共 49 条，包括：总则和定义、信用证的格式和通信、义务和责任、单据、其他规定、可转让信用证和款项让渡七个部分。

随着银行、运输、保险各行业的发展，自 1994 年开始生效适用的跟单信用证统一惯例——国际商会第 500 号出版物(UCP500)已经凸显出自身的不足，其条款的全面性以及实务内容与时代的同步性已不能完全满足和适应实际业务的需要，表现在条款设置分类不科学：次序排列不足、语言繁杂欠精练等。而与之密切相关的国际惯例如 ISP98 和 ISBP 中也存在一定问题，因此，推出新的统一惯例对信用证业务加以指引成为大势所趋。鉴于此，ICC 对于 UCP500 作出修订后，提出了修订本 UCP600，并于 2007 年 7 月 1 日正式启用。UCP600 相对于 UCP500 的调整，会给银行业及客户的实务操作带来影响，会更加方便贸易和操作，也更加顺应了时代变迁以及科技发展方向。

UCP600 的条文编排参照了 ISP98 的格式，对 UCP500 的 49 个条款进行了大幅度的调整及增删，变成现在的 39 条。第 1～5 条为总则部分，包括 UCP 的适用范围、定义条款、解释规则、信用证的独立性等；第 6～13 条明确了有关信用证的开立、修改、各当事人的关系与责任等问题；第 14～16 条是关于单据的审核标准、单证相符或不符处理的规定；第 17～28 条属单据条款，包括商业发票、运输单据、保险单据等；第 29～32 条规定了有关款项支取的问题；第 33～37 条属银行的免责条款；第 38 条是关于可转让信用证的规定；第 39 条是关于款项让渡的规定。

从 UCP600 的内容来看，其基本变化表现在以下几方面：第一，增加了专门的定义条款。这反映了 UCP600 细化规定的精神，对一些术语作出定义不仅可以使概念明晰化，从而有利于条款的理解与适用，而且更可以解决一些地方法律适用的问题；引入了"Honour"(兑付)的概念；改进了议付的定义。第二，解释规则，删除可撤销信用证。第三，进一步明确开证行、保兑行及指定银行的责任，规范第二通知行。第四，审单标准进一步清晰。审单时间从"不超过 7 个银行工作日的合理时间"改为"最多不超过 5 个银行工作日"；明确了交单期限的适用范围；将单据与信用证相符的要求细化为"单内相符、单单相符、单证相符"。第五，将银行处理不符单据的选择增加到四种：持单听候变单人的处理；持单直到开证申请人接受不符单据；径直退单；依据事先得到交单人的指示行事。

该惯例经过多次修订，内容日益充实和完善，故其被当前大多数国家的银行采用。开证行如采用该惯例，就可在信用证中加注："除另有规定外，本证根据国际商会《跟单信用证统一惯例(2007 年修订)》即国际商会第 600 号出版物办理"。

国际商会《跟单信用证统一惯例》的实施，有利于国际贸易的发展和国际结算的进行，已为各国银行普遍接受，成为一项公认的国际上处理信用证的惯例。但是《跟单信用证统一惯例》本身并不是一项有约束性的法律文件，只有信用证上注明根据该惯例处理，该信用证才受该惯例的规定和解释的约束。

**相关链接**

**三种贸易货款结算方式的比较**

| 货款结算方式<br>比较方面 | 信用证付款方式 | 托收方式 | 汇付方式 |
|---|---|---|---|
| 付款 | 基于付款承诺，由 L/C 开证行支付 | 托收条件(D/A 或 D/P)下由进口商付款 | 利用电传、邮政、银行汇(支)票方式支付 |
| 信用 | 开证行的信用 | 进口商的信用 | 进口商的信用 |
| 有关货运单据的寄送方法 | 经由银行转送 | 经由银行转送 | 直接由出口商寄给进口商 |
| 对进口商的利弊 | 即使货物品质不良，只要货运单据与信用证条款相符，就必须付款 | 省去了申请开立 L/C 的繁杂手续与费用(但须获得出口商方面的融资协助) | 货款预付对进口商不利，后付则有利 |
| 对出口商的利弊 | 很容易利用出口融资(信用证一到便可确定该批买卖已做成) | 在资金融通上较困难 | 货款预收有利，后收则有风险 |
| 相关国际惯例 | 《信用证统一惯例》 | 《托收统一规则》 | 尚无 |

## 思考题

1. 汇票的付款期限有哪几种规定方法？
2. 行使追索权应具备什么条件？
3. 汇票作为一种要式证券，必须具备哪些内容？
4. 汇票的背书人应承担什么义务？
5. 汇票与本票有何不同？
6. 阐述信汇方式的业务流程。
7. 汇付方式的当事人有哪些？
8. 托收有何特点？
9. 采用托收方式时，出口商应注意些什么？
10. 信用证有哪些主要内容？
11. 信用证支付方式的特点如何？
12. 信用证开证时间的规定方法有哪些？
13. 信用证结算有何优越性？
14. 跟单信用证与备用信用证有何不同？
15. 信用证支付条款的主要内容是什么？
16. 现行的《跟单信用证统一惯例》于什么时候生效并开始实施？

# 第七章　跨境电子商务

### 想从网上购买巧克力吗？请到 Godiva.com 一试

**商业机会**

自 20 世纪 90 年代初期以来，人们对高质量巧克力的需求急剧增加。几家地方性公司和全球性公司在巧克力市场上相互竞争。Godiva 是一家世界闻名的巧克力生产商，其生产基地位于纽约，在世界各个商业街都可以看到它的零售店。目前，公司正在寻找增加销量的方法。早在 1994 年，Godiva 就拒绝采用光盘目录，而是大胆尝试在线销售。该公司采取“鼠标＋水泥”的方式成为电子商务的先锋，比其对手开拓这一领域的时间早了许多年。

**项目**

Godiva 巧克力商通过与一家电子商务方面的先锋公司——Fry 多媒体公司合作，创建了其分销公司 Godiva.com，目的就是向个体消费者和企业实现产品的在线销售。虽然 Godiva.com 公司成立于 1994 年，但它的发展过程与电子商务的动态发展是协调一致的。Godiva.com 经历了数个艰难时期——在电子商务技术刚出现时的技术测试时期，在数次遭遇失败后，仍没有放弃网上销售，最后终于成为 Godiva 发展最快的一家分公司。Godiva.com 是电子商务成功的一个真实、具体的案例。下面我们描述该公司的一些标志性里程碑。

1994 年，一些巧克力爱好者中的互联网用户群成为 Godiva 实施网络销售的主要驱动因素。他们在网上讨论 Godiva 公司，以及该公司在网上销售产品的主要目标顾客是哪些人。正像那些早期建立的电子商务公司一样，由于缺乏构建电子商务网站的工具，Godiva 公司不得不凑合地建立了自己的公司网站。而后，Godiva.com 与《巧克力商》杂志合作，该杂志允许 Godiva.com 公司将杂志上的文章和配方放在 Godiva.com 的网站上；作为交易条件，Godiva.com 网站必须为网上购物者提供网上订购《巧克力商》杂志的功能。认识到相关内容的重要性是非常正确的，而全新的内容也是必需的。网站上放置游戏和谜语曾经被认为是把顾客吸引到电子商务网站上来的一种必需方式，然而事实证明，这个方法是失败的。来到网站了解巧克力、Godiva 和购买商品的人并不是来玩游戏的。另一个错误的观念就是试图使网站看起来像实物商店。事实证明，公司的营销渠道不同，网站的外观也就不同。

Godiva 公司是一个对待顾客非常友好的购物场所。它的主要特色包括：电子目录，其中有些是专门为特殊场合（例如，母亲节或父亲节）建设的；商店定位器（如何能够找到最近的实物商店和尽快找到需要的食物）；能便利地收集所买商品的购物车；礼物选择器和礼物搜索器；产品的定制照片；可以对产品、价格及其他关键字进行搜索的搜索引擎；网上购物指南；巧克力向导可以向消费者详细介绍每个盒子里的产品；点击即可获得实时帮助或收到纸介质的目录；能够创建向朋友和员工传递礼物的地址列表；等等。网站的另一特色就是顾客个性化专区——“我的 Godiva”，顾客在这里能够获得他们订单的历史信息、账户、订单状态等信息、巧克力（和配方）的大众知识、购物工具以及付款安排。

Godiva 既向个人销售巧克力产品，又向其他公司销售巧克力产品。Godiva 公司还为其客户公司提供激励政策，其中包括可能购买巧克力的员工或顾客的地址列表，这正是 B2B2C 电子商务模式的一个应用。

Godiva 公司不断给自己的网站增添特色，以保持公司走在竞争者前列。目前，使用无线技术即可登录 Godiva 公司的网站。例如，无线电话用户可以用商店定位器、掌上导航用户(Palm Pilot users)来下载邮件列表。

**结果**

Godiva 公司网上销售量每年都以两位数的速度递增，远远超过了该公司中“旧经济模式”下的分公司的销售量，也超过了其竞争者网上商店的销售量。

## 第一节 电子商务概述

### 一、电子商务的定义与概念

1. 电子商务的定义

电子商务顾名思义，是指通过电子手段进行商务活动，即电子化的商务活动，是现实社会中商务活动的电子化实现方式。早在 20 世纪 70 年代，电子数据交换(EDI)和电子资金传送(EFT)作为企业间电子商务应用的系统雏形就已经出现。目前，我们所指的电子商务主要是指在互联网开放的网络环境下，采用现代信息技术手段，基于浏览器/服务器应用方式，将买方、卖方、合作方和中介方等联结起来并进行各种各样的商务活动，实现消费者的网上购物、商户之间的网上交易和在线电子支付等功能的一种新型商业运营模式。

1997 年 11 月 6～7 日，国际商会在法国巴黎举行了世界电子商务会议，从商业角度提出了电子商务的概念：电子商务是指实现整个贸易活动的电子化。从涵盖范围方面可以定义为：交易各方以电子交易方式而不是通过当面交换或直接面谈方式进行的任何形式的商业交易；从技术方面可以定义为：电子产品商务是一种多技术的集合体。

电子商务涵盖的业务包括信息交换、售前售后服务、销售、电子支付、运输、组建虚拟企业、公司和贸易伙伴可以共同拥有和运营共享的商业方法等。

许多组织和个人提出了各种有关电子商务的定义，这在实行统计时，导致了统计数据编辑的不相容现象。因此，必须形成一套国际上公认的定义，用于完善统计指标。下面将主要介绍经济合作与发展组织(Organization for Economic Co-operation and Development，OECD)的有关成果，而 OECD 在该领域的国际性讨论中一直起着领导作用。

OECD 制定电子商务定义的工作成果是：作为定义过程的一部分，必须清楚说明 3 种维度。这些维度包括：用以开展相关活动的网络系统；应该包含在电子商务一般领域内的过程；交易中的参与者。

(1)网络系统

关于电子商务活动得以开展的网络系统，OECD 成员国已经在如下两个定义的使用上达成一致。

①广义的定义。电子化交易指产品或服务的销售或购买——发生在企业、家庭、个人、政府和其他的公共或私有机构之间，通过以计算机为媒介的网络系统实施。产品或服务在这些网络系统上订购，但是产品或服务的支付和最终传送可以在网上或网下实施。

②狭义的定义。互联网交易是指产品或服务的销售或购买——发生在企业、家庭、个人、政府和其他的公共或私有机构之间，都在互联网上进行。产品和服务在互联网上订购，但是产品和服务的支付和最终传送可以在网上或网下实施。

(2)商业过程

定义的第二个方面涉及电子商务领域包含哪些活动或商业过程。尽管许多国家希望把定义限制在采购和销售方面，正如上述定义所具体体现的那样，也有其他许多国家希望在定义中包括其他的商业过程，如营销和广告。毫无疑问，在将来，随着企业采用日益完整的电子化程序系统进一步扩展商业功能，以及由此使电子商务的利润产业日益明朗化，其他商业过程将会更加重要。由此可以得出这样一个结论：应该有一个如上述广义和狭义的定义所表示的有关采购和销售活动的具体定义，以及罗列了更多的商业过程的其他定义。考虑到一些发展中国家进行网上支付所面临的局限，它们也将偏向于采用包含了采购和销售过程之外的商业活动的定义。

(3)电子商务参与者

定义的第三个方面涉及电子商务过程中的相关参与者。电子商务常常被描述成下列 4 种类型：企业对企业(Business to Business，B2B)、企业对消费者(Business to Consumer，B2C)、消费者对消费者(Consumer to Consumer，C2C)和企业对政府(Business to Government，B2G)。通常认为 B2B 电子商务已占全球电子商务总额的 80%，且在生产率增长方面，B2B 电子商务提供了最大的潜在利益。另一方面，B2C 电子商务主要潜在地影响人们生活和交往的方式。国内外的大量事实证明，标准化是确保电子商务成功建设和顺利运行的基本前提，同时也是实现"全球电子商务"的根本保证。

可以这么说，电子商务是指在全球各地广泛的商业贸易活动中，通过信息化网络所进行并完成的各种商务活动、交易活动、金融活动和相关的综合服务活动。这种电子商务活动从其产生之时到现在的不长时间内，正在显著地改变着人们的各种传统贸易活动的内容和形式。

2. 完全的和不完全的电子商务

根据所销售的产品(服务)销售过程(如订单、支付、交易完成)和销售代理(或中间商)的数字化程度(从实物到数字的转变)的不同，电子商务可以有多种形式。Choi 等人构建了一个框架来解释三个维度上的可能组合(见图 7—1)。产品可以是实体的或数字化的，销售过程可以是实体的或数字化的，销售代理也可以是实体的或数字化的。所有可能的组合方案共同形成了八个立方体，每个立方体上都有三个维度。传统商务的所有维度都是实体的(左下角的立方体)，完全的电子商务的所有维度都是数字化的(右上角的立方体)。除此之外的立方体包括了数字维度和实物维度的混合。如果至少有一个维度是数字化的，我们就认为它是电子商务，只不过是不完全的电子商务。

有关电子商务的组织如表 7—1 所示。

表 7—1　　电子商务的组织

| 类　别 | 内　容 |
|---|---|
| 完全的实体组织 | "砖瓦＋水泥"组织(brick-and-mortar organization,或旧经济组织) |
| 完全的电子商务组织 | 虚拟组织或专营组织(virtual or pure-play organization) |
| 鼠标(或砖瓦)＋水泥组织 | 即 click-and-mortar organization 或 click-and-brick organization 是指那些开展了一些电子商务活动,通常作为一个额外的销售渠道 |

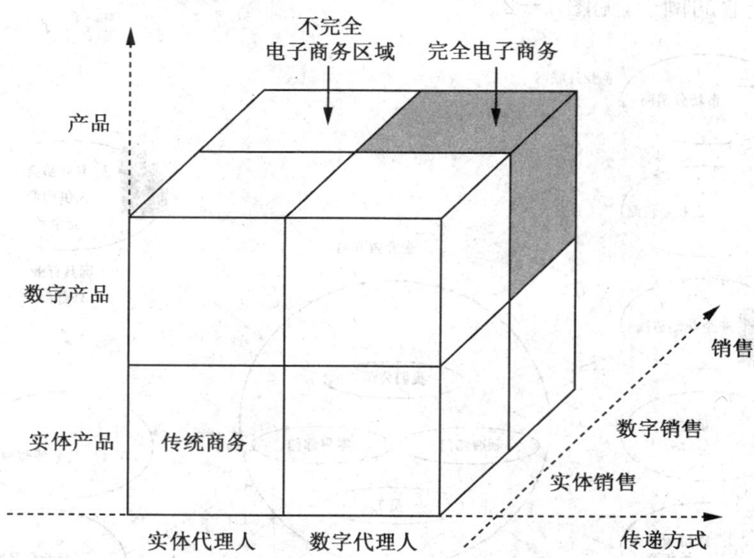


资料来源:Based on Whinston, A.B., Stahl, D.O., and Choi, S. *The Economics of Electronic Commerce*. Indianapolis, IN: Macmillan Technical Publishing, 1997.

图 7—1　电子商务的维度

许多"砖瓦＋水泥"的企业都正逐渐向"鼠标＋水泥"企业转变,如沃尔玛在线和玛莎百货公司等。

3. 数字化革命推动电子商务

推动电子商务发展的主要动力是数字化革命。

数字化革命就发生在我们身边。数字化革命的一个主要方面就是数字经济。

数字经济(digital economy)是指一种基于数字技术的经济,包括数字化通信网络(互联网、内联网、外联网和增值网)、计算机、软件以及其他相关信息技术。数字经济有时也被称为网络经济或新经济。在新经济中,数字网络和基础通信设施为全世界的人们与组织进行相互影响、交流、合作和搜索提供了一个平台。

"数字经济"适用于电子商务的技术和大规模组织变革者的一体化。这个一体化使得所有类型的信息(如数据、图像、声音等)可以进行储存、加工,并通过网络被传送到世界范围内的许多地方。数字革命主要是通过给企业组织带来某些竞争优势来加速电子商务的发展的。数字革命带来了许多创新。许多创新都体现了数字革命的特征,而且每天都会有越来越多的创新出现。数字革命通过提供必需的技术来驱动电子商务,同时在商业环境中创造了巨大的变化。

每个组织都会面临的任务是如何把各部分组织在一起,使其可以适应数字经济并通过使用电子商务获得其优势。第 1 步是建立基础结构——连接网络——在此基础上应用平台才能建成。第 2 步是创造(或转型为)数字企业。

数字企业这个术语有许多定义。它通常指像戴尔这样的企业,通过使用计算机和信息系统使其大多数商业过程自动化。数字企业(digital enterprise)是一个新商业模式,使用信息技术作为基本原则来完成三个基本目标中的一个或多个:更有效地达到并满足顾客,提高雇员的生产力,提高运营效率。它使用聚合沟通和计算机技术来改进经营过程。

今天,许多企业主要关注如何将其自身转化成数字经济的一部分,在那里电子经营是标准。有关数字企业的例子,见图 7－2。

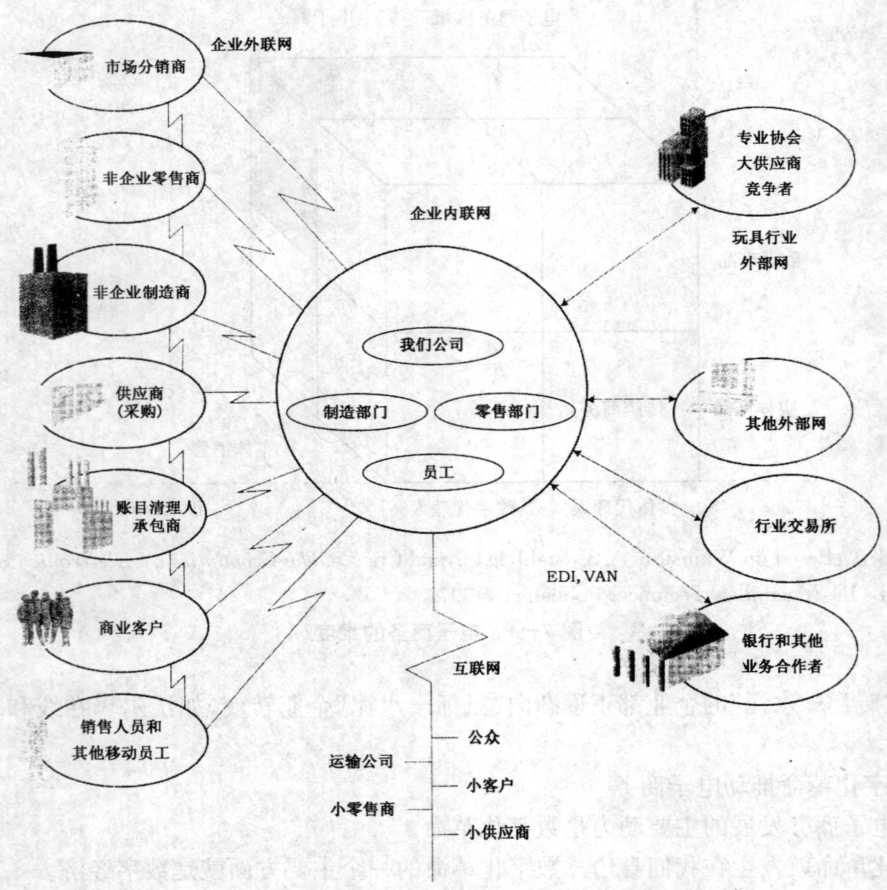


图 7－2 一个数字企业:公司如何运用互联网、内联网和外联网

## 二、电子商务的特点

人类所表现出的创造力,几乎都没有像互联网和信息技术在过去十年中的兴起那样,能够如此广泛和迅速地改变社会。决策者、企业乃至整个社会现在普遍认为,信息技术处在影响所有国家的经济和社会变革的中心。信息技术和全球化这两者合力,描绘出了一幅新的经济和社会画卷。这两者使整个企业和经济的运作方式发生了根本变化。人们现在越来越清楚地认识到,信息技术对生产率增长起着积极的推动作用。通过运用信息技术,企业的竞争力将得到提高,新的市场将得到进入,新的就业机会将得到创造。所有这些都将促成财富的生成和可持

续经济增长的实现。

电子商务是一个以信息技术为支撑的全球商务活动。现代信息技术是指计算机技术、网络技术和通信技术等。电子商务的实施必须依赖这些现代信息技术，这种密不可分的关系也使电子商务具有了一些与传统商务不同的特征。电子商务将传统商业活动中商流、物流、资金流、信息流的传递方式利用现代信息技术进行整合，企业将重要的信息以全球互联网、企业内部网(Intranet)或外联网(Extranet)直接与分布在各地的商家、供应商、经销商、客户和员工联系起来，创造了更具竞争力的经营优势。

从电子商务的发展历程来看，其最初是以一个大型企业或行业，主要是国际性的跨国企业在其内部的各个组成部分，或者是一些贸易商之间建立的有着固定联系的网络为基础，以一种固定的标准来传送商务信息，从而开展各项商务活动。随着信息技术的快速发展，网络的迅速普及和通信协议的标准化、开放性，使得原先封闭式的网络趋向开放。特别是互联网在全球性范围的普及和投入商业运行，使原先封闭式网络中的固定的商务对象被不固定的各类消费群体所替代，各种各样面向社会大众的商务活动的电子化进程也日益加快。这些变化在赋予电子商务新的活力的同时，也给电子商务增加了新的特点。

1. 开放性

电子商务主要是同信息网络联系在一起。互联网作为目前全球信息基础设施的雏形，也就是电子商务所主要依附的物质载体。互联网是一个开放的网络，其将世界上不同的网络连接在一起，任何人在任何时候只要具备了基本技术条件，就能很方便地连入互联网；这不同于EDI，互联网所要求的技术是简单的，而且超级文本软件及相应的浏览器，使得在互联网中的文件并不需要固定遵守某种单一的标准。这使得商人和消费者们可以在世界上任何一个地方，在任何时间相互联系，进行交易。而且，这些交易中的大部分可以在瞬间完成订货、付款甚至交货。例如音像制品、软件等数字产品都可以在网络中进行，就好像我们在商场中购物一样，一手交钱、一手交货，即时结清。

2. 信息传输的实时性和交互性

电子商务的当事各方在网络上交换信息，就如同生活中面对面地交谈一样，表达信息的一方与接收信息的一方几乎是同时的。另一方面信息的提供者在发布信息的同时，可以及时收集信息获取者的信息；信息获取者在收集信息的同时也可以对信息提供者的信息进行选择性的接收，这种方式进行的信息交流是双向互动的。

3. 网络化

电子商务所依赖的各项技术中最重要的是网络互联技术，以电子商务形式进行的交易和商务活动必定要涉及某种网络。目前世界上应用范围最广、参与人数最多的是国际互联网。该网络还将进一步改造升级，拓展其带宽，以使网络满足用户日益增长的不同需要，未来的世界范围的电子商务活动就将在此基础上展开。利用网络的互联性，人们可以非常方便地进行双边或者多边互动交流，召开网络会议，协同办公，交易磋商。利用互联网，可以开设网上交易会、博览会等。

4. 无纸化和虚拟化

电子商务通过电子信息技术、网络互联技术和现代通信技术，使得交易涉及的各方当事人借助电子方式进行联系，从事交易活动。整个过程中不需要传输任何文书单证等纸质工具的传输。通过以互联网为代表的计算机互联网络进行的贸易，贸易双方从贸易磋商、签订合同到支付等，无需当面进行，均通过计算机互联网络完成，整个交易完全虚拟化。

5. 集约化

电子商务使得买卖双方的交易成本大大降低。电子商务通过降低生产及货物和服务交易的交易成本，提高管理职能的效率，并使企业能够交换和获取更多的信息，已经成为提高生产能力、增强国际竞争力的重要工具。电子商务的买卖双方通过网络进行商务活动，无需中介者参与，减少了交易的有关环节。卖方可通过互联网络进行产品介绍、宣传，避免了在传统方式下做广告、发印刷产品等的大量费用。电子商务实行“无纸贸易”，可减少文件处理费用。互联网使买卖双方即时沟通供需信息，使无库存生产和无库存销售成为可能。企业利用内部网可实现协同办公，提高了内部信息传递的效率，节省时间并降低管理成本。通过互联网络把其公司总部、代理商以及分布在其他国家的子公司、分公司联系在一起，及时对各地市场情况作出反应，即时生产，即时销售，降低存货费用，利用快捷的配送公司提供交货服务，从而降低产品成本。

6. 透明化

买卖双方从交易的洽谈、签约以及货款的支付到交货通知等整个交易过程都在网络上进行。通畅、快捷的信息传输可以保证各种信息之间互相核对，可以防止伪造信息的流通。例如，中国电子口岸是一个进出口业务管理公共数据中心，可进行联网数据核查，企业可在网上办理相关的进出口业务。它运用现代信息技术，借助国家电信公网资源，将国家各行政管理机关分别管理的进出口业务信息流、资金流、货物流电子底账数据集中存放到公共数据中心，在统一、安全、高效的计算机物理平台上实现数据共享和数据交换。国家各行政管理部门可以进行跨部门、跨行业的联网数据核查，企业可在网上办理进出口业务，增加了管理透明度。

7. 全球性

互联网是一个全球性的公共网络，世界上任何人在任何地方都可以访问在互联网某个主机上的网址，获取上面的信息，并且通过这些网址进行电子商务活动。

此外，电子商务是一个资源丰富的信息库，是一个虚拟的电子市集(E—Market-place)，为用户提供各类商品的供应量、需求量、发展状况及买卖双方的详细情况，从而使厂商能够更方便地研究市场，更准确地了解市场和把握市场。而且，电子商务还是厂商进行广告宣传的好渠道，全球性的互联网络使电子商务网络上的广告传播最广、费用最低。电子商务和技术的关系是商业推动技术，技术实现商务。

## 三、电子商务的分类

1. 按照交易性和交互性分类

除了前面描述电子商务的主要的 4 种类型，随着电子商务的发展，电子商务还有下列多种形式。

(1)企业—企业(Business to Business，B2B)：是指所有参与者都是企业或其他组织的电子商务模式。例如，戴尔和玛莎百货公司与其各自供应商间的部分贸易就属于 B2B 电子商务的应用。

(2)企业—消费者(Business to Consumer，B2C)：是一种企业面向个体消费者提供产品或服务的零售商业模式。戴尔在线或亚马逊网站的典型购买者是个人消费者或顾客。这种类型的电子商务也称为电子零售。

(3)企业—企业—消费者：在企业—企业—消费者(Business to Business to Consumer，B2B2C)的电子商务模式中，一家企业向另一家客户企业提供某些产品或服务，以使客户企业维持自己的客户群，这些客户群可以是企业的内部员工，对于他们来说，所购买的产品或服务没有添加任何附加价值。B2B2C 的一个例子就是从批发商到零售商再到消费者的销售模式，例如航空公司和旅行公司向其商业合作伙伴（如旅行社等）提供诸如预订飞机票、旅馆房间等旅行服务，商业合作者再向顾客提供服务。

(4)消费者—企业(Consumer to Business，C2B)：这种电子商务模式既包括个人消费者利用互联网向企业销售产品或服务，又包括个人消费者寻求卖主，以对产品或服务进行报价。

(5)消费者—消费者(Consumer to Consumer，C2C)：这一模式下，消费者直接与其他消费者进行交易，如个人消费者利用网上分类广告出售房屋所有权和汽车等。网上个人服务广告以及个人知识与经验的网上销售是 C2C 的另一类应用。此外，一些拍卖网站允许个人将商品放在网站上进行拍卖。

(6)移动商务：我们把全部或部分在无线环境中完成的电子商务交易和活动称为移动商务(mobile commerce)。例如，人们利用能上网的手机可以完成银行业务以及在网上订购图书。许多移动商务的应用都涉及移动设备。如果这种交易主要是针对特定时间、特定区域的人，则称其为区位商务(location-based commerce)或 L-Commerce。一些学者给移动商务下定义为，当人们离开家或办公室时仍能通过无线和有线系统完成的交易活动。

(7)企业内部电子商务(intrabusiness EC)：包括组织内部的所有活动，包括商品、服务和信息等在组织内各部门及个人之间的交换。这些活动包括向组织内部员工销售产品、在线培训、进行合作设计等。企业内部电子商务的实现经常通过跨越内联网或公司门户得以实现(连接 Web 的网关)。

(8)企业—员工(Business to Employee，B2E)：是企业内部电子商务的一个子集，在这种电子商务模式下，组织向其员工传递服务、信息或产品。其中一类主要的员工是在外流动工作的员工，例如区域代表。支持这类员工的电子商务称为 B2ME(Business to Mobile Employees)。

(9)合作商务：当个人或群体利用网络进行交流与合作时，他们可能参与的就是合作商务(C-commerce)。例如，不同地理位置的商业合作伙伴可以运用共享视频一起设计产品；实施在线库存管理；联合预测产品需求等。

(10)端到端应用(P2P)：端到端技术可以被用于 C2C、B2B 和 B2C 等。这一技术使得互联网的端点计算机之间可以直接共享数据文件和过程。例如，在 C2C 端点应用中，人们可以通过电子方式来互换音乐、视频、软件以及其他的数字化商品。

(11)网上(电子)学习：网络教育，是利用网络来提供培训或正规教育。许多组织都利用网络教育对其员工进行培训和再培训，这类应用称为电子培训。虚拟大学也是利用网络来实现网络教育的。

(12)网上(电子)政府：在电子政府系统中，政府可以向企业(G2B)或个人(G2C)购买或提供商品、服务或信息。

(13)交易所对交易所(E2E)：公共电子市场中的一次交易会涉及多家买方和卖方。随着 B2B 交易的增加，各种交易之间都存在着必然联系。E2E 的电子商务是一个联结两个或更多个交易场所的正式系统。

(14)非商业电子商务：越来越多的非商业机构组织，包括大学、非营利组织、社会组织以及政府机构，都采用电子商务来减少运营费用或改善运作水平，提高客户服务水平(注意：在前面介绍的电子商务类型中可以用“组织”代替公司和企业)。

2. 按照支付发生情况分类

按照是否有支付情况发生，电子商务可以分为电子事务处理和电子贸易处理。前者的应用如网上报税、网上办公等，后者的应用如网上购物、网上交费等。

3. 按照商务活动内容分类

按照商务活动的内容分类，电子商务主要包括两类商业活动：一是间接电子商务——有形货物的电子订货，它仍然需要利用通过物流系统，将货物运送到消费者手中。一般来说，电子商务的物流配送会通过第三方物流企业来完成，如邮政服务和商业快递送货等。二是直接电子商务——无形货物和服务，如计算机软件、数码产品、娱乐内容的网上订购、付款和交付。一般来说，间接电子商务受到物流配送系统的约束，直接电子商务则无需顾虑地理界限，直接进行交易。

4. 按照使用网络类型分类

根据使用网络类型的不同，电子商务目前主要有三种形式：第一种形式是 EDI(Electronic Data Interchange，电子数据交换)商务；第二种形式是互联网(Internet)商务；第三种形式是内联网(Intranet)商务和外联网(Extranet)商务。

(1)EDI 商务。EDI 主要应用于企业与企业、企业与批发商、批发商与零售商之间的商务。相对于传统的订货和付款方式，EDI 大大节约了时间和费用。由于 EDI 必须租用 EDI 网络上的专线，即通过购买增值网(Value Added Network，VAN)服务才能实现，费用较高；也由于需要有专业的 EDI 操作人员，并且需要贸易伙伴使用 EDI，因此中小企业很少使用 EDI。这种状况使 EDI 虽然已经存在了 20 多年，但至今仍未广泛普及。近年来，随着互联网网络的迅速普及，基于互联网的、使用可扩展标识语言(Extensible Markup Language)XML 的 EDI，即 Web-EDI，或称 Open-EDI 正在逐步取代传统的 EDI。

(2)互联网商务。互联网商务是国际现代商业的最新形式。它以信息技术为基础，通过互联网络，在网上实现营销、购物服务。它突破了传统商业生产、批发、零售及进、销、存、调的流转程序与营销模式，真正实现了少投入、低成本、零库存，从而实现了社会资源的高效运转。消费者可以不受时间、空间、厂商的限制，广泛浏览，充分比较，模拟使用，力求以最低的价格获得最为满意的商品和服务，特别是互联网全球联网的属性，在全球范围内实行电子商务成为可能。

(3)内联网商务和外联网商务。内联网是在互联网基础上发展起来的企业内部网，是一种利用互联网工具(Web 浏览器和互联网协议)的企业或政府、组织、机构网络，或称内联网。内联网与互联网采用相同的技术，在与互联网的连接时，设有互联网企业防火墙，这样可有效地防止未经授权的外来人员进入企业内部网。内联网将大、中型企业总部和分布在各地的分支机构及企业内部有关部门的各种信息通过网络予以连通，使企业各级管理人员能够通过网络读取自己所需的信息，利用在线业务的申请和注册代替纸张贸易和内部流通的形式，从而有效地降低了交易成本，提高了经营效益。另外一个计算环境是外联网，它利用互联网连接多个内联网。在内联网商务的基础上，两个或多个内联网用户可以根据需要，通过外联网联结，使业务的上下游结合通畅，提高交易效率。

电子商务可以有各种分类，但最主要的还是 B2B 和 B2C 两种形式，主要借助于互联网实现其交易。

## 第二节 电子商务的主要经营模式和环境

### 一、电子商务的主要经营模式

电子商务的主要经营模式，一般的分类方法是把企业和消费者作为划分标准，分别划分出企业对企业(B2B)、企业与消费者(B2C)、消费者与消费者(C2C)和企业与政府(B2G)等模式，重点是B2B和B2C商业模式。

B2B商业模式参与的双方都是企业，特点是定单数量大，需要商业洽谈，按照固定合同条款和商业规则进行交易。需要复杂的银行信用管理系统，参与企业需要的基础设施包括局域网、定制的目录和流程规则。

B2C商业模式是顾客直接与商家接触，特点是订单数量小，主要是按价目表或者固定价格，属于冲动购买或者偶尔购买，所以广告的作用很大。信用系统主要依靠消费者信用卡，基础设施主要是互联网的连接。

B2B电子商务的特征与B2C电子商务存在相当大的差异，但也存在重要的趋同之处，这主要是源于某些产品和服务交易的相似性，以及B2B和B2C交易在供应链中存在的联系。

B2B和B2C市场的比较如表7—2所示。

表7—2　**B2B和B2C市场的比较**

| 市场特征 | B2B | B2C |
|---|---|---|
| 交易的价值/规模 | 价值大 | 相对小，包括极小型订购 |
| 购买者和消费者的关系 | 通常是长期的，基于合约的；个性化的、非价格因素对购买者很重要；市场可以是由销售商或消费者驱动的；整合市场和交易者的以及第三方的后端系统 | 主要是短期和现场销售；交易在陌生人之间发生，价格是购买者考虑的主要因素；市场主要由购买者驱动；没有整合购买者的系统 |
| 参与者 | 在一个特定的交易中相互作用的许多参与者——供应商的网络系统；合作伙伴和购买者 | 直接与单一的销售商交易的许多消费者(一个供应商，多个消费者) |
| 功能要求 | 高标准的功能要求；价格信息之外的因素是主要的 | 除价格信息外较低的功能要求 |
| 定价 | 协议价格、长期合约、拍卖、目录价格 | 固定价格、主要目录 |
| 支付系统 | 信用卡、银行卡、电子转账支付 | 信用卡、电子转账支付 |
| 订购实施 | 关于产品的有效性和具体的实施有严格的规定；全球快运 | 实施条件比较灵活，不太严格，全球快运 |
| 基本架构要求 | 更复杂，定制 | 最低要求——具有互联网连接的浏览器 |
| 进入条件 | 技术的(投入)费用和经济规模可能设立进入门槛，特别是对销售商而言 | 没有高门槛 |
| 网络化的作用 | 对销售商和购买者双方都有利 | 对销售商更有利 |
| 中间商 | 绕过中间商，但在某些情况下也使用 | 绕过中间商 |
| 产品设计 | 根据规格定制 | 标准化 |
| 销售程序 | 网上目录，招标 | 网上目录 |
| 安全问题 | 网络系统安全和公司隐私 | 保护消费者信息和需要 |

关于产品和服务，在B2B和B2C中的某些交易并不容易区别。具体的例子包括机票、书和软件的网上购买。它们一般趋向于小数量购买，并针对企业和消费者可能采用同样的价格。

小型的、通常是在家或在办公室运营的个人公司(SOHO)的增加，也导致这种趋同形式，一般难以区分是企业主，还是消费者，也难以区分相应的交易类型。

B2B 和 B2C 趋同的第二种形式涉及供应链衔接。一些公司正在整合它们的互联网战略——直接从它们产品的 B2C 零售到内部信息系统再到与其他公司的 B2B 供应订单。因此，来自消费者的订单可以自动传递到制造产品的契约生产商，并直接运送给销售商和购买者。许多技术公司正着手建立一系列方案，开发市场应用系统，通过包括 B2B 和 B2C 交易的电子集市网络系统整合供应链。

1. B2C 商业模式

按照为消费者提供的服务内容不同，B2C 商业模式的分类可以分为电子经纪、电子直销、电子零售、远程教育、网上预定、网上发行和网上金融等类型。具体的表现形式有：

(1)产品网站。比如戴尔和思科公司，主要介绍各类相关产品。

(2)以购物为目的综合网站。比如亚马逊，已经从过去的单一网上书店扩展为 Amazon.com。

(3)门户兼有购物模式，代表的企业是美国在线，它通过“蛇吞象”并购了时代华纳，又并入了百代唱片公司，从而建立一个网上和网下联动的商业模式。

(4)二手货拍卖。从商家到顾客或者是从顾客到商家，如 Onsale 公司的模式。

(5)个人对个人纯粹的网络拍卖。代表者是 Ebay 和中国的易趣网。

(6)最低价格模式。其核心是突出低成本的特点，即实现中间环节“零摩擦”——成本加零，代表者是 Buy.com。

(7)买方定价模式。充分给予消费者决定价格的权力，代表者是 Priceline.com。

(8)寻求最优惠价格。也是围绕价格开始营销，比如 Jungle，Jango，MySimon。

2. B2B 商业模式

目前，企业采用的 B2B 分为“垂直”和“水平”两种方式。从商务购买内容来划分为制造业态的模式和运营业态的模式。制造业态的模式是指原材料和成分直接形成制成品或者进入制造过程。从本质上看，制造业态的模式倾向于“垂直”。运营业态的模式是指非直接的原材料和服务投入，它们不直接形成制成品。从本质上看，运营业态的模式倾向于“水平”，同时，它们适合于第三方通过配送提供服务。

(1)面向实体企业的垂直 B2B 电子商务。“垂直”的方式可以分为两个方向，即上游和下游。生产商或商业零售商可以与上游的供应商之间形成供货关系。生产商与下游的经销商形成销货关系。

(2)面向电子交易市场的水平 B2B 电子商务。水平网站可以将买卖双方集中到一个电子交易市场。在这个电子交易市场上可以进行信息交流、广告、拍卖竞标、交易等。

另外，在商务购买中还有一个重要区分是如何购买产品和服务，据此，可以划分出系统采购和现货采购。系统采购(systematic sourcing)通过与合格的供应商的事先协商，通常的合约是长期合约，这些采购是“关系导向”型(relationship-oriented)，大部分制造业态的模式是系统采购完成的。现货采购(spot sourcing)是从陌生的供应商处采购，这些采购属于“交易导向”型(transaction-oriented)，很少涉及长期买卖关系。

3. B2G 模式

B2G 模式涉及电子政务和电子商务两个方面，既涉及政府又涉及商务的有关活动，如电子税务、电子报关、电子报检、电子采购等。它们既有政府的参与，又有企业的参与；既是政府行为，又与商务活动有关。

B2G 模式中最具典型意义之一的是中国电子口岸系统，与国际贸易企业和货代企业有着千丝万缕的联系。下面就中国电子口岸系统作一个简要的介绍。

中国电子口岸是经国务院批准，由海关总署牵头，会同其他 11 个部委共同开发建设的公众数据中心和数据交换平台。它依托国家电信公网，实现工商、税务、海关、外汇、外贸、质检、公安、铁路、银行等部门以及进出口企业、加工贸易企业、外贸中介服务企业、外贸货主单位的联网，将进出口管理流信息、资金流信息、货物流信息存放在一个集中式的数据库中，随时提供国家各行政管理部门进行跨部门、跨行业、跨地区的数据交换和联网核查，并向企业提供利用互联网办理报关、结付汇核销、出口退税、进口增值税联网核查、网上支付等实时在线业务，提高对外贸易的便利化程度，降低贸易成本。

电子口岸有“两个层面”，在中央层面叫中国电子口岸，主要承担国务院各有关部门间与大通关流程相关的数据共享和联网核查，国务院专门设立了国家电子口岸建设协调指导委员会，并在海关总署科技司设立了委员会办公室，指导电子口岸建设工作，数据中心是在电子口岸委的领导下，在电子口岸办的指导下开展工作的；在地方层面称为地方电子口岸，它是中国电子口岸的延伸和补充，主要承担地方各有关部门间与大通关核心流程和相关的物流商务服务有关的数据整合，地方电子口岸的牵头部门是地方政府。

中国电子口岸的结构如图 7－3 所示。

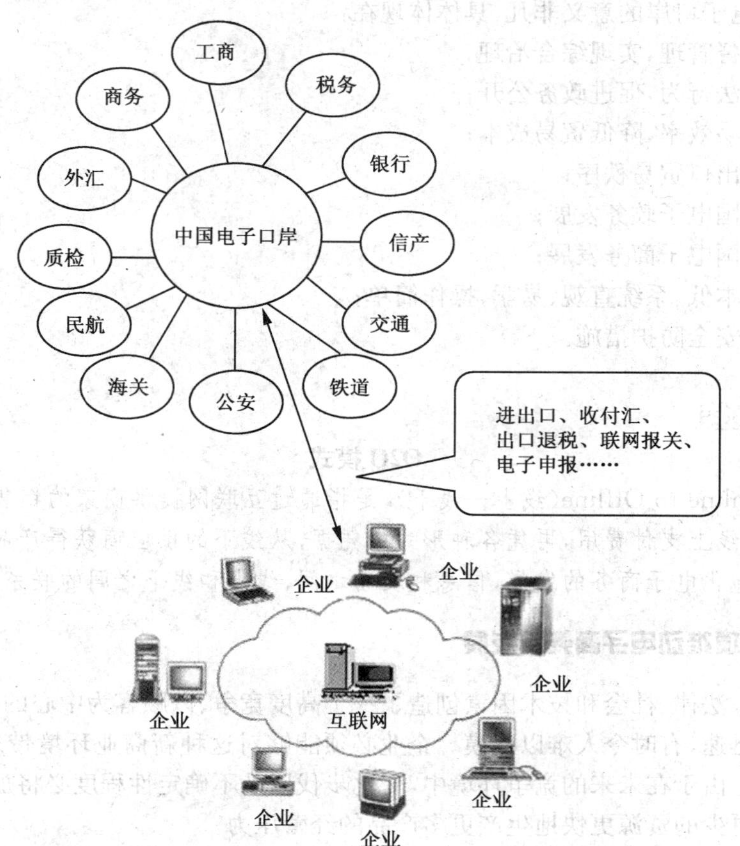


图 7－3　中国电子口岸的结构

1999年1月1日中国电子口岸第一个项目——“进口付汇报关单联网核查系统”在全国推广应用。2000年底，在总结“进口付汇报关单联网核查系统”成功经验的基础上，国务院15个部委联合建设的中国电子口岸正式上线运行，并相继开发了出口收结汇、进口增值税、出口退税等一系列跨部委联网应用项目，通过建立“电子底账＋联网核查”的管理方式，收到了很好的成效。2002～2005年，电子口岸建设进入了第二个阶段，这个阶段以在电子口岸平台上全面实现各地方、各有关部门联网为主要目标。2002年，各地政府积极响应国家“政府牵头协调、统一信息平台、手续前推后移、加快实货验放”的大通关建设要求，与海关总署合作建立包括交通、铁路、民航、港务等部门在内的口岸大通关信息平台，面向企业提供全面政务公开及信息咨询服务，增强政府的综合执法能力，改善地区投资环境，降低企业成本，实现数据共享和联网核查，为地方大通关服务。从2005年开始到现在电子口岸的发展，进入了以中国电子口岸和地方电子口岸两个层面共同发展的崭新阶段。截至2011年3月，已有35个地方电子口岸平台在线运行。目前，电子口岸已经实现了与国务院12个部门和香港工贸署、澳门经济局等单位，以及14家商业银行的信息共享和互联互通，在线运行项目达到80个，入网企业超过55万家，日均登录电子口岸办理业务的企业达15万家，日处理电子单证数量140万笔，门户网站日点击率超过560万次。电子口岸在为政府部门之间信息共享、提高效率、加强监管和为企业提供贸易便利、加快通关速度、降低贸易成本等方面发挥着日益重要的作用。

建设中国电子口岸的意义非凡，具体体现在：

(1)强化监督管理，实现综合治理；

(2)规范执法行为，促进政务公开；

(3)提高贸易效率，降低贸易成本；

(4)规范进出口贸易秩序；

(5)促进中国电子政务发展；

(6)促进中国电子商务发展；

(7)入网成本低、系统直观、易学，操作简单；

(8)严密的安全防护措施。

**相关链接**

**O2O 模式**

O2O 即 Online to Offline(线上—线下)，是指通过互联网提供商家的销售信息，聚集有效的购买群体，在线上支付费用，再凭各种形式的凭据，从线下的供应商获得产品，完成消费。随着互联网上本地化电子商务的发展，信息和实物之间、线上和线下之间的联系变得更加紧密。

## 二、商业环境推动电子商务的发展

市场、经济、法律、社会和技术因素创造了一个高度竞争、以顾客为中心的商业环境。这些环境因素变化迅速，有时令人难以捉摸。企业必须能够对这种新商业环境带来的问题和机遇迅速做出反应。由于在未来的竞争环境中，变化步伐以及不确定性程度必将加大，企业将面临越来越大的用更少的资源更快地生产更多产品的经营压力。

新的商业环境是科技迅速发展的结果。由于科技进步产生的科学知识能够自我繁殖，因此创造出的技术也就越来越多，而技术的迅速发展又产生了大量的复杂系统。因此，新的商业环境具有以下特征：

- 环境更复杂，蕴含着更多的机遇和挑战。
- 竞争更加激烈。
- 企业需要通过加速决策进程或拥有更多的决策者来更频繁地做出决策。
- 制定决策时需要考虑的因素更多，包括市场、竞争、政治问题、地球环境。决策的领域更加广泛。
- 制定决策时需要更多的信息和知识。

许多组织阶段性地测度绩效，然后与组织的使命、目标和计划进行对比。然而，商业绩效的评估不仅依据组织做了什么，还涉及别的企业做了什么，同样需要考虑自然的力量。在商业世界中，我们把这些统称为商业环境。这些环境会创造明显的压力进而影响在不可控甚至不可预知状态下的绩效。

商业过程包括竞争力、行动力和对问题、限制条件和机会导致的环境压力的响应（即危机响应活动和解决办法）。商业过程中的组织活动导致可测量的绩效，它能提供问题、机会的解决办法，同时对人物、策略和计划进行反馈。

在电子商务形式下，信息技术为组织活动和实际绩效提供支持。

在当今的环境下，许多传统的战略方法仍然有效；然而，由于一些传统的响应行为在当今动荡和竞争的商业环境中可能不会再起作用，因此，我们需要修改、完善和摒弃一些传统手段，设计新的响应措施。

危机响应行动能取代部分或全部组织过程，从日常薪酬支付过程到战略行动的订单入口。在供应链中响应问题也会发生。一个响应行动可以看作是对现实世界存在的特殊压力的反应。许多响应行动都能在电子商务中得到很大程度的应用。在一些案例中显示，电子商务是解决经营压力非常好的办法。

## 三、电子商务的法律环境

电子商务的环境建设：一是使电子商务的开展成为可能；二是发挥高科技手段在商务活动中的作用。电子商务的环境建设的目的不仅要从技术角度来处理电子商务关系；还要创立尽可能安全的法律环境，以便有助于通信各方之间高效率的使用电子商务。

电子商务作为一种新型的交易手段和商业运作模式，它的成长不仅取决于信息技术的发展和成熟，而且很大程度上取决于政府能否营造一种有利于电子商务发展的适宜环境。为了在未来的网络世界中尽早抢占有利位置，目前不少国家都在加紧营造促进电子商务发展的适宜环境。

这里建立一个非常好的电子商务的法律环境尤为重要。

1. 国外电子商务的法律研究

早期的国际电子商务立法主要是围绕着电子数据交换 EDI 规则的制定展开的。20 世纪 80 年代基于单证文本数据交换处理的 EDI 在国际贸易中已有较为广泛的运用。由于这种数据交换是在各个国家、各种网络和各类计算机设备之间进行，因而订立通信协议和数据文本交换标准的问题就显得尤为重要。

20 世纪 90 年代初随着互联网商业化和社会化的发展，从根本上改变了传统的产业结构和市场的运作方式。以互联网为基础的电子商务迅速发展。联合国贸法会遂在 EDI 规则研究与发展的基础上，于 1996 年 6 月通过了《联合国国际贸易法委员会电子商务示范法》。示范法的颁布为逐步解决电子商务的法律问题奠定了基础，为各国制定本国电子商务法规提供了框架和示范文本。

联合国从20世纪80年代开始研究和探讨电子商务法律问题，1982年联合国贸法会第15届会议正式提出了计算机记录的法律价值问题。此后，第17届会议又提出了计算机自动数据处理在国际贸易流通中引起的法律问题，并将其优先列入工作计划，自此，联合国贸法会全面开展了电子商务法研究工作。

自20世纪90年代以来，由于信息技术和电子商务的迅猛发展，在短短的几年时间里即已形成电子商务在全球普及的特点。由于电子商务的全球性、无边界的特点，任何国家单独制定的国内法规都难以适用于跨国界的电子交易，因此电子商务的立法一开始便是通过制定国际法规而推广到各国的。

1996年6月，联合国贸法会提出了《电子商务示范法》蓝本，并于同年12月在联合国大会通过，1998年做了一次修订。《电子商务示范法》旨在为各国电子商务立法提供框架和示范文本，为解决电子商务法律问题奠定了基础，促进了世界电子商务的发展。2000年9月，联合国贸法会电子商务工作组完成了《电子签名统一规则》的制定工作。2001年，联合国贸法会审议通过《电子签名示范法》，该法对电子签名的适用范围、定义、签名技术的平等对待、电子签名的要求、签字人的行为、验证服务提供商的行为、电子签名的可信赖性、依赖方的行为、对外国证书和电子签名的承认等问题做了详细的规定，为各国电子签名的立法奠定了很好的基础。

世界贸易组织(WTO)成立后，围绕信息技术的谈判，先后达成了三大协议：一是《全球基础电信协议》，该协议于1997年2月15日达成，主要内容是要求各成员国向外国公司开放电信市场并结束垄断行为；二是《信息技术协议》(ITA)，该协议于1997年3月26日达成，协议要求所有成员国自1997年7月1日起至2000年1月1日止将主要信息技术产品的关税降为零；三是《开放全球金融服务市场协议》，该协议于1997年12月31日达成，协议要求成员国对外开放银行、保险、证券和金融信息市场。在WTO历史上，一年之内制定三项重要协议是绝无仅有的，这三项协议为电子商务和信息技术的稳步发展扫除了不少障碍。

国际商会于1997年11月发布了《国际数字化安全商务应用指南》，它由一系列在互联网上进行可靠数字化交易的方针构成，其中包括公开密钥加密的数字签名和可靠的第三方认证等。国际商会银行委员会拟定的《银行间支付规则草案》也与电子商务直接相关。

1998年10月，经济合作与发展组织(OECD)在加拿大召开了电子商务讨论会，会后公布了四个重要文件：《OECD电子商务行动计划》、《有关国际组织和地区组织的报告：电子商务的活动和计划》、《工商界全球商务行动计划》、《电子商务税务政策框架条件》，作为OECD发展电子商务的指导性文件。其间还发布了三个宣言：《在全球网络上保护个人隐私宣言》、《关于在电子商务条件下保护消费者宣言》、《电子商务身份认证宣言》。

美国是世界上电子商务最发达的国家，其电子商务立法也相对健全。美国是个联邦制国家，联邦和州政府都有立法权。就联邦立法而言，1997年9月美国联邦政府颁布的《全球电子商务纲要》分为三部分：背景、原则、问题和相应战略。所探讨的问题十分广泛，涵盖了关税、电子支付、法律政策、知识产权、公民隐私和电子商务的安全等问题。此外，美国统一州法委员会拟定的《统一计算机信息交易法》和《统一电子交易法》也很有代表性。

经过十多年的立法实践，世界各国的国际电子商务立法都有了长足的进步，一些基本原则得到了广泛应用，在一些细节的处理上也已比较成熟。起步较早的国家在完成了针对电子签章和电子交易的相关立法之后，更多地把注意力转移到一些更具体的问题上，如完善交易规则、反欺诈、打击垃圾邮件和查处网络犯罪等，并同时加大推广国际规则的力度。

2. 国内电子商务立法工作的现状及进展

我国有关电子商务交易安全的法律保护问题，主要涉及两个基本方面：第一，电子商务交易首先是一种商品交易，其安全问题应当通过民商法加以保护；第二，电子商务交易是通过计算机及其网络而实现的，其安全与否依赖于计算机及其网络自身的安全程度。

(1)涉及电子商务的法律

1997 年 3 月 14 日，八届全国人大第五次会议通过的《刑法》，增加了有关计算机犯罪的规定。

1999 年 3 月，我国颁布的新《合同法》第十一条规定："书面形式是指合同书、信件和数据电文(包括电报、电传、传真、电子数据交换和电子邮件)等可以有形地表现所载内容的形式。"将传统的书面合同形式扩大到了包含"数据电文"这一新的电子交易的形式。

2000 年 12 月 28 日，全国人大常务委员会通过的《维护互联网安全的决定》，旨在促进我国互联网的健康发展，维护国家安全和社会公共利益，保护个人、法人和其他组织的合法权益。

2001 年 10 月 27 日，修正并发布的《著作权法》中的"信息网络传播权"，明确了作品通过网络传播在著作权中的基本定位，使得电子商务的三个根本元素——物流、资金流、信息流——的法律地位得到了相当程度的确认。

2004 年 8 月 28 日，十届全国人大常委会第十一次会议表决通过了《电子签名法》，并于 2005 年 4 月 1 日起施行。这部法律首次赋予可靠的电子签名与手写签名或盖章同等的法律效力，并明确了电子认证服务的市场准入制度，是我国第一部真正意义上的电子商务法，是我国电子商务发展的里程碑，它的颁布和实施极大地改善了我国电子商务的法制环境，促进了安全可信的电子交易环境的建立，从而大力推动了我国电子商务的发展。

(2)涉及电子商务的行政法规

由国务院发布的涉及电子商务的行政法规主要包括：

《国务院办公厅关于进一步加强政府网站管理工作的通知》(2011 年 4 月 21 日)。

《信息传播权保护条例》(2006 年 5 月 10 日)。

《电信条例》(2000 年 9 月 25 日)。

《互联网信息服务管理办法》(2000 年 9 月 25 日)。

《中华人民共和国计算机信息网络国际联网管理暂行规定》(1996 年 2 月 1 日，中华人民共和国国务院令第 195 号发布，1997 年 5 月 20 日修正)。

《计算机信息系统安全保护条例》(1994 年 2 月 18 日)。

(3)涉及电子商务的部门规章

涉及电子商务的部门规章主要有：

《电信和互联网用户个人信息保护规定》(2013 年 7 月 16 日，工业和信息化部)。

《第三方电子商务交易平台服务规范》(2011 年 4 月 12 日，商务部)。

《互联网电子邮件服务管理办法》(2005 年 11 月 7 日，信息产业部)。

《互联网新闻信息服务管理规定》(2005 年 9 月 25 日，国务院新闻办公室、信息产业部)。

《网络著作权行政保护办法》(2005 年 4 月 30 日，国家版权局、信息产业部)。

《电子认证服务管理办法》(2005 年 1 月 28 日，信息产业部)。

《互联网 IP 地址备案管理办法》(2005 年 1 月 28 日，信息产业部)。

《非经营性互联网信息服务备案管理办法》(2005 年 1 月 28 日，信息产业部)。

《中国互联网络域名管理办法》(2004 年 9 月 28 日，信息产业部)。

《互联网上网服务营业场所管理办法》(2002 年 8 月 1 日，文化部)。

《电信网间互联争议处理办法》(2002 年 1 月 1 日,信息产业部)。

《互联网医疗卫生信息服务管理办法》(2001 年 1 月 8 日,卫生部)。

《网上银行业务管理暂行办法》(中国人民银行令〔2001〕第 6 号)。

《电信网间互联管理规定》(2001 年 5 月 10 日,信息产业部)。

《互联网电子公告服务管理规定》(2000 年 11 月 7 日,信息产业部)。

《互联网站从事登载新闻业务管理暂行规定》(2000 年 11 月 6 日,国务院新闻办公室、信息产业部)。

《软件产品管理办法》(2000 年 10 月 8 日,信息产业部)。

《计算机信息系统病毒防治管理办法》(2000 年 3 月 30 日,公安部)。

《网上证券委托暂行管理办法》(2000 年 3 月 30 日,中国证监会)。

《计算机信息系统保密管理暂行规定》(1998 年 2 月 26 日,国家保密局)。

《计算机信息网络国际联网安全保护管理办法》(1997 年 12 月 11 日国务院批准,1997 年 12 月 30 日公安部发布)。

《中华人民共和国计算机信息网络国际联网管理暂行规定实施办法》(1997 年 12 月 8 日,国务院信息化工作领导小组)。

《中国公众多媒体通信管理办法》(1997 年 9 月 10 日,邮电部)。

《中国互联网络域名注册暂行管理办法》(1997 年 5 月 30 日,国务院信息化工作领导小组)。

《计算机信息网络国际联网出入口信道管理办法》(1996 年 4 月 9 日,邮电部)。

《中国公用计算机互联网国际联网管理办法》(1996 年 4 月 9 日,信息产业部)。

(4)涉及电子商务的司法解释

涉及电子商务的司法解释主要有:

《最高人民法院关于审理涉及计算机网络著作权纠纷案件适用法律若干问题的解释》。

《最高人民法院关于审理涉及计算机网络域名民事纠纷案件适用法律若干问题的解释》。

《最高人民法院关于审理扰乱电信市场管理秩序案件具体应用法律若干问题的解释》。

《最高人民法院、最高人民检察院关于办理利用互联网、移动通信终端、声讯台制作、复制、出版、贩卖、传播淫秽电子信息刑事案件具体应用法律若干问题的解释》。

(5)中国互联网络信息中心有关电子商务的若干规定

中国互联网络信息中心有关电子商务的若干规定主要包括:

《网络信息中心域名注册服务机构认证办法》。

《中国互联网络信息中心域名争议解决办法》。

《网络信息中心域名争议解决办法程序规则》。

《网络信息中心域名注册实施细则》。

《关于 CN 二级域名注册实施方案的通告》。

(6)涉及电子商务的地方性法规

涉及电子商务的地方性法规主要包括:

1999 年 1 月,上海市颁布了《上海市国际经贸电子数据交换管理规定》,对国际贸易、通关、运输等环节的电子数据交换行为作出了具体规范。

2001 年 11 月,上海市颁布了《上海市数字认证管理办法》,专门规范电子商务交易中的数字认证行为及认证机构的行为。

2002 年 2 月 1 日,广东省开始施行的《广东省电子交易条例》是我国第一部直接涉及电子商务交易的地方法规。

2000 年 4 月，北京市工商行政管理局发布了《北京市工商行政管理局网上经营行为备案的通告》。

2000 年 5 月，北京市工商行政管理局发布了《关于对网络广告经营资格进行规范的通告》，针对网络广告的现状，对北京市网络广告经营者的经营资格作出规定。同时还发布了《关于对利用电子邮件发送商务信息的行为进行规范的通告》。

此外，北京市工商局还通过了《网站名称注册管理暂行办法》、《网站名称注册管理暂行办法实施细则》、《经营性网站备案登记管理暂行办法》、《经营性网站备案登记管理暂行办法实施细则》、《关于网站名称异议中适用在先原则的规定》、《关于缩短注册网站名称异议期的通告》、《关于注册网站名称有关问题的补充通告》等。

## 第三节 EDI 基础知识

### 一、EDI 定义

EDI(Electronic Data Interchange)意为电子数据交换。

联合国标准化组织将 EDI 描述成“将商业或行政事务处理按照一个公认的标准，形成结构化的事务处理或报文数据格式，从计算机到计算机的电子传输方法”。

联合国欧洲经济委员会贸易程序简化工作组(UN/ECE/WP.4)从技术上给出 EDI 的定义：电子数据交换，是使用一种商定的标准来处理所涉及的交易或信息数据的结构，商业或行政交易事项，从计算机到计算机的电子传递。

联合国国际贸易法委员会贸易 EDI 工作组(UNCITRAL/WG.4)从法律上将 EDI 定义为：EDI 是计算机之间的电子传递，而且使用某种商定的标准来处理信息结构。

从上述的定义中，我们看到了 EDI 包含了三方面的相同的描述内容：信息有统一的标准；采用电子方式传递；交换双方计算机系统之间的连接。

一般来说，EDI 主要用于不同企业、机构和组织之间的数据报文的传递，也就是不同计算机系统之间的传递。

### 二、EDI 的产生和发展

20 世纪 60 年代，随着国际贸易的迅速发展，用于国际贸易中的各种贸易单证和文件相应增加。随之而来的是用于处理大量纸面单证的费用急剧上升。为了降低纸面单证处理方式而产生的巨额费用，提高工作效率，欧美等国家具有大宗业务关系的大型公司之间开始探索利用彼此间相连的计算机系统来实现交换发票、订单等各种商业活动信息，于是产生了专用 EDI(基于 VAN)系统，形成了电子商务的雏形。从商务角度上看，它是商务发展的需要；从技术上看，它是计算机技术和网络通信技术的迅速发展而应运而生的产物，是商贸和行政管理向现代化、自动化发展的结果。

随着 EDI 的产生，首先面临的是数据传递的标准问题。20 世纪 70 年代初，美国运输数据协调委员会(Transportation Data Coordinating Committee，TDCC)研究开发电子通信标准的可行性，它们的方案形成了当今 EDI 的基础。20 世纪 70 年代，影响 EDI 发展的主要问题是标准问题。1978 年，美国全国性委员会——X.12 委员会成立，1979 年被美国国家标准研究院

(American National Standard Institute)批准为“信息标准委员会”，从此，X.12 委员会开始从事跨行业使用 EDI 标准的开发。这一时期 EDI 应用集中于银行业、运输业及零售业。1979 年，X.12 工作小组制定出了美国国家 EDI 标准，即著名的 ANSI X.12EDI 标准。在美国国家 EDI 标准发布不久，欧洲不甘落后，于 80 年代早期推出了欧洲的 EDI 标准 TDI(Trade Data Interchange)及 GTDI(Guildlines for TDI)，但该标准只定义了商业文件的语法规则，还欠缺报文标准。联合国欧洲经济理事会负责国际贸易程序简化的工作小组(UN/ECE/EP.4)承办了国际性 EDI 标准制定的任务，并于 1986 年正式以 UN/EDIFACT(United Nations/Electronic Data Interchange for Administration, Commerce and Transport)作为国际性的 EDI 通用标准。

EDIFACT 和 ANSI X.12 标准在语义、语法等许多方面都有很大区别。另外，ANSIX.12 标准目前只可用英语。而 EDIFACT 标准则可用英语、法语、西班牙语、俄语，即日耳曼语系或拉丁语系均可使用该标准的语义、数据字典等。所谓拉丁语系，是指可用 26 个字母和 10 个数字表示的语言系统。日耳曼语系可以认为是拉丁语系的一个派系。

为了在国际贸易中更快、更省、更好地使用 EDI，世界各国特别是欧、美等工业发达国家，都在强烈要求统一 EDI 国际标准，即“讲一种语言，用一种标准(in speaking of the application of EDI, we must speak one language and use one standard)。

在 EDIFACT 被 ISO 接受为国际标准之后，国际 EDI 标准就逐渐向 EDIFACT 靠拢。ANSIX.12 和 EDIFACT 两家已一致同意全力发展 EDIFACT，使之成为全世界范围内能接受的 EDI 标准。1992 年 11 月美国 ANSIX.12 鉴定委员会又投票决定，1997 年美国将全部采用 EDIFACT 来代替现有的 X.12 标准。总之，EDIFACT 成为统一的 EDI 国际标准已是大势所趋。

随着互联网的迅速发展，出现了全球统一的传统 EDI 标准(UN/EDIFACT)，并得到了广泛应用，EDI 成为跨国多边贸易和各国简化国际贸易单证处理的主要手段，一时间在全球掀起了“电子商务”的热潮。近些年来，基于互联网平台的电子商务已经成为主流。现在，基于 XML 技术的新一代互联网 EDI 标准已经出现。目前，国际组织、国家和大公司等都在制定基于互联网语言电子商务信息的交换标准，此标准可以在互联网上自由传输，并且能够使用 SSL 和 X.509 数字证书及 HTTP 认证等互联网安全技术。并且 XML 正在被认为是统一分布对象 3 个标准(DCOM、COBRA、JavaBeans)的新的分布对象标准，并正在成为 Web Service 的底层描述语言。

世界上发达国家和地区的 EDI 发展状况较快。截至 1996 年初的统计资料，美国最大的 100 家企业中就已有 97 家实现了 EDI 经营管理。新加坡于 1991 年即正式运行全国的 EDI 系统。韩国的全国 EDI 系统则于 1993 年投入运行。我国台湾地区在 1992 年开通了全岛地区的 EDI 系统，并全力推广 EDI 的应用，目前已有通关自动化 EDI、制造业 EDI、商业现代化 EDI 及金融 EDI 等大型专业 EDI 系统。我国香港地区的 EDI 应用是 10 年前起步的。1998 年，香港多家私营企业和商贸协会一起，组建了 Trade Link(贸易通)，开始研究在香港建立 EDI 服务的可行性。它们的目的是为全香港进出口商提供一系列增值服务，以提高香港整体的生产率及竞争力。

EDI 技术现今还在不断发展和完善中，不过 EDI 的推广应用的确大幅度提高了商贸和相关行业(如报关、商检、税务、运输等)的运作效率。20 世纪 90 年代以来，美、日、西欧、澳大利亚及新加坡等许多国家已陆续宣布，对不采用 EDI 进行交易的商户，不予或推迟其贸易文件的处理。这就给非 EDI 商户造成巨大压力，甚至会给其造成巨大的贸易损失。

我国 20 世纪 80 年代末已开始跟踪研究 EDI 技术的应用和发展。1991 年 8 月，由原国务院电子信息系统推广应用办公室牵头，成立了由国家科委、经贸部、海关总署、国家技术监督局、中国人民银行、保险公司、交通部、国家商检局、中国贸促会等部门参加的“促进 EDI 应用协调小组”(CEC)，并以该组织的名义加入了“亚洲 EDIFACT 理事会”。随后成立了中国 EDIFACT理事会秘书组和 EDI 标准化组。1992 年 5 月又召开了“中国 EDI 发展战略与标准化”研讨会，草拟了“中国 EDI 发展战略总体规划建议”。海关总署、中国抽纱山东进出口公司和中国化工进出口公司率先使用 EDI 技术进行管理和贸易，使国内的 EDI 技术和应用方面有了一定的积累。

我国的 EDI 应用模式分为三种：一是行业应用模式，如“海关 EDI 通关系统”、“国际集装箱运输 EDI 示范工程”等；二是 EDI 中心模式，如广东 EDI 中心、上海港航 EDI 中心等；三是 China EDI 模式，以邮电通信网为支撑提供 EDI 增值服务。

## 三、EDI 工作原理

EDI 是将本处的数据和信息通过 EDI 增值网将数据传送给对方，并进入对方的计算机系统中。EDI 条件下贸易单证的传递方式如图 7—4 所示，发送方数据库中的数据通过一个翻译器转换成标准贸易的单证，然后通过网络传递给贸易伙伴的计算机，该计算机再通过翻译器将标准贸易单证转化成本企业内部的数据格式，存入数据库。

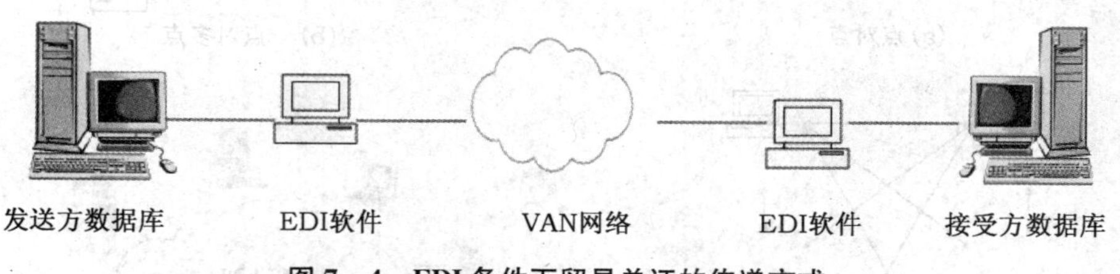


图 7—4　EDI 条件下贸易单证的传递方式

这里所说的数据或信息是指交易双方互相传递的具备法律效力的文件资料，可以是各种商业单证，如订单、回执、发货通知、运单、装箱单、收据发票、保险单、进出口申报单、报税单、缴款单等；也可以是各种凭证，如进出口许可证、信用证、配额证、检疫证、商检证等。

1. EDI 构成要素

数据标准化、EDI 软件及硬件、通信网络是构成 EDI 系统的三要素。

(1)数据标准。在国际上，EDI 标准采用联合国 UN/EDIFACT 标准。

(2)EDI 软件及硬件。实现 EDI，需要配备相应的 EDI 软件和硬件。

①EDI 软件将用户数据库系统中的信息，译成 EDI 的标准格式，并具有传输交换的能力。一般来说，每个公司的信息系统都有自己规定的信息格式，因此，当需要发送 EDI 电文时，必须有相应的软件从公司的专有数据库中提取信息，并把它翻译成 EDI 标准格式，进行传输，这就需要 EDI 相关软件的帮助。

EDI 软件的主要功能有格式转换、翻译和通信。

转换软件(mapper)。从发送方来说，转换软件可以帮助发送方将原有计算机系统的文件，转换成翻译软件能够理解的平面文件(flat file)，从接受方来说，将从翻译软件接收来的平面文件，转换成接受方计算机系统中的文件。

翻译软件(translator)。从发送方来说,将平面文件翻译成 EDI 标准格式,从接受方来说,将接收到的 EDI 标准格式翻译成平面文件。

通信软件。从发送方来说,将 EDI 标准格式的文件外层加上通信信封(envelope)再送到 EDI 系统交换中心的对方的邮箱(mailbox)中,从接受方来说,由 EDI 系统交换中心,将接收到的文件取回。

②EDI 应用系统硬件环境大致有以下几种形式:

主机 EDI 系统;

客户机/服务器处理系统;

分部式处理系统和客户机/服务器+互联网处理系统;

设备有计算机、调制解调器(Modem)及电话线。

通信线路:一般最常用的是电话线路,如果在传输时效及资料传输量上有较高要求,可以考虑租用专线(leased line)。

(3)通信网络。通信网络是实现 EDI 的手段。EDI 通信方式有多种,如图 7—5 所示。

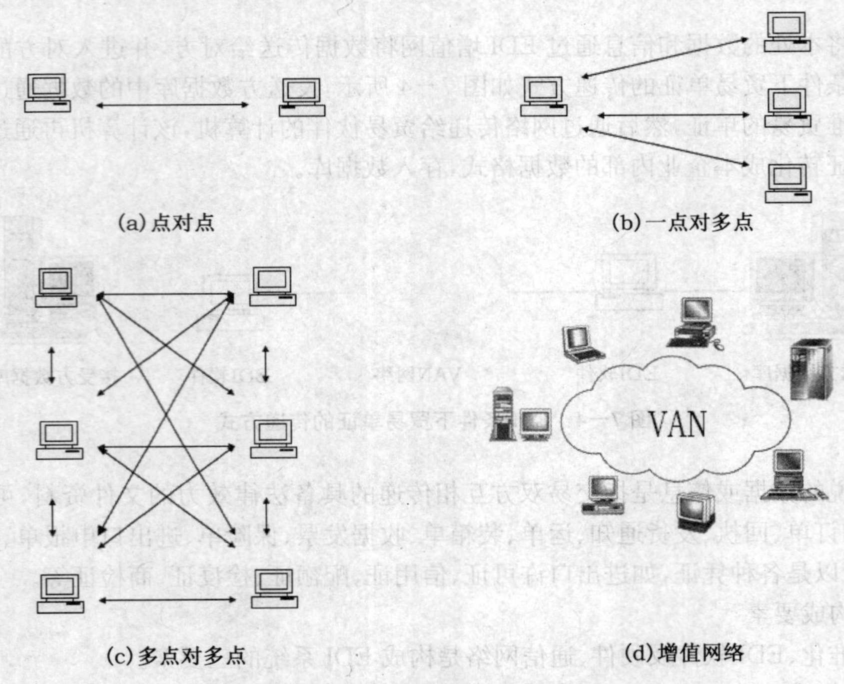


**图 7—5 EDI 通信方式有多种**

方式(a)～(c)只有在贸易伙伴数量较少的情况下使用。以这种方式通信时,双方的设备必须在联通的情况下才能进行。随着贸易伙伴数目的增多,当多家企业直接电脑通信时,会出现由于计算机设备、通信协议以及工作时间相异等问题,造成较大的困难。为了解决方式(a)～(c)中存在的问题,公司逐渐采用第三方网络与贸易伙伴进行通信,即增值网络(VAN)方式,通过 EDI 服务中心进行通信,这就是方式(d)。EDI 服务中心,为发送者与接收者维护邮箱,并提供存储转送、记忆保管、通信协议转换、格式转换、安全管制等功能。因此通过增值网络传送 EDI 文件,可以大幅度降低相互传送资料的复杂度和困难度,大大提高了 EDI 的效率。

2. EDI 的特点

(1)EDI 的使用对象是具有固定格式的业务信息和具有经常性业务联系的单位；

(2)EDI 所传送的资料是一般业务资料，如发票、订单等，而不是指一般性的通知；

(3)采用共同标准化的格式，这也是与一般 E-mail 的区别；

(4)尽量避免人工的介入操作，由收进双方的计算机系统直接传送，交换资料；

(5)EDI 与其他通信手段的比较

EDI 与传真(Fax)、电传(Telex)、电子信箱(E-mail)等通信手段的区别，主要表现有：

①EDI 传输的是标准的格式化文件，并具有格式校验功能。而传真、电传和电子信箱等传送的是自由格式的文件。

②EDI 是实现计算机到计算机的自动传输和自动处理，其对象是计算机系统。而传真、电传和电子信箱等的使用是人机交互系统，接收到的报文必须人工处理。

③EDI 对于传送的文件具有跟踪、确认、防篡改、防冒领、电子签名等一系列安全保密功能，而传真、电传没有这些功能。虽然电子信箱具有一些安全保密功能，但比 EDI 的层次低。

④EDI 文本具有法律效力，取证容易，而传真和电子信箱取证较难。

⑤传真是建立在电话上，电传是建立在电报网上，而 EDI 和电子信箱都是建立在分组数据通信网上。

⑥EDI 和电子信箱都建立在计算机通信网开放式系统互连模型(OSI)的第七层上，而且都是建立在 MHS 通信平台之上，但 EDI 比电子信箱要求的层次更高。

⑦传真目前大多为实时通信，EDI 和电子信箱都是非实时的，具有存储转发功能。因此，不需用户双方联机操作，解决了计算机网络同步处理的困难和低效率。如果利用信箱系统，也可实现传真的存储转发。

## 四、EDI 在国际贸易中的应用

EDI 既准确又迅速，可免去不必要的人工处理，节省人力和时间，同时可减少人工作业可能产生的差错，大大提高了贸易效率。由于它出口手续简便，可减少单据费用的开支，并缩短国际贸易文件的处理周期，因此给使用 EDI 的企业带来了巨大的经济利益。

## 五、EDI 在国际物流和运输中的应用

国际商会(International Chamber of Commerce，ICC)自 20 世纪 20 年代初即开始对重要的贸易术语作统一的解释，1936 年提出了一套解释贸易术语的具有国际性的统一规则，名为 INCOTERMS1936。随后国际商会为适应国际贸易实践的不断发展，先后对 INCOTERMS 作了修订和补充。1980 年的修订是为了适应运输技术，即集装箱运输和多式联合运输的发展，1990 年的修订是为了适应日益广泛使用的电子数据交换(EDI)，如 INCOTERMS1990 将原来的贸易术语 C&F(COST AND FREIGHT 成本加运费)，因为“&”符号不便于电子数据交换，而改成了 CFR。

EDI 系统可处理的物流单证包括提单、订仓确认书、多联式运单证、货物运输收据、铁路发货通知单、陆运单、空运单、联运提单、货物仓单、装货清单、集装箱装货单和到货通知等。

近年来，国际运输领域已经通过 EDI 系统用电子提单代替了传统的提单实现运输途中货物所有权的转移，这象征着一场结构性的商业革命的到来，这不仅对国际运输，对整个国际物流领域都是一场深刻变革。

电子提单是一种利用 EDI 系统对海运途中的货物所有权进行转让的程序。我们知道由于提单是货物所有权的凭证，长期以来的国际贸易实践形成了通过背书来实现货物所有权的转让，而电子提单则是利用 EDI 系统根据特定密码使用计算机进行的，因此它具有许多传统提单无法比拟的优点：

1. 所有权快速、准确地转移

EDI 是一种高度现代化的通信方式，可利用计算机操纵、监督运输活动，使所有权快速、准确地转移。在近海运输中，常常出现船货到港而提单未到的情况，电子提单的使用，使这个问题迎刃而解。

2. 可防冒领和避免误交

由于计算机科技的使用使整个过程具有高度的保密性，能大大减少提单欺诈案件的发生。一方面承运人可通过 EDI 系统监视提单内容，以防止托运人涂改，欺骗收货人与银行。另一方面，托运人、银行或收货人可以监视承运人行为，以避免船舶失踪。两方面的互相监督使双方对整个过程都心中有数；另外，只有当某收货人付款后，银行才通告货物所有权的转移。

3. EDI 普及受到的限制

从 EDI 的优点来看，它的普及应是相当迅速的，然而事实却并非如此，这是因为它的普及受到以下几个方面的限制：

(1)法律方面。由于 EDI 在商业伙伴之间的信息传递，使用的是一种新的贸易工具，电子数据本身又存在着一些与原有的旧的贸易惯例与原理不同的特点，虽然国际组织加强了对 EDI 的立法工作，INCOTERMS1990 及 UCP600 等的出台为 EDI 合法化创造了条件，但由于各国的经济状况水平不同，法律又有差异，因此普及上还有不少难度。

(2)硬件方面。EDI 的使用涉及能与增值网络服务的 EDI 中心的配套和联网等一系列技术问题，需要一些投资。

(3)软件方面。EDI 及电子提单的使用需要一批专业人才，他们既要懂得国际运输，又要懂得 EDI 的操作规程，这就需要对复合人员的培训。

(4)各国的航运体制和管理水平必须臻于先进，为 EDI 的采用开绿灯。

## 第四节　网络营销概述

### 一、网络营销的定义

网络营销是企业整体营销战略的一个组成部分，是为实现企业总体经营目标所进行的，以互联网为基本手段营造网上经营环境的各种活动。

所谓网上经营环境，是指企业内部和外部与开展网上经营活动相关的环境，包括网站本身、顾客、网络服务商、合作伙伴、供应商、销售商、相关行业的网络环境等，网络营销的开展就是与这些环境建立关系的过程。

网上经营环境的营造主要通过建立一个以营销为主要目的网站，并以此为基础，通过一些具体策略对网站进行推广，从而建立并扩大与其他网站之间以及与用户之间的关系，其主要目的是为企业提升品牌形象、增进与顾客关系、改善对顾客服务、开拓网上销售渠道并最终扩大销售。

网络营销之所以成为一种新的营销模式，是因为互联网拥有巨大的用户群。互联网网站的发展有三个主要阶段：信息发布、数据库检索和个性化互动。

第一阶段，发布型网站：现代互联网工具使得第一阶段型互联网站的开发变得容易、便宜，几乎所有的文件都可以通过转换后放到网上。

第二阶段，数据库检索型网站：第二阶段将第一阶段型的信息发布与响应用户要求的信息检索能力结合在一起。这种响应被动态地转换成网页或电子邮件方式。很多基本的电子商务采用第二阶段所具有的功能来完成，例如使用互联网购买或出售产品和服务。

第三阶段，个性化互动型网站：它需要拥有第一阶段和第二阶段型网站的全部功能，并能与一个个特定的用户建立直接的连接。第三阶段型网站最富有挑战性，正处在发展阶段。

网上营销是市场营销、技术进步和经济发展结合的新营销方式（见图7—6）。网上营销改变了通常的商业和一般的消费者的管理方式，带来了新的价值、生产率和乐趣。

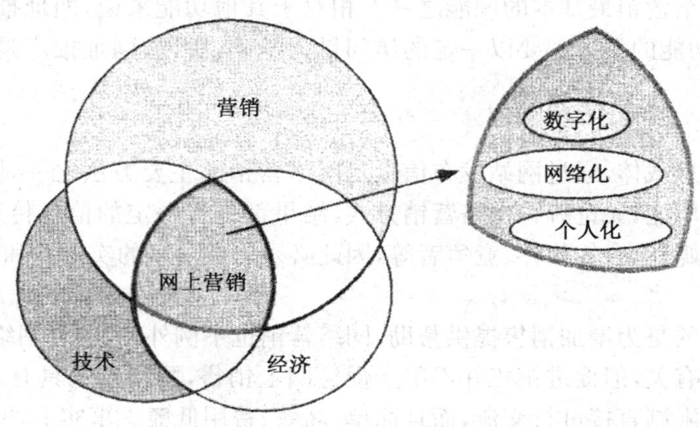


图7—6　网上营销框架

网络营销是营造网上经营环境的过程，也就是综合利用各种网络营销方法、工具、条件并协调其间的相互关系，从而更加有效地实现企业营销目的的手段。网络营销不是网上销售。网上销售是网络营销发展到一定阶段产生的结果，网络营销是为实现产品销售目的而进行的一项基本活动，但网络营销本身并不等于网上销售。这可以从三个方面来说明：(1)网络营销的效果表现在多个方面，例如提升企业品牌价值、加强与客户之间的沟通、拓展对外信息发布的渠道、改善对顾客服务等；(2)网站的推广手段通常不仅仅靠网络营销，往往还要采取许多传统的方式，如在传统媒体上做广告、召开新闻发布会、印发宣传册等；(3)网络营销的目的并不仅仅是为了促进网上销售，很多情况下，网络营销活动不一定能实现网上直接销售的目的，但是可以促进网下销售的增加，并且增加顾客的忠诚度。

网络营销和电子商务是一对紧密相关又具有明显区别的概念，网络营销本身并不是一个完整的商业交易过程，而只是促进商业交易的一种手段。网络营销是电子商务的基础，开展电子商务离不开网络营销，但网络营销并不等于电子商务。

## 二、网络营销的基本职能

产品、价格、销售渠道和促销（Product、Price、Place 和 Promotion，4P）是整个市场营销学的基本框架。而4C则颇具网络营销的特色，4C即顾客的欲望和需求（Consumer's Wants and Needs）、满足欲望和需求的成本（Cost to Satisfy Want and Needs）、方便购买（Convenience to Buy)，以及与消费者的沟通(Communication)。

在网络营销的实践中，网络品牌、网址推广、信息发布、销售促进、销售渠道、网络广告、客户服务、客户关系、网上调研和营销管理等是常用的方法。网络营销策略的制定和各种网络营销手段的实施也以发挥这些职能为目的。

1. 网络品牌

网络营销的重要任务之一就是在互联网上建立并推广企业的品牌，知名企业的网下品牌可以在网上得以延伸，一般企业则可以通过互联网快速树立品牌形象，并提升企业整体形象。网络品牌建设是以企业网站建设为基础，通过一系列推广措施，达到顾客和公众对企业的认知和认可。从一定程度上说，网络品牌的价值甚至高于通过网络获得的直接收益。

2. 网址推广

网址推广是网络营销最基本的职能之一。相对于其他功能来说，网址推广显得更为迫切和重要，网站所有功能的发挥都要以一定的访问量为基础，所以，网址推广是网络营销的核心工作。

3. 信息发布

网站是一种信息载体，通过网站发布信息是网络营销的主要方法之一，同时，信息发布也是网络营销的基本职能，无论哪种网络营销方式，结果都是将一定的信息传递给目标人群，包括顾客/潜在顾客、媒体、合作伙伴、竞争者等，因此必须保持信息的实效性和准确性。

4. 销售促进

营销的基本目的是为增加销售提供帮助，网络营销也不例外，大部分网络营销方法都与直接或间接促进销售有关，但促进销售并不限于促进网上销售，网络营销具有双向沟通的优势，可以突破双方时空限制直接进行交流，而且简单、高效、费用低廉。事实上，网络营销在很多情况下对于促进网下销售十分有价值。

5. 销售渠道

一个具备网上交易功能的企业网站本身就是一个网上交易场所，网上销售是企业销售渠道在网上的延伸，网上销售渠道建设也不限于网站本身，还包括建立在综合电子商务平台上的网上商店，以及与其他电子商务网站不同形式的合作等。

6. 网络广告

网络广告主要依赖互联网第四媒体的功能，作为新兴的产业得到迅猛发展。网络广告具有传统的报纸杂志、无线广播和电视等传统媒体发布广告无法比拟的优势，即网络广告具有交互性和直接性。

7. 客户服务

互联网提供了更加方便的在线客户服务手段，从形式最简单的FAQ(常见问题解答)，到邮件列表，以及BBS、聊天室等各种即时信息服务，客户服务质量对于网络营销效果具有重要影响。

8. 客户关系

良好的客户关系是网络营销取得成效的必要条件，通过网站的交互性、客户参与等方式在开展客户服务的同时，也增进了客户关系。

9. 网上调研

通过在线调查表或者电子邮件等方式，可以完成网上市场调研，相对传统市场调研，网上调研具有高效率、低成本的特点，因此，网上调研成为网络营销的主要职能之一。

10. 营销管理

网络营销,面临许多传统营销活动无法碰到的新问题,如网上销售的产品质量保证问题、消费者隐私保护问题以及信息安全与保护问题等。这些问题都是网络营销必须重视和进行有效控制的问题,否则网络营销效果可能适得其反,甚至会产生很大的负面效应,因此网络营销管理必须充分注意。

## 三、网上市场调查的特点

网上市场调查就是充分利用互联网的广泛性、直接性、互动性等特点,开展市场调查工作。网上市场调查具有的特点有:

1. 广泛性

互联网的广泛性决定了网上市场调查的广泛性,任何网民都可以进行投票和查看结果。网上市场调查是 24 小时全天候的调查,不受时空、地域限制。

2. 及时性

网上市场调查采用的是电子方式,投票信息经过统计分析软件初步处理后,可以马上查看到阶段性的调查结果。

3. 便捷性

实施网上调查,对网民的要求就是能上网就行。

电子调查问卷通过站点发布,由网民网上填写,然后通过统计分析软件进行信息整理和分析。网上调查在信息采集过程中不需要派出调查人员,不需要印刷调查问卷,调查过程中最繁重、最关键的信息采集和录入工作将分布到众多网上用户的终端上完成,可以无人值守并不间断地接受调查填表,信息检验和信息处理工作由计算机自动完成。

4. 交互性

互联网的最大好处是交互性。因此在网上调交过程中,被调查对象可以与调查者进行互动,就问卷相关的问题提出自己的看法和建议,可帮助问卷设计合理性。同时,被调查者还可以自由地发表自己的其他看法,有助于调查者了解和掌握更多有价值的信息。

5. 可靠性

实施网上调查,被调查者是在完全自愿的原则下参与调查,调查的针对性更强。调查问卷的填写是自愿的,不是传统调查中的“强迫式”。因此,填写者一般都对调查内容有一定兴趣,回答问题相对认真些,所以问卷填写可靠性高。同时,网上调查还可以避免传统调查中的人为错误(如访问员缺乏技巧,诱导回答问卷问题)导致调查结论的偏差,被调查者在完全独立思考的环境下接受调查,不会受到调查员及其他外在因素的误导和干预,能保证调查结果的客观性。

6. 可控性

利用互联网进行网上调查收集信息,可以有效地对采集信息的质量实施系统的检验和控制。这是因为,一来网上调查问卷可以附加全面规范的指标解释,有利于消除因对指标理解不清或调查员解释口径不一而造成的调查偏差。再则问卷的复核检验由计算机依据设定的检验条件、控制措施自动实施,可以有效地保证对调查问卷的复核检验和保持检验与控制的客观公正性。最后通过对被调查者的身份验证技术,可以有效地防止信息采集过程中的舞弊行为。

7. 局限性

由于网上市场调查限于网民,所以调查的对象的广泛性受到限制。

由于网上市场调查的特点，所以在制订市场调研计划时，要掌握网上市场调研的特点，能根据企业经营目标制定市场调研计划。

## 四、网络营销对象分析

上网者是网上调查的被调查群体。一般来说，网上调查的被调查对象可以分为三类：

1. 公司产品的消费者

他们经常通过网上购物或信息查询的方式来访问公司的站点。营销人员可以通过互联网来跟踪这类消费者，了解他们对产品的意见以及建议，建立良好的客户服务体系，提高客户的忠诚度。

2. 公司的竞争者

营销人员可以进入互联网上竞争者的站点，查询不同竞争者面向公众的所有信息，例如，年度报告、季度评估、公司决策层个人简历、产品信息、公司简讯以及公开招聘职位等。通过分析这些信息，营销人员可以准确把握其公司优势和劣势，便于及时调整营销策略。

3. 公司的合作者和行业内的中立者

如行业协会、咨询公司、审计师事务所、律师事务所等。这些公司或中立者可能会提供一些极有价值的信息和评估分析报告。

营销人员在市场调研过程中，应兼顾到这三类对象，但也必须有所侧重。特别是在市场激烈竞争的今天，对竞争者的调研显得格外重要，竞争者的一举一动都应引起营销人员的高度重视。在这些方面，互联网为营销人员提供了极大的方便。

对于 B2B 类型的网络营销，对象分析比较清晰，即为分销商、经销商和最终企业用户等。对于面向最终消费者的网络营销系统必须对顾客进行定位，进行营销对象分析。

互联网上发布的市场或行业领域研究的参考资料对网络营销对象分析是非常重要的信息资源。可以通过访问网站，阅读行业分析报告，接触供应商、客户群，同时从网上和网下收集信息。在数据分析方面，咨询公司有其优势，它可向各种调查公司购买调查报告，用于多个企业的电子商务咨询。调查公司定期发布调查报告，它们提供的有些数据是免费的，而真正具有商业价值的数据一般是不免费的。比如中国互联网信息中心（CNNIC）所发布的《中国互联网基本情况调查报告》具有广泛的影响。

调查数据的内容包括总体上网人数、网络人口地区分布（标示互联网市场趋势），所在行业互联网使用的增长（决定扩展市场机遇）；用户的平均年龄、用户性别，用户上网场所、时间分布，用户的教育、工作、收入档案（以特殊在线用户和行业为目标市场），电子商务应用趋势，域名注册清单（证明行业用户增加），互联网对其他媒介的影响；购买行为和收入，用户计算机和网络操作水平（评价互联网开发选项），浏览器、平台和连接速度（决定网页设计和导航问题）；等等。

网络营销对象是针对可能在网络虚拟市场上产生购买行为的消费者群体或者是网上网下联动提出来的，随着网络的普及，这一群体在不断膨胀。

值得注意的是，网上调查确定的调研目标一定要目标清晰明了，目标设定不宜贪大求全，应该针对性很强；否则可能分散被调查者的注意力，影响调研的效果。

制订市场调研计划时往往侧重了问卷调查法为主的方法。而实际很多调研活动中，如对于竞争对手的研究、对于营销因素的研究、对于宏观环境的研究，网上间接调查法发挥着更加重要的作用，而且网上间接调查法一般比问卷调查法的费用节省很多，对这种方法应引起足够的重视。

## 五、网上市场调研组织实施

1. 问卷设计

在线调查是一个了解顾客的很好渠道，但必须要有一个好的调查问卷设计。设计应该主题明确、简洁明了，问题便于被调查者正确理解和回答，且便于调查结果的处理，这是所有问卷设计的基本原则。

问卷设计和制作的具体步骤有：

(1)主题明确。事先做好调查主题的确认，在现有资料和信息的基础上进行细致分析，设定假设，确定汇总和分析方法。

(2)决定调查项目和提问项目。

(3)确定制作形式。确定提问形式和回答形式，设定问题方案内容的措辞用字的检查。

(4)对所有设定问题项目的提问顺序进行编排、确定。

(5)对设计的问卷初稿进行模拟回答试验，进行最终修改、确认。

网络市场调查中发放给调查对象的问卷，由问候语、问题项目单、回答栏、编码栏四个部分构成。问候语应向调查对象讲明调查的宗旨、目的和使用方法等内容，并请求调查对象予以协助。问题设计应力求简明扼要，可有可无的问题或者没有太多实际价值的问题避免出现在问卷中。一般所提问题不应超过 10 项。所提问题不应有偏见或误导，避免使用晦涩、纯商业以及幽默等容易引起人们误解或有歧义的语言，同时，不要把两种及以上的问题放在一个问题中。不要采用让人们按照提问者一开始就定下的思路(方向)回答的方法(即诱导人们回答)。问题应是能在记忆范围内回答的、尽力避免一般被认为超出回答者记忆范围的提问。提问的意思和范围必须明确，比如对时间的界定要非常明确，如三个月之内或半年之内等，不要用最近一段时间等不明确的时间段。以过滤性的提问方法来展开问题。不要一开始就把问题搞得很细，而是层层细分、展开，进行提问。避免引起人们反感或很偏的问题。必须避免提引起人们反感的问题，也不要提很偏的问题，只有回答者能够予以冷静的判断和回答的问题，才能得到有效的调查结果。问卷中的所有问题都应设计得能够得到精确答案。

2. 调查方式选择

网上市场调查常用的方法有：在线调查表单调查、E-mail 调查、网站访问者随机调查和网上数据搜索等多种方法，应根据具体的调研目标和计划，确定合适的方式。

(1)在线调查表单调查。利用企业网站设置调查问卷的形式对网站的访问者进行在线调查。这种调查的调查问卷不宜过长，并且应以简捷的选择项为主，避免使访问者失去耐心，影响调查效果。

(2)调查。以 E-mail 邮件的形式向被调查者发送调查问卷，来进行网上市场调查。由于必要的利益刺激，可使邮件反馈的获得大幅增长，但利益驱动又难免会令调查结果不真实，所以，企业和调查机构要平衡好两者的关系。

(3)网站访问者随机调查。在网站上的某些页面或以特定页面弹出窗口的方式设置简单的调查选项，请求访问者参与调查，这是一种相对具有针对特定人群的在线调查方式，调查结果比较真实有效。

(4)网上数据搜索。通过网上搜索引擎的检索，收集政府机构、行业协会、咨询公司、企业、商业组织、学术团体、新闻媒体等发布在网上现成的相关调查报告和统计信息。但是，在采用此类信息进行商业用途的时候，要考虑知识产权的问题。

3. 人员组织和调查实施

根据市场调研计划中预算、人员需求的具体要求，组织相应数量的设计员、调查员、分析员，并应召集相关人员以预备会的形式，将调研的目标、对象、方法进一步明确，以利于调研工作的实施。调查实施中应吸引尽可能多的人参与调查，参与者的数量对调查结果的可信度至关重要。在问卷设计内容中就应体现出“你的意见对我们很重要”，让被调查者感觉到，填写调查表就像帮助自己或者自己关心的人，这样往往有助于提高问卷回收率。实施中应进行大力的宣传推广，网上调查与适当的激励措施相结合会有明显的作用，必要时还应该和访问量大的网站合作以增加参与者数量，吸引尽可能多的人参与调查，提高调查结果的可信度。

同时在实施中应注意控制调研计划中的预算，根据调查目的和预算采取多种网上调查手段相结合的方法，以最小的投入取得尽可能多的有价值的信息。另外，应提醒被调查者对遗漏的项目或者明显超出正常范围的回答内容进行完善，尽量减少无效问卷。

在调查实施工作结束后，需要根据问卷设计时已确定的汇总、分析方法进行调查分析工作，这一步骤是市场调查能否发挥作用的关键。与传统调查的结果分析类似，网上调查结果分析也要尽量排除不合格的问卷，这就需要对大量回收的问卷进行综合分析和论证。

营销人员从互联网上获取了大量的信息后，必须对这些信息进行整理和分析，在面对数量巨大的信息和数据时，营销人员可以利用计算机来快速地进行分析。这种分析结果通常是真实可靠的。分析中应注意受样本分布不均衡的影响，样本分布不均衡表现在用户的年龄、职业、教育程度、用户地理分布以及不同网站的特定用户群体等方面。因此，在进行市场调研时要对网站用户结构有一定的了解，尤其在样本数量不是很大的情况下，以尽量降低样本分布不均衡的影响。在分析完信息后，营销人员要写一份图文并茂的商情分析报告，直观地反映出市场的动态，形成市场调研的结果。

## 六、网络搜索引擎和全文检索

1. 搜索引擎

搜索引擎(search engine)是指根据一定的策略、运用特定的计算机程序从互联网上收集信息，在对信息进行组织和处理后，为用户提供检索服务，将用户检索相关的信息展示给用户的系统。

互联网上的信息犹如浩瀚的大海，要在这个信息的海洋中找到所需的信息，必须借助于功能强大的网络搜索引擎。目前，常见的搜索引擎有：

http://www.yahoo.com.

http://www.sogou.com.

http://www.baidu.com.

http://www.google.com.

http://www.yisou.com.

http://www.excite.com.

搜索引擎的工作原理如下所述。

(1)抓取网页

每个独立的搜索引擎都有自己的网页抓取程序(spider)。spider顺着网页中的超链接，连续地抓取网页。被抓取的网页被称为网页快照。由于互联网中超链接的应用很普遍，理论上，从一定范围的网页出发，就能收集到绝大多数网页。

(2)处理网页

搜索引擎抓到网页后，还要做大量的预处理工作，才能提供检索服务。其中，最重要的就是提取关键词，建立索引文件。其他还包括去除重复网页、分词(中文)、判断网页类型、分析超链接、计算网页的重要度/丰富度等。

(3)提供检索服务

用户输入关键词进行检索，搜索引擎从索引数据库中找到匹配该关键词的网页；为了用户便于判断，除了网页标题和 URL 外，还会提供一段来自网页的摘要以及其他信息。

2. 全文检索

随着计算机应用的深入，以计算机存储设备为载体的电子文档已经成为文档资料的主线，如何在大量的电子文档资料中，快速、准确地找到所需的资料，是现代商务的需要。信息检索可分为两大类：一类是受控词汇的检索，即数据库的检索，这种检索必须进行对文献的著录标引等前期处理工作，所需人力和时间的投入较高；另一类就是全文检索，这是一种非受控词汇的检索，其优点是无需对文献进行著录标引等前期处理，提供按照数据资料的内容而不是外在特征来实现信息的检索。具体而言，计算机文本无需作任何数据库文件结构设计、主题标引和格式修改。全文检索系统可以检索一切存在于计算机中的文本，可实现大容量大范围全文快速检索，可实现任意字、词逻辑组合检索，可实现文本标题、日期、文件名综合检索，可实现屏幕捕捉、逐步逼近、模糊检索。它具有以下基本功能：可按字、词检索；可按日期查询；可按记录名查询；可按逻辑组合查询检索；可按中英文混合检索；可从屏幕捕捉字词查询检索等方式和途径找到所需的信息。

全文检索技术分为两大类别：一是互联网搜索引擎面向的互联网大量的杂乱无章的网页；二是企业内容检索系统要求查询结果具备高度查全率和高度查准率的全文检索技术。互联网搜索引擎和企业内容检索系统的不同点有：互联网搜索引擎系统的信息来源于文件系统的 HTML 文件，包括一些动态网页。企业内容里检索系统的信息除了是存储在文件系统的 HTML 文件外，还包括存储在各种关系数据库里的大量信息，甚至是直接存储在全文检索系统里的信息。这就要求企业内容检索系统与关系数据库有很好的接口，也要求企业内容检索系统本身能像关系数据库管理系统一样管理各种数据。

## 第五节　电子合同

### 一、电子合同概述

1. 电子合同的概念

根据《合同法》规定：合同是平等主体的自然人、法人、其他组织之间设立、变更、终止民事权利与义务关系的协议。合同也称契约，反映了双方或多方意思表示一致的法律行为。

传统的合同形式包括口头形式、书面形式和其他形式，主要是口头形式与书面形式。口头形式是指当事人采用口头或电话等直接表达的方式达成的协议。而书面形式是指当事人采用合同书、信件或数据电文(包括电报、电传、传真、电子数据交换和电子邮件)等可以有形地表现所载内容的形式达成的。

在国际贸易中，交易双方就交易条件经过磋商，不论是口头磋商还是书面磋商，当任何一方作出的发盘为另一方接受，合同即告成立。但是在国际贸易实践中，买卖双方往往还需另行签订一份正式的书面合同。

电子合同是随着电子商务的发展而发展起来的，电子商务的发展，使电子合同的法律问题越来越突出。从法律角度来看，电子商务与以纸质文件为基础的传统商业活动有一个本质的区别，就是电子商务采用数据电文进行通信，所以需要新的法律法规与之协调。

目前，我国对电子合同尚未做出明确的法律定义。根据我国《合同法》规定，合同的书面形式包括数据电文(包括电报、电传、传真、电子数据交换和电子邮件)这一形式，同时结合《联合国电子商务示范法》对数据电文的定义："'数据电文'系指经由电子手段、光学手段或类似手段生成、储存或传递的信息，这些手段包括但不限于电子数据交换(EDI)、电子邮件、电报、电传或传真。"所以无论是 EDI 和电子邮件，还是电报、电传和传真，都是以电子脉冲传递信息的，都属于电子合同的订立方式。

可以认为电子合同有广义和狭义之分。广义的电子合同指有关当事人以数据电文方式订立的合同，包括由电报、电传、传真、电子数据交换和电子邮件以及其他方式订立的合同；狭义的电子合同仅指在网络时代有关当事人利用计算机网络系统直接或间接地订立的协议。这里只讨论狭义的电子合同。

2. 电子合同的分类

合同的分类是将诸多种类按照特定的标准进行抽象性的区分。电子合同作为合同的一种，理论上可以按照传统合同的分类进行划分。

(1)以 EDI 方式订立合同

EDI 是现代计算机技术和远程通信技术融为一体的产物，是通过计算机联网，按照商定的标准采用电子手段传送和处理具有一定结构的商业数据。

EDI 合同是以 EDI 方式订立的，在此方式下，合同的内容首先由某一方输入计算机内，然后通过计算机自动转发，通过通信网络和 VAN，到达另一方或多方计算机中。以这种方式订立合同不改变合同的内容，与传统的书面合同相比，主要是载体和订立过程不同。

(2)以电子邮件方式订立合同

电子邮件(E-mail)是以网络协议为基础，从终端机输入文本、文件、图片、音频或视频等，并通过邮件服务器传送到另一终端机上的信息的集合。电子邮件是互联网上应用最广泛的通信工具之一，并以其快速、便利、成本低和可传递文件的优势，在许多方面大大超过了传统邮政的邮件投递业务。从传输区域角度看，有互联网、局域网、企业内部网传送的电子邮件。

与 EDI 方式相比，以电子邮件方式订立的合同更能直观地反映订立双方的意思表现。

然而，电子邮件在传输过程中，信息容易被拦截、修改，安全性较差。所以，在电子商务中，最好能够使用电子签名，确保电子邮件的真实。然而现实生活中有大量电子邮件无电子签名，所以，法律应当依照当事人的约定对电子邮件的效力进行判定。如果双方在交易过程中均认可使用没有电子签名的电子邮件，或是认为没有电子签名的电子邮件符合双方的约定，则认为双方的意思表示有效。

(3)以格式条款方式订立合同

电子格式条款也是很常见的一种形式，主要用于电子商务企业与消费者之间的消费合同。我国《合同法》第 39 条规定："格式条款是当事人为了重复使用而预先拟定，并在订立合同时未与对方协商的条款。"格式条款最大的特点就是非协议性，即另一方对合同要么接受，要么拒绝。为此，各国法律都对格式条款的效力加以限制。在电子交易中，由于当事人无法见面，所以许多电子商务公司都采用格式条款的电子合同，这固然避免了很多不安全因素，然而也带来了一些问题。

我国《合同法》对格式条款的定义和基本原则都有相应规定，主要有以下三点：

“提供格式条款的一方应当遵循公平原则确定当事人之间的权利和义务，并采取合理的方式提请对方注意免除或者限制其责任的条款，按照对方的要求，对该条款予以说明。”(《合同法》第 39 条)。

提供格式条款的通常是电子商务公司，另一方是普通用户。普通用户往往处于弱势地位，并对相关知识不够了解。所以法律要求提供格式条款的一方公平对待普通用户，不可迫使其接受不平等契约。同时，由于电子商务交易涉及复杂的技术问题，所以在任何一个环节都有可能出现故障。根据《合同法》规定，免除或限制责任条款的提出必须合理，也就是要符合《合同法》的基本原则。

“提供格式条款一方免除其责任、加重对方责任、排除对方主要权利的，该条款无效。”(《合同法》第 40 条)

提供电子邮件或网页格式合同服务的 ISP、ICP 具有明显的优势，容易利用优势在合同中加重用户责任、排除用户主要权利。《合同法》禁止了这种侵犯用户权利的行为，这种格式条款在法律上无效。

“对格式条款的理解发生争议的，应当按照通常理解予以解释。对格式条款有两种以上解释的，应当做出不利于提供格式条款一方的解释。格式条款和非格式条款不一致的，应当采用非格式条款。”(《合同法》第 41 条)

采用格式条款的电子合同发生争议后，对其如何解释是维护双方当事人合法权益的关键。在实际中，一些网站在合同中规定合同解释权属于网站，这是违反《合同法》的。所以应当按照《合同法》中的规定进行解释。

3. 电子合同的特征

电子合同与传统书面合同有如下区别。

(1)传统书面合同对于大宗交易一般要求采用书面形式；而电子合同订立双方或多方在网络上运作，一般不形成书面形式，可以互不见面。合同内容等信息记录在计算机或磁盘中介载体中，其修改、流转、储存等过程均在计算机内进行。从而合同订立双方的身份和性质不易确定。

(2)传统合同一般采用签字或者盖章表示合同生效，而电子合同采用数字签名(即电子签名)表示合同生效。对于采用数据电文形式订立的合同，我国《合同法》规定，承诺生效时合同成立。收件人指定特定系统接收数据电文的，数据电文进入特定系统的时间，视为承诺生效的时间；未指定特定系统的，数据电文进入收件人的任何系统的首次时间，视为承诺生效。

(3)传统合同的生效地点一般为合同成立的地点，而采用数据电文形式订立的合同，收件人的主营业地为合同成立的地点；没有主营业地的，其经常居住地为合同成立的地点。

(4)电子合同所依赖的电子数据具有易消失性和易改动性。电子数据以计算机储存为条件，是无形物，一旦操作不当可能抹掉所有数据。传统的书面合同只是受到当事人保护程度和自然侵蚀的限制，而电子数据不仅可能受到物理灾难的威胁，还有可能受到计算机病毒等计算机特有的无形灾难的攻击。传统的书面合同是纸质的，如有改动，容易留下痕迹，而电子数据是以键盘输入的，用磁性介质保存的，改动、伪造后不易留痕迹。

## 二、电子合同的成立与生效

1. 电子合同成立与生效概述

电子合同的成立只是意味着当事人之间已经就合同主要条款达成意思表示一致，但合同能否产生法律效力，是否受法律保护还需要看合同是否符合法律的要求，即合同是否符合法定的生效要件。电子合同的成立并不等于电子合同的生效，电子合同的生效，是指已经成立的合同符合法律规定的生效要件。

虽然我国的《合同法》没有对合同的生效做出具体的规定，但是电子合同作为合同的一种，是一种典型的民事法律关系。我国的《民法通则》规定："民事法律行为应当具备以下几个要件：(1)行为人具有相应的行为能力。(2)意思表示真实。(3)不违反法律或社会公共利益。"

这些条件是合同生效的一般要件，有的电子合同还需具备特殊要件，也称形式要件。

这种合同包括两种情况：一是当事人根据《合同法》第 45、46 条的规定所订立的合同，所附条件成就时或所附生效期限来到时，合同才能生效；二是《合同法》第 44 条第 2 款规定，即法律、行政法规规定应当办理批准、登记等手续生效的，在办理了批准、登记等手续时，合同才能生效。

2. 电子合同的要约与承诺

合同一般是由要约和承诺构成。提出订立合同的一方为要约人，要约就是提出订立合同的意思表示；接受要约的一方为受要约人。承诺是指受要约人同意要约的全部条件以缔结合同的意思表示。根据我国《合同法》规定，合同生效要件之一是双方意思表示一致、真实。合同依法成立的条件之一是双方经过要约和承诺的意思表示，并达成一致。所以电子合同依法成立也要求有当事人双方对要约和承诺的意思表示。

(1)电子合同的要约与要约邀请

根据我国《合同法》第十四条规定："要约是希望和他人订立合同的意思表示，该意思表示应当符合下列规定：(一)内容具体确定；(二)表明经受要约人承诺，要约人接受该意思表示约束。"

《合同法》第 15 条规定："要约邀请是希望他人向自己发出要约的意思表示。"在规定了要约邀请的定义之后，举出了要约邀请的常见形式，有寄送的价目表、拍卖公告、招标公告、招股说明书、商业广告等。随后指出，只有当商业广告的内容符合要约规定的，才能视为要约。

要约可以撤回或撤销，撤回要约的通知应当在要约到达受要约人之前到达，或者与要约同时到达受要约人。撤销要约的通知应当在受要约人发出承诺通知之前到达受要约人。

电子合同的要约与要约邀请也符合上述规定。

(2)电子合同的承诺

承诺就是受要约人同意要约的意思表示。在承诺通知到达要约人时生效，承诺生效时合同成立。

承诺应当具备以下条件。

①承诺由受要约人作出。

②承诺应当在合理期限内做出，若要约规定了承诺期限，则应在规定期限内做出；若未规定期限，则应在合理期限内作出。

我国《合同法》第 28 条规定："受要约人超过承诺期限发出承诺的，除要约人及时通知受要约人该承诺有效的以外，为新要约。"

第 29 条规定:“受要约人在承诺期限内发出承诺,按照通常情形应能够及时到达要约人。但因其他原因承诺到达要约人时超过承诺期限的,除要约人及时通知受要约人因承诺超过期限不接受该承诺的以外,该承诺有效。”

我国《合同法》第 30 条规定:“承诺的内容应当与要约的内容一致。受要约人对要约的内容做出实质性变更的,为新要约。有关合同标的、数量、质量、价款或者报酬、履行期限、履行地点和方式、违约责任和解决争议方法等的变更,是对要约内容的实质性变更。”

第 31 条规定:“承诺对要约的内容做出非实质性变更的,除要约人及时表示反对或者要约表明承诺不得对要约的内容做出任何变更的以外,该承诺有效,合同的内容以承诺的内容为准。”

承诺应符合要约规定的方式。若要约人规定了承诺形式,则应符合该形式;若没有规定,则应以合理方式承诺。

电子合同也符合上述规定,由于电子交易是基于虚拟的网络进行的,所以确认承诺的生效就成为判断电子合同成立的重要问题。

3. 电子合同成立时间与地点

在合同法中,确定合同成立的时间与地点具有重要的意义。我国《合同法》第 44 条规定:“依法成立的合同,自成立时生效。”所以,合同的成立时间也就确定了合同当事人开始履行合同义务的时间。而合同的成立地点在管辖的确定等问题上有重要参考价值。

关于数据电文形式的承诺的生效时间,我国《合同法》第 26 条规定:“承诺通知到达要约人时生效。承诺不需要通知的,根据交易习惯或者要约的要求做出承诺的行为时生效。采用数据电文形式订立合同的,承诺到达的时间适用本法第 16 条第 2 款的规定。”第 16 条第 2 款规定:“采用数据电文形式订立合同,收件人指定特定系统接收数据电文的,该数据电文进入该特定系统的时间,视为到达时间;未指定特定系统的,该数据电文进入收件人的任何系统的首次时间,视为到达时间。”

对于数据电文的发出与收到地点,联合国《电子商务示范法》第 15 条第 4 款规定:“除非发端人与收件人另有协议,数据电文应以发端人设有营业地的地点视为其发出地点,而以收件人设有营业地的地点视为其收到地点。就本法的目的而言:a. 如发端人或收件人有一个以上的营业地,应以对基础交易具有最密切联系为准;如无任何基础交易,则以其主要的营业地为准;b. 如发端人或收件人没有营业地,则以其惯常居住地为准。”根据我国实际情况并参考《电子商务示范法》,我国《合同法》第 34 条规定:“承诺生效的地点为合同成立的地点。采用数据电文形式订立合同的,收件人的主营业地为合同成立的地点;没有主营业地的,其经常居住地为合同成立的地点。当事人另有约定的,按照其约定。”

4. 电子签名与电子认证

在传统合同中,手写签名或加盖公章的行为有两种功能:一是表明合同各方的身份;二是表明受合法约束的意愿。我国《合同法》第 32 条规定:“当事人采用合同书形式订立合同的,自双方当事人签字或者盖章时合同成立。”但在电子商务中,传统的签名方式很难应用于这种电子交易方式。因此,人们开始采用电子签名机制来相互证明身份。

电子签名由符号及代码组成,也具有表明合同各方的身份及各方受合法约束的意思的功能。《电子签名法》第 2 条对电子签名定义为:是指数据电文中以电子形式所含、所附用于识别签名人身份并表明签名人认可其中内容的数据。该法也对数据电文有所定义;数据电文是指以电子、光学、磁或者类似手段生成、发送、接收或者储存的信息。

我国《电子签名法》第 13 条规定:“电子签名同时符合下列条件的,视为可靠的电子签名:(一)电子签名制作数据用于电子签名时,属于电子签名人专有;(二)签署时电子签名制作数据仅由电子签名人控制;(三)签署后对电子签名的任何改动能够被发现;(四)签署后对数据电文内容和形式的任何改动能够被发现。当事人也可以选择使用符合其约定的可靠条件的电子签名。”第 14 条规定:“可靠的电子签名与手写签名或者盖章具有同等的法律效力。”

## 第六节 跨境贸易电子商务服务

2012 年,我国外贸进出口总值 3.87 万亿美元,同比增长 6.3%。海关监管的邮快件总量 3.5亿件,同比增长 23.4%。2013 年 1~4 月,全国外贸进出口总额 1.33 万亿美元,同比增长 14%。海关监管的邮快件总量 1.27 亿件,同比增长 25.7%(据艾瑞咨询统计,2012 年我国跨境电子商务交易额近 2 万亿元人民币,增幅超过 25%)

### 一、海关监管方式

从海关监管的角度来看,通关方式有两种:(1)一般贸易方式通关。由于海关采取分类通关、无纸化通关等便利措施,各项政策完善,通关效率比较高。(2)快件或邮件方式通关。通过 B2C 模式成交的商品大多通过快件或邮件方式通关。按照现行的管理模式,快件和邮件主要是针对个人物品,按照非贸易性质管理。跨境电子商务的发展,突破了传统非贸易物品的范畴,需要相关监管部门研究相配套的政策措施。

### 二、面临的问题

1. 出口方面。B2C 模式通过快件、邮件方式销往国外个人的出口商品,存在结汇、出口退税的困难。

2. 进口方面。国内居民对于跨境网购涉及国计民生的热点商品或高档消费品的需求强烈,需要相关管理部门研究建立配套的管理制度,为国内居民提供便捷、高效的渠道。

### 三、试点总体情况

从 2012 年开始,国家发改委组织开展国家电子商务示范城市电子商务专项试点。其中,海关总署牵头跨境贸易电子商务服务试点。按照国家发改委总体工作部署,海关总署研究制定了试点工作计划,分为实施方案编制审批、平台建设、试运行、初验、终验 5 个阶段,争取用 1~2年左右的时间完成试点工作。

### 四、试点进展情况

2012 年 5 月,经过专家评审,海关总署推荐了上海、重庆、杭州、宁波、郑州 5 个城市开展试点。

2012 年 8 月,国家发改委正式批复了海关总署推荐的试点项目。

2012 年 12 月,海关总署在郑州召开了跨境贸易电子商务服务试点工作启动部署会,标志着试点工作的全面启动。

2013 年以来,各试点城市编制试点实施方案,海关总署组织方案评审。

### 五、试点主要内容

按照国家发改委关于组织开展专项试点的文件要求，针对以快件或邮件方式通关的跨境贸易电子商务存在难以快速通关、规范结汇及退税等问题，由海关总署组织有关示范城市开展跨境贸易电子商务服务试点工作。研究跨境电子商务相关基础信息标准规范、管理制度，提高通关管理和服务水平。

试点工作主要从两个方面进行创新：一是政策业务创新，探索适应跨境电子商务发展的管理制度。二是信息化手段创新，依托电子口岸协调机制和平台建设优势，实现口岸相关部门与电商、支付、物流等企业的业务协同及数据共享，解决跨境电子商务存在的问题。

1. 政策业务创新

(1)出口方面。为解决中小微企业不能结汇、退税问题，拟采用“清单核放、定期申报”模式，通过电子订单、电子支付凭证、电子运单与报关清单的自动比对，实现分类通关、快速验放，并定期汇总清单数据形成一般贸易报关单，通过与国税、外汇部门的电子数据联网，为企业办理退税、结汇，扶持中小微电商企业的发展。

(2)进口方面。一是建立阳光跨境直购渠道，打造一批明码标注商品价格、税款及运费的电子商务平台，为国内购买者提供放心、优质的网购环境，做到税费应收尽收，监管快捷便利。二是充分发挥海关保税区域监管优势，允许电商企业将涉及国计民生、受国内消费者欢迎的消费品事先批量进入保税区域存放，境内消费者网上购买后再逐批分拨配送，节省国际邮件运输成本，加快购物交付时间。

2. 信息化手段创新

建立与电子商务相适应的网络化管理模式；通过企业备案和商品备案认证企业资质，对商品范围进行限定，控制监管风险；通过电商、物流、支付企业与海关、国税、外汇等口岸管理部门的系统对接，实现信息及时共享，监管前推后移；通过无纸化申报和随附单据电子化，对交易、支付、物流和申报数据的交叉核对，降低企业通关成本，提升监管效率和严密性。

## 第七节 跨境电子商务零售出口

随着电子信息技术和经济全球化的深入发展，电子商务在国际贸易中的地位和重要作用日益凸显，已经成为我国对外贸易的发展趋势。

发展跨境电子商务对于扩大国际市场份额、拓展外贸营销网络、转变外贸发展方式具有重要而深远的意义。

### 一、电子商务出口经营主体

电子商务出口经营主体(以下简称“经营主体”)分为三类：一是自建跨境电子商务销售平台的电子商务出口企业；二是利用第三方跨境电子商务平台开展电子商务出口的企业；三是为电子商务出口企业提供交易服务的跨境电子商务第三方平台。经营主体要按照现行规定办理注册、备案登记手续。在政策未实施地区注册的电子商务企业可在政策实施地区被确认为经营主体。

### 二、建立电子商务出口新型海关监管模式并进行专项统计

海关对经营主体的出口商品进行集中监管，并采取清单核放、汇总申报的方式办理通关手

续，降低报关费用。经营主体可在网上提交相关电子文件，并在货物实际出境后，按照外汇和税务部门要求，向海关申请签发报关单证明联。将电子商务出口纳入海关统计。

### 三、电子商务出口检验监管模式

对电子商务出口企业及其产品进行检验检疫备案或准入管理，利用第三方检验鉴定机构进行产品质量安全的合格评定。实行全申报制度，以检疫监管为主，一般工业制成品不再实行法检。实施集中申报、集中办理相关检验检疫手续的便利措施。

### 四、电子商务出口企业正常收结汇

允许经营主体申请设立外汇账户，凭海关报关信息办理货物出口收结汇业务。加强对银行和经营主体通过跨境电子商务收结汇的监管。

### 五、银行机构和支付机构为跨境电子商务提供支付服务

支付机构办理电子商务外汇资金或人民币资金跨境支付业务，应分别向国家外汇管理局和中国人民银行申请并按照支付机构有关管理政策执行。完善跨境电子支付、清算、结算服务体系，切实加强对银行机构和支付机构跨境支付业务的监管力度。

### 六、实施适应电子商务出口的税收政策

对符合条件的电子商务出口货物实行增值税和消费税免税或退税政策，具体办法由财政部和税务总局等有关部门另行制订。

### 七、建立电子商务出口信用体系

严肃查处商业欺诈，打击侵犯知识产权和销售假冒伪劣产品等行为，不断完善电子商务出口信用体系建设。

## 第八节　国际贸易便利化与标准化

在经济全球化过程中，国际贸易快速发展。随着国际贸易在全球范围内的不断扩展，人们逐步认识到由于国际贸易实现的链条很长，从订货、运输、通关到结算等要通过多个环节，而每一个环节的效率成了发达国家和发展中国家共同关注的重要问题。有效地处理和解决这些问题已成为国际贸易发展的大趋势。2012 年 6 月 18 日，胡锦涛主席在洛斯卡沃斯“二十国集团”领导人第七次峰会上的讲话中指出：“我们应该坚定推进贸易自由化、便利化，恪守历次峰会承诺，反对各种形式的保护主义，继续授权世界贸易组织、联合国贸发会议等国际机构加强对贸易和投资限制措施的监督。”这表明，在我国党和国家领导人的层面上，已经高瞻远瞩地指明了这项工作的重要性。

国际贸易便利化旨在为国际贸易活动创造一种协调、透明和可预见的环境。它以国际公认的标准、规章和惯例为基础，通过标准化的手段，实施对各种手续和程序的简化，以促进基础设施和设备的有效运行，提高国际贸易效率。

WTO 的数据表明，目前阻碍世界贸易发展的最大障碍是非关税壁垒。非关税壁垒中最主要的是技术壁垒，而技术壁垒通常以标准的形式出现。国际贸易涉及许多复杂的程序和机

构，以及语言、货币、时差、空间差异、贸易惯例的冲突和影响等，同时还涉及各种各样的合同、订单、商业票据、生产许可证、装箱单、海关申报单等400余份国际贸易单证。有些国家为了达到自身的目的，就常常利用这些作为贸易技术壁垒。单证标准化方面的壁垒位列国际贸易技术壁垒之首。

根据WTO的统计与测算，贸易单证的费用平均占贸易费用的8%左右。如果实现贸易单证标准化将会节省50%的单证费用，同时还能挽回对外贸易中由于不符合国际标准（惯例）造成的各种损失。ISO主席默尔曼在第28届世界标准日的祝词为："世界贸易需要国际标准"。实践已证明，推广和实施全球统一的标准来促进和提高国际贸易便利化，不仅能降低国际商贸合同的复杂性，而且能减少各方的交易成本，改善贸易环境。

经济全球化是外贸依存度上升的重要原因。经济全球化和国际产业转移加速带来的贸易转移，使得外贸依存度在全球范围内都处于迅速提高阶段，1980～2008年，世界平均外贸依存度由34.87%提高到53.3%。从国际比较看，经济规模、发展阶段和经济政策等不同经济背景决定了世界各国外贸依存度水平。2008年，德国、韩国外贸依存度分别高达73%和92%，新加坡等贸易立国的国家则超过了300%。同期，我国外贸依存度也从12.5%提高到59.2%，与国际发展趋势基本一致。据统计，我国目前有近80万家企业参与国际贸易。但是，由于许多出口企业对国际贸易标准缺乏了解，在实际贸易进程中，由于单证、标签等不符合国际标准造成的滞关、压仓、退货、货物损毁等事件，对我国出口贸易每年造成的损失高达上千亿美元，这些损失在国际上首屈一指。据专家估算，我国国际贸易单证的成本也是发达国家的2倍以上。

## 一、国际标准和贸易便利化措施

联合国贸易便利化与电子业务中心（UN/CEFACT）是一个专门从事研究、制定、发布和推广国际贸易便利化与标准化的机构，其目的就是制定全球统一的标准来消除国际贸易中的技术壁垒，提高效率。UN/CEFACT从20世纪80年代开始研究和制定了一系列国际贸易单证国际标准和贸易便利化措施。到目前为止，UN/CEFACT共发布了33个建议书、7套标准和5套技术规范，形成了一套全球统一的贸易便利化措施和单证标准，为世界各国从事国际贸易铺设了一条"高速公路"。

UN/CEFACT发布的33个建议书，从1981年UN/CEFACT发布第1号建议书"联合国贸易单证样式"（United Nations Layout Key for Trade Documents）到2010年发布第35号建议书"建立国际贸易单一窗口的法律框架"（Establishing a legal framework for international trade Single Window）等，如表7－3所示。

**表7－3　UN/CEFACT发布的33个建议书一览**

| 序号 | 英文名称 | 中文名称 |
|---|---|---|
| 1 | United Nations Layout Key For Trade Documents | 联合国贸易单证样式 |
| 2 | Location Of Codes In Trade Documents | 贸易单证中代码的位置 |
| 3 | Iso Country Code For Representation Of Names Of Countries | 国家名称的代码表示 |
| 4 | National Trade Facilitation Bodies | 全国性贸易便利化机构 |
| 5 | Abbreviations Of Incoterms | 国际贸易术语字母代码 |
| 6 | Aligned Invoice Layout Key For International Trade | 国际贸易商业发票样式 |
| 7 | Numerical Representation Of Dates, Time, And Periods Of Time | 日期、时间和时间期限数字表示 |

续表

| 序号 | 英文名称 | 中文名称 |
| --- | --- | --- |
| 8 | Unique Identification Code Methodology(UNIC) | 唯一标识编码方法(UNIC) |
| 9 | Alphabetical Code For The Representation Of Currencies | 表示货币的字母代码 |
| 10 | Codes For Ship's Names | 船舶名称代码 |
| 11 | Documentary Aspects Of The International Transport Of Dangerous Goods | 国际危险品运输文件 |
| 12 | Measures To Facilitate Maritime Transport Documents Procedures | 海运单证简化程序措施 |
| 13 | Facilitation Of Identified Legal Problems In Import Clearance Procedures | 在进口清关程序中确定法律问题的简化措施 |
| 14 | Authentication Of Trade Documents By Means Other Than Signature | 用非签署方式对贸易单证认证 |
| 15 | Simpler Shipping Marks | 简化运输标志 |
| 16 | Un/Locode-Code For Ports And Other Locations | 口岸及相关地点代码 |
| 17 | Payterms-Abbreviations For Terms Of Payment | 付款条款缩写 |
| 18 | Facilitation Measures Related To International Trade Procedures | 有关国际贸易便利化措施 |
| 19 | Code For Modes Of Transport | 运输方式代码 |
| 20 | Codes For Units Of Measure Used In International Trade | 国际贸易计量单位代码 |
| 21 | Codes For Types Of Cargo, Packages And Packaging Materials | 货物、包装以及包装类型代码 |
| 22 | Layout Key For Standard Consignment Instructions | 标准托运指示单证样式 |
| 23 | Freight Cost Code-FCC | 运费代码 |
| 24 | Harmonization Of Transport Status Codes | 贸易和运输状态代码 |
| 25 | Use Of The Un Electronic Data Interchange For Administration, Commerce And Transport | 行政、商业和运输业电子数据交换 |
| 26 | Commercial Use Of Interchange Agreements For Electronic Data Interchange | 电子数据交换用商用交换协议 |
| 27 | Recommendation On Preshipment Inspection | 装运前检验 |
| 28 | Codes for types of means of transport | 运输工具类型代码 |
| 31 | Electronic Commerce Agreement | 电子商务协议 |
| 32 | E-Commerce Self-Regulatory Instruments | 电子商务自律办法 |
| 33 | Establishing A Single Window | 建立国际贸易单一窗口 |
| 34 | Data Simplification And Standardization For International Trade | 国际贸易数据简化与标准化 |
| 35 | Establishing A Legal Framework For International Trade Single Window | 建立国际贸易单一窗口的法律框架 |

UN/CEFACT 第 33 号建议书通过向政府和贸易商提出建立"单一窗口"的建议旨在提高市场和政府间的信息交换效率。

## 二、现行单一窗口示例

1. 毛里求斯

毛里求斯的单一窗口可以向海关提交申报单，通过 TradeNet 以电子方式对其进行处理和回复，TradeNet 是由毛里求斯网络服务有限公司(Mauritius Network Service Ltd.)与新加坡网络服务公司(Singapore Network Service Ltd.，现以"深红逻辑"Crimson Logic 的名义经营)合作开发的。这是一个基于 EDI 网络应用的系统，可以在涉及进出口货物流通的各个不同当事方之间进行单证的电子传输，这些当事方就是海关、货运代理、航运代理、报关代理、货物装卸公司、商务部、自由港经营人以及进出口商。银行也将在未来与 TradeNet 连接，使关税及税费可以通过毛里求斯银行的毛里求斯自动清算系统(WACSS)进行电子支付。

TradeNet 还为海关提供了启动核心计算机化项目的机会,通过推行海关管理系统(CMS),将其与海关申报中的处理、到达和清关相连接。

为确保从传统模式顺利和渐进的转变,以及更加顺畅地接受海关新的操作方式,TradeNet 系统是分阶段进行实施的。第一阶段始于 1994 年 7 月,针对无需海关查验即可放货的海关电子化核准程序。之后在 1995 年 1 月引进了第二期,航运代理可以电子化方式向海关提交海运载货清单。在 1997 年第三期实施中,引进的功能迎合了电子申报和进口单据处理的需要。2001 年 7 月,又在第四期和第五期增加了包括从港区向货运代理站点转运集装箱以及监管机构相应进行进出口核批的补充功能。估计 TradeNet 无争议申报的货物平均清关时间从大约 4 小时缩短到 15 分钟左右,节省的费用估计在 GDP 的 1%左右。

TradeNet 是一家合伙公司,合作方为毛里求斯政府机构、毛里求斯工商会议以及在新加坡经营其 TradeNet 自有版本的合伙公司——深红逻辑。所有服务均以按用量支付为基础进行计费,外加每家用户的初次登记和安装费用。最重要的是该项目自给自足并形成足够的资源,更进一步地在国内电子政府(e-Government)领域继续投入。针对其内部需求,加纳也已购买并采纳了毛里求斯的 TradeNet 系统。

2. 瑞典

瑞典的单一窗口系统被称为“虚拟海关(VCO)”,可进行电子报关及进出口许可证和战略物资许可证的申请。系统可以集成到贸易商业务系统中,并可自动对汇率、税则编码和税率的变动进行更新。该单一系统还包含所有贸易法规并向贸易商提供,法规均通过互联网和/或 SMS-Service 对变动进行自动更新。VCO 还可提供交互式培训课程并能定制和创建个性化虚拟海关,纳入贸易商按各自需要与希望所对应使用和查找的各项信息及流程。

通过互联网和 EDIFACT 都可以处理进出口申报。所有服务都集中在 VCO 的一个单独网页,现有 150 多项电子服务可用。VCO 上的资料和程序支持 10 种不同语言。

系统目前涉及瑞典海关(主导机构)、瑞典国家农业管理局、国家贸易署、全国战略物资及警察监察署、国家税务管理局和瑞典统计局。

客户使用电子报关会在 90 秒内收到答复。如果手续办理时间比较长,贸易商就会选择通过 SMS 和电子邮件接收关于事项进展频繁更新的资料。来自贸易商的反馈显示,有 80%的人认为虚拟海关节约时间,54%的人认为省钱,72%的人感受到增加了灵活性,而 65%的人认为服务质量和速度均有提升。

与此同时,海关亦可削减成本、提高内部程序的效率并将资源向核心业务转移配置。

持续开发单一窗口系统是瑞典政府政策透明及其同企业和公民相互作用的一个自然而然的结果。海关与其他政府参与机构一起,以内部和外部(企业)各方需求为基础进行了系统的开发。系统全部由政府出资,所有服务均免费。

3. 荷兰

阿姆斯特丹斯希波尔机场的单一窗口可以使航空公司以电子化方式向海关提交载货清单。业内当事方向海关 VIPPROG 系统提供资料,该系统由海关开发。VIPPROG 是一个基于 EDI 的网络应用系统,可以传输货运报文,这是由 IATA 制订的标准报文,适用于 IATA 的 SITA 系统。当航空公司被机场自有的共享系统 Cargonaut 批准向海关提供信息时,来自 SITA 的信息就会通过 Cargonaut 进行传输。由海关为 Cargonaut 支付公共使用和维护费。

单一窗口基于与其他行政机构的合作,结果在 1994 年建立了货物清关点(Carge

Clearance Point,CCP)。CCP 的建立为的是改进各个行政机构对货物的监管作业。这个 CCP 的基础是海关及 10 家其他行政机构与业内当事方之间所订立的协议。其他行政机构包括移民局,卫生监察署,运输、市政及水务管理监察总署各部门,卫生保护及兽医公共卫生监察署,国家家畜和肉类检测局,以及植物保护署。CCP 由海关进行管理。

为使其他行政机构获取所需相关信息以履行各自职能,这些机构在海关对信息进行分析的基础上向海关提供风险预测,并以电子或书面方式将其向其他机构传递。如果其他机构要对货物进行核查,就会以回复的方式通知海关。如果有一个以上的机构(包括海关)要进行货物核查,CCP 将就这一核查对所有相关机构加以协调。其目的在于防止多重核查对物流过程不必要的干扰。

荷兰海关的业务范围不仅限于征收关税,还涉及对进出口和转口货物的监管,监管机制包括针对特定货物的禁止、限制或控制措施,如针对药物、武器、废弃产品、文物和濒危物种。在法律上,这些领域主要由其他各部负责。在 1996 年与其他各部或执法机构的谅解备忘录中,纳入了由海关代表其他执法机关履行监管的规定。

贸易商大力支持这种合作方式。贸易商的效益是指在空运物流中延误的减少、在提交综合申报单和其他单证方面人力成本的降低。经过数年,已经在海关和贸易商之间形成了在自愿基础上于到达前递交资料的惯例,这也进一步加快了货物的清关。单一窗口给海关带来的好处就是在到达前就对空运进入的货物有一个相当全面的了解。

荷兰海关在 2004 年引进新的系统,名为"sagitta binnenbrengen(进口数据自动收集和处理系统)",可以在到达前就向海关提交综合申报单。资料可以经由机场当局提交,也可直接提交。系统与海关的其他系统也有接口,而这就使提交报关单成为可能。

4. 美国

国际贸易数据系统(ITDS)最初的概念出自一个特别工作组——远期自动商务环境工作组(FACET)。FACET 的任务是检查政府的国际贸易处理程序并对未来海关自动化提出建议。在 FACET 的关键建议中,比较突出的是对进口和出口手续使用同样的数据并对国际贸易程序的政府监督进行集中统一。FACET 报告导致副总统指示美国财政部设立 ITDS 项目办公室。项目办公室由一个跨机构的委员会领导并配备有来自海关(GBP)、参与的政府机构(PGAs)、政府监督机构的代表以及承包商(咨询顾问)方面的人员。ITDS 进行了广泛磋商,远远超出 PGA 贸易的行业范围。

项目办公室的首要目标之一是调查 PGA 的业务流程和信息需求。这是通过调查和问卷完成的。项目办公室对不同机构所要求的全部表格都进行了审核,汇编出一份贸易机构收集数据元的清单。这份清单显示出贸易机构收集的冗余和重复数据,涉及由将近3 000个数据项构成的300 多张表格。这些信息的冗余超过 90%。经过一个分析和协调的过程,ITDS 制订了一个由不到 200 个数据元组成的标准数据集(SDS)。对最初3 000个数据项而言,差别十分明显。

此外还对国际贸易和技术的新兴趋势进行了研究。商业的全球化、贸易中出现的商务标准化、能够通过互联网进行快速的信息交换,都是需要加以考虑的因素。

根据北美自由贸易法(NAFTA),实施了被称为北美贸易自动化原型(NATAP)的 ITDS 概念验证系统。NATAP 是与加拿大和墨西哥共同努力的结果。即使范围有限,NATAP 还是表明能够达到 ITDS 一套标准数据集用于多家机构办理进口、出口和转口手续的目标。对作为通信技术的互联网应用也进行了演示。除了 NATAP,美国海关(GBP)也与联合王国一起实施了国际贸易原型(ITP)系统。因为这两个原型都有多国参与,所以都表现出为实现更进一步的便利化和功效所需的国际协调和标准化。

经过向贸易团体和参与机构进行广泛咨询之后，ITDS项目办公室发布了一份ITDS设计报告。这份初步的设计报告包括业务概念、成本效益分析、配置管理、数据模型、处理程序、工作流、标准、基础技术架构和参考模型，以及用户操作需求。

ITDS当前的工作是开发新的海关自动处理系统，称为自动化商务作业平台(ACE)。

有一种观点认为ACE与ITDS正在竞争。在因此而出现的延误期间，解决了在ACE和ITDS开发之间的所说的冲突。ITDS是ACE的一个组成部分。正在对初期ITD设计报告的功能组件进行的更新就反映出这些变动。

相关链接

### "巴厘一揽子协议"

在经过比原定时间超出12个小时的讨论后，世贸组织众成员最终于2013年12月7日早晨在巴厘岛部长级会议上达成共识。会议发表了《巴厘部长宣言》，达成"巴厘一揽子协议"。这是多哈回合全球贸易谈判12年来的首份全球协定。

"巴厘一揽子协议"也被称为多哈回合谈判的"早期收获"，主要涉及贸易便利化、农业、发展等领域。该协定包括10份文件，内容涵盖了简化海关及口岸通关程序，允许发展中国家在粮食安全问题上具有更多选择权，协助最不发达国家发展贸易等内容。

在该一揽子协定中，最关键的部分是贸易便利化的相关条款。这是世贸组织成立以来首次谈判的议题，旨在简化进出口贸易流程，减少贸易壁垒，以降低贸易成本。部长宣言表示，决定成立筹备委员会，确保最迟于2015年7月31日正式实施贸易便利化条款。

据国际商会预测，这份协定将削减10%～15%全球货物运输费用，为全球产量增加1万亿美元贸易额。根据协定要求，会清除贸易中强制性要求、报关员等障碍物，建立起一个国际贸易促进委员会，削减官僚主义。

## 思考题

1. 什么是电子商务？
2. 电子商务有哪些类型？
3. 企业如何进行网络营销？
4. 简述电子合同与一般书面合同的异同点。
5. 外贸企业运用电子商务方式有什么益处？
6. EDI的使用给企业带来什么好处？
7. 简述UN/CEFACT共发布了33个建议书的主要内涵。
8. 简述跨境电子商务出口经营主体的分类。

# 参考文献

1. 国际商会中国国家委员会.2000年国际贸易术语解释通则[M].北京：中信出版社，2000.

2. ICC跟单信用证统一惯例（UCP500）及UCP500关于电子交单的附则（Eucp）[M].北京：中国民主法制出版社，2003.

3. 关于审核跟单信用证项下单据的国际标准银行实务（ISBP）[M].北京：中国民主法制出版社，2003.

4.《国际商会托收统一规则（URC522）》[M]. 北京：中国民主法制出版社，2003.

5. 陈文培．外贸单证电子化实用指南[M]. 北京：中国海关出版社，2004.

6. 唐涛，陈文培．加工贸易实务（修订本）[M]. 北京：中国海关出版社，2004.

7. 陈文培，谢道一，朱巨公.外贸实务一本通[M]. 北京：中国海关出版社，2003.

8. 洪雷．新外贸企业与检验检疫[M]. 北京：中国海关出版社，2004.

9. 吴百福．进出口贸易实务教程（第3版）[M]. 上海：上海人民出版社，2001.

10. 陈文培，钟洪林，陈培芳．现代物流师职业资格考试习题精解[M]. 北京：中国海关出版社，2004.

11. 庄乐梅．国际结算实务精要[M]. 北京：中国纺织出版社，2004.

12. 周红军．最新国际贸易结算管理与操作实务[M]. 北京：中国金融出版社，2005.

13. 陈文培，汤兵勇．RFID与物流和供应链管理[J]. 计算机应用与软件．2004增刊，Vol.21.

14. 阮家栻，杨立平．对外经济贸易实用大全（第3版）[M]. 上海：复旦大学出版社，1995.

15.[美]菲利普·科特勒著，洪瑞云，梁绍明，陈震忠译．市场营销管理（亚洲版·上）[M]. 北京：中国人民大学出版社，1997.

16. 纪洪天．新编外贸会计——外贸会计及国际结算（第3版）[M]. 上海：立新会计出版社，2004.

17. 张景智．国际营销学教程（第2版）[M]. 北京：对外经济贸易出版社，2003.

18. 黄维梁．国际经济贸易实务[M]. 北京：高等教育出版社，2002.

19.[德]Klaus Finkenzeller. 射频识别（RFID）技术（第2版）[M]. 北京：电子工业出版社，2001.

20. 中国物品编码中心．条码技术与应用[M]. 北京：清华大学出版社，2003.

21. 陈同仇，薛荣久．国际贸易（2006年新编本）[M]. 北京：中国商务出版社，2005.

22. 陈文培．电子商务员[M]. 北京：中国劳动社会保障出版社，2005.

23. 陈文培．助理电子商务师[M]. 北京：中国劳动社会保障出版社，2006.

24. 陈文培．外贸业务经理人手册（第2版）[M]. 北京：中国海关出版社，2010.

25. 陈文培，陈培芳．加工贸易业务员[M]. 北京：中国海关出版社，2007.

26. 龙永图. 世界贸易组织知识读本[M]. 北京:中国对外经济贸易出版社,1999.

27. 李一平,梁柏谦,张然翔. 跟单信用证项下出口审单实务[M]. 北京:中国商务出版社,2005.

28. 李金泽. UCP600 适用与信用证法律风险防控[M]. 北京:法律出版社,2007.

29. 陈文培. 电子商务管理[M]. 上海:上海财经大学出版社,2013.

30. 陈文培. 电子商务运营[M]. 上海:上海财经大学出版社,2013.

31. 翁佩君. 出口退税技巧[M]. 北京:中国海关出版社,2008.

32. 埃弗雷姆·特班(Efraim Turban),戴维·金(David King),朱迪·麦凯(Judy Mckay),彼得·马歇尔(Peter Marshall). 电子商务:管理视角(原书第 5 版)[M]. 严建援译. 北京:机械工业出版社,2010.

33. 国际商会(ICC). 国际贸易术语解释通则® 2010[M]. 北京:中国民主法制出版社,2011.

34. 蒋坡. 知识产权管理[M]. 北京:知识产权出版社,2007.

35. 刘喜敏,马朝阳. 电子商务法[M]. 大连:大连理工大学出版社,2011.

36. 陈岩,刘玲. UCP600 与信用证精要[M]. 北京:对外经济贸易大学出版社,2007.

37. 黎孝先等. 国际贸易实务(第 2 版)[M]. 北京:对外经济贸易大学出版社,2012.

38. 朱箴元. 国际结算[M]. 北京:中国金融出版社,2005.

39. 商务部网站:http://www.mofcom.gov.cn.

40. 海关总署网站:http://www.customs.gov.cn.

41. 国家税务总局网站:http://www.chinatax.gov.cn.

42. 国家质量监督检验检疫总局网站:http://www.aqsiq.gov.cn.

国家标准 GB/T28158-2011《国际贸易业务的职业分类与资质管理》培训考试教材
国际贸易类专业校企合作专业共建计划指定教学资源
职业院校国际贸易类专业规划教材

# 国际贸易实务基础培训考试辅导精编

陈文培　主　编

中国对外贸易经济合作企业协会
全国外经贸从业人员考试中心　组织编写

上海财经大学出版社

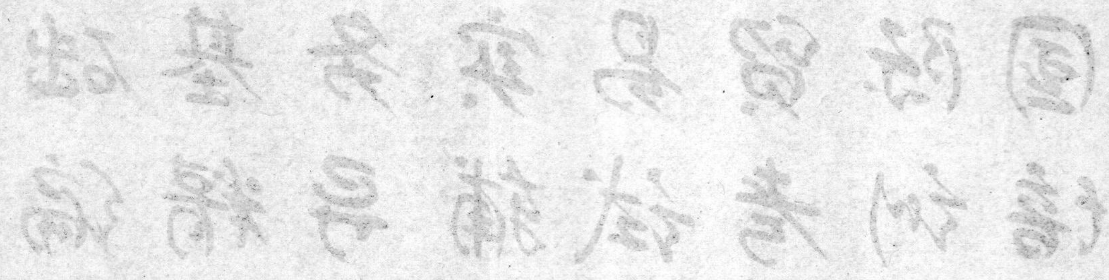

# 目 录

# 《国际贸易实务基础——国际贸易业务知识(四级)》学习与考试指南

## 一、关于考核目标的说明

为使考试内容具体化和考试要求标准化,《国际贸易业务知识(四级)》考试大纲列出了考试的内容。

该课程在考核目标中,按照了解、掌握两个层次规定其应达到的能力层次要求。两个能力层次是递进等级关系。各能力层次的含义分别是:

了解:能知道有关名词、概念、知识的含义,并能正确认识和表达;能全面把握基本概念、基本原理、基本方法;能掌握有关概念、原理、方法的区别与联系。

掌握:在了解的基础上,能运用基本概念、基本原理、基本方法分析和解决有关理论和实际问题。

## 二、学习方法

《国际贸易实务基础》是一门国际贸易从业人员的入门必修课,属于基础性课程,涉及面比较广,内容比较新。在学习中有好的学习方法很重要,好的学习方法要有足够的学习时间,这点也很重要。

具体学习方法有:

1. 重点和全面相结合。在全面、系统学习的基础上掌握基本理论、基本知识、基本规律和基本方法。只有牢牢把握住基本理论、基本知识和基本方法,进行深入研究分析,才能解决问题。这就要求学员必须全面、系统学习各章,做到融会贯通。在此基础上,才能学习重点章节,抓住重点,举一反三。

2. 理论与实践相结合。这是一门国际贸易理论与实务相结合的课程。课程的涵盖面广,内容多,同学们自学有一定的难度,但只要掌握好课程学习的规律性,理论与实践相结合,难的问题就会迎"难"而解。

3. 归纳总结。注意对知识点的灵活掌握和运用,在理解的基础上去记忆,提高综合分析、理解能力。

## 三、对社会助学者的要求

1. 社会助学者应根据《国际贸易业务知识(四级)》考试大纲规定的考试内容和考核目标,认真钻研指定教材,明确本课程和其他课程不同的特点和学习要求,对学员进行切实有效的辅导,引导他们防止学习考试中的各种偏向,把握社会助学的正确导向。

2. 要正确处理基本知识和应用能力的关系,努力引导学员将了解与掌握联系起来,把基础知识和理论转化为应用能力,在全面辅导的基础上,着重培养和提高学员分析问题和解决问题的能力。

3. 要正确处理重点和一般的关系。课程内容有重点与一般之分,但考试内容是全面的,而且重点与一般是相互联系的,不是截然分开的。社会助学者应指导学员全面、系统地学习教材,掌握全部考试内容和考试知识点,在此基础上突出重点。总之,把重点学习同兼顾一般结合起来,切勿孤立地抓重点,把学员引向猜题、押题的方向。

## 四、关于命题考试的若干要求

国际贸易实务基础的培训和考试体现对考生掌握基础知识和运用知识能力的考查,要重视国际贸易实务内容的系统性,宏观把握框架,中观理清,微观渗透要点,熟练掌握和运用其系统内容。

首先,试题主要考查考生对基本知识的掌握。这种出题思路几乎体现在每个题型中,这就要求考生夯实基础。在学习过程中,考生可以对课本上的知识点,比照着课程考试的出题思路,设计成不同题型的试题,以此来巩固所学知识。这种方法的实质不仅是考生主动地提前适应实战状态,从而更加有效地掌握书本知识。

当然,我们不是提倡考生去出题,更不是提倡"题海战术",只是试图用一种新的思路和方法帮助考生牢固地吃透书本。考生没有必要也不可能把所有的知识点设计成试题,因为辅助材料已经从不同的角度做了这方面的工作,考生只需有选择地使用就是了。

本书紧扣教材内容,模拟出题思路,内容覆盖面大,目的是帮助考生更好地掌握书本内容,沉着自信地应对考试。能否达此目的,我们不敢断言,因此,该书仅供参考。

《国际贸易实务基础(国际贸易业务知识(四级))》的考试题型有三种,即单项选择题、多项选择题和判断题。这些题型考生都比较熟悉。

1. 单项选择题

单项选择题是考查知识点的题型,答案的"唯一性"是该题型最重要的特点。考生首先需要有扎实准确的知识基础;其次,从题设问,在 4 个答案中选 1 个答案即可,对于有准确把握的答案,以最快的速度选出来之后,不需再琢磨其他答案。但在出现拿不准的情况下,就要慎重选择了,考生可以用排除的方法,把最不可能的答案先排除掉,在剩下的 2～3 个答案中,可以正确找出与试题设问关联最紧密的答案。当然,有时还会遇到在几个答案间找不出任何倾向性的排除标准,那就只能任选其一碰运气了。

**例题:**

商业性的国际技术转让被称为(B)。

A. 国际服务贸易　　B. 国际技术贸易　　C. 国际经济合作　　D. 国际服务合作

2. 多项选择题

多项选择题最大的特点是多选多,可选项个数是确定的,一般是 5 个;几个正确答案就不确定了,可能是 2 个,可能是 3 个,也可能是 4 个,甚至 5 个选项都有可能是正确的。考生只有把正确的答案全部选出而又没有错选其他选项,才能得分,因此该题型最易失分。要做好多项选择题,关键在一个"准"字。首先,把能拿准的正确答案选出来,错误答案排除掉;其次,对拿不准的选项进行求证,难就难在这里,没有屡试不败的好方法,只有用离题设问远近的办法,进行判断,离题设问远就排除掉,离题设问近就选上,别无良策。根本的方法还在于平时把知识点弄熟、弄全、弄准。

**例题:**

加工贸易的特征有(BCD)。

A. 经营企业和生产企业不承担风险　　B. 两头在外

C. 加工增值　　D. 料件保税

E. 无需政府补贴

3. 判断题

判断题即对命题本身的观点或论断正确与否加以辨别、判断的试题。判断题考查的目标是学科中重要的观点、命题、结论等。判断题的特点是"迷惑视听",其表述往往似是而非,给人造成一种假象,让人一下子弄不清题意以作出准确判断。所以,判断题用以考查考生的思维、判断能力。判断题通常不是以问题出现,而是以陈述句出现,要求考生判断一条事实的准确性,或判断两条或两条以上的事实、事件和概念之间关系的正确性。答案是指出它的正确或错误。

判断题是二选一,形式比较简单,即要求考生运用所学的理论知识,准确地辨别、判断命题中的观点正确与否。由于判断题的特点是"迷惑视听"、"制造混乱",所以,准确地作出判断并非易事,为此考生要掌握答好判断题的以下技巧:认真审题,逐字逐句品味分析,明确题目所要表达的本意是什么;字斟句酌,反复推敲,抓住关键词语溯本求源;确定命题是否正确,并非主要看句子通不通,而是看其观点是否正确,只有观点正确才是对的,观点不正确或者似是而非,或一部分对一部分不对,或观点表述不完整,都是错误的;以严谨的态度,进行缜密的分析与机智的判断。虽然做判断题可以有 50%的概率猜测正确答案,但是在判断题型中,往往正误交错,这使做判断题具有了博弈性,由此增添了考试的趣味性。

**例题:**

寄售是先出运、后成交的贸易方式,属于现货买卖。(√)

另外,在上述题型中,一部分题目是需要通过计算才能得出正确答案的,考生要掌握计算公式和方法。本书中有相关的公式和例题,请大家在平时训练时注意抓紧练习,力求计算的准确性。

本课程考试为闭卷笔试,60 分及以上为合格。

# 第一章 国际贸易概述

## 考试大纲

1. 国际贸易常用的基本概念

了解：

- 对外贸易和国际贸易、对外贸易额和对外贸易量、货物贸易和服务贸易、直接贸易和间接贸易、过境贸易与转口贸易的概念及其相互区别
- 对外贸易与国际贸易货物结构、国际贸易地理方向、对外贸易条件、对外贸易依存度、贸易差额的基本概念

2. 外汇管理基本概念

了解：

- 外汇的概念
- 经常项目外汇管理
- 经常项目外汇账户管理的主要内容
- 人民币汇率制度和跨境人民币结算

3. 国际技术贸易

了解：

- 国际技术贸易的定义
- 国际技术贸易的方式
- 从技术引进的角度看国际技术贸易的作用
- 国际技术贸易与国际货物贸易的异同

4. 国际货物贸易适用的法律与惯例

了解：

- 国际货物贸易适用的法律
- 国际货物贸易适用的惯例

## 典型习题

**一、单项选择题(下列每题的选项中，只有1个是正确的，请将其代号填在括号内)**

1. 在国际贸易中，商品生产国与消费国通过第三国买卖商品的行为，对第三国来说是(　　)。

A. 直接贸易　　B. 间接贸易　　C. 转口贸易　　D. 多边贸易

2. 对外贸易量是指(　　)。

A. 按市场价格计算的进口额或出口额　　B. 按协议价格计算的进口额或出口额

C. 按不变价格计算的进口额或出口额　　D. 按浮动价格计算的进口额或出口额

3. 总贸易体系是指以一国的(　　)作为统计界限。

A. 货物进出口　　B. 服务进出口　　C. 国境　　D. 关境

4. 一些国家参加关税同盟后，这些国家的关境(　　)。

A. 小于国境　　B. 大于国境

C. 等于国境　　D. 有的大于国境，有的小于国境

5. 在整个对外经济关系中，最基本、最重要的形式是(　　)。

A. 对外贸易　　B. 直接贸易　　C. 总贸易　　D. 间接贸易

6. 一定时期内，一国出口总额与进口总额之间的差额称为(　　)。

A. 贸易差额　B. 出超　C. 入超　D. 净出口或净进口

7. 一定时期内，若一国一定量商品出口所能换得的进口商品数量增加，该国的贸易便(　　)。

A. 恶化　B. 不利　C. 改善　D. 增加

8. 从一个国家来看，该国与别国货物与服务的交换活动称为(　　)。

A. 世界贸易　B. 国际贸易　C. 对外贸易　D. 区域贸易

9. 在一定时期内，一国出口总额超过进口总额时，称为(　　)。

A. 贸易逆差　B. 贸易顺差　C. 贸易平衡　D. 贸易失衡

10. (　　)是指一国汇率根据外汇市场供求变化自由涨落，货币当局原则上不加限制，也不承担义务维持汇率稳定。

A. 固定汇率制　B. 浮动汇率制

C. 中间汇率制　D. 名义汇率

11. (　　)是外汇交易中使用的现实汇率，它是由市场的外汇供求决定的。

A. 套算汇率　B. 双边汇率　C. 实际汇率　D. 名义汇率

12. 我国衡量国际货物买卖合同国际性的标准是(　　)。

A. 交易双方当事人的营业地处于不同的国家　B. 交易双方当事人具有不同的国籍

C. 订立合同的行为完成于第三国　D. 货物由一国运往另一国

13. 下列关于技术转移的叙述中正确的是(　　)。

A. 人为有意识的变化　B. 技术地理位置的变化

C. 转移一定是无偿的　D. 专利转移

14. 我国称进口总额超过出口总额为(　　)。

A. 出超　B. 入超　C. 反超　D. 略超

15. 据海关统计，2011 年 1～2 月份，我国一般贸易进口1 454亿美元，出现贸易逆差288.5亿美元，2011 年 1～2 月份我国一般贸易出口为(　　)亿美元。

A. 1 742.5　B. 871.25　C. 1 165.5　D. 877

16. 对外贸易的英文全称是(　　)。

A. foreign trade　B. indirect trade　C. direct trade　D. commodity trade

17. 以金额表示的一国的对外贸易，称为(　　)。

A. 对外贸易额　B. 贸易差额　C. 对外贸易量　D. 国际贸易量

18. 由服务方以自己的技术知识为另一方提供有偿服务，以解决生产中的某个技术问题，称为(　　)。

A. 许可贸易　B. 技术服务　C. 国际合作生产　D. 国际工程承包

19. (　　)是指在签订技术转让许可证协议后，许可方自己仍有权使用这项工业产权或专有技术，也有权再与其他人签订同样主题的许可协议，把同样的技术给其他人使用。

A. 独占许可　B. 普通许可　C. 排他性许可　D. 从属许可

20. 直接贸易的英文全称是(　　)。

A. transit trade　B. indirect trade　C. direct trade　D. commodity trade

21. 据海关统计，2010 年我国外贸进出口总值29 727.6亿美元，其中出口15 779.3亿美元，进口13 948.3亿美元，则(　　)。

A. 贸易顺差为 15 779.3 亿美元　B. 贸易逆差为 15 779.3 亿美元

C. 贸易顺差为 1 831 亿美元　D. 贸易逆差为 1 831 亿美元

22. 我国出口一批货物给香港某公司，该香港公司又将这批货物卖给美国某公司，这个贸易现象可称为中国对美国的(　　)。

A. 间接进口　B. 间接出口　C. 转口贸易　D. 直接出口

23. 对外贸易量是指(　　)。

A. 以吨计量的对外贸易数量　B. 以美吨计量的对外贸易数量

C. 以当前美元计量的对外贸易额　D. 以不变价格计量的对外贸易额

**二、多项选择题（下列每题的选项中，至少有 2 个是正确的，请将其代号填在括号内）**

1. 许可贸易按授权的范围可以分为（　　）。

A. 独占许可　　B. 普通许可　　C. 排他性许可　　D. 从属许可

E. 互换许可

2. 反映国际贸易地理方向的指标有（　　）。

A. 各国的出口额占世界出口总额的比重

B. 各国的进口额占世界进口总额的比重

C. 各国的制成品出口额占世界出口总额的比重

D. 各国的制成品进口额占世界进口总额的比重

E. 各国的进出口总量占世界进出口总量的比重

3. 影响一国对外贸易依存度的因素主要有（　　）。

A. 国内市场的发展程度　　B. 国内计划的执行情况

C. 技术贸易的开展情况　　D. 加工贸易的层次

E. 汇率的变化

4. 当进口总额超过出口总额时，可称为（　　）。

A. 贸易顺差　　B. 贸易逆差　　C. 贸易赤字　　D. 出超

E. 入超

5. 技术贸易的主要标的物有（　　）。

A. 土地使用权　　B. 专利　　C. 知识　　D. 商标

E. 专有技术

6. 世界的风险性体现在（　　）。

A. 信用风险　　B. 商业风险　　C. 汇率风险　　D. 运输风险

E. 政治风险

7. 世界贸易组织负责实施、管理的《服务贸易总协定》列出了国际服务贸易的形式为（　　）。

A. 过境交付　　B. 远期支付　　C. 境外消费　　D. 商业存在

E. 自然人流动

8. 对外贸易地理方向会受到（　　）等因素的影响。

A. 地理位置　　B. 经济互补性　　C. 国际分工的形成　　D. 贸易政策

E. 运输条件

9. 最常见的国际技术贸易方式有（　　）。

A. 许可贸易　　B. 技术服务　　C. 国际合作生产　　D. 国际工程承包

E. 商品买卖

10. 跨境人民币结算的意义有（　　）。

A. 有利于加强中国对外经济、贸易和投资往来，促进中国经济更好地融入世界经济

B. 有利于进一步完善人民币汇率形成机制

C. 有利于促进中国金融业的开放和发展

D. 有利于促进国际货币体系多极化发展

E. 有利于人民币升值

**三、判断题（判断下列各题是否正确。正确的在题后的括号内打"√"，错误的打"×"）**

1. 当出口额与进口额相等时，称为"贸易平衡"；进口额大于出口额时称为"贸易顺差"或"贸易盈余"，又称"出超"；如果进口额小于出口额，称为"贸易逆差"或"贸易赤字"，又称"入超"。（　　）

2. 技术贸易是以有形的服务作为标的物进行的贸易。（　　）

3. 商品从甲国经过乙国向丙国运送，对乙国来说是过境贸易。（　　）

4. 对外贸易地理方向越分散越好。（　　）

5. 技术服务的内容包括咨询服务和工程服务两个部分。（　　）

6. 为了消除国际贸易业务发展的障碍、确保国际贸易正常有序地进行，国际贸易从业人员必须熟悉国

际货物贸易适用的法律和国际惯例，在业务进程中熟练运用这些法律和惯例。 （ ）

7. 对外贸易法是一个国家对外贸易总政策的集中体现，管理着所在国的进出口企业对外贸易业务的开展。 （ ）

8. 在我国进出口合同中，交易双方可以协商约定处理合同争议所适用的准据法。 （ ）

9. 如果卖方在发出货物后，货物的价格下跌，则卖方要承担价格下跌带来的风险。 （ ）

10. 技术贸易所有方或供应方在一定条件下将技术贸易的标的物的使用权转让给接受方使用，但技术的所有权并没有转移给技术的接受方。 （ ）

11. 国际贸易泛指国家（地区）与国家（地区）之间所进行的商品和劳务交换活动的总称。 （ ）

12. 出口与进口是对外贸易的两个组成部分。对运进商品和劳务的国家（地区）来说是出口，对运出商品和劳务的国家（地区）来说是进口。 （ ）

13. 国际贸易货物结构是指一定时期内各大类货物或各种货物在整个国际贸易中的构成，即各大类货物或各种货物贸易额与整个世界出口贸易额之比，用比重表示。 （ ）

14. 从属许可是指在一定地域内被许可方对许可方提供的工业产权、专有技术享有独占使用权。 （ ）

15.《联合国国际货物销售合同公约》和《承认与执行外国仲裁裁决公约》（即 1958 年纽约公约）与国际货物买卖合同的订立、履行和争议处理关系密切。 （ ）

16. 跨境人民币结算是指经国家允许指定的、有条件的企业在自愿基础上以人民币进行跨境贸易和投资的结算。 （ ）

17. 跨境人民币结算为企业带来的便利：一是有利于我国的跨国公司优化汇率风险管理，二是节省了货币多次转换的汇兑成本，三是节省了企业外币衍生品交易等套期保值费用。 （ ）

18. 世界市场上存在着复杂性和风险性。复杂性表现为世界市场信用、商业、汇率、运输、价格、政治和军事风险等。 （ ）

19. 商品的国际价格是指在一定条件下在世界市场上形成的市场价格，它是国内价值及国内使用价值的货币表现，亦即以货币表现的商品的国际价值及国际使用价值。 （ ）

20. 国际贸易商品结构是指初级产品和半制成品各自在国际贸易中所占的比重。 （ ）

21. 目前国际商品市场现状表现在贸易的商品结构发生巨大变化，即工业制成品贸易量的比重持续下降，而农产品和矿产品贸易量的比重相对上升。 （ ）

22. 经济全球化是外贸依存度上升的重要原因。 （ ）

23. 许可贸易是技术许可方与技术接受方签订许可合同或协议，许可方允许被许可人取得许可人所拥有的专利、商标或专有技术的使用权并得到相应的技术，被许可方则需支付技术使用费及其他报酬并承担保守技术秘密等义务。 （ ）

24. 从属许可是指在一定地域内被许可方对许可方提供的工业产权、专有技术享有独占使用权。 （ ）

25. 技术服务的内容包括咨询服务和工程服务两个部分。 （ ）

# 第二章　贸易术语

## 考试大纲

1. 有关贸易术语的国际贸易惯例

了解：

- 《国际贸易术语解释通则 2010》、《1932 年华沙—牛津规则》、《1941 年美国对外贸易定义修订本》的基本内容和适用范围

2. 对各种贸易术语的解释

掌握：

- FOB、CFR、CIF、FCA、CPT、CIP、EXW、FAS、DAT、DAP、DDP 等贸易术语的含义和运用

## 典型习题

**一、单项选择题(下列每题的选项中,只有 1 个是正确的,请将其代号填在括号内)**

1. 以 CFR 贸易术语成交时,应由(　　)。

A. 买方办理租船订舱并保险　　B. 卖方办理租船订舱并保险

C. 卖方办理租船订舱,买方办理保险　　D. 买方办理租船订舱,卖方办理保险

2. CIF 条件下交货,(　　)。

A. 卖方在船边交货　　B. 卖方在装运港船上交货

C. 卖方在目的港交货　　D. 卖方在目的地交货

3. 根据 Incoterms 2010 的规定,采用 FOB 或 CIF 术语成交,货物在海运途中损坏灭失的风险(　　)。

A. 均由卖方承担　　B. 均由买方承担

C. 前者由卖方承担,后者由买方承担　　D. 前者由买方承担,后者由卖方承担

4. (　　)是有关贸易术语的国际贸易惯例中,包含内容最多、使用范围最广和影响最大的一种。

A.《1932 年华沙—牛津规则》　　B.《国际贸易术语解释通则 2010》

C.《联合国国际货物销售合同公约》　　D.《1990 年美国对外贸易定义修订本》

5. 按照《国际贸易术语解释通则 2010》的解释,买卖双方费用与风险划分的地点相分离的术语是(　　)。

A. DDP　　B. FCA　　C. CIF　　D. EXW

6. 卖方不负责办理出口手续及支付相关费用的术语是(　　)。

A. FCA　　B. FAS　　C. FOB　　D. EXW

7. 由买方负责出口清关手续,并承担相关费用的贸易术语是(　　)。

A. FCA　　B. FAS　　C. EXW　　D. FOB

8. 按照《1932 年华沙—牛津规则》的规定,如果该规则与合同具体内容发生矛盾,应该以(　　)为准。

A. 协议　　B. 合同　　C. 规则　　D. 无明确规定

9. 大连某进出口公司对外以 CFR 报出口价,如果该公司采用多式联运,应采用(　　)术语为宜。

A. FCA　　B. CIP　　C. DDP　　D. CPT

10. 按照《国际贸易术语解释通则 2010》的解释,下列贸易术语中,由卖方负责办理进口通关手续的是(　　)。

A. DAT　　B. DAP　　C. EXW　　D. DDP

11. 由卖方办理投保手续的贸易术语是(　　)。

A. FOB　　B. FCA　　C. EXW　　D. CIF

12. Incoterms 2010 于(　　)起生效。

A. 2010 年 1 月 1 日　　B. 2010 年 10 月 1 日

C. 2011 年 1 月 1 日　　D. 2011 年 10 月 1 日

13. 在采用 FOB 交货时,买卖双方风险的转移是在(　　)。

A. 工厂　　B. 码头　　C. 装运港船舷　　D. 装运港船上

14. 卖方想要承担最低的合同义务时,最好采用(　　)术语。

A. EXW　　B. FCA　　C. CIF　　D. DDP

15. 在进出口贸易实践中,对当事人行为无强制性约束的规范是(　　)。

A. 国内法　　B. 国际法　　C. 国际贸易惯例　　D. 国际条约

16. CFR 贸易术语是指(　　)。

A. 装运港码头交货　　B. 目的港码头交货

C. 成本＋运费＋保险费　　D. 成本＋运费

17. 在《国际贸易术语解释通则 2010》术语中,(　　)是签约承担运输责任的一方。

A. 报关行　　B. 买方　　C. 保险人　　D. 承运人

18. (　　)是指为遵守任何适用的海关规定所需满足的要求,并可包括各类文件、安全、信息或实物检验的义务。

A. 海关手续　　B. 交货凭证　　C. 出口单证　　D. 承运人委托书

19. (　　)是指卖方在卖方所在地或其他指定地点将货物交给买方指定的承运人或其他人。

A. FCA　　B. DAT　　C. DAP　　D. DDP

20. (　　)是指当卖方在指定港口或目的地的指定运输终端将货物从抵达的载货运输工具上卸下,交由买方处置时,即为交货。

A. FCA　　B. DAT　　C. DAP　　D. DDP

21. 在实际业务中,FOB 条件下,买方常委托卖方代为租船、订舱,其费用由买方负担,如到期订不到舱,租不到船,(　　)。

A. 卖方不承担责任,其风险由买方承担　　B. 卖方承担责任,其风险也由卖方承担

C. 买卖双方共同承担责任、风险　　D. 双方均不承担责任,合同停止履行

22. 根据 Incoterms 2010 的解释,按 CFR 术语成交,卖方无义务(　　)。

A. 提交货运单据　　B. 租船订舱　　C. 办理货运保险　　D. 取得出口许可证

23. 某公司与国外一家公司以 EXW 条件成交了一笔买卖,在这种情况下,其交货地点是在(　　)。

A. 出口国港口船上　　B. 进口国港口船上　　C. 出口商工厂　　D. 进口商仓库

24. 按 CIF 术语成交的合同,货物在运输途中因火灾被毁,应由(　　)。

A. 卖方负担货物损失　　B. 卖方负责请求保险公司赔偿

C. 买方负责请求保险公司赔偿　　D. 船公司负担货物损失

25. 按照 Incoterms 2010 的解释,CIF 与 CFR 的主要区别在于(　　)。

A. 办理租船订舱的责任方不同　　B. 办理货运保险的责任方不同

C. 风险划分的界限不同　　D. 办理出口手续的责任方不同

26.《1932 年华沙—牛津规则》是国际法协会专门为解释(　　)的规则。

A. FOB　　B. CIF　　C. CFR　　D. FCA

27. 一般情况下,在以 FOB 贸易术语成交的合同中,货物的价格构成是(　　)。

A. 货物成本　　B. 货物成本＋运费

C. 货物成本＋保险费　　D. 货物成本＋运费＋保险费

28. 我国甲公司欲与德国乙公司签订销售合同进口机器,拟采取海运方式,乙公司承担将货物运至指定目的地的运费并支付保险,根据 Incoterms 2010,应采用的贸易术语是(　　)。

A. EXW　　B. CFR　　C. CIF　　D. FOB

29. 我国甲公司欲与法国乙公司签订销售合同出口服装到法国,拟采用海陆联运方式,甲公司承担将货

物运至目的地运费并支付保险，根据 Incoterms 2010，应采用的贸易术语是（　　）。

A. FOB　　B. CIF　　C. EXW　　D. CIP

30. 我国甲公司欲与英国乙公司签订销售合同出口计算机到英国，拟采取空运方式，甲公司承担将货物运至目的地运费但不负责保险，根据 Incoterms 2010，应采用的贸易术语是（　　）。

A. CPT　　B. CFR　　C. FOB　　D. FAS

31. 下列贸易术语中，需要由卖方办理进口通关手续的是（　　）。

A. DAT　　B. DAP　　C. DDP　　D. CIP

32. 重庆出口古巴一批微型车，中方办理出关手续，古方办理进关手续，价中包含重庆至哈瓦拉的运费但不含保险费。按以上交易条件，应选用的贸易术语是（　　）。

A. CIF 重庆　　B. CFR 重庆　　C. CPT 哈瓦拉　　D. FOB 哈瓦拉

33. 上海出口一台设备海运至新加坡，中方办理出关手续，外方办理进关手续，外商支付运费和保险费，适用的贸易术语为（　　）。

A. FOB 新加坡　　B. CIF 新加坡　　C. FOB 上海　　D. FCA 新加坡

34. 一般情况下，在以 FOB 贸易术语成交的合同中，货物的价格构成是（　　）。

A. 货物成本　　B. 货物成本＋运费

C. 货物成本＋保险费　　D. 货物成本＋运费＋保险费

35. 在一般情况下，按 CFR 贸易术语成交的合同中，不应计入货物价格的是（　　）。

A. 货物成本　　B. 运费　　C. 保险费　　D. 各项出口税费

**二、多项选择题（下列每题的选项中，至少有 2 个是正确的，请将其代号填在括号内）**

1. FCA、CPT、CIP 三种术语分别是从 FOB、CFR、CIF 三种术语发展起来的，其责任划分的基本原则是相同的，但也有区别，其区别主要有（　　）。

A. 适用的运输方式不同　　B. 交货和风险转移的地点不同

C. 运输费用负担不同　　D. 运输单据不同

E. 报检方式不同

2. 下列各项中属于贸易术语性质的有（　　）。

A. 表示交货条件　　B. 表示成交价格的构成因素

C. 表示付款条件　　D. 表示运输条件

E. 表示加工贸易方式

3. 按照《国际贸易术语解释通则 2010》的解释，如果卖方不能取得进口许可证，宜采用的术语有（　　）。

A. EXW　　B. DDP　　C. CIF　　D. CFR

E. FOB

4. 下列各项中，只适用海运的价格术语有（　　）。

A. FOB　　B. FAS　　C. CIP　　D. CIF

E. CFR

5. 与贸易术语的国际贸易惯例有关的有（　　）。

A.《国际贸易术语解释通则 2010》　　B.《1932 年华沙—牛津规则》

C.《1990 年美国对外贸易定义修订本》　　D.《汉堡规则》

E. UCP 600

6. 在使用集装箱海运的出口贸易中，卖方采用 FCA 贸易术语比采用 FOB 贸易术语更为有利的具体表现有（　　）。

A. 可以提前转移风险　　B. 可以提早取得运输单据

C. 可以提早交单结汇，提高资金的周转率　　D. 可以减少卖方的风险责任

E. 运价可以高一点

7. 贸易术语是表示商品价格的构成以及买卖双方在货物交接过程中有关（　　）方面的划分。

A. 手续　　B. 风险　　C. 费用　　D. 质量

E. 责任

8. 贸易术语在国际贸易中的主要作用有(　　)。

A. 简化交易手续　　B. 明确交易双方责任

C. 缩短磋商时间　　D. 节省费用开支

E. 明确风险划分界限

9. 采用 CPT 术语时,交易双方应注意的有(　　)。

A. 风险的划分界限问题　　B. 责任的划分问题

C. 费用负担的划分问题　　D. CPT 与 CFR 的异同点

E. 商品的重量问题

10. 国际贸易惯例是指在国际贸易的长期实践中,具有普遍意义的习惯做法。目前,有关贸易术语的成文国际贸易惯例主要有(　　)。

A.《1932 年华沙—牛津规则》　　B.《1994 年美国对外贸易定义修正本》

C.《联合国国际货物销售合同公约》　　D.《跟单信用证统一惯例》

E.《国际贸易术语解释通则 2010》

11. 在《国际贸易术语解释通则 2010》中,最常用的六种贸易术语除 FOB、CFR 和 CIF 外,还有(　　)。

A. FCA　　B. EXW　　C. CPT　　D. CIP

E. DDP

12. FOB、CFR、CIF 贸易术语在运输方式、交货地点和风险划分方面的相同点有(　　)。

A. 适用于海运或内河水运　　B. 在装运港完成交货

C. 在目的地完成交货　　D. 在目的港完成交货

E. 以装运港船上为界

13. 根据《国际贸易术语解释通则 2010》的规定,FCA、CPT、CIP 贸易术语的相同点是(　　)。

A. 在目的地完成交货　　B. 适用于各种运输方式

C. 风险划分以货交承运人为界　　D. 风险划分以装运港船上为界

E. 风险划分以装运港船边为界

14. FOB、CFR、CIF 和 FCA、CPT、CIP 的主要区别有(　　)。

A. 风险划分的界限不同　　B. 适用的运输方式不同

C. 货运单据不同　　D. 国际结算的方式不同

E. 装卸费用的负担不同

15. 根据《国际贸易术语解释通则 2010》解释,FOB、CFR、CIF 术语仅适用于海运或内河水运输,如果双方当事人无意以船上为界交货,则应改用(　　)术语。

A. FAS　　B. FCA　　C. CPT　　D. CIP

E. DDP

16. FCA 适用的运输方式有(　　)。

A. 公路　　B. 铁路　　C. 河、海运　　D. 航空运输

E. 多式联运

17. 国际贸易术语是以不同的交货地点为标准,用简短的概念或英文缩写的字母表示的术语。它可以明确表示为(　　)。

A. 商品的价格构成　　B. 货物风险的划分

C. 买卖双方在交易中的权利与义务　　D. 买卖双方在交易中的费用分担

E. 合同法律适用

18. 可适用于多种运输方式的贸易术语有(　　)。

A. FCA　　B. CPT　　C. CIP　　D. DDP

E. DAP

19. Incoterms 2010 中两个新增术语 DAT(运输终端交货)和 DAP(目的地交货)取代了 Incoterms 2000 中的(　　)。

A. DDP　　B. DDU　　C. DEQ　　D. DES

E. DAF

20. 在使用(　　)术语时,当卖方将货物交付给承运人时,而不是当货物到达目的地时,即完成交货。

A. DDP　　B. CPT　　C. CIP　　D. CFR

E. CIF

21. 在装运港交货的贸易术语有(　　)。

A. FCA　　B. FAS　　C. FOB　　D. CFR

E. CIF

22. 货交承运人的贸易术语有(　　)。

A. FOB　　B. FCA　　C. CIF　　D. CPT

E. CIP

23. 采用 FOB 术语成交时,买方应负的责任有(　　)。

A. 租船订舱　　B. 办理保险

C. 承担货物装上船后的一切费用和风险　　D. 办理进口清关手续

E. 支付运费

24. 下列有关英国某公司业务员出口到我国上海某货物的报价中,正确的有(　　)。

A. 每吨 50 美元 CIF 上海　　B. 每吨 50 美元 FCA 上海

C. 每吨 50 美元 FOB 上海　　D. 每吨 50 美元 CFR 上海

E. 每吨 50 美元 FCA 伦敦

25. 采用 CIP 术语成交时,卖方应承担的责任有(　　)。

A. 订立运输合同　　B. 办理货运保险

C. 承担货交承运人控制之前的风险　　D. 适用于各种运输方式

E. 办理出口所需的一切手续

26. 采用 FCA 条件时,卖方应承担的责任有(　　)。

A. 订立运输契约　　B. 按时接货　　C. 办理出口手续　　D. 提交交货凭证

E. 办理进口手续

27. 采用 CPT 术语成交时,买方应承担的责任有(　　)。

A. 订立运输契约　　B. 办理货运保险

C. 办理进口手续　　D. 承担货交承运人控制之后的风险

E. 承担货交承运人控制之前的风险

28. 买方办理保险的贸易术语有(　　)。

A. FOB　　B. FCA　　C. CPT　　D. CIF

E. DDP

29. FCA、CPT、CIP 三个贸易术语的相同点有(　　)。

A. 买卖双方的报关责任相同

B. 买卖双方承担的运费责任相同

C. 买卖双方承担的保险费责任相同

D. 买卖双方承担的货物风险责任相同

E. 运输方式都是适用任何运输方式和多种运输方式

**三、判断题(判断下列各题是否正确。正确的在题后的括号内打"√",错误的打"×")**

1. 使用 EXW 术语,卖方在其所在地或其他指定地点(如工厂、车间或仓库等)将货物交由买方处置时,即完成交货。(　　)

2. 按 CFR 条件,卖方无需办理保险,也无需支付保险费。而按 CIF 条件,卖方不仅要办理保险,还要支付保险费。因此,对卖方来说,采用 CIF 条件相对于 CFR 条件所承担的风险要大。(　　)

3. 我国从大阪进口货物,如按 FOB 条件成交,需由我方派船到大阪口岸接运货物;而按 CIF 条件成交,则由出口方洽租船舶将货物运往中国港口,可见,我方按 FOB 进口承担的货物运输风险比按 CIF 进口承担的风险大。(　　)

4. FOB 和 FCA 均由买方订舱。 (　　)

5. 按 CIF 术语成交，尽管价格中包括至指定目的港的运费和保险费，但卖方不承担货物必然到达目的港的责任。 (　　)

6. 国际贸易术语是用简单的概念或字母缩写来表示价格的构成。 (　　)

7. 按 CFR 条件，卖方安排装运，但并不承担把货物送到目的港的义务。 (　　)

8. CFR 就是 Incoterms 1980 及先前版本中的 C&F，由于"&"符号不便于电子数据交换，故改为 CFR。 (　　)

9. CIF 术语要求买方办理货物出口清关手续。 (　　)

10. 按对 CIF 术语的传统解释，CIF 属象征性交货，卖方负有向买主提交约定的装运单据的义务，买方则负有凭装运单据付款的义务。 (　　)

11. EXW 术语下卖方承担最大责任，而 DDP 术语下卖方承担最小责任。 (　　)

12. Incoterms 1980 引入了货交承运人（现为 FCA）术语，其目的是为了适应在海上运输中经常出现的情况，即交货点不再是传统的 FOB 点（货物越过船舷），而是在将货物装船之前运到陆地上的某一点，在那里将货物装入集装箱，以便经由海运或其他运输方式（即所谓的联合或多式运输）继续运输。 (　　)

13. CIF、FOB、CFR 术语中卖方和买方之间风险转移在装船港船上。 (　　)

14. 在《国际贸易术语解释通则 2010》的 11 种贸易术语中，买卖双方交接的单据，可以是纸单据，也可以是电子单据。 (　　)

15. 按 CFR 条件成交时，卖方需向买方提供保险单据。 (　　)

16. 国际贸易惯例具有强制性和法律约束力。 (　　)

17. 在 CIF 条件下，由卖方办理投保，而 CFR 为买方办理投保，因此货物运输途中的风险前者由卖方承担，后者则由买方承担。 (　　)

18. 按 CIF 成交，尽管价格中包括到指定目的港的运费、保险费，但卖方不承担货物必然到达目的港的责任。 (　　)

19. CFR 条件下，出口方有义务在货物装运完毕的情况下向进口方及时发出装运通知以便进口商保险。 (　　)

20. 在象征性交货方式下，卖方只负责交货、交单，不保证到货。 (　　)

21. 在货物以海运方式运输的条件下，出口应尽量争取 CIF 成交，进口则应尽量选用 FOB 术语。 (　　)

22. Incoterms 2010 的贸易术语中，买卖双方交接的单据，可以是纸单据，也可以是电子单据。 (　　)

23. DDP 是价格最高的贸易术语。 (　　)

24.《国际贸易术语解释通则 2010》中的第二类术语，交货地点和将货物交至买方的地点都是港口，因此被划分为"适于海运及内河水运的术语"。DDP、FOB、CFR 和 CIF 均属此类。 (　　)

25. 如果想在合同中使用《国际贸易术语解释通则 2010》，应在合同中用类似词句作出明确表示，如"所选用的国际贸易术语，包括指定地点，并标明国际贸易术语解释通则® 2010"。 (　　)

26. 使用 DAT 时，货物已从到达的运输工具卸下，交由买方处置。 (　　)

27. 使用 DAP 时，货物同样交由买方处置，但仅需做好卸货准备。 (　　)

28.《国际贸易术语解释通则 2010》的 A1 和 B1 条款在各方约定或符合惯例的情况下，赋予电子讯息与纸质讯息不具有同等效力。 (　　)

29. 在《国际贸易术语解释通则 2010》的术语中，交货凭证是运输凭证或对应的电子记录。 (　　)

30."运费和保险费付至"是指卖方将货物在双方约定地点（如双方已经约定了地点）交给其指定的承运人或其他人。卖方必须签订运输合同并支付将货物运至指定目的地的所需费用。 (　　)

31. 在 CIF 条件下由卖方负责办理货物运输保险，在 CFR 条件下是由买方投保，因此，运输途中货物灭失和损失的风险，前者由卖方负责，后者由买方负责。 (　　)

32. 按照 Incoterms 2010 的规定，按 CIF 术语成交，海运途中的风险由买方承担，卖方对货物的延误或灭失不承担责任，因此，合同中如果作出相反的规定是无效的。 (　　)

# 第三章　国际贸易方式

## 考试大纲

了解：

- 经销、代理、寄售、拍卖、招投标、商品期货交易、对等贸易、加工贸易、展卖、租赁贸易等各类国际贸易模式的概念、种类和运作方式

## 典型习题

**一、单项选择题(下列每题的选项中，只有1个是正确的，请将其代号填在括号内)**

1. 享有独家专营权的贸易方式是(　　)。

A. 包销　　B. 定销　　C. 经销　　D. 代理

2. 下列关于独家代理和包销两种贸易方式的表述中，正确的是(　　)。

A. 前者是买卖关系，后者是代理关系　　B. 前者是代理关系，后者是买卖关系

C. 都是代理关系　　D. 都是买卖关系

3. (　　)是指以物易物，即货物出口的一方在进口某一价值货物的同时，向对方提供等值的出口货物，通常不涉及代理方。

A. 补偿贸易　　B. 易货贸易　　C. 抵消贸易　　D. 互购贸易

4. (　　)是指不享有独家经营权的代理。

A. 购货代理　　B. 独家代理　　C. 一般代理　　D. 销售代理

5. (　　)是指代理人在指定地区和规定的期限内享有代销指定商品的专营权。

A. 总代理　　B. 独家代理　　C. 一般代理　　D. 指定代理

6. 来料加工项下进口直接用于加工生产的出口产品而在生产中消耗掉的燃料、磨料、触媒剂(　　)。

A. 可以全额保税　　B. 可以差额保税

C. 不可以保税　　D. 有时可以全额保税，有时可以差额保税

7. 进料加工是指(　　)进口部分原材料、零部件、元器件、包装物料、辅助材料(简称料件)加工成品或半成品后销往国外的一种贸易方式。

A. 国外客户购买后提供给有关经营单位

B. 可由国外客户购买后提供也可由我国有关经营单位用外汇购买

C. 我国加工单位用外汇购买

D. 我国有关经营单位用外汇购买

8. 在国际贸易中，我们经常采取一种有别于通常的代理销售的贸易方式，是指委托人(货主)先将货物运往拟销售地点，委托国外一个代销人(受托人)，按照协议规定的条件，由代销人代替货主进行销售，在货物售出后，由代销人向货主结算货款，这种贸易方式称为(　　)。

A. 包销　　B. 代理　　C. 寄售　　D. 拍卖

9. 拍卖的特点是(　　)。

A. 卖主之间的竞争　　B. 买主之间的竞争

C. 买主与卖主之间的竞争　　D. 拍卖行与拍卖行之间的竞争

10. 属于公开竞买的贸易方式是(　　)。

A. 寄售　　B. 拍卖　　C. 包销　　D. 代理

11. 投标人发出的标书是一项(　　)。

A. 不可撤销的发盘　B. 可撤销的发盘
C. 可随时修改的发盘　D. 有条件的发盘

12. 某进出口公司6月间在现货市场上出售钢板一批，进货价为每吨1 150美元，9月份交货，为了避免市场价格下跌的风险，该公司以相同价格和数量在期货市场购进9月份交割的期货合同，这种做法被称为(　　)。
A. 卖期保值　B. 买期保值　C. 多头　D. 空头

13. 加工贸易属于(　　)的范畴。
A. 技术贸易　B. 货物贸易　C. 服务贸易　D. 信息贸易

14. 来料加工和进料加工(　　)。
A. 均是一笔交易　B. 均是两笔交易
C. 前者是一笔交易，后者是两笔交易　D. 前者是两笔交易，后者是一笔交易

15. 以材料或半成品委托他人加工而付给的加工费用，称为(　　)。
A. 料件费　B. 利润　C. 成本　D. 工缴费

16. 招标公告出来后，研究并编写标书处于招标、投标的(　　)阶段。
A. 招标　B. 投标　C. 开标　D. 中标

17. 寄售协议中双方当事人之间的关系属于(　　)。
A. 代理关系　B. 买卖关系　C. 委托与受托关系　D. 上下级关系

18. 补偿贸易是买方以(　　)形式从卖方购进机器设备等。
A. 赊销　B. 代销　C. 返销　D. 信贷

19. (　　)是指租赁公司购置设备，出租给承租人使用，出租人负责维修、保养和零部件更换等工作，承租人所付租金包括维修费。
A. 经营租赁　B. 转租租赁　C. 回租租赁　D. 金融租赁

20. 寄售人与代销人之间是(　　)。
A. 委托与托受关系　B. 买卖关系　C. 包销代理关系　D. 一般经销关系

21. "投机商人预计未来价格将出现上涨时，先买进期货合同，等价格上涨后再卖出对冲，从中获利"的投机行为称为(　　)。
A. 出头　B. 多头　C. 进头　D. 空头

22. 寄售情况下，代销人(　　)。
A. 与寄售人各承担销售费用的50%　B. 独立承担销售费用
C. 不承担任何销售费用　D. 与寄售人共同协商各自承担的比例

23. "荷兰式拍卖"是一种(　　)。
A. 增价拍卖　B. 减价拍卖　C. 密封递价拍卖　D. 招标式拍卖

24. "投机商人预计未来价格将出现下跌时，先抛出期货合同，等价格下跌到一定程度再补进对冲，从中赚取差价"的投机行为称为(　　)。
A. 出头　B. 空头　C. 进头　D. 多头

25. (　　)又称融资性租赁，是指承租人选定机器设备，由出租人购置后出租给承租人使用，承租人按期交付租金。
A. 经营租赁　B. 转租租赁　C. 回租租赁　D. 金融租赁

26. 补偿贸易是指在(　　)的基础上，进口机器设备、器材或技术，而用该进口机器设备和技术生产的产品来分期偿还进口货物的全部或一部分的货款。
A. 赊销　B. 代销　C. 返销　D. 信贷

27. 回购在我国又称为(　　)。
A. 寄售　B. 拍卖　C. 包销　D. 补偿贸易

28. 在进料加工与来料加工这两种方式中(　　)。
A. 两者都不需要支付外汇　B. 两者都需要支付外汇
C. 来料加工时加工方需支付来料的外汇　D. 进料加工时加工方需支付进料的外汇

二、多项选择题(下列每题的选项中,至少有 2 个是正确的,请将其代号填在括号内)

1. 代理中,代理人不妥当的行为有(　　)。

A. 向委托人公开一切重要过程

B. 向委托人公开买主的有关资料

C. 未经委托人的允许,充当买主的代理人

D. 决定接受订单

E. 未经委托人的授权,代理人对所代销的商品给买主保证和承诺

2. 当代国际博览会和国际展览会具有的性质有(　　)。

A. 商品交易　B. 介绍产品　C. 介绍技术　D. 广告宣传

E. 开拓市场

3. 投标文件的内容一般包括(　　)。

A. 投标价格　B. 商品的各项交易条件

C. 用于评标的技术性能指标　D. 投标人的资格文件

E. 投标担保

4. (　　)商品适于减价拍卖。

A. 花卉　B. 蔬菜　C. 古董　D. 工艺品

E. 观赏鱼类

5. 对等贸易的具体形式有(　　)。

A. 易货贸易　B. 互购　C. 加工贸易　D. 产品回购

E. 套期保值

6. 加工贸易包括(　　)加工。

A. 来料　B. 租赁贸易　C. 进料　D. 寄售

E. 展卖

7. 加工贸易的特征有(　　)。

A. 经营企业和生产企业不承担风险　B. 两头在外

C. 加工增值　D. 物件保税

E. 无需政府补贴

8. 加工贸易货物的特点有(　　)。

A. 独家经营

B. 利用进口料件加工的成品必须复运出境

C. 加工企业总经销

D. 出口成品与进口料件直接相关,是对进口料件本身进行加工得到的产品

E. 暂免纳税

9. 来料加工的主要特点有(　　)。

A. 由外商提供全部或部分料件,不占用我方外汇

B. 料件进口和成品出口不是同一客户

C. 来料加工出口的成品,由外商自行销售

D. 我方只收取工缴费

E. 外商提供的进口料件和加工的成品,我方不拥有所有权

10. 进料加工合同可分为(　　)。

A. 来料加工合同　B. 备料加工合同

C. 出料加工合同　D. 进料加工对口合同

E. 进料加工非对口合同

11. 国际贸易的主要方式有(　　)。

A. 代理　B. 期货交易　C. 加工贸易　D. 拍卖

E. 报关

12. 独家经销是指经销商在(　　)享有独家专营权。
A. 协议规定的期限　B. 协议规定的地域　C. 所有商品　D. 某一类商品
E. 终生
13. 寄售方式的主要优点有(　　)。
A. 有利于利用国外的销售渠道和调动国外代销人推销商品的积极性
B. 为买主提供了便利,有助于调动国外买方订购商品的积极性
C. 有利于开拓市场和扩大销路
D. 有利于寄售人的资金周转
E. 有利于随行就市和提高出售价格
14. 拍卖经过的程序有(　　)。
A. 拍卖准备　B. 预先看货　C. 正式拍卖　D. 成交与交货
E. 付款与提货
15. 国际竞争性招标的做法有(　　)。
A. 公开招标　B. 选择性招标　C. 无限竞争性招标　D. 有限竞争性招标
E. 以上都是
16. 补偿贸易的种类很多,按补偿的内容来划分,主要的补偿方法有(　　)。
A. 以直接产品补偿　B. 以其他产品补偿　C. 以劳务补偿　D. 以外汇补偿
E. 以利润补偿
17. 对等贸易有(　　)。
A. 易货贸易　B. 补偿贸易　C. 互购方式　D. 寄售方式
E. 来料加工
18. 下列关于招标业务的描述中,正确的有(　　)。
A. 招标业务双方当事人之间为买卖关系
B. 招标、投标属于竞卖性质
C. 招标业务中一般没有还盘环节
D. 在招标过程中,投标人一般处于被动地位
E. 招投标文件即为当事人双方的买卖合同,无需另外签订
19. 下列关于拍卖业务的描述中,恰当的有(　　)。
A. 拍卖是一种公开竞买的现货交易
B. 参与拍卖的买主,一般须向拍卖机构缴存一定数额的保证金
C. 拍卖有自己的法律和规章
D. 拍卖是在一定的场所内有组织地进行的
E. 拍卖是一种不太常见、很少使用的贸易方式
20. 根据协议,获得某地区商品专营权的有(　　)。
A. 寄售商　B. 包销商　C. 独家代理商　D. 拍卖商
E. 独家经销商
21. 在寄售协议中,应具体规定寄售货物的作价办法,寄售人通常采取的授权代销人掌握价格的办法有(　　)。
A. 规定最低限价　B. 规定最高限价
C. 按当地市价出售　D. 销售价格必须征得寄售人的同意
E. 销售价格必须征得代销人的同意
22. 开展展卖业务时应注意(　　)。
A. 选择适当的展卖商品　B. 选择好合作的客户
C. 尽量拉长展出的时间　D. 选择合适的展出地点
E. 选择适当的展卖时机
23. 进料加工的主要特点有(　　)。

A. 外汇购买、产品外销　　B. 自行生产、自行销售

C. 自负盈亏，风险自担　　D. 我方只收取工缴费

E. 外商提供的进口料件和加工的成品，我方不拥有所有权

24. 采用独家经销方式对出口商带来的不利因素有(　　)。

A. 国外客户可分散经营、相互竞争

B. 可能出现“包而不销”的情况，从而给出口商带来不利的影响

C. 独家经销商有可能操纵价格、控制市场，对出口商供应的商品故意挑剔或进行压价

D. 一旦市场情况发生变化，独家经销商不积极销售产品，对市场开拓造成被动

E. 稳定的出口货源，调动独家经销商的积极性

25. 拍卖的出价方法通常有(　　)。

A. 公开竞买法　　B. 有限竞买法　　C. 增价拍卖法　　D. 减价拍卖法

E. 密封递价法

26. 期货市场的特征有(　　)。

A. 以标准合同作为交易的客体　　B. 特殊的清算方法

C. 严格的押金制度　　D. 对每天价格波动幅度有一定限制

E. 对每个人允许占有的合同量有一定限制

**三、判断题(判断下列各题是否正确。正确的在题后的括号内打“√”，错误的打“×”。)**

1. 一般经销与包销的不同之处在于：一般经销人享有专营权，而包销人则不享有专营权。(　　)

2. 来料加工方式中，料件和加工后成品的所有权属于外商，而不属于来料加工厂。(　　)

3. 进料加工是指进口料件由经营企业付汇进口，制成品由经营企业外销出口的经营活动。(　　)

4. 一般来说，展览会是定期和有固定地点的，而博览会则是不定期和没有固定地点的。(　　)

5. 从交易规章制度上看，套期保值交易通常要受到交易量的限制，而投机性交易却不受交易量的限制。(　　)

6. 互购贸易是把先后两笔不一定等值的现汇交易结合在一起，一般对后出口一方比较有利。(　　)

7. 补偿贸易中，贸易双方都十分关心生产情况，机器设备和技术的出口方必须承诺回购进口方的产品和服务。(　　)

8. 在对等贸易中，一方既是买方，又是卖方，双方都是既买又卖。(　　)

9. 寄售中的双方当事人是买卖关系。(　　)

10. 代理人在一定时期内推销的商品有一个最高代销额。(　　)

11. 寄售是先出运，后成交的贸易方式，属于现货买卖。(　　)

12. 寄售是先出运，后成交的贸易方式，属于期货买卖。(　　)

13. 在寄售协议中，不能对寄售期限、委托寄售的商品及销售的地区作出明确的规定。(　　)

14. 买主叫价拍卖，也称为荷兰式拍卖。(　　)

15. 招标人发出的标书，在送达投标人时失效。(　　)

16. 招标与投标同一般进出口贸易方式的做法不同，采用这种方式，双方当事人不必经过交易磋商，而是由各投标人应邀同时采取一次递价的办法。(　　)

17. 期货交易都是先清算，后成交。(　　)

18. 套期保值的基本做法是期货交易者在购进(或出售)现货的同时，在期货市场上出售(或购进)同等数量的期货。(　　)

19. 卖期保值是指套期保值根据现货交易情况，先在期货市场上卖出期货合同(或称建立空头交易部位)，然后再以多头进行平仓的做法。由于保值者处于卖方地位，所以称其为卖期保值。(　　)

20. 金融租赁是指承租人选定机器设备，由出租人购置后出租给承租人使用，承租人按期交付租金。(　　)

21. 采用寄售方式，寄售人要承担待售货物出售前的一切风险，其中包括货物在运输和储存中的风险、价格变动的风险、货物不能出售的风险，以及代销人资信不佳而招致的其他损失。(　　)

22. 由于出口商将独家经销权给了独家经销商，一旦市场情况发生变化，独家经销商不积极销售产品，

出口商又不能同其他客户联系成交，对市场开拓造成很大被动。 （　）

23. 外发加工是指加工贸易企业将保税进口料件加工的产品转至另一加工贸易企业进一步加工后复出口的经营活动。 （　）

24. 在加工贸易中，承揽企业是指与经营企业签订加工合同，承接经营企业委托的外发加工业务的生产企业。承揽企业须经海关注册登记，具有相应的加工生产能力。 （　）

25. 回租租赁均为融资租赁。标的物的售价将分摊在各期租金中。故在回租租赁业务中，标的物的售价往往并不反映真正的市场价，而更多取决于承租人所需资金的数额。当然也不可能超过其真正的市场价。 （　）

26. 按国际招标惯例，如招标人在评标过程中认为所有的投标均不理想从而不想选定中标人，也可宣布招标失败，拒绝全部投标。 （　）

27. 单位耗料量是指加工贸易企业在正常生产条件下加工生产单位出口成品所耗用的进口料件的数量，简称单耗。 （　）

28. 加工贸易货物仅指加工贸易项下的进口料件。 （　）

29. 加工贸易料件的保税可以降低企业的运行成本，增强出口成本的竞争力。 （　）

30. 独家经销时，若独家经销商资信不佳，在经销时同时经销其他企业的同类商品，使他无法专心经营约定的商品和经营能力有限，就可能出现“包而不销”的情况，从而给出口商带来不利的影响。 （　）

31. 在国际贸易中，商业上的经销是指委托人授权代理人代表他向第三者招揽生意，签订合同或办理与交易有关的各项事宜。 （　）

32.拍卖行为交易的达成提供了服务，它要收取一定的报酬。收取的报酬称为佣金或经纪费。 （　）

33.随着信息技术的推广应用，利用互联网的信息传播优势，开展网上会展是展卖方式的一个新的应用平台。 （　）

34. 易货贸易的优点是以进带出，也可利用出口带动进口。 （　）

35. 招标人一般不接受两个或两个以上并列厂商的投标。 （　）

# 第四章 国际贸易进出口合同的主要条款

## 考试大纲

1. 进出口合同概要

了解：进出口合同概要

- 书面合同的形式、书面合同的内容、书面合同的格式

2. 进出口合同的条款

掌握：

- 进出口合同中品质、数量、包装、价格、装运、运输保险、支付、商品检验检疫、索赔、不可抗力、仲裁条款的主要内容、约定、使用时的注意事项

## 典型习题

**一、单项选择题(下列每题的选项中，只有1个是正确的，请将其代号填在括号内)**

1. 常用的指示性标志中"怕热"的标志为(　　)。

A.　　B.　　C.　　D.

2. 凡没有正当理由不履行合同中的全部或部分允诺者，均构成(　　)。

A. 失信　B. 仲裁　C. 索赔　D. 违约

3. 国际货物买卖合同的标的物是(　　)。

A. 股票　B. 债券　C. 票据　D. 有形商品

4. 卖方按照原价给予买方一定百分比的减让，即在价格上给予适当的优惠，这是(　　)。

A. 佣金　B. 折扣　C. 预付款　D. 订金

5. 一批货物在海运途中发生承保范围内的损失，其修理费用超过修复后的价值，这种损失属于(　　)。

A. 共同海损　B. 单独海损　C. 实际全损　D. 推定全损

6. 对于质量难以标准化、规格化的手工艺品、服装、矿产品等商品适合采用的品质表示方法是(　　)。

A. 凭样品买卖　B. 凭商标或牌号买卖

C. 凭规格买卖　D. 凭说明书买卖

7. 一般来说，有特色的名优产品宜于(　　)。

A. 凭样品买卖　B. 凭商标或牌号买卖

C. 凭规格买卖　D. 凭说明书买卖

8. 卖方按照买方提供的样品，复制一个类似的产品交买方确认，确认后的样品被称为(　　)。

A. 封样　B. 色彩样品　C. 参考样品　D. 对等样品

9. 我国的度量衡制度采用的是(　　)。

A. 英制　B. 公制　C. 美制　D. 国际单位制

10. 我国某外贸公司出口玉米约1 000吨，根据《跟单信用证统一惯例》规定，该公司发货时，最多可以装运(　　)吨。

A. 900　B. 1 000　C. 1 200　D. 1 100

11. 生丝、羊毛等商品的计重方法应该为(　　)。

A. 毛重　B. 净重　C. 公量　D. 理论重量

12. 商品包装应该尽量不用(　　)。

A. 袋装包装　B. 桶型包装　C. 木箱包装　D. 纸箱包装

13. "禁止翻滚"属于(　　)。

A. 运输标志　B. 唛头　C. 指示性标志　D. 危险品标志

14. 运输标志是指(　　)。

A. 商品外包装上的标志　B. 商品内包装上的标志

C. 运输工具上的标志　D. 待运货场的标志

15. 在固定的航线运行,固定的港口停靠,并按事先公布的航期表营运,事先公布的运价表收费的运输方式是(　　)。

A. 租船运输　B. 班轮运输　C. 定程租船运输　D. 定期租船运输

16. 在班轮运价表内标示"W/M"表示(　　)。

A. 按货物重量计价

B. 按货物体积计价

C. 按货物质量计价

D. 按货物重量或体积收费较高者计算单位运价

17. 在班轮运价表内标示"W"表示(　　)。

A. 按货物重量计价

B. 按货物体积计价

C. 按货物容积计价

D. 按货物重量或体积收费较高者计算单位运价

18. 在班轮运价表内标示"M"表示(　　)。

A. 按货物重量计价

B. 按货物体积计价

C. 按货物质量计价

D. 按货物重量或体积收费较高者计算单位运价

19. 在国际货物运输中,对需要进行拼箱处理的货物,一般需由承运人在(　　)负责将不同发货人的货物拼装在一个集装箱。

A. 集装箱堆场　B. 集装箱货运站　C. 发货人仓库　D. 码头

20. 我国海运货物保险条款中,不能单独投保的险别是(　　)。

A. 平安险　B. 水渍险　C. 一切险　D. 战争险

21. (　　)是一种物权凭证,此单据的合法持有人可以凭单请求承运人无条件交付货物。

A. 海上货运单　B. 海运提单　C. 航空运单　D. 邮包收据

22.《联合国国际货物销售合同公约》于(　　)生效。

A. 2005 年 4 月 1 日　B. 2000 年 1 月 1 日　C. 1990 年 1 月 1 日　D. 1988 年 1 月 1 日

23. 海运提单之所以能够向银行办理抵押贷款,是因为(　　)。

A. 海运提单是承运人签发的货物收据

B. 海运提单不可以转让

C. 海运提单是运输契约的证明

D. 海运提单具有物权凭证的性质

24. 既有自愿性,又有强制性的解决争议的方式是(　　)。

A. 协商　B. 调解　C. 诉讼　D. 仲裁

25. 在班轮运费的基本运费计收标准中,若按货物的毛重计收,则在运价表内用字母(　　)表示。

A. W　B. M　C. AV　D. W/M

26. 速遣费是指负责装卸货物的一方,在约定的装卸时间内提前完成装卸任务,则可以从(　　)取得奖金。

A. 买方　B. 卖方　C. 船方　D. 保险公司

27. 提单按收货人的抬头进行分类，可以分为（ ）。

A. 记名提单、不记名提单与指示提单

B. 清洁提单与不清洁提单

C. 直达提单、转船提单与联运提单

D. 已装船提单和备运提单

28. 全损可以分为实际全损与（ ）。

A. 推定全损 B. 共同海损 C. 理论全损 D. 表面全损

29. 我国企业某商品对外商报价不含佣金 CIF 价为每吨2 300美元，后外商要求报 CIFC 5%的价格，如果要保证我国企业的净收入保持不变，则对外改报的含佣金价格为（ ）美元。

A. 2 396.5 B. 2 421.1 C. 2 594.8 D. 2 831.7

30. 负责装卸货物的一方，如未按约定的装卸时间与装卸率完成装卸任务，需要向船方缴纳延误船期的罚款，此项罚款称为（ ）。

A. 速遣费 B. 拥挤费 C. 滞期费 D. 滞纳金

31. 提单按是否有不良批注进行分类，可以分为（ ）。

A. 记名提单、不记名提单和指示提单 B. 清洁提单和不清洁提单

C. 直达提单、转船提单和联运提单 D. 已装船提单和备运提单

32. 我国企业某商品对外商报价为含佣金 CIFC 5%为每吨 7 800 美元，后外商要求报不含佣金的净价，如果要保证我国企业的净收入保持不变，则对外改报不含佣金价格为（ ）美元。

A. 7 260 B. 7 410 C. 7 560 D. 7 620

33. 合同的约首可包括（ ）。

A. 商品品质 B. 合同签订的日期和地点

C. 商品数量 D. 商品包装

34. 卖方根据买方提供的样品加工复制出一个类似的样品供买方确认，经确认的样品称为（ ）。

A. 复样 B. 回样 C. 参考样品 D. 卖方样品

35. 在国际贸易中，对技术型产品表示品质的方法是（ ）。

A. 凭规格买卖 B. 凭样品买卖 C. 凭说明书买卖 D. 凭商标或牌号买卖

36. 对工业制成品交易，一般品质条款中灵活制定品质指标，通常使用（ ）。

A. 品质公差 B. 品质机动幅度

C. 交货品质与样品大体相等 D. 规定一个约量

37. 对一些质量不太稳定的初级产品，在规定品质条款时，其灵活制定品质指标常用（ ）。

A. 品质公差 B. 品质机动幅度

C. 交货品质与样品大体相等 D. 规定一个约量

38. 在国际贸易中最常见的计量办法是（ ）。

A. 毛重 B. 公量 C. 理论重量 D. 法定重量

39. 按照国际贸易惯例，在合同中不作规定时运输标志的提供方一般是（ ）。

A. 开证行 B. 卖方 C. 买方 D. 船方

40. 对于大批量交易的散装货，因较难掌握商品的数量，通常在合同中规定（ ）。

A. 品质公差条款 B. 溢短装条款 C. 立即装运条款 D. 仓至仓条款

41. 我国某进出口公司拟向美国客商出口服装一批，在洽谈合同条款时，就服装的款式可要求买方提供（ ）。

A. 样品 B. 规格 C. 商标 D. 产地

42. 在国际贸易中，通常由（ ）收取佣金。

A. 卖方 B. 买方 C. 船方 D. 中间商

43. 下列术语中表示含佣价的是（ ）。

A. FOBS B. FOBT C. FOBST D. FOBC

44. 班轮运输的运费应该包括（ ）。

A. 装卸费，不计滞期费、速遣费　B. 装卸费，但计滞期费、速遣费
C. 卸货费和滞期费，不计速遣费　D. 卸货费和速遣费，不计滞期费

45. 在进出口业务中，能够作为物权凭证的运输单据是(　　)。
A. 铁路运单　B. 海运提单　C. 航空运单　D. 邮包收据

46. 必须经背书才能进行转让的提单是(　　)。
A. 记名提单　B. 不记名提单　C. 指示提单　D. 海运单

47. 国际货物运输中最常见的运输方式是(　　)。
A. 海洋运输　B. 航空运输　C. 铁路运输　D. 邮政运输

48. 签发多式联运提单的承运人的责任是(　　)。
A. 只对第一程运输负责　B. 必须对全程运输负责
C. 对运输不负责　D. 只对最后一程运输负责

49. 被称为集装箱的标准箱位(TEU)的是(　　)英尺的集装箱。
A. 10　B. 20　C. 30　D. 40

50. 买卖双方成交1 000台设备，L/C规定可以分批装运，并规定第一批交600台，第二批交400台，那么(　　)。
A. 只要货物已备好，可以将1 000台一次装运
B. 只能按规定先交600台，后交400台
C. 只要数量相符，可以先交400台，后交600台
D. 可以先交500台，后交500台

51. 按国际保险市场惯例，投保金额通常在CIF总值的基础上(　　)。
A. 加一成　B. 加二成　C. 加三成　D. 加四成

52. "仓至仓"条款是(　　)。
A. 承运人负责运输起讫的条款　B. 保险人负责保险责任起讫的条款
C. 出口人负责缴获责任起讫的条款　D. 进口人负责付款责任起讫的条款

53. CIC"特殊附加险"是指在特殊情况下，要求保险公司承保的险别，(　　)。
A. 一般可以单独投保
B. 不能单独投保
C. 可单独投保两项以上
D. 在被保险人同意的情况下，可以单独投保

54. 有一批出口服装，在海上运输途中，因船体触礁导致服装严重受浸，如果将这批服装漂洗后再运至原定目的港所花费的费用已超过服装的保险价值，这批服装应属于(　　)。
A. 共同海损　B. 实际全损　C. 推定全损　D. 部分海损

55. 交付的货物包装完好但存在质量问题，在多数情况下，应该向(　　)索赔。
A. 保险公司　B. 买方　C. 卖方　D. 承运人

56. 用班轮运输货物，在规定运费计收标准时，如果采用"A.V"的规定办法，则表示(　　)。
A. 按货物的毛重计收　B. 按货物的体积计收
C. 按货物的件数计收　D. 按货物的FOB价格计收

57. 按照货物重量或体积或价值三者中较高的一种计收，运价表内以(　　)表示。
A. "W/M"　B. "W/M plus Ad Val"
C. "W/M or Ad Val"　D. "Ad Val"

58. 合同的正文可以包括(　　)。
A. 商品数量　B. 合同签订的日期和地点
C. 当事人名称和地址　D. 使用的文字

59. 在FOB术语的外贸合同中，货物数量的机动幅度为10%，该机动幅度的决定权在(　　)。
A. 买方　B. 卖方　C. 出口地海关　D. 进口地海关

60. 清洁提单是指(　　)。

A. 提单表面整洁　B. 轮船表面整洁　C. 货物表面完好　D. 运费已结清

61. 我国海运货物基本险的责任时间起始点为(　　)。

A. 起运港发货人的仓库起运时　B. 起运港承运人的仓库起运时

C. 装上起运港承运货船时　D. 起运港承运货船起航时

62. 我国海运货物战争险的责任时间起讫点为(　　)。

A. 仓至仓　B. 港到港　C. 门到门　D. 船到船

63. 我国海运保险中的"水渍险"承保(　　)。

A. 由于海浪污染导致货物损失的风险

B. 由于货物中的液体污染导致货物损失的风险

C. 由于海上一般外来风险导致的全部损失

D. 由于海上风险导致的全部损失和部分损失

64. 下列我国CIF出口合同的保险条款中,写法正确的是(　　)。

A. 卖方投保平安险、一切险　B. 卖方投保一切险

C. 买方投保平安险、一切险　D. 买方投保一切险

65. 大路货是指(　　)。

A. 适于商销　B. 上好品质　C. 质量劣等　D. 良好平均品质

66. 定牌中性包装是指(　　)。

A. 在商品本身及其包装上使用买方指定的商标/牌号,但不表明产地

B. 在商品本身及其包装上使用买方指定的商标/牌号,也表明产地

C. 在商品本身及其包装上不使用买方指定的商标/牌号,也不表明产地

D. 在商品本身及其包装上不使用买方指定的商标/牌号,但表明产地

67. 当贸易术语采用CIF时,海运提单对运费的表示一般为(　　)。

A. Freight Prepaid　B. Freight Collect

C. Freight Pre-payable　D. Freight Unpaid

68. 在合同对外洽商过程中,如果报出的净价为1 000美元,可是对方要求3%的佣金,为了保证实收1 000美元,所报的含佣价应是(　　)美元。

A. 1 030　B. 1 000　C. 1 030.93　D. 1 100

69. 出口奥地利包装适用的颜色为(　　)。

A. 黑色　B. 蓝白相间及鲜明色彩

C. 绿色　D. 橙色

70. 代码690123456789X1的校验码为(　　)。

A. 6　B. 4　C. 2　D. 0

**二、多项选择题(下列每题的选项中,至少有2个是正确的,请将其代号填在括号内)**

1. 对商品进行了解包括:了解所采购或销售商品的(　　)及商标注册情况。

A. 性能　B. 生产工艺流程和生产设备的性能

C. 属性　D. 包装要求

E. 使用说明

2. 谈判的过程中,主要商谈合同的(　　)条款。

A. 商品品质　B. 价格　C. 支付条件　D. 商品的数量

E. 运输条款

3. 合同中规定了数量机动幅度,可以行使溢短装选择权的有(　　)。

A. 卖方　B. 买方

C. 船方　D. 安排舱容及装载货物的一方

E. 保险公司

4. 谈判中,要将(　　)等仲裁条款的项目逐一列明。

A. 仲裁时间　B. 仲裁机构　C. 仲裁地点　D. 仲裁程序

E. 仲裁方法

5. 仲裁的特点包括(　　)。

A. 以当事人自愿为基础

B. 任何仲裁机构不受理没有仲裁协议的案件

C. 排除法院对争议案件的管辖权

D. 仲裁裁决是终局的,对双方均有约束力

E. 仲裁协议必须在争议发生之前达成

6. 便于消费者识别的包装有(　　)。

A. 透明包装　　B. 携带式包装　　C. 易开包装　　D. 开窗包装

E. 习惯包装

7. 运输标志的主要内容包括(　　)。

A. 收货人的名称代号　　B. 目的地名称　　C. 件号　　D. 切勿倾倒标志

E. 易燃品标志

8. 集合运输包装包括(　　)。

A. 托盘　　B. 集装包　　C. 集装袋　　D. 集装箱

E. 箱型包装

9. 班轮运输的特点有(　　)。

A. 行驶航线及停靠港口固定　　B. 开航及到港时间较固定

C. 运费率相对固定　　D. 装卸费由船方负担

E. 承运货物较灵活,尤其适用于少量货物及杂货运输

10. 在采用净重计重时,计算包装的重量的方法有(　　)。

A. 实际皮重　　B. 平均皮重　　C. 习惯皮重　　D. 约定皮重

E. 理论皮重

11. 包装装潢的功能有(　　)。

A. 保护产品　　B. 方便使用　　C. 美化产品　　D. 推销产品

E. 防伪

12. 运输包装的主要作用在于(　　)。

A. 保护商品　　B. 便于运输与储存　　C. 便于销售　　D. 美化商品

E. 防止在装卸过程中发生货损货差

13. RFID 技术使用的优点有(　　)。

A. 需要光源,不可以透过外部材料读取数据

B. 标签芯片与自带天线全封闭,能在恶劣环境下工作

C. 具有小、薄、柔韧性、可植入多种材料内部的特性

D. 读取距离比条码更远

E. 可以写入及存取数据

14. 运输包装上的标志,按其用途可以分为(　　)。

A. 运输标志　　B. 原产地标志　　C. 销售商标志　　D. 指示性标志

E. 警告性标志

15. 进出口结付汇单据中的发票主要有(　　)。

A. 商业发票　　B. 海关发票　　C. 领事发票　　D. 厂商发票

E. 形式发票

16. 在规定国际货物买卖合同中的标的物条款时,应注意(　　)。

A. 必须明确、具体　　B. 针对商品实际作出实事求是的规定

C. 尽可能使用国际上通用的名称　　D. 注意选用合适的品名

E. 尽可能使用原产地名称

17. 为了使销售包装适应国际市场的需要,在设计和制作销售包装时,应体现(　　)的要求。

A. 便于陈列展售 B. 便于携带和使用 C. 要有艺术吸引力 D. 具有较大容量
E. 便于识别商品

18. 合同的结构可以由(　　)组成。
A. 约首 B. 正文 C. 约尾 D. 合同的份数
E. 当事人

19. 以实物表示商品品质的方法有(　　)。
A. 看货买卖 B. 凭样品买卖 C. 凭规格买卖 D. 凭等级买卖
E. 凭标准买卖

20. 在国际贸易中,按样品提供者的不同可分为(　　)。
A. 凭卖方样品买卖 B. 凭买方样品买卖
C. 凭照片买卖 D. 凭图样买卖
E. 凭参考样品买卖

21. 对等样品又称(　　)。
A. 复样 B. 回样 C. 确认样品 D. 卖方样品
E. 买方样品

22. 用以说明表示商品品质的方法有(　　)。
A. 凭规格买卖 B. 凭等级买卖 C. 凭标准买卖 D. 凭说明书买卖
E. 凭商标或品牌买卖

23. 目前,国际贸易中通常使用的度量衡制度有(　　)。
A. 公制 B. 英制 C. 美制 D. 国际单位制
E. 市制

24. 唛头的主要内容有(　　)。
A. 目的地的名称或代号 B. 收、发货人的代号
C. 件号、批号 D. 许可证号
E. 信用证号

25. 班轮运输的特点有(　　)。
A. 定线、定港、定期和相对稳定的运费费率
B. 适合大宗货物运输
C. 由船方负责对货物的装卸,运费中包括装卸费,不规定滞期、速遣条款
D. 承运货物的品种、数量较为灵活
E. 双方权利、义务和责任豁免以船公司签发的提单的有关规定为依据

26. 按提单对货物表面状况有无不良批注,可分为(　　)。
A. 清洁提单 B. 不清洁提单 C. 记名提单 D. 不记名提单
E. 正本提单

27. 海运提单的性质与作用主要有(　　)。
A. 是海运单据的唯一表现形式
B. 是承运人或其代理人出具的货物收据
C. 是代表货物所有权的凭证
D. 是承运人与托运人之间订立的运输契约的证明
E. 是承运人与托运人之间订立的运输契约

28. 租船运输包括(　　)。
A. 定期租船 B. 集装箱运输 C. 班轮运输 D. 定程租船
E. 航次租船

29. 班轮运价的计算标准有(　　)。
A. 按货物的毛重计收 B. 按毛重或体积择高计收
C. 按货物的件数计收 D. 从价运费

E. 按货物的体积计收

30. 构成国际多式联运应具备的条件有（ ）。

A. 必须要有一份多式联运合同

B. 必须是至少两种不同运输方式的连贯运输

C. 必须是国际货物运输

D. 必须是全程单一的运费费率

E. 使用一份包括全程多式联运单据并有一个多式联运经营人对全程运输负责

31. 共同海损的构成条件有（ ）。

A. 必须确有共同危险

B. 采取的措施是有意的、合理的

C. 牺牲和费用的支出是非常性质的

D. 有关措施由货主决定

E. 构成共同海损的牺牲和费用的开支最终必须是有效的

32. 商检证书的作用有（ ）。

A. 是证明卖方所交货物符合合同规定的依据

B. 是海关放行的依据

C. 是卖方办理货款结算的依据

D. 是办理索赔和理赔的依据

E. 是船方装船的依据

33. 构成不可抗力事件的要件有（ ）。

A. 事件发生在合同签订后

B. 不是由于当事人的故意或过失所造成的

C. 事件的发生及其造成的后果是当事人无法预见、控制、避免或克服的

D. 不可抗力是免责条款

E. 事件发生在合同签订之前

34. 表示品质方法的分类可归纳为（ ）。

A. 凭样品表示商品的品质　　B. 凭实物表示商品的品质

C. 凭说明表示商品的品质　　D. 凭商标表示商品的品质

E. 凭产地表示商品的品质

35. 集合运输包装可以分为（ ）。

A. 集装袋　　B. 集装包　　C. 集装箱　　D. 托盘

E. 桶装

36. 佣金的表示方法有（ ）。

A. 在价格中表明所含佣金的百分比　　B. 用字母“C”表示

C. 用字母“R”表示　　D. 用字母“D”表示

E. 用字母“P”表示

37. 以下我方出口单价写法正确的是（ ）。

A. 每打 50 港元 FOB 东京　　B. 每套 100 美元 CIFC3%香港

C. 每台 36 英镑 CFR 大连　　D. 每桶3 000日元 FOB 沈阳

E. 每套 100 美元 FOB 旧金山

38. CIPC 3%所涉及的费用通常有（ ）。

A. 运输费用　　B. 运输保险费　　C. 佣金　　D. 银行费用

E. 证件费用

39. 包装的功能通常有（ ）。

A. Protection　　B. Promotion　　C. Information　　D. Convenience

E. Unitization

40. 包装的功能通常有( )。

A. 操作 B. 组合 C. 方便 D. 促销

E. 保护

**三、判断题(判断下列各题是否正确。正确的在题后的括号内打"√",错误的打"×")**

1. 国际货物买卖合同是指不同国籍的当事人之间就买卖货物所发生的权利与义务关系而达成的协议。 ( )

2. 在国际货物贸易中,卖方、供货商、出口商可以分别是不同的当事人。 ( )

3. 商品的名称、品质、数量和包装是贸易双方当事人权利、义务指向的标的,也是贸易合同的首要条款。 ( )

4. 凭规格买卖的方式中,样品应编号留存,通常应备两份,买卖双方应各保存一份,作为履约依据。 ( )

5.在合同规定的数量机动幅度范围内,货物多交少交,一般都由卖方决定,但有时也可由买方或承运人决定。 ( )

6. 不可抗力是指在合同签订后,不是由于任何一方当事人的过错,而是由于发生了能预见,但事先未采取预防措施的意外事故,以致不能履行或不能如期履行,遭受意外事故的一方,可以免除履行合同的责任或延迟履行合同,另一方也无权要求履行合同或赔偿损失。 ( )

7. 海运提单表面注明同一船只、同一航次及同一目的地的多次装运,即使其表面注明不同的装运时间与装运地点,也不视为分批装运。 ( )

8. 品质条件应明确具体,不宜采用诸如"大约"、"左右"、"合理误差"之类的笼统含糊字眼,以避免在交货的品质上引起争议。 ( )

9. 在国际贸易实践中,如买卖双方在合同中明确表示采用某项惯例时,则该项惯例对买卖双方都有约束力。 ( )

10. 约首是指合同的首部,一般包括合同名称、合同编号、缔约双方的名称和地址、签约时间、签约地点以及合同序言等内容。 ( )

11. 凡我方按 FOB 条件成交的出口合同,在货物装船前,卖方应及时向中国人民保险公司办理投保手续。 ( )

12. 在国际贸易交易过程中,买卖双方往往会由于彼此间的权利与义务问题而引起争议。争议发生后,因一方违反合同规定,直接或间接给另一方造成损失,受损方向违约方在合同规定的期限内提出赔偿要求,以弥补其所受损失,就是索赔。 ( )

13. 违约的一方,如果受理遭受损害方所提出的赔偿要求,赔付金额或实物,以及承担有关修理、加工整理等费用,或同意换货等就是理赔。 ( )

14. 对于危险物品,如易燃品、有毒品或易爆炸物品等,在外包装上必须醒目标明,以示警告,称为指示性标志。 ( )

15. 对于法定检验的进口货物,必须向卸货地或到达地的出入境检验检疫机构报验。未经检验的货物,不准销售和使用。 ( )

16. 仲裁协议必须由合同当事人在争议发生前达成,否则不能提请仲裁。 ( )

17. 国际货物买卖中,由于交易的商品种类繁多、市场交易习惯不相同,在表示商品品质的方法上也不相同。总体来说,大致可分为以实物表示和凭说明约定两大类。 ( )

18. 实行英制的国家一般采用短吨,每短吨为1 016千克。 ( )

19. 实行美制的国家一般采用长吨,每长吨为 907 千克。 ( )

20. 包装、搬运图示标志的颜色一般为黑色。 ( )

21. 我国的普惠制产地证由出入境检验检疫局签发。 ( )

22. 卖方在向国外客户寄送代表性样品时,应留存一份或数份同样的样品,以备日后交货或处理争议时核对之用,该样品称为复样。 ( )

23. 卖方根据买方提供的样品,加工复制出一个类似的样品提供买方确认,经确认后的样品叫复样。 ( )

24. 目前国际贸易实践中,单纯凭样品成交的情况很多。 ( )

25. 卖方所交货物如果多于合同规定的数量,按《联合国国际货物销售合同公约》,买方可以收取也可以拒收全部货物。 ( )

26. 包装费用一般包括在货价中,不另计收。 ( )

27. 出口贸易中,为了确切表示品质规格,最好采用既凭样品又凭规格说明的方式成交。 ( )

28. 含佣价=净价÷(1-佣金率),其中的净价一定是 FOB 净价。 ( )

29. 佣金是对中间商提供服务的报酬,而折扣则是对卖方提供的一定程度的价格优惠。 ( )

30. 正确使用折扣,可以调动买方的购买积极性,从而扩大销路。 ( )

31. 在商品价格中包括佣金时,必须要以文字说明。 ( )

32. 重量吨和尺码吨统称为运费吨。 ( )

33. 1 重量吨就是 1 吨,1 尺码吨就是 1 立方米。 ( )

34. 国际铁路货物联运的运单副本,可以作为发货人据以结算货款的凭证。 ( )

35. 班轮运费计收标准的“W/M Plus Ad Val”是指计收运费时,应选三者中较高者计收。 ( )

36. 海运单是承运人签发给托运人的货物收据,是物权凭证,可凭以向目的地承运人提货。 ( )

37. 班轮运费不包括装卸费用。 ( )

38. 在规定装运期时,不应使用“迅速”、“立即”、“尽速”或类似词句。 ( )

39. 同一票货物包装不同,其计费标准和等次也不同,如托运人未按不同包装分别列明毛重和体积,则全票货物均按收费较高者计收运费。 ( )

40. 在 CIF 和 CFR 合同中要求运费预付提单。 ( )

41. 在租船运输中,租船人与船东之间的权利、义务以租船合同为准,而不是提单。 ( )

42. 对于推定全损,应由保险公司按全部损失赔偿货物的全价。 ( )

43. 单独海损损失由受损失方自行承担。 ( )

44. 投保一切险意味着保险公司为一切风险承担赔偿责任。 ( )

45. 凡是出口商品都必须经过商检机构的检验才能出口。 ( )

46. 某商品每箱体积为 30cm×40cm×50cm,毛重为 62kgs,净重为 59kgs,如果班轮运费计收标准为 W/M,则船公司应按尺码吨计收运费。 ( )

47. 海运货物保险中的战争险责任起讫不是采用“仓至仓”,而是仅限于“水面危险”。 ( )

48. 航空运单和海运单都不是物权凭证,收货人都是凭到货通知单提货。 ( )

49. 海运提单的签发日期是指货物开始装船的日期。 ( )

50. 按我国《海洋货物运输保险条款》的规定,三种基本险和战争险责任起讫均适用“仓至仓”条款。 ( )

51. 邮政收据是邮政运输的主要单据,它既是邮局收到寄件人的邮包后所签发的凭证,也是收件人凭以提取邮件的凭证。 ( )

52. 某外贸公司按 CIF 术语出口坯布1 000包,根据合同规定投保水渍险。货在途中因船舱内淡水管道滴漏,致使该批坯布中的 200 包遭水渍,保险公司应对此负责赔偿。 ( )

53. 在出口凭样品成交业务中,为了争取国外客户,便于达成交易,出口企业应尽量选择质量最好的样品请对方确认并签订合同。 ( )

54. 出口英国包装忌用的图案是月季。 ( )

55. 出口意大利包装适用的图案是菊花。 ( )

# 第五章　国际贸易进出口合同的商定和履行

## 考试大纲

1. 交易磋商

了解：

- 交易磋商的内容和主要环节

2. 合同的订立

了解：

- 书面合同的作用、货物买卖合同的形式、合同效力、合同生效的时间、签订买卖合同应注意的事项

3. 合同的履行

掌握：

- 进出口合同的履行过程及各环节应完成的业务内容

## 典型习题

**一、单项选择题(下列每题的选项中，只有1个是正确的，请将其代号填在括号内)**

1. 某进出口公司欲进口一批货物，向日本某公司发出了要求报盘的邀请。在进出口业务中，我们称这种要求对方报盘的行为是(　　)。

A. 发盘　　B. 还盘　　C. 询盘　　D. 接受

2. 交易磋商的两个基本环节是(　　)。

A. 询盘、接受　　B. 发盘、签合同　　C. 接受、签合同　　D. 发盘、接受

3. (　　)不是构成发盘的必备条件。

A. 发盘的内容必须十分确定　　B. 主要交易条件必须齐全

C. 向一个或一个以上特定的人发出　　D. 表明发盘人承受约束的意旨

4. 在发盘生效后，发盘人以一定方式解除发盘对其的效力，这在法律上属于发盘的(　　)。

A. 撤回　　B. 撤销　　C. 改发　　D. 取消

5. 发盘的撤回与撤销的区别在于(　　)。

A. 两者均发生在发盘生效前

B. 两者均发生在发盘生效后

C. 前者发生在发盘生效后，后者发生在发盘生效前

D. 前者发生在发盘生效前，后者发生在发盘生效后

6. 某项发盘于某月15日以信函方式送达受盘人。但在送达受盘人的前一天，发盘人以传真告知受盘人发盘无效，此行为属于(　　)。

A. 一项新发盘　　B. 发盘的修改　　C. 发盘的撤回　　D. 发盘的撤销

7. 根据《联合国国际货物销售合同公约》的规定，发盘和接受的生效采取(　　)。

A. 投邮生效原则　　B. 签订书面合约原则

C. 到达生效原则　　D. 发出生效原则

8. 我公司星期一对外发盘，限该周星期五复到有效，客户于星期二回电还盘并邀我方电复。此时，国际市场价格上涨，我方未予答复。客户又于星期三来电表示接受我方星期一的发盘，在上述情况下(　　)。

A. 接受有效　　B. 接受无效

C. 如我方未提出异议,则合同成立　　D. 属有条件的接受

9. 在交易磋商中,受盘人对发盘内容的实质性变更是(　　)。

A. 发盘的邀请　　B. 有效的接受　　C. 还盘的一种形式　　D. 发盘的撤回

10. 出口的货物若是可以享受优惠贸易协定税率的商品,出口前应向我国出口原产地证书签发机构申领原产地证书,目前原产地证书签发机构有(　　)。

A. 国家出入境检验检疫局和中国国际贸易促进委员会

B. 国家出入境检验检疫局和商务部

C. 中国国际贸易促进委员会和出库单海关

D. 中国国际贸易促进委员会和外汇管理局

11. 外汇局通过货物贸易(　　),全面采集企业货物进出口和贸易外汇收支逐笔数据,定期比对、评估企业货物流与资金流总体匹配情况,便利合规企业贸易外汇收支。

A. 外汇监测系统　　B. 海关 EDI 系统　　C. 自动报检平台　　D. 原产地申领平台

12. 在磋商交易中,达成交易、合同成立的不可缺少的两个基本环节与必经的法律步骤是接受与(　　)。

A. 询盘　　B. 发盘　　C. 还盘　　D. 承诺

13. 属于金融单据的单证是(　　)。

A. 商业发票　　B. 海运提单　　C. 汇票　　D. 装箱单

14. 英国某买主向我轻工业品进出口公司来电"拟购美加净牙膏大号1 000箱,请电告最低价格、最快交货期",此来电属交易磋商的(　　)环节。

A. 发盘　　B. 询盘　　C. 还盘　　D. 接受

15. 出入境检验检疫机构对列入目录的进出口商品以及法律、行政法规规定须经出入境检验检疫机构检验的其他进出口商品实施检验,称为(　　)。

A. 法定检验　　B. 货物检验　　C. 质量检验　　D. 数量检验

16. 外汇局对不在名录进口单位和"C类进口单位"的进口付汇实行(　　)登记管理。

A. 事前　　B. 事中　　C. 事后　　D. 实时

17. 如合同未规定索赔期限,按《联合国国际货物销售合同公约》规定,买方向卖方声称货物不符合合同时限,是买方实际收到货物之日起(　　)年。

A. 1　　B. 2　　C. 3　　D. 4

18. 向船公司索赔的时限,按《海牙规则》规定,是货物到达目的港交货后(　　)年之内。

A. 半　　B. 1　　C. 2　　D. 3

19. 向保险公司索赔的时限,按中国人民保险公司制定的《海洋运输货物保险条款》规定,为被保险货物在卸载港全部卸离海轮后(　　)年内。

A. 1　　B. 2　　C. 3　　D. 4

20. 外汇局对辅导期内进口单位和"(　　)类进口单位"的进口付汇以及外汇局认定的其他业务实行事后逐笔报告管理。

A. A　　B. B　　C. C　　D. D

21. 一笔业务中,若出口销售人民币净收入与出口总成本的差额为正数,说明该笔业务为(　　)。

A. 盈　　B. 亏　　C. 平　　D. 可能盈、可能亏

22. 支付给中间商的酬金称为(　　)。

A. 预付款　　B. 折扣　　C. 佣金　　D. 订金

23. 某项发盘于某月 12 日送达受盘人,但在此前的 11 日,发盘人发传真通知受盘人,发盘无效,此行为属于(　　)。

A. 发盘的撤回　　B. 发盘的修改　　C. 一项新发盘　　D. 发盘的撤销

24. 珠宝、首饰等商品具有独特的性质,在出口确定其品质时(　　)。

A. 用样品磋商　　B. 最好用文字说明　　C. 最好看货洽谈成交　　D. 最好凭规格买卖

25. 出口合同的履行中一般不包括的环节是(　　)。

A. 备货　　B. 开证、改证

C. 报关、装船　　D. 制单、结汇

26. 一份 CIF 合同下，合同与信用证均没有规定投保何种险别，交单时保险单上反映出投保了平安险，该出口商品为易碎品，因此，(　　)。

A. 银行将拒收单据　B. 买方将拒收单据　C. 买方不接受货物　D. 银行应接受单据

27. 审核信用证的依据是(　　)。

A. 合同　B. 一整套单据　C. 开证申请书　D. 商业发票

28. 卖方可以在(　　)的情况下，催促买方开立信用证。

A. 买方未按规定时间开证　　B. 货价出现变化

C. 合同刚刚签订　　D. 卖方想迟延发货

29. 信用证修改通知书的内容在两项以上者，受益人(　　)。

A. 要么全部接受，要么全部拒绝　　B. 可选择接受

C. 必须全部接受　　D. 只能部分接受

30. 在出口业务中，对信用证的审核单位是(　　)。

A. 开证银行　　B. 进口商

C. 出口商和出口地银行　　D. 保险公司

31. 出口企业在收到信用证后，应对照合同和(　　)对信用证内容进行审核。

A.《联合国国际货物销售公约》　　B.《跟单信用证统一惯例》

C. Incoterms 2010　　D. 我国的《合同法》

32. 卖方审证后有不能接受之处应向(　　)提出修改。

A. 保兑行　B. 开证申请人　C. 通知行　D. 付款行

33. 商业发票的抬头人一般是(　　)。

A. 受益人　B. 开证申请人　C. 开证行　D. 卖方

34. 出口报关的时间应是(　　)。

A. 备货前　B. 装船前　C. 装船后　D. 货到目的港后

35. 在信用证方式下，进口方有权拒绝付款赎单的理由为(　　)。

A. 货物与合同不符　　B. 信用证与合同不符

C. 单据与信用证不符　　D. 单据与合同不符

36. 信用证的到期地点应视信用证规定而定，在我国外贸实务中，通常使用的到期地点为(　　)。

A. 出口地　B. 进口地　C. 第三地　D. 开证行所在地

37. 按惯例规定，银行开立信用证所产生的一切费用和风险应由(　　)负担。

A. 受益人　B. 申请人　C. 出口公司　D. 第三方

38. 买卖大宗货物，并采用(　　)方式时，为了加快装卸速度，减少船舶在港口停留的时间，通常在合同中规定滞期速遣条款。

A. 班轮运输　B. 定程租船　C. 定期租船　D. 光船租船

39."××公司：你方 5 日传真收悉。大号中华牙膏 1 万打，USD6/DOZ，FOB SHANGHAI，纸箱装，每箱 10 打，12 月底前装运，即期不可撤销信用证，请在 10 日前回复。(签字)"这份传真是一个(　　)。

A. 询盘　B. 发盘　C. 还盘　D. 接受

40. 在交易磋商中，受盘人对发盘内容的实质性变更是(　　)。

A. 发盘的邀请　B. 有效的接受　C. 还盘的一种形式　D. 发盘的撤回

**二、多项选择题(下列每题的选项中，至少有 2 个是正确的，请将其代号填在括号内)**

1. 构成发盘必须具备的条件有(　　)。

A. 向一个或一个以上的特定人提出　　B. 表明订立合同的意思

C. 发盘的内容必须十分确定　　D. 发盘的内容必须真实

E. 发盘人必须是卖方

2. 要约可以被撤回，但撤回通知应在要约到达受要约人(　　)到达，要约才可被撤回。

A. 之前　B. 之后　C. 之前 1 天　D. 之前 2 天

E. 同时

3. 从是否具有法律效力的角度，发盘分为(　　)。

A. 还盘　B. 实盘　C. 虚盘　D. 询盘

E. 整盘

4. 关于接受所必须具备的条件中，叙述正确的有(　　)。

A. 接受必须由受盘人作出　B. 接受的内容必须与发盘相符

C. 接受的内容必须与还盘相符　D. 必须在有效期限内接受

E. 一定要经过还盘阶段

5. 交易磋商的形式有(　　)。

A. 口头谈判　B. 信件　C. 传真　D. E-mail

E. 网上洽谈

6. 按照《联合国国际货物销售合同公约》的规定，受盘人表示接受的方式有(　　)。

A. 口头通知发盘人　B. 书面通知发盘人

C. 卖方发运货物　D. 买方开立信用证

E. 卖方催开信用证

7. 按现行政策规定，出口退税的税种有(　　)。

A. 所得税　B. 增值税　C. 营业税　D. 消费税

E. 个调税

8. 现行出口货物增值税的退(免)税方法包括(　　)。

A. 免　B. 免、退　C. 免、抵　D. 免、抵、退

E. 先征后退

9. 制作并审核结汇单据的基本原则主要有(　　)和规范。

A. 正确　B. 整洁　C. 及时　D. 完整

E. 简明

10. 发盘在被接受之前并不产生法律效力，并可在一定条件下于任何时候被终止。发盘失效的情况有(　　)。

A. 在有效期内未被接受而过期　B. 受盘人表示拒绝或还盘

C. 发盘人对发盘依法撤回或撤销　D. 法律的实施

E. 受盘人表示接受但货物未出运

11. 根据各国法律的规定，合同具备的实质要件有(　　)。

A. 合同当事人须有签约能力　B. 当事人的意思表示必须真实

C. 合同内容必须合法　D. 合同必须有对价或约因

E. 受盘人表示接受但货物未出运

12. 根据我国《合同法》第 52 条规定，有(　　)情形之一的，合同无效。

A. 一方以欺诈、胁迫的手段订立合同，损害国家利益

B. 恶意串通，损害国家、集体或者第三人利益

C. 以合法形式掩盖非法目的

D. 损害社会公共利益

E. 违反法律、行政法规的强制性规定

13. 下列各项中，属于优惠贸易协定原产地证书的有(　　)。

A.《中国—亚太贸易协定》　B.《中国—东盟自贸协定》

C.《内地与香港货物原产地规则》　D.《中国—智利自贸协定》

E.《中国—新加坡自贸协定》

14. 根据《联合国国际货物销售合同公约》的规定，发盘内容必须十分明确，即发盘中应包括(　　)等基本要素。

A. 表明货物的名称

B. 表明货物的交货时间、地点
C. 明示或默示地规定货物的数量或确定数量的方法
D. 明示或默示地规定货物的价格或确定价格的方法
E. 表明付款的时间和地点

15. 出口退税的企业范围有(　　)。
A. 对外贸易经营者
B. 没有出口经营资格委托出口的生产企业
C. 货代企业
D. 一般纳税人
E. 小额纳税人

16. 国际货物买卖中涉及的货物收付问题主要有(　　)。
A. 何时、何地交货　　B. 何时转移货物风险
C. 有关费用由谁负担　　D. 由谁负责办理货物运输、保险及通关手续
E. 交易双方交接哪些单据

17. 采用信用证付款方式签订的 CIF 合同,卖方履约所包括的环节很多,其中主要环节有(　　)。
A. 备货　　B. 催证、审证、改证　　C. 投保　　D. 租船订舱
E. 制单结汇

18. 在国际贸易中,如果卖方交货数量多于合同规定的数量,根据《联合国国际货物销售合同公约》的解释,买方可以(　　)。
A. 接受全部货物
B. 拒绝全部货物
C. 只接受合同规定货物而拒绝多交部分
D. 接受合同规定数量及多交部分中的一部分
E. 以上都对

**三、判断题(判断下列各题是否正确。正确的在题后的括号内打"√",错误的打"×")**

1. 还盘是对发盘的拒绝,还盘一经作出,原发盘即失去效力,发盘人不再受其约束。(　　)
2. 还盘在形式上不同于拒绝,但还盘和拒绝都可导致原发盘失效。(　　)
3. 在交易磋商中,接受是买方或卖方同意对方在发盘中提出的各项交易条件并愿意按照这些条件达成交易、订立合同的一种明确意思表示。(　　)
4. 询盘、发盘和接受是国际贸易合同洽商的不可缺少的步骤。(　　)
5. 接受的撤回是指在接受生效之后将接受予以撤回。(　　)
6. 凡对货物的价格、付款、质量和数量、交货地点和时间、赔偿责任范围或解决争端等的添加、限制或更改,均视为非实质上变更发盘的条件。(　　)
7. 还盘是指受盘人不完全同意发盘内容而提出修改意见或变更交易条件的一种口头或书面表示。(　　)
8. 在国际贸易中,达成一项交易的两个必不可少的环节是发盘和接受。(　　)
9. 一项有效的发盘,一旦被受盘人无条件地全部接受,合同即告成立。(　　)
10. 发盘必须明确规定有效期,未规定有效期的发盘无效。(　　)
11. 在国际贸易中,一项合同的有效成立都必须经过询盘、发盘、还盘、接受和签约五个环节。(　　)
12. 在交易磋商过程中,发盘是由卖方作出的行为,接受是由买方作出的行为。(　　)
13. 出口退税是将出口货物在国内生产、流通环节缴纳的增值税、消费税,在货物报关出口前退还给出口企业的一种税收管理制度,是一国政府对出口货物采取的一项免征或退还国内间接税的税收政策。(　　)
14. 办理出口退税的出口商包括对外贸易经营者、没有出口经营资格委托出口的生产企业、特定退(免)税的企业和人员。(　　)
15. 外贸企业货物出口后,须在规定的时间内取得相关凭证申报出口退税,否则出口的货物要视同内销

货物进行征税。

16.“免、抵、退”。“免”税是指对外贸企业出口的自产货物，免征本企业生产销售环节增值税；“抵”税是指生产企业出口自产货物所耗用的原材料、零部件、燃料、动力等所含应予退还的进项税额，抵顶内销货物的应纳税额；“退”税是指生产企业出口的自产货物在当月内应抵顶的进项税额大于应纳税额时，对未抵顶完的部分予以退税。（ ）

17. 交易磋商是签订买卖合同的必须阶段和法定程序。询盘是每笔交易必经的开端。（ ）

18. 被受盘人拒绝或还盘之后，发盘效力终止。（ ）

19. 发盘的有效期是指发盘供受盘人接受的期限，也是发盘人对发盘承受约束的期限。（ ）

20. 在还盘时，对双方已经同意的条件一般无须重复列出。（ ）

21. 在发盘后，受盘人缄默或不行动，即不作任何方式的表示，不能构成接受。（ ）

22. 现在的进出口企业一般都委托国际货运代理企业办理货物出运手续，进出口企业与国际货运代理企业双方要明确各自的权利义务，签订好出口代理协议。（ ）

23. 目前原产地证书签发机构有国家出入境检验检疫局和中国国际贸易促进委员会。（ ）

24. 出口的货物若是可以享受优惠贸易协定税率的商品，出口前应向我国出口原产地证书签发机构申领原产地证书。（ ）

25. 我国的出口退税政策实行普遍优惠与产业政策优惠相结合的原则。（ ）

26. 对外贸企业收购后出口的应税消费品实行免税。（ ）

27. 生产企业出口自产的属于应征消费税的产品，实行免征增值税办法。（ ）

28. 出口单位无论是自营出口还是代理出口，均应当使用本单位所领的核销单办理出口报关。（ ）

29. 出口货物，是指向海关报关后实际离境并销售给境外单位或个人的货物，分为自营出口货物和委托出口货物两类。（ ）

30. 生产企业，是指具有生产能力(包括加工修理修配能力)的单位或个体工商户。（ ）

31. 代理进口业务，应当由代理方负责进口、购付汇。（ ）

32. 进口货物的收货人可以在报关地和收货地委托代理报检单位报检。（ ）

33. 我某公司按 CIF 条件出口某商品，采用信用证支付方式。买方在约定时间内未开来信用证，但约定的装运期已到，为了重合同和守信用，我方仍应按期发运货物。（ ）

34. 在出口业务中，卖方履行合同的基本义务是向买方提交符合合同规定的货物。（ ）

35. 出口备货环节包括准备好应交的货物和包装、刷唛等工作。（ ）

36. 在国际贸易中，如果买方没有利用合理的机会对所收到的货物进行检验，就是放弃了检验权，也就丧失了拒收货物的权利。（ ）

37. 在国际货物买卖中，如果交易双方愿意将履约中的争议提交仲裁机构裁决，则必须在买卖合同中订立仲裁条款，否则仲裁机构不予受理。（ ）

38. 还盘在形式上不同于拒绝，但还盘和拒绝都可导致原发盘的失效。（ ）

39. 出口企业出口或视同出口适用增值税退(免)税的货物，免征消费税，如果属于购进出口的货物，退还前一环节对其已征的消费税。（ ）

40. 出口企业出口或视同出口适用增值税免税政策的货物，免征消费税，但不退还其以前环节已征的消费税，且不允许在内销应税消费品应纳消费税款中抵扣。（ ）

41. 出口企业出口或视同出口适用增值税征税政策的货物，应按规定缴纳消费税，不退还其以前环节已征的消费税，且不允许在内销应税消费品应纳消费税款中抵扣。（ ）

# 第六章　国际结算

## 考试大纲

1. 票据

了解：

- 票据的基本概念
- 汇票、本票、支票的定义
- 汇票的内容及填制
- 本票、支票必须记载的事项

掌握

- 汇票、本票、支票的种类和使用

2. 汇付

了解：

- 汇付的基本概念、种类

掌握：

- 汇付的业务程序

3. 托收

了解：

- 托收的基本概念、托收统一规则

掌握：

- 托收的业务程序

4. 信用证

了解：

- 信用证的含义及其作用、信用证的主要内容、信用证的种类、SWIFT 信用证格式、跟单信用证统一惯例

掌握：

- 信用证使用的业务程序

## 典型习题

**一、单项选择题(下列每题的选项中,只有 1 个是正确的,请将其代号填在括号内)**

1. 在国际结算中,(　　)是国内结算中所没有的一个特殊现象。

A. 对各种国际惯例的依赖　　B. 对票据的依赖

C. 结算方式的多样化　　D. 对法律的依赖

2. 在国际结算中一国货币(　　)。

A. 不可以进行跨国界活动　　B. 可以进行跨国界活动

C. 可以改变其币种的性质　　D. 可以不再遵守本国法律的约束

3. 一般而言,票据的持票人在获得付款后应当在汇票上签收,并(　　)。

A. 将汇票交给付款人　　B. 收妥汇票

C. 当面废除该汇票　　D. 继续持有

4. 可转让信用证可以转让(　　)。

A. 一次　　B. 二次　　C. 多次　　D. 无数次

5. 国际贸易的货款结算，可以采用多种支付方式，其中，建立在银行信用基础上的方式是（　　）。

A. 电汇　　B. 票汇　　C. 托收　　D. 信用证

6.（　　）又称记名背书，是指背书人除在票据背面签名外，还写明被背书人名称或其指定人。

A. 特别背书　　B. 空白背书　　C. 略式背书　　D. 不记名背书

7. 在L/C、D/P和D/A三种方式下，就卖方风险而言，其风险的顺序排列是（　　）。

A. L/C>D/P>D/A　　B. D/A>D/P>L/C

C. L/C>D/A>D/P　　D. D/P>D/A>L/C

8. T/T是指（　　）。

A. 提单　　B. 电汇　　C. 信用证　　D. 银行保函

9. 提示（　　）是指远期汇票持票人向付款人出示汇票，并要求付款人承诺付款的行为。

A. 付款　　B. 承兑　　C. 信用证　　D. 发票

10. 委托取款背书的效力是（　　）。

A. 权利转移效力、权利担保效力和权利证明效力

B. 质权设定效力、权利证明效力和权利担保效力

C. 权利转移效力、代理权授予效力和权利证明效力

D. 代理权授予效力和权利证明效力

11. 根据我国《票据法》规定，本票的最长付款期限不超过（　　）个月。

A. 1　　B. 2　　C. 3　　D. 4

12. 承兑是（　　）对远期汇票表示承担到期付款责任的行为。

A. 付款人　　B. 收款人　　C. 出口人　　D. 开证银行

13. 托收和信用证这两种支付方式使用的汇票都是商业汇票，都是通过银行收款，所以（　　）。

A. 两者都属于商业信用

B. 两者都属于银行信用

C. 托收属于银行信用，信用证属于商业信用

D. 托收属于商业信用，信用证属于银行信用

14. 信用证经保兑后，保兑行（　　）。

A. 只有在开证行没有能力付款时，才承担保证付款的责任

B. 与开证行一样，承担第一性付款责任

C. 需和开证行商议决定双方各自的责任

D. 只有在买方没有能力付款时，才承担保证付款的责任

15. 在信用证付款方式下，通知银行的职责是（　　）。

A. 只证明信用证的真实性，并不承担其他义务

B. 接受申请人委托，开立信用证

C. 买入跟单汇票并垫付资金

D. 实际支付货款

16. 信用证和货物买卖合同的关系是（　　）。

A. 信用证独立于货物买卖合同　　B. 信用证从属于货物买卖合同

C. 信用证是货物买卖合同的附件　　D. 货物买卖合同是信用证的附件

17. 根据《跟单信用证统一惯例》，信用证中承担第一付款人责任的是（　　）。

A. 通知行　　B. 议付行　　C. 开证行　　D. 进口方

18. 假远期信用证，就出口商的收汇的时间来说，等于（　　）。

A. 循环信用证　　B. 远期信用证　　C. 备用信用证　　D. 即期信用证

19. L/C与托收相结合的支付方式，其全套货运单据应（　　）。

A. 随信用证项下的汇票　　B. 随托收项下的汇票

C. 50%随信用证项下，50%随托收项下　　D. 单据与票据分列在信用证和托收汇票项下

20. 凡作成限制性背书的汇票，只能由（　　）凭票取款。

A. 其他被背书人　B. 指定的被背书人　C. 银行　D. 买方

21. 出票人签发支票时，应在付款银行存有不低于票面金额的存款。如果存款低于票面金额，这种支票被称为（　　）。

A. 空头支票　B. 划线支票　C. 现金支票　D. 转贴支票

22. 属于顺汇方法的支付方式是（　　）。

A. 汇付　B. 托收　C. 信用证　D. 银行保函

23. 托收方式下的D/P与D/A的主要区别是（　　）。

A. D/P属于跟单托收，D/A属于光票托收　B. D/P是付款后交单，D/A是承兑后交单

C. D/P是即期付款，D/A是远期付款　D. D/P风险大，D/A风险小

24. 信用证是依据买卖合同开立的，出口商要保证安全收汇，必须做到向银行（　　）。

A. 提交与买卖合同规定相符的单据

B. 提交与信用证规定相符的单据

C. 提交与买卖合同规定相符的货物

D. 提交与信用证规定相符的货物

25. 托收方式与信用证支付方式的主要区别是（　　）。

A. 前者是顺汇，后者是逆汇

B. 前者使用商业汇票，后者使用银行汇票

C. 前者是商业信用，后者是银行信用

D. 前者对卖方有利，后者对买方有利

26. 在MT700 Issue of a Documentary Credit中，代号“50”代表的是信用证的（　　）。

A. 到期日及地点　B. 申请人的银行　C. 申请人　D. 受益人

27. 在MT700 Issue of a Documentary Credit中，代号“44C”代表的是信用证的（　　）。

A. Port of Loading/Airport of Departure

B. Port of Discharge/Airport of Destination

C. Place of Final Destination/For Transportation to .../Place of Delivery

D. Latest Date of Shipment

28. SWIFT格式的跟单信用证的修改，采用（　　）标准格式传递信息。

A. MT707　B. MT701　C. MT700　D. MT710

29. 在MT700 Issue of a Documentary Credit中，“Port of Loading/Airport of Departure”的代号是（　　）。

A. 42M　B. 44A　C. 44D　D. 44E

30. 在MT707 Amendment to a Documentary Credit中，代号“30”代表的是信用证的（　　）。

A. Date of Issue　B. New Date of Expiry

C. Shipment Period　D. Date of Amendment

31. 汇票的使用中，受票人又称（　　）。

A. 出票人　B. 付款人　C. 受款人　D. 签票人

32. 受益人要求原证的通知行或其他银行以原证为基础，另开一张内容相似的新信用证，称为（　　）。

A. 循环信用证　B. 保兑信用证　C. 对开信用证　D. 转开信用证

33. 对卖方而言，最好的支付方式是（　　）。

A. 信用证　B. 承兑交单　C. 远期付款交单　D. 即期付款交单

34. 开证行仅凭受益人开具的汇票或简单收据而无需附带单据付款的信用证是（　　）。

A. 光票信用证　B. 跟单信用证　C. 付款信用证　D.承兑信用证

35. L/C规定有效期为2011年11月30日，没有规定装运期，则可以理解为（　　）。

A. 最迟装运期为2011年11月30日　B. 最迟装运期为2011年11月1日

C. 最迟装运期为2011年12月15日　D. 以上都不对

36. 下列各项中，属于顺汇方法的支付方式是（　　）。

A. 汇付　B. 托收　C. 信用证　D. 银行保函

37.接受汇出行的委托将款项解付给收款人的银行是（　　）。

A. 托收银行　B. 汇入行　C. 代收行　D. 转递行

38. 下列各项中，属于汇付活动当事人的是（　　）。

A. 委托人　B. 汇出行　C. 开证行　D. 索偿行

39. 托收方式收取货款采用的是（　　）。

A. 顺汇方式　B. 逆汇方式　C. 电汇方式　D. 信汇方式

40. 在跟单托收方式下，卖方委托银行收取货款，使用的汇票是（　　）。

A. 商业汇票，属于商业信用　B. 银行汇票，属于银行信用

C. 商业汇票，属于银行信用　D. 银行汇票，属于商业信用

41. 托收是出口方根据合同规定装运货物后，开具汇票连同货运单据委托银行代向进口方收取货款的一种方式。在国际贸易的货款结算中，通常采用（　　）。

A. 跟单托收　B. 光票托收　C. 信汇　D. 电汇

42. 使用托收方式时，托收行和代收行在收回货款方面（　　）。

A. 没有责任　B. 承担部分责任　C. 有责任　D. 视合约而定

43. D/P和D/A支付方式下，就卖方风险而言，（　　）。

A. D/A＞D/P　B. D/P＞D/A　C. D/A＝D/P　D. 不确定

44. 信用证中规定某银行为议付行，那么该议付行（　　）。

A. 只要未加保兑，就有追索权　B. 在任何情况下，均有追索权

C. 在任何情况下，均无追索权　D. 当开证行破产时，才有追索权

45. 在信用证业务中，汇票的出票人是（　　）。

A. 买方　B. 卖方　C. 买方的开户银行　D. 卖方的开户银行

46. 对买方而言，最好的支付方式是（　　）。

A. 信用证　B. 即期付款交单　C. 远期付款交单　D. 承兑交单

47. 在对背信用证业务中，前一个信用证的受益人是后一个信用证的（　　）。

A. 开证行　B. 通知行　C. 开证人　D. 受益人

48. 对开信用证通常用于（　　）。

A. 委托代理业务　B. 包销业务　C. 寄售业务　D. 加工贸易

49. 若汇票受款人一栏内写明"Pay to the order of …"，则该汇票（　　）。

A. 不可流通转让　B. 可以经背书转让

C. 无须背书，即可流通转让　D. 由出票人决定是否可以转让

50. 在分批均匀交货的情况下通常采用的信用证是（　　）。

A. 循环信用证　B. 对背信用证　C. 对开信用证　D. 备用信用证

**二、多项选择题（下列每题的选项中，至少有2个是正确的，请将其代号填在括号内）**

1. 汇票背书的方式主要有（　　）。

A. 限制性背书　B. 指示性背书　C. 空白背书　D. 记名背书

E. 特别背书

2. 在实际业务中，远期汇票付款时间的规定办法有（　　）。

A. 见票后若干天付款　B. 出票后若干天付款

C. 提单签发日后若干天付款　D. 指定日期付款

E. 见票即付

3. 汇票遭到拒付是指（　　）。

A. 持票人提示汇票要求承兑时，遭到拒绝承兑

B. 持票人提示汇票要求付款时，遭到拒绝付款

C. 付款人逃避不见汇票

D. 付款人死亡

E. 付款人破产

4. 汇票的使用往往需要经过(　　)。

A. 出票　B. 提示　C. 承兑　D. 付款

E. 背书、拒付

5. 下列关于汇付、托收和信用证三种货款支付方式的比较中，判断正确的有(　　)。

A. 信用证是逆汇，汇付和托收都属于顺汇

B. 信用证属于银行信用的应用，汇付和托收过程中虽然有银行参与，但应用的是商业信用

C. 采用信用证支付方式在三者中对卖方风险最小

D. 在三者的交易流程中都必须使用商业汇票或银行汇票

E. 三者都是由银行承担第一性付款责任

6. 信用证条款中，属于软条款的有(　　)。

A. 商检证书由开证申请人签发

B. 承运船只必须由买方指定，船名以信用证修改书的方式通知，交单时必须提交信用证修改书

C. 信用证要有到期日与地点

D. 货物样品寄交开证申请人认可，认可传真作为单据之一

E. 在货物到达时没有接到配额已满的通知才付款

7. 下列各项中，属于国际货款结算工具的主要分类是(　　)。

A. 支票　B. 汇票　C. 外币现钞　D. 票据

E. 本票

8. 下列各项中，属于信用证支付方式的特点有(　　)。

A. 开证行负首要付款责任　B. 信用证是一种商业信用

C. 信用证是一种自足文件　D. 信用证是一种单据买卖

E. 通知行负首要付款责任

9. 信用证条件下，银行或买方一般不愿意接受的单据有(　　)。

A. 备运提单　B. 清洁提单　C. 已装船提单　D. 不清洁提单

E. 超过签发日期 21 天的提单

10. 在国际贸易中，最常用的支付方式有(　　)。

A. 预付　B. 汇付　C. 托收　D. 信用证

E. 现金

11. 下列各项中，属于信用证内容的有(　　)。

A. 货物的描述　B. 货物运输的说明　C. 单据的要求　D. 特殊条款

E. 信用证本身的说明

12. 下列关于信用证与合同关系的表述中，正确的有(　　)。

A. 信用证的开立以买卖合同为依据

B. 信用证的履行不受买卖合同的约束

C. 有关银行只根据信用证的规定办理信用证业务

D. 合同是审核信用证的依据

E. 信用证的履行受买卖合同的约束

13. (　　)是信用证关系中必须存在的。

A. 保兑行　B. 通知行　C. 开证行　D. 受益人

E. 开证申请人

14. 下列关于可转让信用证的说明中，正确的有(　　)。

A. 可转让信用证的受益人可将该证多次转让

B. 该证的受益人可将该证一次转让给多人使用

C. 可转让信用证只能由指定的银行转让

D. 信用证应注明“可转让”，该证方可转让

E. 凡在信用证上没有注明“不可转让”字样的信用证，都是可转让信用证

15. 国际贸易的货款结算，可以采用多种支付方式，其中建立在商业信用基础上的有（　　）。

A. 汇付　　B. 托收　　C. 信用证　　D. 备用信用证

E. SWIFT 信用证

16. 下列各项中，属于信用证付款方式具有的特点有（　　）。

A. 开证行在进口商不履行付款义务时向受益人付款

B. 银行信用

C. 开证行只受信用证的约束而与贸易合同完全无关

D. 一种纯单据的业务

E. 银行保证向进口方交合格的货物

17. 国际货物买卖中，托收的方式可以有（　　）。

A. 光票托收　　B. 即期付款交单

C. 远期付款交单　　D. 承兑交单

E. 付款交单凭信托收据借单

**三、判断题（判断下列各题是否正确。正确的在题后的括号内打“√”，错误的打“×”）**

1. 一切信用证均须规定一个交单付款、承兑或议付的到期日，即有效期。（　　）

2. 汇付，又称汇款，是国际贸易支付方式之一，也是最简单的国际货款结算方式。（　　）

3. 信汇是指汇出行根据汇款人的申请，通过拍发加押电报或加押电传或环球银行间金融电信网络的方式，指示汇入行解付特定款项给指定收款人的汇款方式。（　　）

4. 根据惯例，信用证未注明可否撤销，应视为不可撤销；未注明可否转让，应视为可以转让。（　　）

5. 按照是否附有商业单据来划分，出口托收方式主要有两类，即光票托收和跟单托收。（　　）

6. 承兑交单是指代收行或提示行，需凭付款人的实质性付款为同意放单的唯一条件。（　　）

7. 在信用证支付方式下，开具汇票的依据是信用证，而在托收和汇付方式下，开具汇票的依据是买卖合同。（　　）

8. 信用证付款方式对卖方没有收汇风险。（　　）

9. 汇付方式当事人中的收款人，又称受益人，一般是出口商或债权人，也可以是汇款人自己，是接受汇款人所汇款项的指定当事人。（　　）

10. 信用证是一种银行开立的无条件承诺付款的书面文件。（　　）

11. 光票信用证是指开证行不需凭任何单据就履行付款责任的信用证。（　　）

12. SWIFT 有自动开证格式，在信用证开端标有 MT100、MT101 代号。（　　）

13. SWIFT 成员银行均参加国际商会，SWIFT 规定，使用 SWIFT 开立信用证，其信用证则受国际商会 UCP600 条款约束。（　　）

14. 若错过了信用证有效期到银行议付，只要征得开证人的同意，即可要求银行付款。（　　）

15. 银行本票见票即付，资金转账速度是所有票据中最快、最及时的。（　　）

16. 在支付方式中，信用证方式对卖方来说比较可靠，付款交单（D/P）与承兑交单（D/A）都有不同程度的风险，但承兑交单最易为买方所接受，有利于达成交易。所以，在进出口业务中，应扩大对承兑交单的应用。（　　）

17. 在汇付票汇方式下，买方购买银行汇票径寄卖方，因采用的是银行汇票，故该付款方式属于银行信用。（　　）

18. 信用证是银行应进口商的申请向出口商开出保证付款的凭证。因此，进口商承担第一付款人的责任。（　　）

19. 根据现行《跟单信用证统一惯例》规定，凡信用证上未注明可否转让字样，即可视为可转让信用证。（　　）

20. 信用证业务中，有关各方处理的是单据而不是货物。（　　）

21. MT707 是由开证行发送给通知行，用来列明发报行（开证行）开立的跟单信用证条款的报文格式。（　　）

22. 在 SWIFT 电文中，数字不使用分格号，小数点用逗号“，”表示。（　）

23. UCP600 的条文编排参照了 ISP98 的格式，对 UCP500 的 49 个条款进行了大幅度的调整及增删，变成现在的 30 条。（　）

24.《跟单信用证统一惯例》(2007 年修订)即国际商会第 600 号出版物，就是 UCP500。（　）

25. UCP600，于 2008 年 7 月 1 日正式启用。（　）

26. 提示付款是指汇票的持票人向付款人(或远期汇票的承兑人)出示汇票，要求付款人(或承兑人)付款的行为。（　）

27. 付款人对向其提示承兑的汇票，应当自收到提示承兑的汇票之日起 21 日内承兑或者拒绝承兑。（　）

28. 付款人承兑汇票后，应当承担到期付款的责任。（　）

29. 在议付信用证项下，保兑行在议付受益人依信用证出具的汇票及/或提交的单据后，对出票人及/或善意持票人无追索权。（　）

30. 在限制议付信用证情况下，单据只能向被指定的银行提交，由该银行办理议付。（　）

31. UCP600 规定，信用证修改通知书有多项内容时，只能全部接受或全部拒绝，不能只接受其中一部分而拒绝另一部分。（　）

32. 在票汇业务中，收款人是持以银行为受票人的银行汇票办理提款手续的，所以，票汇业务属于银行信用。（　）

33. 银行汇票的付款人是银行，而商业汇票的付款人可以是银行，也可以是商号、个人。（　）

34. 保兑行审核单证无误而付款后，若开证行倒闭或无理拒付，则保兑行有权向受益人索回货款。（　）

35. 备用信用证只适用于国际工程承包业务，而不适用于一般的商品买卖。（　）

# 第七章　跨境电子商务

## 考试大纲

1. 电子商务概述

了解：

- 电子商务的定义、特点和分类

2. 电子商务的主要经营模式和法律环境

了解：

- 电子商务的主要经营模式、商业环境推动电子商务的发展、电子商务的法律环境

3. EDI 基础知识

了解：

- EDI 定义、工作原理及其在国际贸易、国际物流和运输中的应用

4. 网络营销概述

了解：

- 网络营销的定义、网络营销的基本职能、网上市场调查的特点、网络营销对象分析、网上市场调研组织实施、网络搜索引擎和全文检索

5. 电子合同

了解：

- 电子合同的特征
- 电子合同的成立与生效

6. 跨境贸易电子商务服务

了解：

- 海关监管方式、面临的问题
- 试点总体情况、进展情况和主要内容

7. 跨境电子商务零售出口

了解：

- 电子商务出口经营主体
- 建立电子商务出口新型海关监管模式并进行专项统计
- 电子商务出口检验监管模式
- 电子商务出口企业正常收结汇
- 银行机构和支付机构为跨境电子商务提供支付服务
- 实施适应电子商务出口的税收政策
- 建立电子商务出口信用体系

8. 国际贸易便利化与标准化

了解：

- 国际标准和贸易便利化措施
- 现行单一窗口

# 典型习题

**一、单项选择题(下列每题的选项中,只有1个是正确的,请将其代号填在括号内)**

1. 企业与企业之间的电子商务称为(　　)。

A. B2B　　B. C2C　　C. B2C　　D. B2G

2.《中华人民共和国电子签名法》于(　　)由第十届全国人民代表大会常务委员会第十一次会议通过。

A. 2005年4月1日　　B. 2004年4月1日　　C. 2004年8月28日　　D. 2003年4月1日

3. 电子商务是一个以(　　)为支撑的全球商务活动。

A. 办公自动化技术　　B. 信息技术　　C. 运输技术　　D. 仓储技术

4. EDI传送的报文是有(　　)格式的数据在计算机之间的电子传输。

A. 多媒体　　B. 非标准　　C. 标准　　D. 文本

5. 对于EDI来讲,下列说法错误的是(　　)。

A. EDI是计算机之间的电子数据传输

B. EDI的使用者都要执行ANSIX.12标准

C. EDI用户可以使用不同型号的计算机

D. EDI传输的报文必须符合EDI标准规定的报文格式

6. EDI翻译软件是用于(　　)之间的格式转换的软件。

A. 发送方用户端格式到平面文件　　B. 平面文件到EDI标准报文

C. EDI标准报文到接收方用户端格式　　D. 发送方用户端格式到EDI标准报文

7. EDI网络传输的数据是(　　)。

A. EDI标准报文　　B. 自由文件　　C. 用户端格式　　D. 文本文件

8. 1979年,美国制定的国家EDI标准是(　　)。

A. TDCC标准　　B. ANSIX.12标准　　C. UN/EDIFACT　　D. ISO标准

9. 电子合同与传统合同的区别在于书面形式、电子签名的有效性、电子合同收到与合同成立地点和(　　)。

A. 商品形式　　B. 商品数量　　C. 合同格式　　D. 合同证据

10. 迄今为止,世界上第一个关于电子商务的法律是(　　)。

A.《电子贸易示范法》　　B.《电子签字示范法》

C.《电子商务示范法》　　D.《电子商业示范法》

11. 商流的结果由(　　)完成。

A. 资金流　　B. 单证流　　C. 物流　　D. 信息流

12. 电子商务交易的整个过程中,(　　)起着连接的作用。

A. 物流　　B. 商流　　C. 资金流　　D. 信息流

13. 网络营销就是(　　)。

A. 营销的网络化　　B. 利用互联网等电子手段进行的营销活动

C. 在网上销售产品　　D. 在网上宣传本企业的产品

14. 互联网对企业营销影响最大的是对(　　)的影响。

A. 企业采购渠道　　B. 企业营销渠道　　C. 企业生产管理　　D. 企业运输渠道

15. 网上商店能每天24小时,每周7天随时随地地提供全球性营销服务,这是由于网络营销具有(　　)的特点。

A. 超前性　　B. 差异性　　C. 跨时空性　　D. 整合性

16. 属于网上直接调查的是(　　)。

A. 问卷调查　　B. 网上查询　　C. 二手资料收集　　D. 网站浏览

17. 进行网上市场调研时,首先应明确调查的(　　)。

A. 目的　　B. 对象　　C. 方式　　D. 方法

18. 在进行网络商务信息的收集时，命中率最高的方式是（　　）。

A. 利用知名搜索引擎　　B. 利用区域性搜索引擎

C. 利用专业协会　　D. 利用讨论组

19. 网络信息的收集，减少了信息传递的中间环节，保证了信息的（　　）。

A. 便于存储　　B. 方便性　　C. 时效性　　D. 准确性

20. 在线调查用户对啤酒的口味时，对“这种啤酒很清纯吧！”和“这种啤酒是清纯还是很浓郁？”两种提问方式的评价中，正确的选项是（　　）。

A. 前者较好，因为这种提问方式切入主题，有利于得到准确的调查答案

B. 后者较好，因为这种提问方式给用户一个自主选择的空间，有利于得到准确的调查答案

C. 两者各有千秋

D. 上述说法均正确

21. 属于端到端应用的是（　　）。

A. C2C　　B. P2P　　C. B2B　　D. B2C

22.（　　）的电子商务是一个联结两个或更多个交易场所的正式系统。

A. C2C　　B. P2P　　C. B2B　　D. E2E

23.（　　）是指所有参与者都是企业或其他组织的电子商务模式。

A. C2C　　B. P2P　　C. B2B　　D. E2E

24.（　　）模式下，消费者直接与其他消费者进行交易。

A. C2C　　B. P2P　　C. B2B　　D. E2E

25.（　　）电子商务模式既包括个人消费者利用互联网向企业销售产品或服务，又包括个人消费者寻求卖主，以对产品或服务进行报价。

A. C2C　　B. P2P　　C. B2B　　D. C2B

**二、多项选择题（下列每题的选项中，至少有2个是正确的，请将其代号填在括号内）**

1. 按照交易性和交互性分类，电子商务可以分为（　　）等类型。

A. B2B　　B. B2G　　C. B2C　　D. C2C

E. C2S

2. 网络系统应该具有（　　）等特点。

A. 扩展性　　B. 可靠性　　C. 安全性　　D. 可管理性

E. 动态性

3. 目前，企业采用的B2B分为（　　）两种方式。

A. 垂直　　B. 水平　　C. 并行　　D. 串行

E. 动态

4. EDI就是按照商定的协议，将商业文件（　　），并通过计算机网络，在贸易伙伴的计算机之间进行数据交换和自动处理。

A. 文本化　　B. 结构化　　C. 标准化　　D. 整理归档

E. 格式化

5. 构成EDI系统的三要素有（　　）。

A. 数据标准化　　B. EDI软件和硬件　　C. EDI操作系统　　D. 宽带传输

E. 通信网络

6. EDI的软件系统主要包括（　　）等软件。

A. 操作系统　　B. 转换软件　　C. 通信软件　　D. 翻译软件

E. 中间件

7. EDI所需的硬件设备主要包括计算机和（　　）。

A. 调制解调器　　B. 磁带机　　C. 电话线路　　D. 计算机网络

E. 移动存储器

8. 通过互联网实现的EDI也被称为（　　）。

A. open EDI　B. 网络 EDI　C. Web-EDI　D. 全球 EDI
E. 传统 EDI

9. EDI 软件所涉及的基本功能有（　　）。
A. 格式转换功能　B. 翻译功能　C. 数据编辑功能　D. 通信功能
E. 编译功能

10. 网络营销对传统营销的冲击表现在（　　）。
A. 网络营销一定优于传统营销
B. 网络营销使得产品不再标准化
C. 网络营销将促进品牌的全球化管理
D. 网络营销将加剧价格歧视的不利影响
E. 网络营销可以降低成本

11. 互联网作为新兴的虚拟市场这一特点的论述中，正确的是（　　）。
A. 不是所有人都愿意使用互联网作为购物的场所
B. 传统的市场用互联网虚拟市场完全代替是不可能的
C. 事实证明，当报纸有了网上电子版本之后，原有纸张印刷出版业务将不复存在
D. 互联网是双向沟通企业与消费者的有效渠道
E. 虚拟市场没有局限性

12.下列各项中，属于网络商务信息的有（　　）。
A. 企业之间的信函　B. 企业之间发送的电报
C. 企业之间通过互联网发送的电子合同　D. 企业之间的网络报价
E. 企业的形象设计

13. 网上直接调查根据采用调查方法的不同，可以分为（　　）。
A. 网上查询法　B. 网上问卷调查法　C. 网上观察法　D. 网上实验法
E. E-mail 调查法

14. 下列各项中，属于网络营销的主要促销形式有（　　）。
A. 网络广告　B. 调查设计　C. 站点推广　D. 关系营销
E. 方便查询

15. 下列各项中，属于网络营销对网络商务信息收集的要求有（　　）。
A. 及时　B. 准确　C. 适度　D. 经济
E. 海量

16. E-marketing 是目前比较习惯和采用的翻译方法，E 的含义是（　　）。
A. 流通化　B. 电子化　C. 信息化　D. 网络化
E. 通俗化

17.网络具有传统渠道和媒体所不具备的独特的特点，信息交流（　　）。
A. 自由　B. 开放　C. 平等　D. 费用低
E. 交互

18. 下列各项中，属于网络营销的主要内容有（　　）。
A. 网上市场调查　B. 网上消费者行为分析
C. 网络营销策略制定　D. 网上渠道选择与直销
E. 以上答案都对

19. 下列各项中，属于网络营销的特点的有（　　）。
A. 跨时空　B. 交互式　C. 高效性　D. 经济性
E. 唯一性

20. 下列各项中，属于网络商务信息的有（　　）。
A. 企业之间的信函　B. 企业之间发送的电报
C. 企业之间通过互联网发送的电子合同　D. 企业之间的网络报价

E. 企业的形象设计

21. 下列各项中,属于新的商业环境具有的特征的有(　　)。

A. 环境更复杂,蕴含着更多的机遇和挑战

B. 竞争更加激烈

C. 企业需要通过加速决策进程或拥有更多的决策者来更频繁地作出决策

D. 制定决策时需要考虑的因素更多,决策的领域更加广泛

E. 制定决策时需要更多的信息和知识

22. 搜索引擎的工作包括(　　)。

A. 抓取网页　　B. 处理网页　　C. 提供检索服务　　D. 全文检索

E. 字处理

23. 互联网上发布的市场或行业领域研究的参考资料对网络营销对象分析是非常重要的信息资源。数据的收集可以(　　)。

A. 访问网站　　B. 阅读行业分析报告

C. 提供检索服务　　D. 从网上收集信息

E. 从网下收集信息

24. 电子商务出口经营主体分为(　　)。

A. 自建跨境电子商务销售平台的电子商务出口企业

B. 利用第三方跨境电子商务平台开展电子商务出口的企业

C. 为电子商务出口企业提供交易服务的跨境电子商务第三方平台

D. 海关 EDI 平台

E. 报检平台

**三、判断题(判断下列各题是否正确。正确的在题后的括号内打"√",错误的打"×")**

1. B2C 商业模式是顾客直接与商家接触,特点是订单数量小,主要是按价目表或者固定价格,属于冲动购买或者偶尔购买,所以广告的作用很大。(　　)

2. 电子商务实质上是构筑了一个从供应商到供应商、从客户到客户的一个完整的供应链的理念和贸易链,是 SCM、ERP、CRM 的完美结合。(　　)

3. 顾名思义,电子商务是指通过电子手段进行商务活动,即电子化的商务活动,是现实社会中商务活动的电子化实现方式。(　　)

4. 通过以互联网为代表的计算机互联网络进行的贸易,贸易双方从贸易磋商、签订合同到支付等,需当面进行。(　　)

5. 目前通常使用的 EDI 标准是联合国制定的 UN/EDIFACT 标准。(　　)

6. EDI 与 E-mail 的区别之一是 E-mail 使用标准文本格式,而 EDI 则使用自由文本格式。(　　)

7. 保护网上无形财产是维护一个有序的在线商务运营环境的重要措施。(　　)

8. 在电子商务环境下,对网络广告、网上拍卖、网上证券交易等所进行的规范和管制等,与传统环境下的情况基本相同。(　　)

9. 一般来讲,任何通信技术,包括未来技术的发展都包含在电子商务法涉及的技术范围内。(　　)

10. 电子签字是指在数据电文中,以电子形式所含、所附或在逻辑上与数据电文有联系的数据。它可用于鉴别与数据电文有关的签字人和表明此人认可数据电文所含信息。(　　)

11. 电子商务作为一种新型的交易手段和商业运作模式,它的成长不仅取决于信息技术的发展和成熟,而且很大程度上取决于政府能否营造一种有利于电子商务发展的适宜环境。(　　)

12. 电子商务是建立在一个开放的网络环境上的,维护商业机密是电子商务全面推广应用的重要保障。(　　)

13. 网络营销是以互联网络为媒体,以新的方式、方法和理念实施的营销活动,更有效地促成个人和组织交易活动的实现。(　　)

14. 电子商务市场是网上的虚拟交易市场,电子商务交易是在互联网上进行和完成的。(　　)

15. 互联网对企业营销影响最大的是对企业营销渠道的影响。(　　)

16. 与 4P 理论相比，4C 真正将消费者置于核心位置。（　）

17. 网络作为信息有效的沟通渠道，可以成为一些无形产品、软件和远程服务的载体，改变了传统产品的营销策略特别是渠道的选择。（　）

18. 可靠的电子签名与手写签名或者盖章具有同等的法律效力。（　）

19. 网络营销之所以成为一种新的营销模式，是因为互联网拥有巨大的用户群。（　）

20. 互联网网站的发展有三个主要的阶段：信息发布、数据库检索和个性化互动。（　）

21. 网络营销本身并不是一个完整的商业交易过程，而只是促进商业交易的一种手段。（　）

22. 网址推广是网络营销的核心工作。（　）

23. 网络广告类型很多，根据形式不同可以分为旗帜广告、电子邮件广告和电子杂志广告等，但是不包括新闻组和公告栏。（　）

24. 传统营销的促销形式主要有网络广告、销售促进、宣传推广和网络推销。（　）

25. 在互联网上检索信息困难是因为与各种检索软件检索方法不统一、网络资源缺乏有效的管理、网络信息鱼目混珠、互联网信息资源多而分散等因素有关。（　）

26. 网络营销是电子商务的基础，开展电子商务离不开网络营销，但网络营销并不等于电子商务。（　）

27. 网络营销是在网上市场开展的促销活动，相应形式也有网络广告、销售促进、站点推广和关系营销。（　）

28. 网络信息的收集，减少了信息传递的中间环节，保证了信息的准确性。（　）

29. CyberMarketing 主要是指在虚拟的计算机空间进行网络营销运作。（　）

30. 网络营销就是在网上宣传本企业的产品。（　）

31. 网络营销的特点之一是具有严密的营销渠道。（　）

32. 数字经济（digital economy）是指一种基于数字技术的经济，包括数字化通信网络（互联网、内联网、外联网和增值网）、计算机、软件以及其他相关信息技术。（　）

33. 我们把全部或部分在无线环境中完成的电子商务交易和活动称为移动商务（mobile commerce）。（　）

34. 电子签名由符号及代码组成，也具有表明合同各方的身份及各方受合法约束的意思的功能。（　）

35. 传统的书面合同只是受到当事人保护程度和自然侵蚀的限制，而电子数据不仅可能受到物理灾难的威胁，还有可能受到计算机病毒等计算机特有的无形灾难的攻击。（　）

36. 数字经济有时也被称为网络经济或新经济。在新经济中，数字网络和基础通信设施为全世界的人们与组织进行相互影响、交流、合作和搜索提供了一个平台。（　）

37. 我们把全部或部分在无线环境中完成的电子商务交易和活动称为移动商务（mobile commerce）。（　）

38. 在一些案例中显示，电子商务是解决经营压力非常好的办法。（　）

39. 搜索引擎抓到网页后，还要做大量的预处理工作，才能提供检索服务。（　）

40. 随着电子信息技术和经济全球化的深入发展，电子商务在国际贸易中的地位和重要作用日益凸显，已经成为我国对外贸易的发展趋势。（　）

# 国际贸易实务考试模拟试卷

（共 100 分，60 分为合格）

**一、单项选择题（每题 1 分，共 40 分。下列每题的选项中，只有 1 个是正确的，请将其代号填在括号内）**

1. 国际货物贸易就是以(　　)为标的物进行的贸易。

A. 有形的货物　　B. 无形的服务

C. 有形的货物和无形的服务　　D. 无形的货物和有形的服务

精解：国际货物贸易是以有形的货物为标的物进行的贸易，而国际服务贸易的特点之一就是贸易标的一般具有无形性。

2. 商品生产国（出口国）与商品消费国（进口国）通过第三国进行的贸易，对第三国而言是(　　)。

A. 过境贸易　　B. 转口贸易　　C. 直接贸易　　D. 多边贸易

精解：转口贸易是间接贸易中交易双方的第三者（国），商品从生产国转移到消费国的整个交易过程中，转口贸易起到转手的作用，它参与交易的整个过程，并且通过一买一卖，赚取贸易利润。

3. 根据 Incoterms 2010 的规定，采用 FOB 或 CIF 术语成交，货物在海运途中损坏灭失的风险(　　)。

A. 均由卖方承担　　B. 均由买方承担

C. 前者由卖方承担，后者由买方承担　　D. 前者由买方承担，后者由卖方承担

精解：根据 Incoterms 2010 的规定，采用 FOB 或 CIF 术语成交，买方的基本义务之一就是承担货物装上船后的一切费用以及货物灭失或损坏的一切风险。

4. (　　)是指当卖方在指定目的地将仍处于抵达的运输工具之上，且已做好卸载准备的货物交由买方处置时，即为交货。

A. DAP　　B. CIF　　C. CIP　　D. FOB

精解：DAP（插入指定目的地）《国际贸易术语解释通则 2010》。该术语既可适用于任何运输方式，也可适用于多种运输方式。“目的地交货”是指当卖方在指定目的地将仍处于抵达的运输工具之上，且已做好卸载准备的货物交由买方处置时，即为交货。卖方承担将货物运送到指定地点的一切风险。

5. 国际贸易术语中“成本＋运费＋保险费”的英文缩写字母是(　　)。

A. CIP　　B. CIF　　C. CPT　　D. FAS

精解：“成本＋保险费＋运费”是指卖方在船上交货或以取得已经这样交付的货物方式交货。货物灭失或损坏的风险在货物交到船上时转移。卖方必须签订合同，并支付必要的成本和运费，以将货物运至指定的目的港。

6. FOB、CFR、CIF 贸易术语中买卖双方风险责任的划分是(　　)。

A. 装运港货物进入码头前后　　B. 装运港货物交到船上前后

C. 目的港货物交到船上前后　　D. 目的港货物提离码头前后

精解：根据 Incoterms 2010 的规定，采用 FOB、CFR 或 CIF 术语成交，买方的基本义务之一就是承担货物交到船上后的一切费用以及货物灭失或损坏的一切风险。

7. 成都出口到莫斯科一批机床，中方办理出关手续，俄方办理进关手续，价格中包含成都至莫斯科的运费和保险费，适用的贸易术语为(　　)。

A. CFR 莫斯科　　B. FOB 成都　　C. CPT 莫斯科　　D. CIP 莫斯科

精解：“运费和保险费付至”是指卖方将货物在双方约定地点（如双方已经约定了地点）交给其指定的承运人或其他人。卖方必须签订运输合同并支付将货物运至指定目的地的所需费用。由于风险转移和费用转移的地点不同，该术语有两个关键点。双方尽可能确切地在合同中明确交货地点（风险在这里转移至买方），以及指定目的地（卖方必须签订运输合同运到该目的地）。

8.按照货物重量或体积或价值三者中较高的一种计收，运价表内以(　　)表示。

A. “W/M”　　B. “W/M plus Ad Val”

C. “W/M or Ad Val”　　D. “Ad Val”

精解：按货物的重量、体积或价值三者中选较高的一种计收运费，在运价表中用“W/M or A. V.”[“ad val.”(拉丁文 ad valorem，意即从价)]表示。

9. FOB术语的运费支付方式是(　　)。

A. 运费预付　B. 运费到付　C. 第三地支付　D. 比例运费

精解：FOB术语的运费是由买方支付，一般采用的是运费到付。

10. CIC“特殊附加险”是指在特殊情况下，要求保险公司承保的险别，(　　)。

A. 一般可以单独投保　　B. 不能单独投保

C. 可单独投保两项以上　　D. 在被保险人同意的情况下，可以单独投保

精解：特殊附加险包括战争险(war risk)和罢工险(strikes risk)。凡加保战争险时，保险公司则按保战争险条款的责任范围，对由于战争和其他各种敌对行为所造成的损失负赔偿责任，按中国人民保险公司的保险条款规定，战争险不能作为一个单独的项目投保，而只能在投保上述三种基本险别之一的基础上加保。战争险的保险责任起讫不采取“仓至仓”条款，而是从货物装上海轮开始至货物运抵目的港卸离海轮为止，即只负责水面风险。

11. 包销协议从实质上说是一份(　　)。

A. 买卖合同　B. 代理合同　C. 寄售合同　D. 拍卖合同

精解：经销(distributorship)是指出口商通过与国外经销商订立经销协议建立一种长期稳定的购销关系，利用国外经销商的销售渠道在国外市场推销自己的商品，取得其在国外市场的份额，扩大产品出口。经销方式是出口商将产品卖给国外经销商，双方构成的是一种买卖关系，国外经销商自行销售商品，自负盈亏，自担经营风险。独家经销(sole distribution)，又称包销(exclusive sales)，它是指经销商在协议规定的期限和地域内，对指定的某一种商品或某一类商品享有独家专营权。独家经销实质上是出口供货商给予经销商的一种专卖权。

12. 包销期限通常为(　　)。

A. 半年　B. 1年　C. 2年　D. 3年

精解：独家经销协议通常规定为1年，期满后，如未续订新约，独家经销商即失去独家经销权。

13. (　　)是指不授予专营权的代理，又称佣金代理(commission agency)。

A. 总代理　B. 独家代理　C. 一般代理　D. 指定代理

精解：一般代理(agency)是指不授予专营权的代理，又称佣金代理(commission agency)。独家代理(exclusive agency; sole agency)是指出口商授予国外代理商在约定的地区和一定的时期内独家推销指定商品的专营权利。

14. (　　)又称对购(reciprocal trade)或平行交易(parallel trade)。

A. 补偿贸易　B. 易货贸易　C. 抵消贸易　D. 互购贸易

精解：互购方式是由交易双方分别签订两个独立的交换货物合同，这两份合同由互购协定书联系起来。互购又称对购(reciprocal trade)或平行交易(parallel trade)。

15. 加工贸易属于(　　)的范畴。

A. 技术贸易　B. 货物贸易　C. 服务贸易　D. 信息贸易

精解：加工贸易是指从境外保税进口全部或部分原辅材料、零部件、元器件、包装物料(下称进口料件)，经境内企业加工或装配后，将制成品复出口的经营活动，加工贸易有来料加工和进料加工。显然，加工贸易属于货物贸易的范畴。

16. 来料加工项下进口直接用于加工生产的出口产品而在生产中消耗掉的燃料、磨料、触媒剂(　　)。

A. 可以全额保税　　B. 可以差额保税

C. 不可以保税　　D. 有时可以全额保税，有时可以差额保税

精解：来料加工项下进口直接用于加工生产出口产品而在生产过程中消耗掉的燃料、磨料、触媒剂、催化剂、洗涤剂可以全额保税。

17. 以材料或半成品委托他人加工，而付给的加工费用，称为(　　)。

A. 料件费　　B. 利润　　C. 成本　　D. 工缴费

精解：工缴费是加工贸易合同的重要条款。对委托方来说，委托承接方加工装配，付给承接方的加工费称为工缴费。工缴费包括加工成本和加工利润两部分。

18. 寄售协议中双方当事人之间的关系属于(　　)。

A. 代理关系　　B. 买卖关系　　C. 委托与受托关系　　D. 上下级关系

精解：寄售(consignment)是指出口商先将待售商品运到国外，委托当地代销商按照寄售协议约定的条件和办法代为销售的一种贸易方式。寄售是一种委托代售关系，寄售人是委托人，代销人是受托人。代销人只能根据寄售协议或寄售人的指示代为销售或处置货物，但他并不拥有货物所有权，货物出售之前的所有权属于寄售人。

19. 要约邀请是希望他人向(　　)发出要约的意思表示。

A. 自己　　B. 委托人　　C. 第三者　　D. 生产商

精解：要约就是提出订立合同的意思表示；接受要约的一方为受要约人。要约邀请是希望他人向自己发出要约的意思表示。

20. 发盘的撤回与撤销的区别在于(　　)。

A. 两者均发生在发盘生效前

B. 两者均发生在发盘生效后

C. 前者发生在发盘生效后，后者发生在发盘生效前

D. 前者发生在发盘生效前，后者发生在发盘生效后

精解：发盘的撤回是指一项发盘在尚未送达受盘人之前亦即尚未生效之前，由发盘人将其取消。发盘的撤销是指一项发盘在已经送达受盘人之后，即已开始生效之后，由发盘人将其取消。

21. (　　)是买方或卖方向对方提出交易条件并愿按此条件达成交易的一种表示。

A. 发盘　　B. 询盘　　C. 还盘　　D. 实盘

精解：发盘是指买方(或卖方)为了购买(或出售)商品而向潜在的供货人或买主提出有关交易条件，并愿意按照这些条件达成交易和订立合同的一种口头或书面的肯定表示。发盘又称发价或报价，既是商业行为，又是法律行为，在合同法中称为要约。一项发盘发出后，对发盘人便产生法律上的约束力。如果对方完全同意发盘内容，并按时答复，表示接受，则双方合同关系成立，交易达成。

22. 我方某公司5月5日向国外客户发盘，限5月15日复到有效，5月12日接到对方复电："你5日电接受，但以获得进口许可为准。"该接受实际上是(　　)。

A. 还盘　　B. 有效接受

C. 逾期接受　　D. 只要我方未表态，即为接受

精解：还盘是指受盘人不完全同意发盘内容而提出修改意见或变更交易条件的一种口头或书面表示。本题提出的内容就是增加了一项交易条件，故称为还盘。

23.《联合国国际货物销售合同公约》规定，受盘人对发盘表示接受，可以有几种方式，下列(　　)项不属此列。

A. 通过口头向发盘人声明　　B. 通过书面形式向发盘人声明

C. 通过沉默或不行为表示接受　　D. 通过实际行动表示接受

精解：接受必须表示出来。表示接受，必须以口头或书面的声明向发盘人明确表示出来，另外，还可以用行为表示接受。缄默或不行动，即不作任何方式的表示，不能构成接受。

24. 一般而言，机械、电器、仪表、计算机类商品凭(　　)买卖。

A. 样品　　B. 商标或牌号　　C. 规格　　D. 说明书

精解：在国际贸易中，有些技术密集型产品，如机器、电器、仪器、仪表、计算机及辅助设备以及大型成套设备等，因其结构复杂，对材料和设计的要求严格，安装、调试、使用、维修保养都有严格的操作规程和性能要求，对这类商品的品质，通常以说明书并附以图样、照片、设计图纸、分析表及各种数据来说明具体性能和结构特点。按此方式进行交易，称为凭说明书和图样买卖。按这种表示品质的方法成交，卖方所交货物必须符合说明书和图样的要求。但由于对这类产品的技术要求较高，有时同说明书和图样相符的产品，在使用时不

一定能发挥设计所要求的性能，买方为了维护自身的利益，往往要求在买卖合同中加订卖方品质保证条款和技术服务条款。

25. 船舶所有人将船舶出租给承租人，供其使用一定时期的运输方式称为（　　）。

A. 定程租船　　B. 班轮运输　　C. 定期租船　　D. 航次租船

精解：租船通常是针对包租整船而言，大宗货物一般都采用租船运输。租船方式主要包括定程租船和定期租船两种。前者是指按航程租赁船舶，后者是指按期限租赁船舶。不论是按航程或按期限租船，船、租双方都要签订租船合同，以明确双方的权利和义务。

26. 出口合同的履行中一般不包括（　　）环节。

A. 备货　　B. 开证、改证　　C. 报关、装船　　D. 制单、结汇

精解：开证可能是进口合同履行中的一个环节。

27. 一张有效的信用证，必须规定一个（　　）。

A. 装运期　　B. 有效期　　C. 交单期　　D. 议付期

精解：按惯例，一切信用证都必须规定一个交单付款、承兑或议付的到期日，未规定到期日的信用证不能使用。通常，信用证中规定的到期日是指受益人最迟向出口地银行交单议付的日期，如信用证规定在国外交单到期日，由于寄单费时，且有延误的风险，一般应提请修改，否则，就必须提前交单，以防逾期。

28. 属于银行信用的国际贸易支付方式是（　　）。

A. 汇付　　B. 托收　　C. 信用证　　D. 票汇

精解：信用证是指开证银行应开证人的请求开具给受益人的，保证在一定条件下履行付款责任的一种书面担保文件。在国际货物买卖中，向银行申请开立信用证的是买方（即进口人），信用证的受益人是卖方（即出口人），开证银行在信用证中向受益人作出承诺，只要受益人按照信用证条款提交合乎信用证要求的单据，开证银行保证履行付款或承兑的责任。因此，信用证对于买方是银行授予的一种信用工具，对卖方是银行向其保证付款的一种支付手段。在信用证付款条件下，银行承担第一性付款责任，因此，信用证付款的性质属于银行信用。

29. 当一张经过流通的汇票遭到退票时，（　　）拥有追索权。

A. 出票人对后手　　B. 受票人对出票人

C. 后手对前手　　D. 持票人对所有前手及出票人

精解：汇票被拒付，持票人有权向任何一个前手追索，并可直至出票人。

30. 国外开来的不可撤销信用证规定，汇票的付款人为开证行，货物装船完毕后，闻悉申请人已破产倒闭，则（　　）。

A. 由于付款人破产，货款将落空

B. 可立即通知承运人行使停运权

C. 只要单证相符，受益人仍可从开证行取得货款

D. 待付款人财产清算后方可收回货款

精解：信用证对于买方是银行授予的一种信用工具，对卖方是银行向其保证付款的一种支付手段。在信用证付款条件下，银行承担第一性付款责任。

31. EAN 条码 692530375027X 中校验码是（　　）。

A. 3　　B. 4　　C. 5　　D. 6

精解：详见教材的 EAN 校验码的计算方法。

32. 出口英国适用的图案是（　　）。

A. 月季　　B. 十字架　　C. 核桃　　D. 猫头鹰

精解：出口意大利适用的图案是十字架；出口法国忌用的图案是核桃；出口瑞士忌用的图案是猫头鹰。

33. 出口荷兰适用的颜色是（　　）。

A. 橙色、蓝色　　B. 粉红色、蓝色、高雅灰色

C. 蓝色、粉红色　　D. 绿色

精解：出口法国适用的颜色是粉红色、蓝色、高雅灰色；出口比利时适用的颜色是蓝色、粉红色；出口爱尔兰适用的颜色是绿色。

34. 净重3.4盎司(96.3克)用英语表示正确的是(　　)。

A. Net Wt. 3.4 ozs. (96.3 kg)　　B. Net Wt. 3.4 ozs. (96.3 ml)

C. Net Wt. 3.4 lb. (96.3 g)　　D. Net Wt. 3.4 ozs. (96.3 g)

精解:掌握盎司与克的计算公式,1盎司等于2.834 952×$10^{-2}$kg。

35. 总净重1.25磅(566克)用英语表示正确的是(　　)。

A. Total Net Wt. 1.25 lb. (566kg)　　B. Total Net Wt. 1.25 ozs (566g)

C. Total Net Wt. 1.25 ozs (566kg)　　D. Total Net Wt. 1.25 lb. (566g)

精解:掌握磅与克的计算公式,1磅等于0.453 592 37kg。

36. RFID技术在物流和供应链管理中最突出的优势之一是(　　)。

A. 信息的全面性和准确性　　B. 信息的及时性和重要性

C. 信息的集中性和准确性　　D. 信息的及时性和准确性

精解:信息的及时性和准确性物流和供应链管理的关键,这恰恰是RFID技术最突出的优势之一。

37. 关于 ↑↑ 正确的是(　　)。

A. 表明该运输包装件不能直接照晒

B. 表明运输包装内装易碎物品,搬运时应小心轻放

C. 表明运输包装件时禁用手钩

D. 表明该运输包装件在运输时应竖直向上

精解:我国参照采用国际标准ISO 780-1997《包装——搬运图示标志》制定了我国自己的国家标准(GB/T 191-2008),所有图形与国际上通用的图形基本一致。

38. 凡在运输包装内装有爆炸品、易燃品、有毒物品、腐蚀性物品、氧化剂和放射性物品等危险货物时,都必须在运输包装上标有(　　)。

A. 唛头　　B. 条码　　C. 指示性标志　　D. 警告性标志

精解:警告性标志又称危险品标志。凡在运输包装内装有爆炸品、易燃品、有毒物品、腐蚀性物品、氧化剂和放射性物品等危险货物时,都必须在运输包装上标明用于各种危险品的标志,以示警告,使装卸、运输和保管人员按货物特性采取相应的防护措施,以保护货物和有关人身的安全。

39. US$ 1 000per M/T CIF C3% New York的意思是(　　)。

A. 每吨1 000美元CIF纽约包括3%折扣　　B. 每吨1 000美元CIF纽约包括3%奖金

C. 每吨1 000美元CIF伦敦包括3%佣金　　D. 每吨1 000美元CIF纽约包括3%佣金

精解:每吨1 000美元CIF纽约包括3%佣金的英文表述是US$ 1 000 per M/T CIF C3% New York。

40. 中国人保财险的航空运输货物保险条款索赔时效是在最后卸载地卸离飞机后起计算,最多(　　)。

A. 不超过一年　　B. 不超过两年　　C. 不超过三年　　D. 不超过四年

精解:本保险索赔时效,从被保险货物在最后卸载地卸离飞机后起计算,最多不超过二年。

**二、多项选择题(每题2分,共20分。下列每题的选项中,至少有2个是正确的,请将其代号填在括号内)**

1. 外汇,是指以外币表示的可以用作国际清偿的支付手段和资产,包括(　　)。

A. 外币现钞　　B. 外币支付凭证或者支付工具

C. 外币有价证券　　D. 特别提款权

E. 其他外汇资产

精解:《中华人民共和国外汇管理条例》所称外汇,是指下列以外币表示的可以用作国际清偿的支付手段和资产,包括:

(1)外币现钞,包括纸币、铸币;

(2)外币支付凭证或者支付工具,包括票据、银行存款凭证、邮政储蓄凭证、银行卡等;

(3)外币有价证券,包括债券、股票等;

(4)特别提款权;

(5)其他外汇资产。

2. CIF与CFR术语的相似之处在于(　　)。

A. 交货地点相同　　B. 风险界限相同　　C. 交货方式相同　　D. 术语后指定目的港

E. 均由买方承担保险费

精解:CIF与CFR术语的不同之处是CIF由卖方承担保险费,CFR由买方承担保险费。

3. 采用CPT术语时,交易双方应注意( )。

A. 风险的划分界限问题　　B. 责任的划分问题

C. 费用负担的划分问题　　D. CPT与CFR的异同点

E. 商品的包装问题

精解:在采用贸易术语时,主要是区分买卖双方承担的费用、责任、风险,不牵涉到商品的包装问题。

4. 加工贸易的特征有( )。

A. 经营企业和生产企业不承担风险　　B. 两头在外

C. 加工增值　　D. 物件保税

E. 无需政府补贴

精解:(1)两头在外的特征。加工贸易最基本的特征是"两头在外"的特征。即其用以加工成品的全部或部分料件采购自境外,而其加工成品又销往境外的货物流向上的特征。(2)加工增值的特征。加工增值是加工贸易得以发生的企业方面的根本动因。企业对外签订加工贸易合同的目的在于通过加工使进口料件增值,并从中赚取差价或工缴费。(3)料件保税的特征。我国海关现行的法规规定海关对进口料件实施保税监管。即对其进口料件实施海关监管下的暂缓缴纳各种进口税费的制度。料件的保税可以降低企业的运行成本,增强出口成本的竞争力。

5. 对独家代理与包销的正确说法有( )。

A. 代理人与委托人之间为委托代理关系,而包销商与出口人之间为买卖关系

B. 代理人赚取的是佣金,包销商赚取的是商业利润

C. 两者专营权不同

D. 都属于逐笔售定贸易方式

E. 都能用加工贸易方式

精解:包销是独家经销,这里强调的是经销关系,即关系人之间是买卖关系;独家代理强调的是关系人之间是委托代理关系;另外,买方和代理人的责权也不一样。

6. 要约邀请是希望他人向自己发出要约的意思表示,下列各项中,属于要约邀请的有( )。

A. 悬赏广告　　B. 寄送的价目表　　C. 拍卖公告　　D. 招标公告

E. 商业广告

精解:要约是一方当事人向另一方当事人提出订立合同的条件,悬赏广告符合要约的意思。

7. 按照《联合国国际货物销售合同公约》规定,一项发盘,只要同时具备( )内容,即为十分肯定。

A. 写明货物　　B. 明示或暗示地规定数量或如何确定数量

C. 明示或暗示地规定价格或如何确定价格　　D. 规定货物包装

E. 结算方式为信用证方式

精解:《联合国国际货物销售合同公约》(以下简称《公约》)对发盘的含义及性质有严格的规定。《公约》第14条(1)款作出了如下定义:"向一个或一个以上的特定的人提出订立合同的建议,如果十分确定,并且表明发盘人在得到接受时承受约束的意旨,即构成发盘。一个建议如果写明货物并且明示或暗示地规定数量和价格或规定如何确定数量和价格,即为十分确定。"《公约》还规定,凡不完全符合上列规定的,不能视为发盘,而只能起邀请对方发盘的作用。

8. 下列各项中,属于仲裁的特点的有( )。

A. 以当事人自愿为基础

B. 任何仲裁机构不受理没有仲裁协议的案件

C. 排除法院对争议案件的管辖权

D. 仲裁裁决是终局的,对双方均有约束力

E. 仲裁协议必须在争议发生之前达成

精解:仲裁协议必须是书面的,它有两种形式:一种是合同中的仲裁条款;另一种是以其他方式达成的提交仲裁协议,这种协议可以在争议发生之前,也可以在争议发生之后达成。

9. 下列各项中，属于信用证支付方式的特点有(　　)。

A. 银行承担第一性付款责任　　B. 信用证是一种商业信用

C. 信用证是一种自足文件　　D. 信用证是一种单据买卖

E. 信用证是合同的副本

精解：在信用证付款条件下，银行承担第一性付款责任，因此，信用证付款的性质属于银行信用。信用证虽以贸易合同为基础，但信用证一经开出就成为独立于合同以外的另一种契约。开证银行只受信用证的约束而与该合同完全无关。

10. 在货物运输保险中，当被保险人保险的货物遭受损失后，被保险人应按照保单的规定向保险公司等办理索赔手续，这些手续包括(　　)。

A. 损失通知　　B. 向承运人等有关方提出索赔

C. 采取合理的施救、整理措施　　D. 备全必要的索赔单证

E. 向银行及时交单

精解：当被保险人保险的货物遭受损失后，向保险公司的索赔问题就产生了。被保险人应按照保单的规定向保险公司办理索赔手续，同时还应以收货人的身份向承运人办妥必要的手续，以维护自己的索赔权利。

**三、判断题(每题 1 分，共 40 分。判断下列各题是否正确，正确的在题后的括号内打“√”，错误的打“×”)**

1. 出口与进口是对外贸易的两个组成部分。对运进商品和劳务的国家(地区)来说是出口；对运出商品和劳务的国家(地区)来说就是进口。(　　)

精解：出口与进口是对外贸易的两个组成部分。对运进商品和劳务的国家(地区)来说是进口；对运出商品和劳务的国家(地区)来说就是出口。

2. 外汇局根据企业贸易外汇收支的合规性及其与货物进出口的一致性，将企业分为 A、B、C、D 四类。(　　)

精解：外汇局根据企业贸易外汇收支的合规性及其与货物进出口的一致性，将企业分为 A、B、C 三类。

3. 商品生产国(出口国)与商品消费国(进口国)之间间接进行的商品买卖行为称为直接贸易。(　　)

精解：商品生产国(出口国)与商品消费国(进口国)之间直接进行的商品买卖行为称为直接贸易。

4. 贸易货物结构是指一定时期内一国进出口贸易中各类货物的构成，即各大类或各种货物进出口贸易额与整个进出口贸易额之比，以份额表示。(　　)

精解：贸易货物结构的定义。

5. 资本项目，通常是指一个国家或地区对外交往中经常发生的交易项目，包括贸易及服务、收益、经常转移，其中贸易及服务是最主要的内容。(　　)

精解：经常项目，通常是指一个国家或地区对外交往中经常发生的交易项目，包括贸易及服务、收益、经常转移，其中贸易及服务是最主要的内容。

6. 如果在卖方发出货物后，货物的价格下跌，则卖方要承担价格下跌带来的风险。(　　)

精解：如果在卖方发出货物后，货物的价格下跌，则应该由买方承担价格下跌带来的风险。

7.《1932 年华沙—牛津规则》是国际法协会专门为解释 DAF 而制定的。(　　)

精解：《1932 年华沙—牛津规则》是国际法协会专门为解释 CIF 而制定的。

8. DAT 要求卖方办理出口清关手续。但卖方无义务办理进口清关、支付任何进口税或办理任何进口海关手续。(　　)

精解：DAT 术语的定义。

9. CIF 就是 Incoterms 1980 及先前版本中的 C&F，由于“&”符号不便于电子数据交换，故改为 CIF。(　　)

精解：CFR 就是 Incoterms 1980 及先前版本中的 C&F，由于“&”符号不便于电子数据交换，故改为 CFR。

10. 完税后交货是指当卖方在指定目的地将仍处于抵达的运输工具上，但已完成进口清关，且已做好卸载准备的货物交由买方处置时，即为交货。(　　)

精解：DDP 术语的定义。

11. 在《国际贸易术语解释通则 2010 术语》中,承运人是签约承担运输责任的一方。 ( )

精解:在《国际贸易术语解释通则 2010》国际惯例中,定义承运人(carrier)是签约承担运输责任的一方。

12. 在《国际贸易术语解释通则 2010 术语》的 11 种贸易术语中,买卖双方交接的单据,可以是纸单据,但不可以是电子单据。 ( )

精解:在《国际贸易术语解释通则 2010 术语》的 11 种贸易术语中,买卖双方交接的单据,可以是纸单据,也可以是电子单据。

13. 在 FAS 与 FOB 贸易术语下,买卖双方的风险划分界线都是装运港船边。 ( )

精解:一般来说,"装上船"是 FOB 合同买卖双方划分风险的分界线。FAS 是指卖方在指定的装运港将货物交到船边,即完成交货。买方必须承担自那时起货物灭失或损坏的一切风险。

14. 逆汇(reverse remittance)又称出票法,指债权人委托本国银行,通过签发汇票等形式,主动向国外债务人索汇的另一类汇兑业务。 ( )

精解:逆汇的定义。

15. 寄售中的双方当事人是买卖关系。 ( )

精解:寄售是一种委托代售关系,寄售人是委托人,代销人是受托人。

16. 寄售是先成交,后出运的贸易方式,属于现货买卖。 ( )

精解:寄售是先出运、后成交的贸易方式,属于现货买卖。

17. 套期保值的基本做法是期货交易者在购进(或出售)现货的同时,在期货市场上出售(或购进)同等数量的期货。 ( )

精解:套期保值的基本做法的定义。

18. 招标文件是由投标人编制。 ( )

精解:招标首先由招标人发出招标通告,制定招标文件或称标书,说明拟采购的商品或拟兴建的工程项目的各种交易条件,邀请各方面的卖方或承包商在规定时间和地点内,采取一次递价办法进行投标,然后由招标人开标,将各投标人的递价进行比较,从中选择对其最有利者达成交易。

19. 一项还盘是对原发盘的拒绝,一经受盘人作出还盘,原发盘也随之失效,交易磋商必须从询盘再开始。 ( )

精解:还盘是指受盘人不完全同意发盘内容而提出修改意见或变更交易条件的一种口头或书面表示。还盘又称还价,在法律上称为反要约。受盘人的答复,如果在实质上变更了发盘条件,就构成对发盘的拒绝,从法律上讲是否定了原发盘,原发盘即告失效,原发盘人就不再受其约束。同时,还盘构成了新的发盘。

20. 由于凭样品买卖的商品多属于品质难以规格化、标准化的商品,一般难以做到交货品质与标准样品完全相符,故在合同中应规定"交货品质和样品大体相符"。 ( )

精解:这对买卖双方划定责任风险很重要。

21. 中国某进出口公司从美国进口商处购买在美国当地可买到的某化工产品。约定交货前该商所属生产上述产品的工厂之一因爆炸被毁,该商要求援引不可抗力免责条款解除交货责任。中国某进出口公司应予同意。 ( )

精解:不可抗力(force majeure)是指买卖合同签订后,并非由于合同当事人的过失或疏忽,而是由于发生了合同当事人无法预见、无法预防、无法避免和无法控制的意外事故,以致有关当事人不能履行或不能如期履行合同义务,发生意外事故的一方当事人可以免除违约的责任。因为上述产品是当地通常可买到的某化工产品,所以美方只要重新购置就能履行合同。

22. 接受一旦生效,就不能撤销。 ( )

精解:接受一经生效,合同成立,如要撤销接受,属于毁约行为,将按违约处理。

23. 理论重量在计算农产品时可以作为一种标准。 ( )

精解:理论重量是指对于有些有固定规格和统一规格的商品,只要规格一致、尺寸相符,每件重量大体相同,一般可以从件数推算出总量。这种计量方式适用于钢板和马口铁等商品。

24. 在国际贸易交易过程中,买卖双方往往会由于彼此间的权利义务问题而引起争议。争议发生后,因一方违反合同规定,直接或间接给另一方造成损失,受损方向违约方在合同规定的期限内提出赔偿要求,以弥补其所受损失,就是理赔。 ( )

精解：在国际贸易交易过程中，买卖双方往往会由于彼此间的权利和义务问题而引起争议。争议发生后，因一方违反合同规定，直接或间接给另一方造成损失，受损方向违约方在合同规定的期限内提出赔偿要求，以弥补其所受损失，就是索赔。

25. 违约的一方，如果受理遭受损害方所提出的赔偿要求，赔付金额或实物，以及承担有关修理、加工整理等费用，或同意换货等就是索赔。 （ ）

精解：违约的一方，如果受理遭受损害方所提出的赔偿要求，赔付金额或实物，以及承担有关修理、加工整理等费用，或同意换货等就是理赔。

26. 信用证付款方式对卖方没有收汇风险。 （ ）

精解：虽然信用证是一种银行信用，但并不意味着对卖方没有收汇风险。

27.《跟单信用证统一惯例》(UCP600)本身并不是一项有约束性的法律文件，只有信用证上注明根据该惯例处理，该信用证才受该惯例的规定和解释的约束。 （ ）

精解：惯例的特性。

28. 不符点的出现只要征得议付行同意并议付完毕，受益人即可不受追偿地取得货款。 （ ）

精解：议付是汇票流通中的一个环节，除非保兑行议付，否则议付银行对其议付行为可保留追索权。

29. 持票人是指开出票据的人，即指示付款人在一定日期履行付款责任的人。 （ ）

精解：出票人是指开出票据的人，即指示付款人在一定日期履行付款责任的人。出票人在票据上一旦签名，即已发出指令，对受款人或持票人承担该项票据提示时，一定付款或承兑的保证责任。

30. 一张汇票，没有确定的金额，仍然有效。 （ ）

精解：汇票作为一种要式证券，必须具备下列几项内容：(1)表明"汇票"的字样；(2)无条件支付的委托；(3)确定的金额；(4)付款人名称；(5)收款人名称；(6)出票日期；(7)出票人签章。汇票上未记载前款规定事项之一的，汇票无效。汇票一般不得涂改。

31. 银行本票见票即付，资金转账速度是所有票据中最快、最及时的。 （ ）

精解：银行本票的属性。

32. 出口货物，是指向海关报关后实际离境并销售给境外单位或个人的货物，分为自营出口货物和委托出口货物两类。 （ ）

精解：国家在办理出口退税时对出口货物的定义。

33. 根据是否选择中介商或所选择的中介商的不同，贸易式进入可分为间接出口和直接出口两种。 （ ）

精解：间接出口和直接出口的定义。

34. 按照使用网络类型分类，电子商务可以分为电子事务处理和电子贸易处理。 （ ）

精解：根据使用网络类型的不同，电子商务目前主要有三种形式：第一种形式是EDI(electronic data interchange，电子数据交换)商务；第二种形式是互联网(Internet)商务；第三种形式是Intranet(内联网)商务和Extranet(外联网)商务。

35. SWIFT格式MT700中，代号41A代表的意思form of documentary credit(跟单信用证类别)。 （ ）

精解：SWIFT格式MT700中，代号40A代表的意思是form of documentary credit(跟单信用证类别)。

36. 出口货物劳务的增值税退(免)税的计税依据，按出口货物劳务的出口发票(外销发票)、其他普通发票或购进出口货物劳务的增值税专用发票、海关进口增值税专用缴款书确定。 （ ）

精解：国家对出口退税的规定。

37. 间接出口是指企业将产品卖给或委托国内中间商出口到国际市场。 （ ）

精解：间接出口的定义。

38. 在一份SWIFT信用证中MT700包含45A，同时发送的另一个MT701中包含46B和47B，正确吗？ （ ）

精解：在SWIFT信用证中MT700的45A和MT701的45B内容相同，MT700的46A和MT701的46B内容相同，MT700的47A和MT701的47B内容相同，但是在一份信用证中，相同内容不能同时出现。

39. SWIFT信用证MT700格式中代码49(保兑指示)出现"CONFIRM"，代表的是不要求收报行保兑该

信用证。 (  )

精解:49:保兑指示。

该项目列明给收报行的保兑指示。该项目内容有:

CONFIRM :要求收报行保兑该信用证。

MAY ADD:收报行可以对该信用证加具保兑。

WITHOUT:不要求收报行保兑该信用证。

40. SWIFT 信用证 MT707 格式中代码 33B,代表的是信用证金额的增加。 (  )

精解:32B,Increase of Documentary Credit Amount(信用证金额的增加);33B,Decrease of Documentary Credit Amount(信用证金额的减少)。

# 国际贸易实务考试卷一

**一、单项选择题。在下列每小题的四个备选答案中选出一个正确的答案，并将答案填涂在答题卡相应位置，错选、多选、未选均无分。（每小题 1 分，共 40 分）**

1. 2010 年 1～7 月，全国进出口总值为16 170.5亿美元，同比增长 40.9%，其中：出口8 504.9亿美元，增长 35.6%；进口7 665.6亿美元，增长 47.2%，2010 年 1～7 月我国（　　）。

A. 贸易顺差8 504.9亿美元　　B. 贸易逆差7 665.6亿美元

C. 贸易顺差 839.3 亿美元　　D. 贸易逆差 839.3 亿美元

2. 从一个国家来看，该国与别国货物与服务的交换活动称为（　　）。

A. 世界贸易　　B. 国际贸易　　C. 对外贸易　　D. 区域贸易

3. （　　）结汇是指外汇所有者将外汇卖给外汇指定银行。

A. 跨境收付　　B. 境内划转　　C. 结汇　　D. 售汇

4. 假定某国净贸易条件以 1980 年为基期是 100，1990 年出口价格指数下降 10%，为 90；进口价格指数上升 20%，为 120，且该国的出口商品的劳动生产率从 1980 年的 100 提高到 1990 年的 150，则该国家的单项因素贸易条件是（　　）。

A. 50　　B. 200　　C. 72　　D. 112.5

5. （　　）是各国货币之间相互交换时换算的比率，即一国货币单位用另一国货币单位所表示的价格。

A. 履约率　　B. 汇率　　C. 成交率　　D. 创汇率

6. FOB 术语的运费支付方式一般是（　　）。

A. 预付运费　　B. 到付运费　　C. 第三地支付　　D. 比例运费

7. 苏州某进出口公司原来打算将货拉到上海港出口，对外以 CIF 报价，如果该公司采用多式联运，希望在苏州工厂交货，运费和保险费均不变的情况下，应采用（　　）术语为宜。

A. FCA　　B. CIP　　C. DDP　　D. CPT

8. 按照《国际贸易术语解释通则 2010》的解释，下列贸易术语中，由买方负责办理出口通关手续的是（　　）。

A. DAF　　B. FCA　　C. FOB　　D. EXW

9. （　　）是指以物易物，即货物出口的一方在进口某一价值货物的同时，向对方提供等值的出口货物，通常不涉及第三方。

A. 易货贸易　　B. 补偿贸易　　C. 抵消贸易　　D. 加工贸易

10. （　　）是指拥有进出口经营权的企业对外签订进口料件合同，在向海关备案时尚未签订出口成品合同，进口料件生产的成品、数量及销售流向均未确定。

A. 进料加工对口合同　　B. 进料加工非对口合同

C. 来料加工对口合同　　D. 来料加工非对口合同

11. 卖主叫价拍卖又称减价拍卖，或称（　　）拍卖。

A. 苏格兰式　　B. 英格兰式　　C. 荷兰式　　D. 法国式

12. 我国在以租赁方式引进国外设备时，往往由我国的租赁公司作为承租人向国外租赁公司租用设备，然后再将该设备转租给国内用户，这种租赁方式称为（　　）。

A. 经营租赁　　B. 转租租赁　　C. 回租租赁　　D. 金融租赁

13. （　　）又称唛头。

A. 运输标志　　B. 指示性标志　　C. 警告性标志　　D. 危险品标志

14. 下列保险条款中，承保风险类似中国人民保险公司中的一切险的是（　　）。

A. ICC (A)　　B. ICC (B)
C. ICC (C)　　D. institute war clauses cargo

15.“[商品实际重量÷(1+实际回潮率)]×(1+公定回潮率)”为(　　)的计算公式。
A. 实物净重　　B. 法定重量　　C. 理论重量　　D. 公量

16. 常用的指示性标志中,“怕雨”的标志为(　　)。
A.　　B.　　C.　　D.

17. 卖方按照原价给予买方一定百分比的减让,即在价格上给予适当的优惠。这是(　　)。
A. 佣金　　B. 折扣　　C. 预付款　　D. 订金

18. (　　)是指两张信用证的开证申请人互以对方为受益人而开立的信用证。
A. 保兑信用证　　B. 对背信用证　　C. 备用信用证　　D. 对开信用证

19. 在信用证付款方式下,通知银行的职责是(　　)。
A. 只证明信用证的真实性,并不承担其他义务
B. 接受申请人委托,开立信用证
C. 买入跟单汇票并垫付资金
D. 实际支付货款

20. 在 MT 701 Issue of a Documentary Credit 中,代号 45B 代表的是信用证的(　　)。
A. 货物描述及/或交易条件　　B. 申请人的银行
C. 应具备单据　　D. 受益人

21. 在 MT 707 Amendment to a Documentary Credit 中,代号 30 代表的是信用证的(　　)。
A. Date of Issue　　B. New Date of Expiry
C. Shipment Period　　D. Date of Amendment

22. 我国出口货物使用的下列贸易术语中,错误的是(　　)。
A. FCA SHANGHAI　　B. FOB OSAKA
C. CIF TOKYO　　D. CFR BUSAN

23. 一般就选定一种在本国对外经济交往中最常使用的主要货币作为基本货币,制定出本国货币与该货币之间的汇率,这一汇率就是(　　)。
A. 基本汇率　　B. 套算汇率　　C. 交叉汇率　　D. 有效汇率

24. (　　)是将一国货币与多个其他国家货币的双边汇率指数进行加权平均而得到的汇率指数,以反映该国货币对多种外币总的价值变化情况。
A. 基本汇率　　B. 套算汇率　　C. 交叉汇率　　D. 有效汇率

25. (　　)外汇交易中使用的现实汇率,它是由市场的外汇供求决定的。
A. 基本汇率　　B. 套算汇率　　C. 交叉汇率　　D. 名义汇率

26. (　　)按外国与本国物价指数之比对名义汇率进行调整,用来反映剔除两国货币相对购买力变动的影响后,汇率变动对两国国际竞争力的实际影响。
A. 基本汇率　　B. 套算汇率　　C. 交叉汇率　　D. 实际汇率

27. (　　)是指进出口商品经过一国关境时,由政府设置的海关向进出口商所征收的税收。
A. 营业税　　B. 关税　　C. 所得税　　D. 消费税

28. 进口商品的税赋取决于进口商品的价格大小与(　　)的高低。
A. 质量　　B. 汇率　　C. 利率　　D. 税率

29.《国际贸易术语解释通则 2010》中的贸易术语 EXW,中文的意思是(　　)。
A. 工厂交货　　B. 货交承运人　　C. 运费付至　　D. 运输终端交货

30.《国际贸易术语解释通则 2010》中的贸易术语 FCA,中文的意思是(　　)。
A. 工厂交货　　B. 货交承运人　　C. 运费付至　　D. 运输终端交货

31.《国际贸易术语解释通则 2010》中的贸易术语 CPT,中文的意思是(　　)。

A. 工厂交货　B. 货交承运人　C.运费付至　D. 运输终端交货

32. 企业与政府之间的电子商务称为(　　)。

A. B2B　B. C2C　C. B2C　D. B2G

33. 对于 EDI 来讲,下列说法错误的是(　　)。

A. EDI 是计算机之间的电子数据传输　B. EDI 的使用者都要执行 ANSIX.12 标准

C. EDI 传送的信息有统一的标准　D. 信息传递采用电子方式传递

34. 电子合同与传统合同的区别在于书面形式、电子签名的有效性、电子合同收到与合同成立地点和(　　)。

A. 商品形式　B. 商品数量　C. 合同格式　D. 合同证据

35. 互联网的最大好处是(　　),因此在网上调查过程中,被调查对象可以与调查者进行互动。

A. 超前性　B. 差异性　C. 交互性　D. 整合性

36. 在进行网络商务信息的收集时,一般命中率最高的方式是(　　)。

A. 利用知名搜索引擎　B. 利用区域性搜索引擎

C. 利用专业协会　D. 利用讨论组

37. 中国广州某出口公司向法国巴黎某商人出售一批货物,中方原报价为 CIF 巴黎每吨 850 美元,后法商要求改报含佣价 CIFC5%,则中方改报价应为每吨(　　)美元。

A. 807.50　B. 892.50　C. 809.52　D. 894.74

38. 我国某外贸公司出口玉米约1 000吨,根据《跟单信用证统一惯例》规定,该公司发货时,最少可以出运(　　)吨。

A. 900　B. 1 000　C. 1 200　D. 1 100

39. 我方出口某商品共 100 箱,每箱毛重为 40 千克,体积 30cm×60cm×50cm,查运费表得知该货为 10 级,计算标准为 W/M,基本运费为每运费吨 109 美元,另收燃油附加费 20%,该批货物的运费是(　　)美元。

A. 523.20　B. 436.00　C. 1177.20　D. 981.00

40. 一批货物在海运途中发生承保范围内的损失,其修理费用超过修复后的价值,这种损失属于(　　)。

A. 共同海损　B. 单独海损　C. 实际全损　D. 推定全损

**二、多项选择题。下列每小题的选项中,有两个或两个以上答案是正确的,请将答案填涂在答题卡相应位置,多选、少选或不选均不得分。(每小题 2 分,共 20 分)**

1. 在国际贸易中的风险性体现在(　　)。

A. 信用风险　B. 商业风险　C. 汇率风险　D. 运输风险

E. 政治风险

2. 某公司向国外客户出口 520 台电冰箱,合同没有规定卖方交货的数量可溢短装 5%,卖方实际交货时多交了 20 台,买方就卖方多交的 20 台电冰箱可以作出(　　)的决定。

A. 收取全部 546 台电冰箱　B. 拒收 546 台电冰箱

C. 收取多交货物中的 10 台电冰箱　D. 拒收多交的 20 台电冰箱

E. 收取多交货物中的 20 台电冰箱

3. 来料加工的主要特点有(　　)。

A. 由外商提供全部或部分料件,加工方无需用外汇购买进口料件

B. 来料加工的料件进口和成品出口系同一协议及同一客户

C. 来料加工出口的成品,加工方不负责销售,由外商自行销售

D. 加工方赚取进出口差价

E. 外商提供的进口料件及加工的成品,加工方只拥有使用保管权而不拥有所有权

4. RFID 技术使用的优点有(　　)。

A. 需要光源,不可以透过外部材料读取数据

B. 标签芯片与自带天线全封闭,能在恶劣环境下工作

C. 具有小、薄、柔韧性、可植入多种材料内部的特性

D. 读取距离比条码远更远

E. 可以写入及存取数据

5. 国际技术贸易与国际货物贸易的不同点包括(　　)。

A. 贸易标的物内容的不同　　B. 贸易标的物的使用权与所有权不同

C. 贸易双方当事人关系存在差异　　D. 贸易标的物作价原则存在差异

E. 贸易所涉及的法律存在差异

6. 根据交付货运单据条件的不同,跟单托收可细分为(　　)。

A. 工厂交单　　B. 承兑交单　　C. 商检交单　　D. 付款交单

E. 海关交单

7. 经常项目的主要特征有(　　)。

A. 交易行为通常发生在居民与非居民之间

B. 所有权不变

C. 发生转移的往往是资本的使用权,产生债权债务关系

D. 交易行为在历史上经常、频繁发生

E. 所有权通常发生转移

8. 经常项目外汇账户的使用包括(　　)。

A. 跨境收付　　B. 境内划转　　C. 购汇　　D. 结汇

E. 存取外币现钞

9. 跨境人民币结算的意义包括(　　)。

A. 有利于加强中国对外经济、贸易和投资往来,促进中国经济更好地融入世界经济

B. 有利于进一步完善人民币汇率形成机制

C. 有利于促进中国金融业的开放和发展

D. 有利于促进国际货币体系多极化发展

E. 有利于完善人力资源管理

10. 网络营销对传统营销的冲击表现在(　　)。

A. 网络营销使得产品不再标准化　　B. 网络营销一定优于传统营销

C. 网络营销将促进品牌的全球化管理　　D. 网络营销将加剧价格歧视的不利影响

E. 网络营销可以降低成本

**三、判断题。判断下列各题是否正确,并将答案填涂在答题卡相应位置。(每空 1 分,共 40 分)**

1. 商品从甲国经过乙国向丙国运送,对丙国来说是过境贸易。(　　)

2. 国际技术贸易与国际货物贸易都属于国际贸易的一种方式,这是它们的相同点,但是它们之间贸易标的物的使用权与所有权不同。(　　)

3. 国际贸易术语确实规定了买卖合同中买方有安排运输、保险的义务,卖方何时向买方交货以及各方应当支付的费用。(　　)

4. 直接标价法(direct quotation),又称为应付标价法,是以一定数量(1 或 100 等)的外国货币作为标准,用一定量的本国货币表示外国货币的价格。(　　)

5. 汇率制度大体可分为固定汇率、有管理的浮动和自由浮动汇率制度。(　　)

6. FCA、FOB、DDP 术语中卖方和买方之间风险转移在装船港船舷前后。(　　)

7. 由于国际贸易惯例不是国家的共同立法,它对交易双方都没有强制性。因此,即使买卖双方在合同中明确表示采用某项惯例时,则该项惯例对买卖双方也没有约束力。(　　)

8. Incoterms 2010 于 2011 年 1 月 1 日起生效。(　　)

9. 在独家经销方式下,出口商与独家经销商的关系是买卖关系,即独家经销商对其经销商品自垫资金买断、自行销售、承担经营风险和自负盈亏。(　　)

10. 代理业务的双方要订立代理协议,代理协议规定出口商和进口商之间的权利与义务。(　　)

11. 寄售是指出口商先将待售商品运到国外,委托当地代销商按照寄售协议约定的条件和办法代为销售的一种贸易方式。寄售人同代销人之间是买卖关系。(　　)

12. 招标是指投标人应招标通告的邀请,根据招标人所规定的招标条件,在规定的时间期限和地点,向

招标人递价，争取中标以达成交易。（ ）

13. 商品的名称和质量，简称为品质。（ ）

14. 对于危险物品，如易燃品、有毒品或易爆炸物品等，在外包装上必须醒目标明，以示警告，称为指示性标志。（ ）

15. 以毛作净就是以净重代替毛重。（ ）

16. 卖方所交货物如果多于合同规定的数量，按《联合国国际货物销售合同公约》，买方可以收取也可以拒收全部货物。（ ）

17. 在相当长的一段时间内，CIF 被译为“到岸价”，这种说法是准确的。（ ）

18. 票汇方式用于预付款的出口交易，出口人收到国外银行汇票或银行本票时，即可发运货物。（ ）

19. 采用信用证支付方式，议付行议付后，如开证行倒闭或拒付，可向受益人行使追索权；但开证行或保兑行付款后，则均无追索权。（ ）

20. 假远期信用证又称远期汇票即期付款的信用证，即出口商在货物装船并取得装运单据后，按照信用证规定开具远期汇票，向指定银行即期收回全部货款。（ ）

21. 保兑信用证是指该信用证在一定时间内利用规定金额后，能够重新恢复信用证原金额而再被利用，直至达到规定次数或规定的总金额为止。（ ）

22. CPT 要求买方办理货物的出口清关手续。（ ）

23. CIP 要求卖方办理货物的进口清关手续。（ ）

24. 在使用 CPT、CIP、CFR 或 CIF 术语时，当卖方将货物交付给承运人时，而不是当货物到达目的地时，即完成交货。（ ）

25. DAT 可适用于任何运输方式，也可适用于多种运输方式。（ ）

26. 当货物装在集装箱里时，卖方通常将货物在集装箱码头移交给承运人，而非交到船边。这时，FAS 术语不适合，而应当使用 FCA 术语。（ ）

27. FAS 要求卖方办理出口清关手续。但卖方无义务办理进口清关、支付任何进口税或办理任何进口海关手续。（ ）

28. FOB 可能不适合于货物在上船前已经交给承运人的情况。（ ）

29. “成本加运费”是指卖方在船上交货或以取得已经这样交付的货物方式交货。货物灭失或损坏的风险在货物交到船上时转移。卖方必须签订合同，并支付必要的成本和运费，将货物运至指定的目的港。

（ ）

30. 独家经销业务中的两个当事人，供货人和包销人之间是一种买卖关系，即供货人是卖方，包销人是买方。（ ）

31. 互联网网站的发展有三个主要阶段，即信息发布、数据库检索和个性化互动。（ ）

32. 内联网是在互联网的基础上发展起来的企业内部网，或称外联网。（ ）

33. 电子商务的环境建设的目的不仅要从技术角度来处理电子商务关系；而且要创立尽可能安全的法律环境，以便有助于通信各方之间高效率的使用电子商务。（ ）

34. 一般来说，EDI 主要用于企业、机构和组织内部的数据报文的传递，也就是不同计算机系统之间的传递。（ ）

35. EDI 传输的是自由格式的文件，并具有格式校验功能。而传真、电传和电子信箱等传送的是标准的格式化文件。（ ）

36. 电子提单是一种可利用 EDI 系统对海运途中的货物所有权进行转让的程序。（ ）

37. 在网络营销的实践中，网络品牌、网址推广、信息发布、销售促进、销售渠道、网络广告、客户服务、客户关系、网上调研和营销管理等是常用的方法。（ ）

38. 可靠的电子签名与手写签名或者盖章具有同等的法律效力。（ ）

39. 佣金计算公式为：含佣价＝净价－佣金。（ ）

40. 独家经销方式确定了出口商和国外经销商在一定时期内固定的经销关系和共同利益，经销商愿意承担销售前的宣传推广工作及销售后的服务工作，出口商也愿意多花力量帮助和培养经销商。（ ）

# 国际贸易实务考试卷二

**一、单项选择题。在下列每小题的四个备选答案中选出一个正确的答案，并将答案填涂在答题卡相应位置，错选、多选、未选均无分。（每小题1分，共40分）**

1. 据海关统计，2013年8月份，我国进出口总值2.17万亿元人民币（折合3 527亿美元），其中出口1.17万亿元人民币（折合1 906.1亿美元）；进口1万亿元人民币（折合1 620.9亿美元），贸易（　　）亿美元。

A. 顺差285.2　　B. 逆差3 527　　C. 顺差1 906.1　　D. 逆差1 620.9

2. 贸易差额的英文全称是（　　）。

A. commodity trade　　B. balance of trade　　C. direct trade　　D. service trade

3. 据海关统计，2012年，我国外贸进出口总值38 667.6亿美元，其中出口20 489.3亿美元，进口18 178.3亿美元，贸易顺差2 311亿美元。折合人民币进出口总值为24.42万亿元，其中出口12.94万亿元，进口11.48万亿元，顺差1.46万亿元。据国家统计局公布的初步数据，2012年我国国内生产总值(GDP)为51.93万亿元。2012年我国外贸依存度为（　　）。

A. 50%　　B. 22.1%　　C. 24.9%　　D. 47%

4. 在《国际贸易术语解释通则2010》术语中，适用于海运及内河水运的术语是（　　）。

A. FOB、CIF、CFR、FAS　　B. CIP、FOB、CFR、FCA

C. FOB、CIF、DDP、FAS　　D. FAS、CIF、FOB、EXW

5. 在Incoterms 2010中规定，保险最低金额是合同规定价格另加（　　），并采用合同货币。

A. 10%　　B. 20%　　C. 30%　　D. 5%

6. 由卖方办理投保手续的贸易术语是（　　）。

A. DAT　　B. FOB　　C. EXW　　D. CFR

7.（　　）是指当卖方在指定的装运港将货物交到买方指定的船边（如置于码头或驳船上）时，即为交货。货物灭失或损坏的风险在货物交到船边时发生转移，同时买方承担自那时起的一切费用。

A. FCA　　B. CPT　　C. FOB　　D. FAS

8. 我国甲公司欲与英国乙公司签订销售合同出口鞋子到英国，贸易术语使用不正确的是（　　）。

A. FOB SHANGHAI　　B. CIF DALIAN

C. CFR LONDON　　D. CIP LONDON

9. 进料加工项下进口直接用于加工出口产品在生产过程中消耗掉的磨料、燃料、触媒剂、催化剂、洗涤剂可以（　　）。

A. 全额保税　　B. 按料件的保税额度保税

C. 部分退税　　D. 全部退税

10. 国外客商订购 slip-on hot kids canvas shoes，出口商要求的最小订货量的是（　　）。

A. FOB Price: USD3/ Pair　　B. Port: Ningbo port, Shanghai port

C. Minimum Order Quantity: 1500 Pair/Pairs　　D. Payment Terms: T/T

11. 1长吨＝（　　）公斤。

A. 907　　B. 1 000　　C. 1 016　　D. 1 500

12. 属于二维条码图形符号的是（　　）。

A.　　B.　　C.　　D.

13. 包装—搬运图示标志中“由此吊起(SLING HERE)”的标志为（　　）。

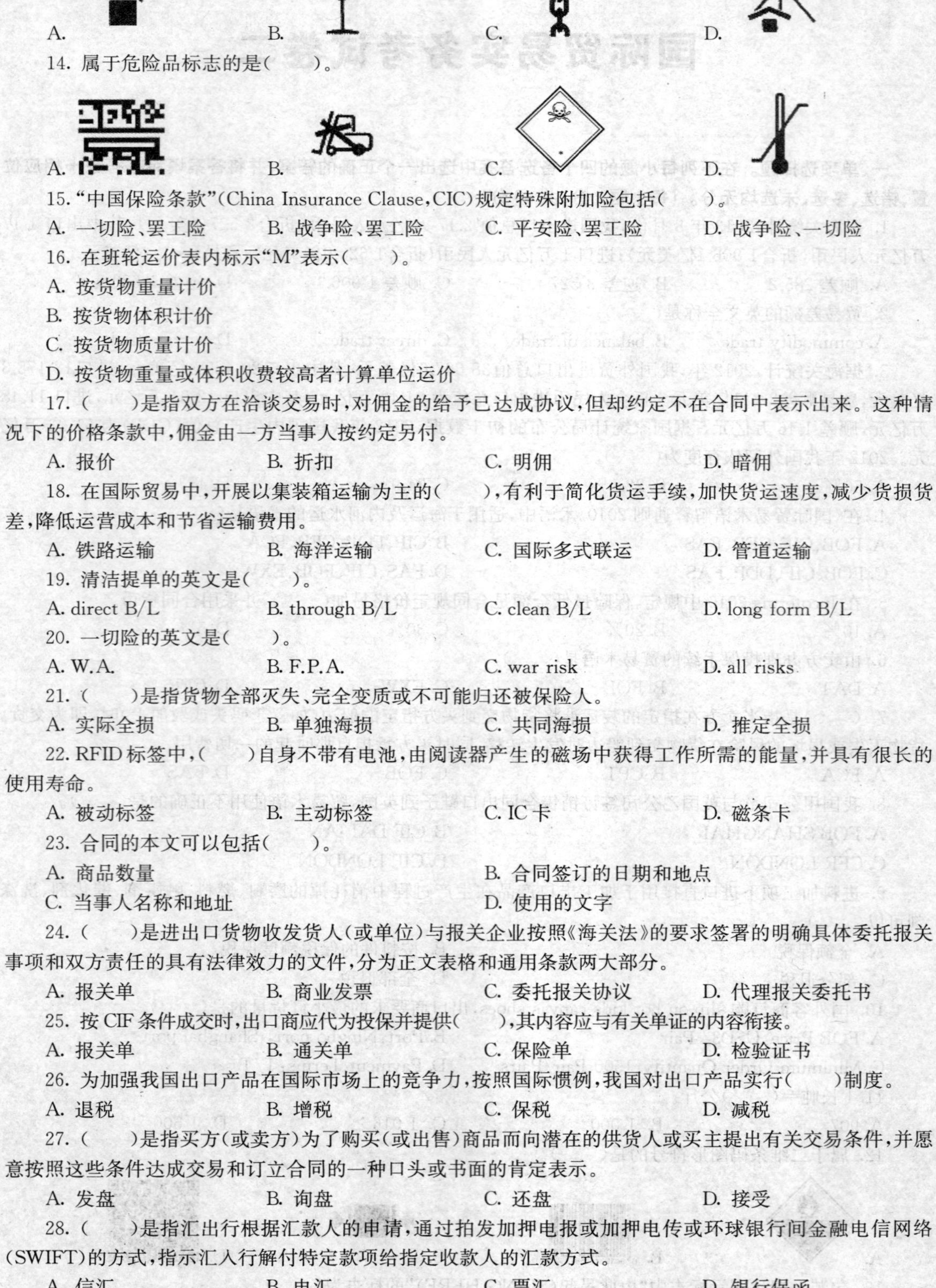

A. B. C. D.

14. 属于危险品标志的是(　　)。

A. B. C. D.

15. “中国保险条款”(China Insurance Clause, CIC)规定特殊附加险包括(　　)。

A. 一切险、罢工险　　B. 战争险、罢工险　　C. 平安险、罢工险　　D. 战争险、一切险

16. 在班轮运价表内标示“M”表示(　　)。

A. 按货物重量计价

B. 按货物体积计价

C. 按货物质量计价

D. 按货物重量或体积收费较高者计算单位运价

17. (　　)是指双方在洽谈交易时，对佣金的给予已达成协议，但却约定不在合同中表示出来。这种情况下的价格条款中，佣金由一方当事人按约定另付。

A. 报价　　B. 折扣　　C. 明佣　　D. 暗佣

18. 在国际贸易中，开展以集装箱运输为主的(　　)，有利于简化货运手续，加快货运速度，减少货损货差，降低运营成本和节省运输费用。

A. 铁路运输　　B. 海洋运输　　C. 国际多式联运　　D. 管道运输

19. 清洁提单的英文是(　　)。

A. direct B/L　　B. through B/L　　C. clean B/L　　D. long form B/L

20. 一切险的英文是(　　)。

A. W.A.　　B. F.P.A.　　C. war risk　　D. all risks

21. (　　)是指货物全部灭失、完全变质或不可能归还被保险人。

A. 实际全损　　B. 单独海损　　C. 共同海损　　D. 推定全损

22. RFID 标签中，(　　)自身不带有电池，由阅读器产生的磁场中获得工作所需的能量，并具有很长的使用寿命。

A. 被动标签　　B. 主动标签　　C. IC 卡　　D. 磁条卡

23. 合同的本文可以包括(　　)。

A. 商品数量　　B. 合同签订的日期和地点

C. 当事人名称和地址　　D. 使用的文字

24. (　　)是进出口货物收发货人(或单位)与报关企业按照《海关法》的要求签署的明确具体委托报关事项和双方责任的具有法律效力的文件，分为正文表格和通用条款两大部分。

A. 报关单　　B. 商业发票　　C. 委托报关协议　　D. 代理报关委托书

25. 按 CIF 条件成交时，出口商应代为投保并提供(　　)，其内容应与有关单证的内容衔接。

A. 报关单　　B. 通关单　　C. 保险单　　D. 检验证书

26. 为加强我国出口产品在国际市场上的竞争力，按照国际惯例，我国对出口产品实行(　　)制度。

A. 退税　　B. 增税　　C. 保税　　D. 减税

27. (　　)是指买方(或卖方)为了购买(或出售)商品而向潜在的供货人或买主提出有关交易条件，并愿意按照这些条件达成交易和订立合同的一种口头或书面的肯定表示。

A. 发盘　　B. 询盘　　C. 还盘　　D. 接受

28. (　　)是指汇出行根据汇款人的申请，通过拍发加押电报或加押电传或环球银行间金融电信网络(SWIFT)的方式，指示汇入行解付特定款项给指定收款人的汇款方式。

A. 信汇　　B. 电汇　　C. 票汇　　D. 银行保函

29. 在信用证付款条件下，出口方可以凭信用证向当地银行抵押贷款，俗称(　　)，在出运货物之后，即可备齐单据，凭信用证向当地银行申请办理押汇，收回货款。

A. 打包放款　　B. 出口押汇　　C. 进口押汇　　D. 托收

30. 在 MT 700 Issue of a Documentary Credit 中，代号 31D 代表的是信用证的(　　)。

A. Description of Goods and/or Services　　B. Date and Place of Expiry

C. Additional Conditions　　D. Date of Amendment

31. (　　)是指开证行或付款行收到远期汇票或单据后，在规定的期限内付款的信用证。

A. 远期信用证　　B. 保兑信用证　　C. 光票信用证　　D. 即期信用证

32. 根据《跟单信用证统一惯例》，信用证中承担第一付款人责任的是(　　)。

A. 通知行　　B. 议付行　　C. 开证行　　D. 进口方

33. 按照《跟单信用证统一惯例》规定，在议付信用证项下，汇票的付款人应是(　　)。

A. 开证申请人　　B. 开证行或其指定银行

C. 议付行　　D. 通知行

34. 独家代理和包销两种贸易方式，(　　)。

A. 前者是委托代理关系，后者是买卖关系　　B. 前者是买卖关系，后者是委托代理关系

C. 都是委托代理关系　　D. 都是买卖关系

35. 信用证规定到期日为 2015 年 5 月 31 日，而未规定最迟装运期，则可理解为(　　)。

A. 最迟装运期为 2015 年 5 月 10 日　　B. 最迟装运期为 2015 年 5 月 16 日

C. 最迟装运期为 2015 年 5 月 31 日　　D. 该信用证无效

36. 我国现行的法定计量单位是(　　)。

A. 市制　　B. 国际单位制　　C. 英制　　D. 美制

37. 对于大批量交易的散装货，因较难掌握商品的数量，通常在合同中规定(　　)。

A. 品质公差条款　　B. 溢短装条款　　C. 立即装运条款　　D. 仓至仓条款

38. 班轮条件是指货物装卸费由(　　)。

A. 买方负担　　B. 卖方负担　　C. 承运人负担　　D. 买卖双方各负担一半

39. 电子商务是一个以(　　)为支撑的全球商务活动。

A. 办公自动化技术　　B. 信息技术　　C. 运输技术　　D. 仓储技术

40. EDI 翻译软件是用于(　　)之间的格式转换的软件。

A. 发送方用户端格式到平面文件　　B. 平面文件到 EDI 标准报文

C. EDI 标准报文到接收方用户端格式　　D. 发送方用户端格式到 EDI 标准报文

**二、多项选择题。下列每小题的选项中，有两个或两个以上答案是正确的，请将答案填涂在答题卡相应位置，多选、少选或不选均不得分。(每小题 2 分，共 20 分)**

1. 属于网络营销的特点的有(　　)。

A. 跨时空　　B. 交互式　　C. 高效性　　D. 经济性

E. 唯一性

2. 有关我国天津出口到美国某货物的报价中，正确的有(　　)。

A. 每吨1 000美元 CIF NEW YORK

B. 每吨1 000美元 FCA TIANJIN

C. 每吨1 000美元 FOB OSAKA

D. 每吨1 000美元 DDP MIAMI

E. 每吨1 000美元 FCA LONG BEACH

3. 加工贸易的特征有(　　)。

A. 经营企业和生产企业不承担风险

B. 两头在外

C. 加工增值

D. 料件保税

E. 无需政府补贴

4. 鉴于运输标的内容差异较大，为适应运量增加、运输方式变革和电子计算机在运输与单据流转方面应用的需要，联合国欧洲经济委员会简化国际贸易程序工作组在国际标准化组织和国际货物装卸协调协会的支持下，制定了一项运输标志向各国推荐使用。该标准运输标志包括：（　　）。

A. 收货人或买方名称的英文缩写字母或简称

B. 参考号(如运单号、订单号或发票号)

C. 目的地

D. 切勿倾倒标识

E. 件号

5. RFID 技术使用的优点有（　　）。

A. 可以对 RFID 标签所附着的物体进行追踪定位

B. 标签芯片与自带天线全封闭，能在恶劣环境下工作

C. 具有小、薄、柔韧性、可植入多种材料内部的特性

D. 可以写入及存取数据

E. 不需要光源，可以透过外部材料读取数据

6. 世界贸易组织负责实施、管理的《服务贸易总协定》列出了国际服务贸易的形式为（　　）。

A. 过境交付　B. 境外消费　C. 远期支付　D. 商业存在

E. 自然人流动

7. 在《国际贸易术语解释通则 2010》术语中，适用于任何运输方式或多种运输方式的术语是（　　）。

A. FOB　B. FCA　C. DAT　D. CIF

E. CIP

8. 根据交付货运单据条件的不同，跟单托收可细分为（　　）。

A. 工厂交单　B. 承兑交单　C. 商检交单　D. 海关交单

E. 付款交单

9. 属于信用证内容的有（　　）。

A. 货物的描述　B. 货物运输的说明　C. 单据的要求　D. 特殊条款

E. 信用证本身的说明

10. 循环信用证的金额恢复方法有（　　）。

A. 自动恢复　B. 非自动恢复　C. 一次性恢复　D. 半自动恢复

E. 自由恢复

**三、判断题。判断下列各题是否正确，并将答案填涂在答题卡相应位置。(每空 1 分，共 40 分)**

1. 汇票、支票都可分为即期和远期两种。（　　）

2. 在票汇情况下，买方购买银行汇票径寄卖方，因采用的是银行汇票，故这种付款方式属于银行信用。（　　）

3. 记名提单和指示提单同样可以背书转让。（　　）

4. 贸易收支又称货物贸易收支，是一国出口货物所得外汇收入和进口货物的外汇支出的总称。（　　）

5. 服务收支又称服务贸易收支，是一国对外提供各类服务所得外汇收入和接受服务发生的外汇支出的总称，包括国际运输、旅游等项下外汇收支。（　　）

6. 网络作为信息有效的沟通渠道，可以成为一些无形产品、软件和远程服务的载体，改变了传统产品的营销策略特别是渠道的选择。（　　）

7. 电子签名由符号及代码组成，也具有表明合同各方的身份及各方受合法约束的意思的功能。（　　）

8. 网络营销是企业整体营销战略的一个组成部分，是为实现企业总体经营目标所进行的，以互联网为基本手段营造网上经营环境的各种活动。（　　）

9. 我国从汉堡进口货物，如按 FOB 条件成交，需由我方派船到汉堡口岸接运货物；而按 CIF 条件成交，则由出口方洽租船舶将货物运往中国港口，可见，我方按 FOB 进口承担的货物运输风险比按 CIF 进口承担的风险大。（　　）

10. 技术贸易所有方或供应方在一定条件下将技术贸易的标的物的使用权转让给接受方使用，但技术的所有权并没有转移给技术的接受方。 ( )

11. 经常项目可兑换，通常是指对国际收支中经常性的交易项目对外支付和转移不予限制。 ( )

12. FOB 和 CIP 均由买方订舱。 ( )

13.《国际贸易术语解释通则 2010》中的第二类术语，交货地点和将货物交至买方的地点都是港口，因此被划分为"适于海运及内河水运的术语"。FAS、FOB、CFR 和 CIF 均属此类。 ( )

14. 使用 EXW 时，货物同样交由买方处置，但仅需做好卸货准备。 ( )

15. 按照 Incoterms 2010 的规定，按 CIF 术语成交，海运途中的风险由买方承担，卖方对货物的延误或灭失不承担责任，因此，合同中如果作出相反的规定是无效的。 ( )

16. 出口货物的消费税应退税额的计税依据，按购进出口货物的消费税专用缴款书和海关进口消费税专用缴款书确定。 ( )

17. SWIFT 格式 MT700 中，代号 40A 代表的是 Applicable Rules。 ( )

18. SWIFT 格式 MT701 中，代号 27 代表的是信用证号码。 ( )

19. 包装—搬运图示标志 的名称是"此面禁用手推车"。 ( )

20. 沃尔玛曾经设定过一个目标，在 2005 年 1 月，它的前 100 个供应商都要在发给沃尔玛的箱子和托盘上粘贴 RFID 标签。 ( )

21.在凭买方样品买卖中，要求卖方所交整批货的品质，必须与买方样品一致，从而避免交货时双方对样品品质理解不同而产生纠纷。 ( )

22. 含佣价＝净价÷(1－佣金率)，其中的净价一定是 FOB 净价。 ( )

23. 全式提单又称繁式提单，是指不仅有提单正面内容，而且在提单背面有承运人和托运人的权利和义务详细条款的提单。 ( )

24. 凡是出口商品都必须经过商检机构的检验才能出口。 ( )

25. 不具有生产能力的出口企业(简称外贸企业)或其他单位出口货物劳务，免征增值税，相应的进项税额予以退还。 ( )

26. 同一票货物包装不同，其计费标准和等次也不同，如托运人未按不同包装分别列明毛重和体积，则全票货物均按收费较高者计收运费。 ( )

27. 询盘的有效期是指发盘供受盘人接受的期限，也是发盘人对发盘承受约束的期限。 ( )

28. 在发盘后，受盘人缄默或不行动，即不作任何方式的表示，不能构成接受。 ( )

29. 在国际贸易中，如果买方没有利用合理的机会对所收到的货物进行检验，就是放弃了检验权，也就丧失了拒收货物的权利。 ( )

30. SWIFT MT700 中，44F 描述了货运单据中列明的卸货港口或航空港目的地的名称。 ( )

31. SWIFT 有自动开证格式，在信用证开端标着 MT700、MT707 代号。 ( )

32.我方出口某商品共 100 箱，每箱毛重为 40 千克，体积 30cm×60cm×50cm，查运费表得知该货为 10 级，计算标准为 W/M，基本运费为每运费吨 109 美元，另收燃油附加费 20%，该批货物的运费是 981.00 美元。 ( )

33. 在 SWIFT MT700 格式 Content/Options(内容)项中 2！n 表示必须填入 2 位数字。 ( )

34. SWIFT 电文的日期表示为：YYMMDD(年月日)，如：1999 年 6 月 15 日，表示为：990615。 ( )

35. 在 SWIFT MT700 格式 40E(适用规则)中的"UCP LATEST VERSION"(统一惯例最新版本)，表示信用证适用在开证日有效的国际商会跟单信用证统一惯例。 ( )

36. 招标人发出的标书，在送达投标人时失效。 ( )

37. 代理人在一定时期内推销的商品有一个最高代销额。 ( )

38. 寄售中的双方当事人是买卖关系。 ( )

39. 料件有国内外贸企业用外汇购买、产品由国内外贸企业自行外销，是来料加工的特点之一。 ( )

40. 展卖是利用展览会和博览会的形式出售商品，将展览与销售结合起来的贸易方式。 ( )

# 国际贸易实务考试卷三

**一、单项选择题。在下列每小题的四个备选答案中选出一个正确的答案，并将答案填涂在答题卡相应位置，错选、多选、未选均无分。（每小题 1 分，共 40 分）**

1. 据海关统计，2012 年 1～7 月，我国进出口总值21 683.7亿美元，其中，出口11 312.4亿美元，增长7.8%；进口10 371.3亿美元，贸易（　　）亿美元。

A. 顺差 941.1　　B. 逆差11 312.4　　C. 顺差10 371.3　　D. 逆差 941.1

2. 服务贸易的英文全称是（　　）。

A. commodity trade　　B. international trade　　C. direct trade　　D. service trade

3. 出口商将货物装船后，凭以换取正本提单的凭证是（　　）。

A. 报关单　　B. 报检单　　C. 大副收据　　D. 运费收据

4. 在《国际贸易术语解释通则 2010》术语中，（　　）是签约承担运输责任的一方。

A. 承运人　　B. 货主　　C. 保险公司　　D. 收货人

5. 在 CIP 中卖方必须自付费用取得货物保险。该保险需至少符合《协会货物保险条款》（Institute Cargo Clauses，LMA/IUA）（　　）或类似条款的最低险别。

A. 条款 A　　B. 条款 B　　C. 条款 C　　D. 一切险条款

6.由卖方办理投保手续的贸易术语是（　　）。

A. FOB　　B. FCA　　C. EXW　　D. CIF

7.（　　）是指当卖方在其所在地或其他指定地点（如工厂、车间或仓库等）将货物交由买方处置时，即完成交货。卖方不需将货物装上任何前来接收货物的运输工具，需要清关时，卖方也无需办理出口清关手续。

A. FCA　　B. EXW　　C. DDP　　D. DAP

8. 我国甲公司欲与日本乙公司签订销售合同出口鞋子到日本，贸易术语使用不正确的是（　　）。

A. FOB TIANJIN　　B. CIF SHANGHAI　　C. CFR KOBE　　D. CIP TOKYO

9. 来料加工合同必须按权限经过商务主管部门的审批，取得（　　）。

A. 加工贸易手册　　B. 加工贸易业务批准证

C. 加工贸易电子账册　　D. 不作价设备批准证

10. 凭买方样品成交（sale by buyer's sample），称为（　　），是指以买方提供的样品作为交货品质依据的交易。

A. 来样成交　　B. 留样　　C. 代表性样品　　D. 回样

11. 1 长吨＝（　　）千克。

A. 907　　B. 1 000　　C. 1 016　　D. 1 500

12. 属于二维条码图形符号的是（　　）。

A. 　　B.  6 901234 567892　　C. 　　D.

13. 常用的指示性标志中"易碎物品"的标志为（　　）。

A. 　　B.　　C. 　　D.

14. 属于危险品标志的是（　　）。

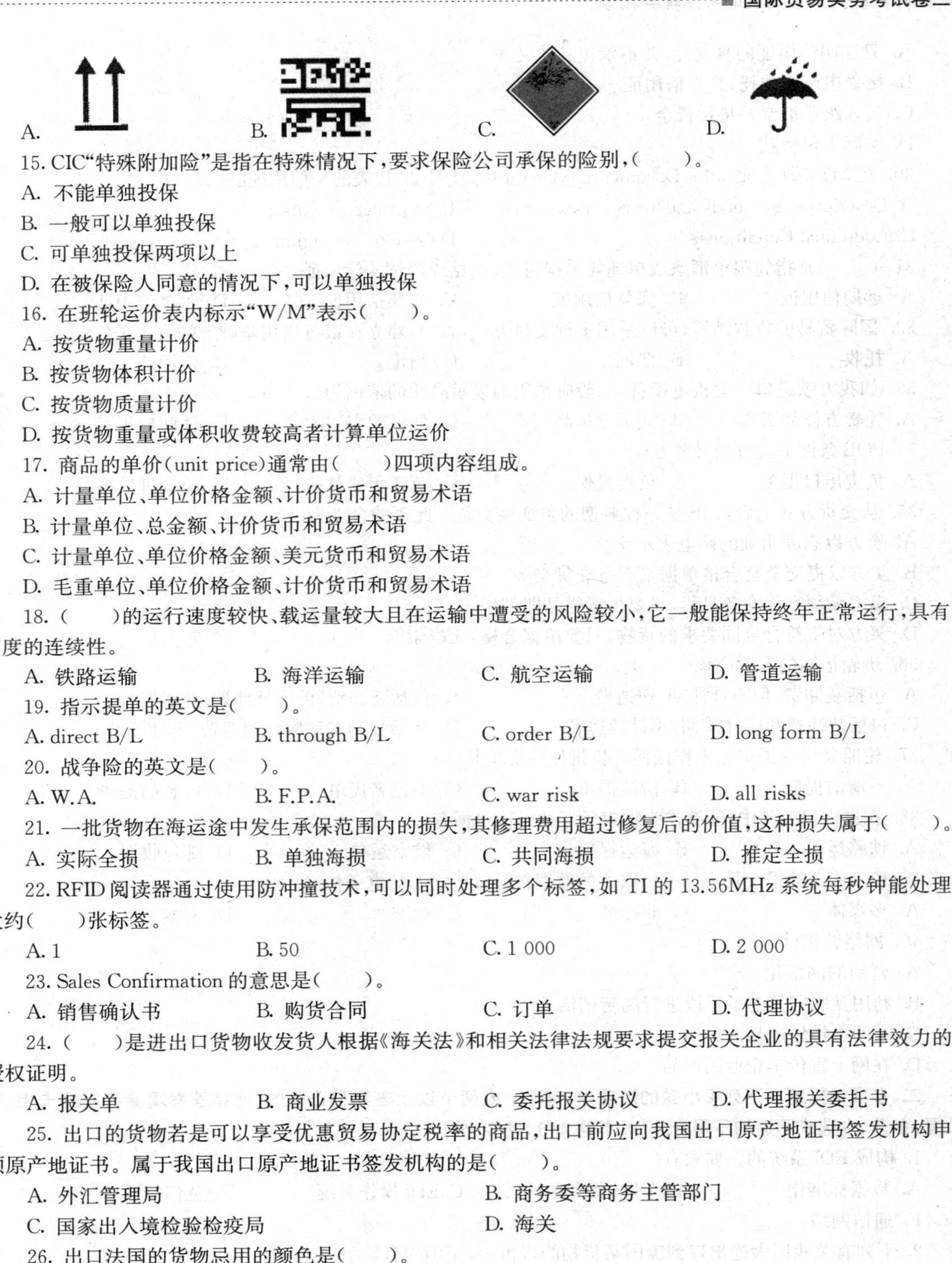

A. B. C. D.

15. CIC“特殊附加险”是指在特殊情况下，要求保险公司承保的险别，(　　)。

A. 不能单独投保

B. 一般可以单独投保

C. 可单独投保两项以上

D. 在被保险人同意的情况下，可以单独投保

16. 在班轮运价表内标示“W/M”表示(　　)。

A. 按货物重量计价

B. 按货物体积计价

C. 按货物质量计价

D. 按货物重量或体积收费较高者计算单位运价

17. 商品的单价(unit price)通常由(　　)四项内容组成。

A. 计量单位、单位价格金额、计价货币和贸易术语

B. 计量单位、总金额、计价货币和贸易术语

C. 计量单位、单位价格金额、美元货币和贸易术语

D. 毛重单位、单位价格金额、计价货币和贸易术语

18. (　　)的运行速度较快、载运量较大且在运输中遭受的风险较小，它一般能保持终年正常运行，具有高度的连续性。

A. 铁路运输　　B. 海洋运输　　C. 航空运输　　D. 管道运输

19. 指示提单的英文是(　　)。

A. direct B/L　　B. through B/L　　C. order B/L　　D. long form B/L

20. 战争险的英文是(　　)。

A. W.A.　　B. F.P.A.　　C. war risk　　D. all risks

21. 一批货物在海运途中发生承保范围内的损失，其修理费用超过修复后的价值，这种损失属于(　　)。

A. 实际全损　　B. 单独海损　　C. 共同海损　　D. 推定全损

22. RFID阅读器通过使用防冲撞技术，可以同时处理多个标签，如TI的13.56MHz系统每秒钟能处理大约(　　)张标签。

A. 1　　B. 50　　C. 1 000　　D. 2 000

23. Sales Confirmation的意思是(　　)。

A. 销售确认书　　B. 购货合同　　C. 订单　　D. 代理协议

24. (　　)是进出口货物收发货人根据《海关法》和相关法律法规要求提交报关企业的具有法律效力的授权证明。

A. 报关单　　B. 商业发票　　C. 委托报关协议　　D. 代理报关委托书

25. 出口的货物若是可以享受优惠贸易协定税率的商品，出口前应向我国出口原产地证书签发机构申领原产地证书。属于我国出口原产地证书签发机构的是(　　)。

A. 外汇管理局　　B. 商务委等商务主管部门

C. 国家出入境检验检疫局　　D. 海关

26. 出口法国的货物忌用的颜色是(　　)。

A. 墨绿　　B. 粉红色　　C. 蓝色　　D. 黄色

27. 在磋商交易中，达成交易、合同成立的不可缺少的两个基本环节与必经的法律步骤是发盘与(　　)。

A. 接受　　B. 询盘　　C. 还盘　　D. 承诺

28. T/T是指(　　)。

A. 提单　　B. 电汇　　C. 信用证　　D. 银行保函

29. 在信用证付款方式下，通知银行的职责是(　　)。

A. 只证明信用证的真实性，并不承担其他义务
B. 接受申请人委托，开立信用证
C. 买入跟单汇票并垫付资金
D. 实际支付货款

30. 在 MT 701 Issue of a Documentary Credit 中，代号 27 代表的是信用证的（　　）。
A. Description of Goods and/or Services　B. Sequence of Total
C. Additional Conditions　D. Date of Amendment

31.（　　）是指凭跟单汇票或单纯凭单据付款、承兑或议付的信用证。
A. 远期信用证　B. 保兑信用证　C. 光票信用证　D. 跟单信用证

32. 国际贸易的货款结算，可以采用多种支付方式，其中，建立在银行信用基础上的方式是（　　）。
A. 托收　B. 票汇　C. 信汇　D. 信用证

33. 如我方欲进口一套机电设备，一般应选用的表示品质的依据为（　　）。
A. 凭卖方样品买卖　B. 凭买方样品买卖　C. 凭说明书买卖　D. 凭商标买卖

34. FOB 条件下卖方的义务是（　　）。
A. 负责出口报关　B. 负责投保　C. 负责租船订舱　D. 负责进口报关

35. 从交货方式上看，CIF 是一种典型的象征性交货。此语的含义为（　　）。
A. 卖方以态度明确的函电表示交货
B. 卖方以提交全套合格单据来履行交货义务
C. 卖方无须实际准备足货，只要少量样品即可代表
D. 买方对不符合合同要求的货物，只要单据合格，无权索赔

36. 班轮运输的运输应该（　　）。
A. 包括装卸费，但不计滞期、速遣费　B. 包括装卸费，但应计滞期、速遣费
C. 包括装卸费和应计滞期，不计速遣费　D. 包括装卸费和应计速遣费，不计滞期

37. 轮船公司在提单上未作任何不良批注的提单是（　　）。
A. 不清洁提单　B. 清洁提单　C. 不记名提单　D. 已装船提单

38. 在进出口业务中，能够作为物权凭证的运输单据有（　　）。
A. 铁路运单　B. 海运提单　C. 航空运单　D. 邮包收据

39. EDI 传送的报文是有（　　）格式的数据在计算机之间的电子传输。
A. 多媒体　B. 非标准　C. 标准　D. 文本

40. 网络营销就是（　　）。
A. 营销的网络化
B. 利用互联网等电子手段进行的营销活动
C. 在网上销售产品
D. 在网上宣传本企业的产品

**二、多项选择题。下列每小题的选项中，有两个或两个以上答案是正确的，请将答案填涂在答题卡相应位置，多选、少选或不选均不得分。（每小题 2 分，共 20 分）**

1. 构成 EDI 系统的三要素有（　　）。
A. 数据标准化　B. EDI 软件和硬件　C. EDI 操作系统　D. 宽带传输
E. 通信网络

2. 下列有关我国大连出口到美国某货物的报价中，正确的有（　　）。
A. 每吨 1 000 美元 CIF DALIAN　B. 每吨 1 000 美元 FCA DALIAN
C. 每吨 1 000 美元 FOB TOKYO　D. 每吨 1 000 美元 CFR NEW YORK
E. 每吨 1 000 美元 FCA NEW YORK

3. 对等贸易有（　　）。
A. 易货贸易　B. 补偿贸易　C. 互购方式　D. 寄售方式
E. 来料加工

4. 运输标志的主要内容包括（　　）。

A. 收货人的名称代号　B. 目的地名称
C. 件号　D. 切勿倾倒标识
E. 易燃品标识

5. RFID 技术使用的优点有（　　）。

A. 需要光源，不可以透过外部材料读取数据
B. 标签芯片与自带天线全封闭，能在恶劣环境下工作
C. 具有小、薄、柔韧性、可植入多种材料内部的特性
D. 读取距离比条码远更远
E. 可以写入及存取数据

6. 最常见的国际技术贸易方式有（　　）。

A. 商品买卖　B. 技术服务　C. 国际合作生产　D. 国际工程承包
E. 许可贸易

7. 在《国际贸易术语解释通则 2010》术语中，包装所指的是下列（　　）的情况。

A. 为满足买卖合同的要求对货物进行包装
B. 为适应运输需要对货物进行包装
C. 在集装箱或其他运载工具中装载包装好的货物
D. 在卸货港对散装货物进行包装
E. 在卸货港对损坏货物进行包装

8. 构成发盘必须具备的条件有（　　）。

A. 向一个或一个以上的特定人提出　B. 发盘人必须是卖方
C. 发盘的内容必须十分确定　D. 发盘的内容必须双方满意
E. 表明订立合同的意思

9. 下列关于信用证与合同关系的表述中，正确的有（　　）。

A. 信用证的开立以买卖合同为依据
B. 信用证的履行不受买卖合同的约束
C. 有关银行只根据信用证的规定办理信用证业务
D. 合同是审核信用证的依据
E. 信用证的履行受买卖合同的约束

10. 按 CFR 条件成交，出口总成本的构成要素有（　　）。

A. 进货成本　B. 国内费用　C. 出口税　D. 进口税
E. 保险费

**三、判断题。判断下列各题是否正确，并将答案填涂在答题卡相应位置。（每空 1 分，共 40 分）**

1. 对外贸易（foreign trade）是指一个国家（地区）同别的国家（地区）所进行的商品和劳务交换活动的总称。（　　）

2. 可靠的电子签名与手写签名或者盖章具有同等的法律效力。（　　）

3. 在国际贸易中，由于是采用某一种货币单位进行交易的。在浮动汇率的制度下，各国的外汇在供求关系的不平衡等因素的影响下会时涨时落。如果在签订合同后，该种货币若升值，会造成卖方的风险，若贬值则会造成买方的风险。（　　）

4. 出口英国包装适用的图案是月季。（　　）

5. Incoterms 2010 的修订工作历时 3 年，征集了全球商界的大量意见和建议，几易其稿，最终版本于 2011 年 9 月正式面世，并于 2011 年 1 月 1 日起生效。（　　）

6. 进料加工非对口合同（也称备料加工合同）是指拥有进出口经营权的企业对外签订进口料件合同，在向海关备案时尚未签订出口成品合同，进口料件生产的成品、数量及销售流向均未确定。（　　）

7. 来料加工保税料件纳入银行保证金台账制度。（　　）

8. 招标（invitation to tender）是指招标人（买方）发出招标通告或招标单，说明拟采购的商品品种、规格、

数量及其他条件，邀请卖方按照规定的时间、地点进行投标。（ ）

9. 我国从伦敦进口货物，如按FOB条件成交，需由我方派船到伦敦口岸接运货物；而按CIF条件成交，则由出口方洽租船舶将货物运往中国港口，可见，我方按FOB进口承担的货物运输风险比按CIF进口承担的风险大。（ ）

10.技术服务的内容包括咨询服务和工程服务两个部分。（ ）

11. 在《国际贸易术语解释通则2010》的11种贸易术语中，买卖双方交接的单据，可以是纸单据，也可以是电子单据。（ ）

12. 在CIF条件下，由卖方办理投保，而CFR为买方办理投保，因此货物运输途中的风险CIF由卖方承担，CFR则由买方承担。（ ）

13. 凭规格买卖的方式中，样品应编号留存，通常应备两份，买卖双方应各保存一份，作为履约依据。（ ）

14.按照是否附有商业单据来划分，出口托收方式主要有两类，即光票托收和跟单托收。（ ）

15. 一项还盘是对原发盘的拒绝，一经受盘人作出还盘，原发盘也随之失效，交易磋商必须从询盘再开始。（ ）

16.使用DAT时，货物已从到达的运输工具卸下，交由买方处置。（ ）

17. SWIFT格式MT700中，代号49代表的是清算银行。（ ）

18. SWIFT格式MT701中，代号45B代表的是信用证号码。（ ）

19. 包装—搬运图示标志 [标志图] 的名称是“怕热”。（ ）

20. RFID使用时标签的内容可以动态改变，反复使用。（ ）

21. 由于凭样品买卖的商品多属于品质难以规格化、标准化的商品，一般难以做到交货品质与标准样品完全相符，故在合同中应规定“交货品质和样品完全相符”。（ ）

22. 海上货运单简称海运单(sea waybill)，是证明海上运输货物已由承运人接管装船，并保证将货物交给单证上指定的收货人的一种不可流通的单证，因此又称不可转让海运单。海运单不是物权凭证，所以它不可转让。（ ）

23. 租船提单是指承运人根据租船合同签发的提单。（ ）

24. 外贸企业收购后出口的应税消费品，实行免征消费税办法。（ ）

25. 出口退税是将出口货物在国内生产、流通环节缴纳的增值税、消费税，在货物报关出口后退还给出口企业的一种税收管理制度，是一国政府对出口货物采取的一项免征或退还国内间接税的税收政策。（ ）

26. 二维条码除了具有一维条码的优点外，同时还有信息量大、可靠性高、保密和防伪性强等优点。（ ）

27. 一切信用证均须规定一个交单付款、承兑或议付的到期日，即有效期。（ ）

28. 提示付款是指汇票付款人承诺在汇票上到期日支付汇票金额的票据行为。（ ）

29. UCP600规定，信用证修改通知书有多项内容时，可以全部接受、只接受其中一部分或全部拒绝。（ ）

30. 信用证是一种银行开立的无条件承诺付款的书面文件。（ ）

31. 在国际货物买卖中，如果交易双方愿意将履约中的争议提交仲裁机构裁决，则必须在买卖合同中订立仲裁条款，否则仲裁机构将不予受理。（ ）

32. 河北某出口公司向美国旧金山某商人出售一批货物，中方原报价为CIF旧金山每吨850美元，后法商要求改报含佣价CIFC5%，则中方改报价应为每吨894.74美元。（ ）

33. 国际工程承包是通过国际招标、投标、议标、评标、定标等程序，由具有法人地位的承包人与发包人按一定的条件签订承包合同，承包人提供技术、管理、材料、组织工程项目的实施，并按时、按质、按量完成工程项目的建设，经验收合格后交付发包人的一项系统工程。（ ）

34. 国际贸易信用风险是指在国际贸易中，买卖双方从开始接洽，经过报价、还价、确认而后订立合同，再到卖方交货，买方付款，需要经过相当长的一段时间。在此期间，买卖双方的财务和经营情况可能发生了较大的改变，有时可能会危及合同的履行。（ ）

35. 净重 5 磅 4 盎司(2.38 千克)的英文表述是“Net Weight 5 pounds 4 ounces (2.38 kg)”。 (  )

36. 包装的功能之一的保护(Protection),包括防止破损(机械保护),防止损坏(阻隔湿气、气体、光、气味和香味),防止污染、调换、偷盗和延长生命周期。 (  )

37. 包装的功能之一的促销(Promotion),包括商品描述、成分描述、产品特征和优点、销售信息和商标。 (  )

38. 我方出口某商品共 100 箱,每箱毛重为 40 千克,体积 30cm×60cm×50cm,查运费表得知该货为 10 级,计算标准为 W/M,基本运费为每运费吨 109 美元,另收燃油附加费 20%,该批货物的运费是 523.20 美元。 (  )

39. 网络营销之所以成为一种新的营销模式,是因为互联网拥有巨大的用户群。 (  )

40. 运输包装的主要作用,在于保护商品,适应各种不同的运输方式的要求,便于各环节有关人员进行操作的要求,在保证包装牢固的前提下节省费用。 (  )